Réflexe

W0244318

BTS

2e année

CULTURE ÉCONOMIQUE, JURIDIQUE ET MANAGÉRIALE

NOUVEAU PROGRAMME

2e ÉDITION

Pierre Arcuset
Nancy Baranes
Caroline Bayle
Alexandra Bucher
Isabelle Delzant
Hélène Dugier
Olivia Lenormand
Xavier Le Ven
Patrick Mercati

Nathan
TECHNIQUE

Avec ce livre, une licence i-MANUEL 2.0

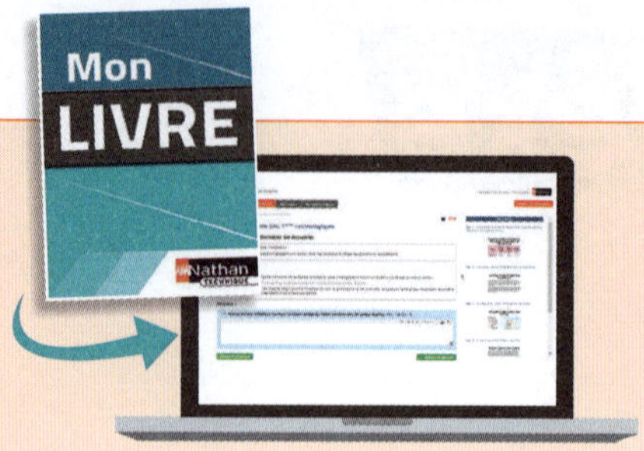

Le i-Manuel 2.o, un outil simple d'utilisation qui reprend l'ensemble des contenus de ce livre sous forme numérique et interactive.

Il permet d'accéder au contenu de ce manuel à tout moment et en tout lieu sur un ordinateur ou une tablette. L'utilisateur peut donc passer du papier au numérique et choisir le support qui lui convient le mieux selon le travail à faire et le lieu où il se trouve.

Une véritable interactivité entre l'enseignant et sa classe

- **Vidéoprojeter** en classe les activités, les documents et les corrections pour animer les cours et travailler collectivement.
- N **Feuilleter le livre papier enrichi et le télécharger** pour un usage sans connexion.
- N Bénéficier d'**une banque de ressources.**
- **Piloter la classe** en assurant le suivi du travail des élèves à distance et en cours (recevoir et envoyer du travail, faire des commentaires, intervenir en temps réel).
- **Intégrer et envoyer à la classe**, à un ou plusieurs élèves, **des documents personnels**.
- **Afficher les corrigés** ou la correction individuelle du travail de l'élève.
- **Imprimer** les documents nécessaires pour mettre les élèves en **situation d'examen**.

Des fonctionnalités innovantes pour favoriser l'intérêt, la motivation et l'implication des élèves

- **Saisir les réponses** en travaillant sur ordinateur ou tablette.
- **Faire les activités et les exercices**, préparer ou réviser le cours **en classe ou à la maison**.
- **Accéder** aux **ressources numériques**, vidéos, fichiers élèves (Word, Excel, GeoGebra...).
- **Sauvegarder** au **format Word** le travail effectué dans un dossier (classeur).
- **Envoyer le travail** au professeur.
- **S'enregistrer** pour les activités orales.
- **S'auto-évaluer**.

Toutes les infos et les tutos sur www.nathan.fr/i-manuel2

Avec ce livre, des ressources numériques en accès direct

Flashez les QR Codes avec votre smartphone ou saisissez les mini-liens associés pour accéder à des vidéos, animations, QCM...

Édition : Laëtitia Hugon, Florence Terrasse, Marine Vives
Conception maquette : Aude Paradis, Graph'M
Conception couverture : Vincent Rioult
Mise en pages : Graph'M
Coordination artistique : Vincent Rioult
Fabrication : Emmanuelle Perrier

ISBN : 978-2-09-167648-7

Sommaire

THÈME 4 — AIRBNB

L'impact du numérique sur la vie de l'entreprise

THÈME 5 — GROUPE STELLANTIS

Les mutations du travail

Sommaire

THÈME 6 GROUPE SOUFFLET

Les choix stratégiques de l'entreprise

THÈME 4

L'impact du numérique sur la vie de l'entreprise

Question 1

Comment le numérique transforme-t-il l'environnement des entreprises ?

Question 2

Dans quelle mesure le droit répond-il aux questions posées par le développement du numérique ?

Question 3

Quelle est l'incidence du numérique sur le management ?

THÈME

4 L'impact du numérique sur l'entreprise Airbnb

Première plateforme de location de logements entre particuliers !

CONTEXTE DE L'ENTREPRISE

L'histoire d'une start-up devenue géant de l'hébergement

14 ans après sa création, Airbnb n'a plus grand-chose à voir avec la start-up créée par Brian Chesky, Nathan Blecharczyk et Joe Gebbia fin 2007. Étudiants en école de design, c'est à l'occasion d'un congrès à San Francisco, et alors que tous les hôtels sont pleins, qu'ils ont l'idée de louer une partie de leur appartement en « bed and breakfast ». De cette idée pour arrondir leurs fins de mois naît en août 2008 Air Bed and Breakfast, rapidement renommé Airbnb.

Aujourd'hui, cette plateforme de réservation et de location de logements entre particuliers regroupe plus de 150 millions d'utilisateurs et 7 millions de logements disponibles dans près de 200 pays, et surfe sur une croissance de 30 % par an.

Fin 2020, à l'occasion de son introduction en Bourse qui lui a permis de lever 3,4 milliards de dollars, la société est valorisée à plus de 100 milliards de dollars.

Une croissance fulgurante qui bouleverse les pratiques et les acteurs du secteur du tourisme.

À la recherche d'une nouvelle régulation

Comme beaucoup de start-up de l'économie collaborative, Airbnb s'est bâtie sur un secteur dans lequel le cadre légal était obsolète. Les pouvoirs publics s'efforcent de poursuivre l'adaptation des règles de droit à ces nouvelles modalités d'échange, dans un cadre sécurisé pour les usagers du secteur.

À compter de 2019, Airbnb a dû se plier à une nouvelle réglementation française qui interdit de louer sa résidence principale plus de 120 nuits par an dans certaines villes où la tension locative est forte. Plus récemment, une nouvelle mesure, applicable depuis juillet 2021 contraint les hébergeurs des villes de plus de 200 000 habitants à obtenir un numéro d'enregistrement auprès de leur mairie.

Comment Airbnb a-t-elle saisi l'opportunité du numérique pour se développer ? Comment le droit permet-il de protéger les biens et les personnes dans le cadre de son activité ? Sur quels nouveaux modes de management fonctionne-t-elle ?

1 Les évolutions économiques liées à la révolution numérique

LA COMPÉTENCE ATTENDUE

→ Analyser les conséquences du numérique dans les relations d'échange de l'entreprise.

PLAN DU CHAPITRE

- **1 •** Identifier les conséquences du numérique sur l'environnement des entreprises
- **2 •** Analyser les conséquences du numérique dans les relations d'échange

LES SAVOIRS ASSOCIÉS

→ La place de marché
→ Les relations d'échange : B to B, B to C, C to C, B to G
→ Les externalités de réseau

Comment le Big Data*renouvelle les politiques vélo

De la production de cartes détaillées sur les équipements vélo au signalement de dysfonctionnements, le numérique est devenu un outil incontournable des politiques vélo. […]

Cette mise en relation entre les cyclistes connectés […] et les collectivités, la jeune société Géovélo en a fait son cœur de métier […] : d'un côté un calculateur d'itinéraires cyclistes ouvert à tous, de l'autre une plateforme de remontée d'incidents accessible sur abonnement pour les collectivités. « Nous avons 80 à 90 000 utilisateurs de notre application. Parmi ceux-ci, plusieurs milliers de contributeurs qui peuvent signaler un itinéraire cycliste non référencé, des travaux ou un carrefour non sécurisé », explique Gaël Sauvanet, directeur technique de Géovelo. La société travaille aujourd'hui avec une quinzaine de collectivités (Blois, Caen, Orléans, La Rochelle, Rouen…), auxquelles elle propose un suivi des remontées utilisateur et un enrichissement constant des données vélo du territoire, publiées en *open data*** sur OSM.

Le monde du vélo a ensuite été bouleversé par l'arrivée des offres de vélos en libre-service (VLS). Des services fortement numérisés, et ce dès l'origine avec les premiers Vélib où les stations fournissaient en temps réel le nombre de vélos disponibles. Un indicateur mis à disposition des usagers via une application mobile (par la suite publié en *open data*) mais qui bénéficie aussi au gestionnaire du parc pour garantir la disponibilité de VLS dans toutes les stations. […] L'accès aux données de géolocalisation des véhicules devient déterminant pour les municipalités.

www.banquedesterritoires.fr, 6 mars 2019.

* Mégadonnées ou volumes massifs de données.

** Données accessible à tous, que tout le monde peut utiliser ou partager.

1. **Quels sont les services proposés par la start-up Géovélo ?**
2. **Quelles technologies numériques sont utilisées par Géovélo et par les entreprises fournissant des vélos en libre-service ?**
3. **Quels sont les avantages et les risques de ces types de services pour les utilisateurs ?**

LE BIG DATA POUR MIEUX NOUS COMPRENDRE (JUSQU'À 6')

Vidéo liennathan.fr/b6t48v

1 Identifier les conséquences du numérique sur l'environnement des entreprises

A Qu'est-ce que l'économie numérique ?

DOC. 1 Une économie de l'information et de la connaissance : le règne du nombre et de l'information

L'idée fondamentale sous-jacente au terme *numérique* est que tout message peut être codé sous forme de nombres. Dans le calcul numérique, derrière l'information se cachent des nombres. La photographie, la vidéo ou le cinéma sont devenus des technologies numériques quand les informations ou messages qui les sous-tendent ont quitté le registre analogique pour passer au numérique. La représentation numérique repose sur des données traduites en nombres. L'information se situe dès le départ au centre de la technique numérique. […]
L'économie numérique est celle qui met en valeur et tire profit de l'agrégation et du traitement massif et rapide de l'information numériquement transformée.

J.-L. Beffa, *La Révolution numérique et les entreprises. Se transformer ou mourir*, Éditions Points.

DOC. 2 La révolution numérique

La révolution numérique est aujourd'hui une réalité dans tous les secteurs de l'économie. Le numérique modifie en profondeur les manières de produire, d'échanger et de consommer. Pour la plupart des entreprises, Internet est devenu un canal de communication et de vente incontournable. Dans le tourisme, par exemple, aucun hôtel ne peut se passer de TripAdvisor ou de Booking.com. Il est difficile aussi pour un consommateur d'échapper à l'écosystème de services de Google, Facebook ou Apple pour communiquer, se divertir, rechercher de l'information ou commander des produits. […]

M. Bourreau et T. Pénard, « Introduction. L'économie numérique en question », *Revue d'économie industrielle*, n° 156.

DOC. 3 L'avantage compétitif d'Amazon grâce au Big Data

Lors d'une recherche sur Internet, des navigateurs Web tels que Google Chrome utilisent les cookies (petits fichiers qui permettent aux sites Web de conserver les données relatives à leurs utilisateurs) pour proposer auxdits utilisateurs des publicités correspondant à leurs préférences en tant que consommateurs.
Comme la société américaine Google, Amazon a aussi su profiter du Big Data pour améliorer ses services et sa compétitivité sur le marché. Le leader mondial du e-commerce l'utilise dans un but prédictif. En effet, grâce à des technologies très avancées d'analyses des données massives dont dispose Amazon, l'entreprise est désormais capable de prédire le prochain acte d'achat de chacun de ses clients, et donc de préparer l'expédition des marchandises en amont de la commande !
Le pouvoir de ces multinationales grandit avec le Big Data. Google, Facebook, Amazon et Apple détiennent actuellement près de 80 % des données personnelles au niveau mondial. […] L'exploitation de ces données massives s'effectue, de plus en plus souvent, grâce à l'intelligence artificielle et le recours à des algorithmes.

lafinancepourtous.com, 29 juillet 2021.

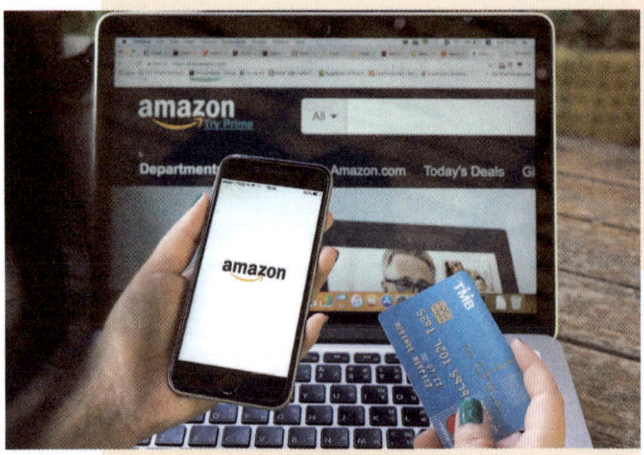

« L'OPEN DATA PEUT CHANGER NOS VIES »
Vidéo
liennathan.fr/3fpd69

1. **Qu'est-ce que la technologie numérique ? Pourquoi améliore-t-elle considérablement l'accès à l'information ?**
2. **Exposez les nouvelles pratiques permises par la révolution numérique, d'une part pour les consommateurs, d'autre part pour les producteurs.**
3. **Qu'est-ce que le Big Data ? Comment et dans quel but Amazon s'empare-t-elle de ces nouvelles pratiques ?**

DOC. 4 Les trois piliers de l'économie numérique

Pilier économique

Nouveaux secteurs d'activité et acteurs économiques, parfois puissants (les GAFA : Google, Apple, Facebook, Amazon), à côté des acteurs traditionnels

Dans tous les secteurs, les entreprises doivent s'adapter pour mieux répondre aux attentes des consommateurs et à la concurrence de nouveaux acteurs.

Exemples : la start-up (entreprise nouvellement créée recherchant une croissance rapide en s'appuyant sur un modèle d'offres innovant basé sur les nouvelles technologies numériques), le *pure player* (entreprise exerçant son activité commerciale uniquement en ligne).

Pilier technologique

Accélération des capacités de stockage, traitement et transmission des données

Le numérique permet des innovations majeures à la fois sur les procédés (gains de productivité) et sur les produits (nouveaux marchés, nouveaux biens ou services).

Exemples : Big Data, intelligence artificielle et objets connectés, e-commerce, services en ligne, machine learning.

Pilier social

De nouveaux modes d'actions collectives et de sociabilité

Le numérique stimule les innovations d'usage et de nouveaux modes de consommation de la part des ménages.

Exemples : consommation collaborative, coproduction et diffusion de connaissances, réseaux sociaux.

DOC. 5 Tesla : vers la voiture autonome ?

En 2019, Elon Musk annonçait pouvoir […] rendre la conduite complètement autonome, c'est-à-dire, sans intervention humaine, d'ici fin 2020. Pour y parvenir, Tesla améliore en continu ses logiciels neuronaux en les entraînant grâce aux millions de véhicules qui lui remontent des enregistrements des huit caméras présentes autour de la carrosserie de ses véhicules. Les enregistrements des caméras sont utilisés pour apprendre aux logiciels à reconnaître des éléments tels que les lignes de voies de circulation, les panneaux et les positions des feux de signalisation. Par ailleurs, les situations de conduites exceptionnelles, comme la présence de débris, objets ou animaux, sont transférées vers Tesla pour entraîner les logiciels neuronaux. […]

En plus des algorithmes, les véhicules Tesla sont dotés de puissants microprocesseurs avec une capacité d'un trillion d'opérations par seconde ! […] Par conséquent, Tesla maîtrise à la fois les logiciels et les microprocesseurs pour produire une intelligence artificielle du niveau d'un conducteur humain !

Au dernier salon de Francfort, Renault a dévoilé un concept car nommé Symbioz. […]

Il s'agit là d'un véhicule chargé de nous projeter dans les technologies qui seront disponibles en grande série en 2023, dans deux ans à peine. […] Ce prototype permet la conduite autonome de niveau 4. Qu'est-ce que cela veut dire ? Que Symbioz préfigure le véhicule capable de rouler seul sur autoroute. Chez Renault, on appelle ça l'expérience « Mind-off ». Concrètement, il s'agit de se retrouver au volant d'un véhicule autonome en « décrochant » complètement de la route.

F. Cazenave, Usine Nouvelle, 18 janvier 2021.

LA 1ÈRE VOITURE AUTONOME AU JAPON

liennathan.fr/f7vz88

4. **Exposez les trois piliers permettant de définir l'économie numérique, en illustrant chacun d'eux par un exemple concret.**
5. **Quels nouveaux usages mentionnés dans le document 4 (pilier social) utilisez-vous personnellement ?**
6. **Dans les cas d'Amazon et de Tesla, indiquez respectivement la catégorie d'acteurs et les innovations mises en œuvre.**
7. **En quoi l'économie numérique est-elle une économie de la connaissance ?**

B Les bouleversements liés au numérique

DOC. 6 L'accélération des cycles d'innovation

On observe depuis la nuit des temps une alternance de longues périodes d'accumulation de connaissances scientifiques et techniques et des phases de « synthèse créative » qui voient déferler une vague d'innovations. Comparée aux deux dernières grandes vagues, dues à l'électricité et au moteur à explosion, celle déclenchée par le numérique lance un défi qui ne tient pas à son ampleur mais à sa vitesse de propagation. Chaque dirigeant d'entreprise doit réagir sans tarder, et l'on peut se demander si tous comprennent bien ce qui les attend. [...]

Face à cette révolution qui progresse à grande vitesse, que font les entreprises traditionnelles conscientes de la nécessité de s'adapter ? [...]

L'une des utilisations les plus répandues du numérique est l'extension de l'activité. Un restaurateur poste ses menus sur Facebook, invite par courriel ses clients à des événements gastronomiques ou festifs. Dans une étape ultérieure, il leur propose de leur livrer leurs plats préférés à domicile, voire crée une nouvelle entreprise pour développer ce service. [...]

La captation de l'attention des clients est l'un des enjeux majeurs du numérique, et donne lieu à une concurrence féroce.

M. Mousli, *Alternatives économiques*, 2 mai 2018.

DOC. 7 Industrie musicale : s'adapter ou mourir ?

En 2007, au début de la « crise du disque », les principaux acteurs de l'industrie musicale, les « majors » (Universal, Sony, Warner...), refusent de s'adapter à ce vent du changement qui souffle dans les foyers depuis l'affaire Napster*. Difficile en effet d'imaginer que l'immense manne économique issue de la vente de disques puisse un jour s'épuiser ou, pire encore, être remplacée par de la musique « dématérialisée », échappant à tout contrôle : le format MP3.

Pendant ce temps, des dirigeants visionnaires pariaient sur l'avenir : le modèle digital. En l'espace de dix ans, les patrons de Deezer, Spotify, Apple Music, YouTube et les autres sont devenus les nouveaux rois de l'industrie musicale, au grand dam des producteurs habituels. Les entreprises restées trop longtemps arc-boutées sur un modèle moribond ont tout simplement disparu ou se sont fait racheter par de jeunes pousses plus agiles.

Si la transformation digitale a poussé les entreprises à s'adapter rapidement aux nouvelles tendances, elle a surtout imposé de nouvelles règles en accélérant les processus et en transformant, de manière durable, la façon de consommer les contenus.

* À l'origine, Napster était un pionnier des services de partage de fichiers en pair à pair. Le service se spécialisait dans le partage de fichiers audio, en particulier de fichiers musicaux généralement encodés au format MP3. Le service a alors dû cesser ses activités et a été racheté par Roxio [société de logiciels américaine]. [...]

R. Akotegnon, Visconti, 25 avril 2018.

8. **Quelle est la spécificité de la vague d'innovations déclenchée par le numérique par rapport aux innovations antérieures ? À votre avis, pourquoi ?**

9. **Quelle est la raison du déclin des majors de l'industrie musicale ?**

10. **Quelles sont les innovations introduites par les leaders du secteur aujourd'hui ?**

11. **Pourquoi l'innovation représente-t-elle un défi majeur pour les entreprises à l'ère numérique ?**

DOC. 8 La dématérialisation des services : vers une économie mondiale

[L'une des caractéristiques majeures] de l'économie numérique tient aux possibilités, ouvertes par les TIC, de communication et coopération à distance, et d'inscription dans des infrastructures et des réseaux interconnectés. Elles lui ont d'emblée donné une dimension mondialisée. Les processus de production, de distribution et d'internationalisation des entreprises se sont élargis, en brouillant les frontières nationales autant que sectorielles. Désormais, l'offre de biens et services peut s'appuyer sur une organisation internationale de la production et l'extension transnationale des circuits de distribution permet de toucher des consommateurs partout dans le monde. [...] La dématérialisation complète de certains services et contenus [...] favorise une globalisation des marchés, des modèles d'affaires et du champ d'action des acteurs économiques ; c'est particulièrement le cas pour la musique ou l'audiovisuel.

© Dila, *Cahiers français*, n° 392, P.-J. Benghozi.

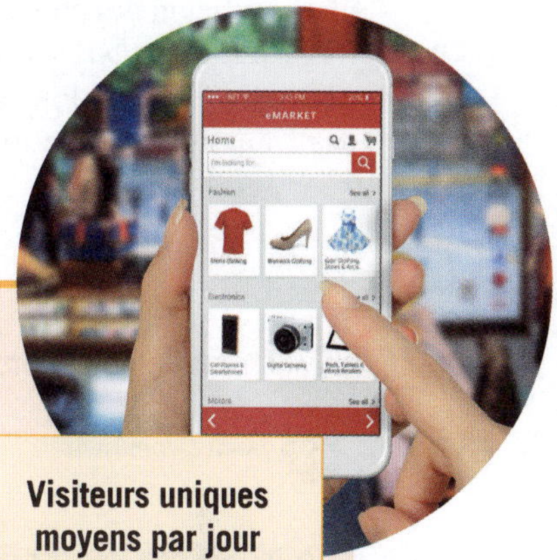

DOC. 9 Top 15 des sites et applications d'e-commerce les plus visités en France (4e trimestre 2020)

En moyenne 45,4 millions d'internautes (72 % des Français) ont consulté, chaque mois, au moins un des sites et leurs applications du Top 15 « e-commerce ».

Rang	Marques	Visiteurs uniques moyens par mois	Couverture France mensuelle (en % de la pop.)	Visiteurs uniques moyens par jour
1	Amazon	36 066 000	57,5 %	8 165 000
2	Cdiscount	24 580 000	39,2 %	2 779 000
3	Fnac	22 271 000	35,5 %	2 006 000
4	Vinted	16 229 000	25,9 %	5 002 000
5	Carrefour	14 998 000	23,9 %	1 607 000
6	Wish	14 783 000	23,6 %	3 073 000
7	E. Leclerc	14 617 000	23,3 %	1 598 000
8	Darty	14 104 000	22,5 %	955 000
9	eBay	13 205 000	21,0 %	1 429 000
10	Leroy Merlin	12 762 000	20,3 %	995 000
11	Rakuten	12 447 000	19,8 %	1 221 000
12	vente-privee	12 165 000	19,4 %	2 567 000
13	Boulanger	12 134 000	19,3 %	815 000
14	La Redoute	11 813 000	18,8 %	890 000
15	Ali Express	11 731 000	18,7 %	1 989 000

Source : Fédération du e-commerce et de la vente à distance (FEVAD).

12. Que signifie la dématérialisation des services ? Illustrez par un exemple.
13. Par quelle innovation technologique peut-on l'expliquer ?
14. Expliquez la phrase soulignée dans le document 8.
15. Après avoir recherché la nationalité des entreprises figurant dans le top 15 des sites d'e-commerce les plus visités par les Français, expliquez en quoi la révolution numérique renforce la mondialisation de l'économie.

DOC. 10 La transformation numérique des secteurs traditionnels

Un programme de recherche mené par le MIT [Massachusetts Institute of Technology] et Capgemini Consulting a montré que les entreprises qui ont su saisir les opportunités de la transformation numérique ont une profitabilité supérieure de 26 % par rapport à la moyenne. [...]

L'enjeu de transformation est ici considérable ; il suppose d'accroître les interactions avec tous ceux qui, de l'extérieur, peuvent accélérer notre transformation. Il faut ouvrir les données, écrire les programmes informatiques selon des procédures réutilisables par d'autres (API [*Applications Programming Interface*]), créer des lieux d'innovation ouverte, monter des Labs ou des FabLabs, organiser des hackathons*, proposer des plateformes prêtes à accueillir des « apps » ou des éléments de logiciels conçus par des start-up. Plusieurs grands groupes se sont engagés dans cette voie. Le magazine *Enjeux-Les Echos* a [...] mené une enquête auprès des groupes du CAC 40 et l'on voit que des entreprises comme Schneider, Publicis ou Axa développent déjà de très bonnes pratiques. Des entreprises publiques comme la SNCF ou La Poste, confrontées à des défis considérables, se donnent également les moyens d'une transformation numérique dynamique.

* Un hackathon est un challenge créatif qui rassemble des informaticiens durant plusieurs jours en vue de collaborer sur des sujets de programmation informatique pointus et innovants.

P. Lemoine, www.economie.gouv.fr

DOC. 11 La dématérialisation des services à la Banque Populaire

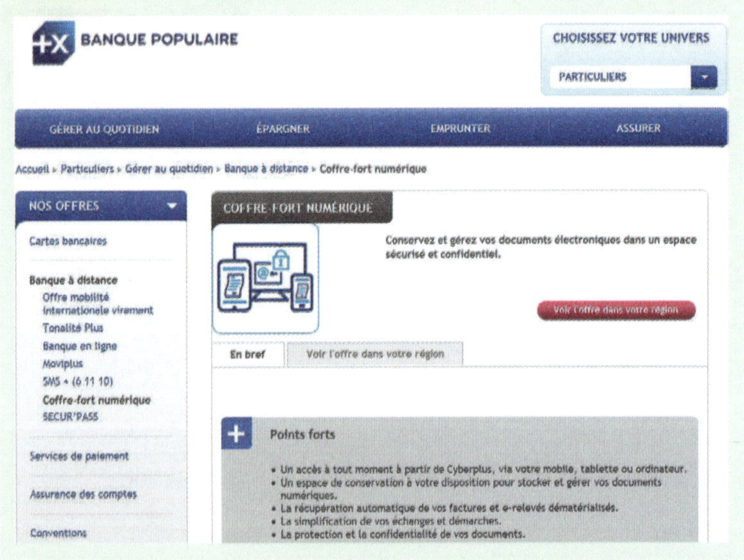

16. **Pourquoi les entreprises des secteurs traditionnels doivent-elles également saisir les opportunités du numérique ?**

17. **Quelles sont les applications mises en œuvre par la Banque Populaire grâce aux technologies numériques ?**

DOC. 12 Des évolutions sectorielles : les nouveaux secteurs d'activité liés au numérique

À l'ère numérique, de nouveaux secteurs d'activité ont émergé dans un mouvement continu d'innovations induites par l'évolution des besoins des utilisateurs (entreprises, administrations ou particuliers) : une offre toujours plus soutenue concernant le développement et la maintenance informatique, la gestion des systèmes d'information, l'hébergement de données, les portails Internet, l'e-commerce, etc.

18. **En réponse, à quels types de besoins de nouveaux secteurs d'activité ont-ils émergé ?**

DOC. 13 Nouveaux opérateurs et nouvelles formes de concurrence

L'environnement des entreprises traditionnelles a subi de profondes transformations avec l'apparition de nouveaux acteurs, comme les *pure players* ou les GAFA.
Plus encore, l'explosion de l'économie collaborative bouscule la nature et les formes de la concurrence. **Économie de pair à pair, l'économie collaborative repose sur le partage ou l'échange entre particuliers de biens** (voiture, logement, outils...), **de services** (covoiturage, bricolage...) **ou de connaissances, avec échange monétaire** ou sans échange monétaire (dons, troc, volontariat), **par l'intermédiaire d'une plateforme numérique de mise en relation.**

DOC. 14 De nouveaux acteurs : les start-up

Une start-up est une entreprise créée il y a peu, qui cherche à grandir coûte que coûte, proposant un modèle d'offres innovant et usant de moyens qui puisent aux sources des nouvelles technologies numériques. En réalité, une quatrième dimension permet de distinguer deux familles de start-up et, partant, de caractériser de façon plus précise le type de concurrence auquel le leader est en butte. D'un côté, se situent les start-up non mutantes. De l'autre, les start-up mutantes. Qu'est-ce à dire ?
Les premières exercent le même métier que les entreprises traditionnelles avec des moyens nouveaux. Certains vendent par exemple des chaussures, mais *via* un canal commercial digital. Le métier et la nature du produit ont peu ou pas changé dans ce cas : Uber offre le même service que celui qu'offrent les taxis.
On trouve en revanche des start-up qui s'appuient sur des révolutions sociologiques et pas seulement sur des percées technologiques. BlaBlaCar et Airbnb en sont deux illustrations. Il est certain que ces entreprises n'existeraient pas sans l'Internet. Mais elles ne s'expliquent pas que par lui. [...] <u>Dans le cas de Airbnb, l'offre n'est pas la même que celle d'un hôtel Accor. Dans le cas de BlaBlaCar, l'offre n'est pas la même que celle du loueur Avis.</u>

J.-L. Beffa, *La Révolution numérique et les entreprises. Se transformer ou mourir*, Éditions Points.

19. **Citez quelques acteurs de l'économie collaborative et définissez-la. En quoi ont-ils modifié les conditions de la concurrence sur leur secteur ?**

20. **Quelle est la particularité des start-up ?**

21. **Expliquez la phrase soulignée dans le document 14.**

APPLICATION AU CAS

AIRBNB

DOC. Comment Airbnb a bouleversé le tourisme

En quelques années, Airbnb est passé du statut de jeune start-up à celui de géant de l'économie collaborative dans le secteur touristique. Fait rare parmi les « licornes » (c'est-à-dire les entreprises valorisées à plus d'un milliard de dollars), elle a réalisé pour la première fois des bénéfices en 2016 et a diversifié ses activités.
Cette concurrence nouvelle et inédite bouscule le secteur du tourisme, et attise notamment la colère des hôteliers qui crient à la concurrence déloyale. En effet, ils sont soumis à la TVA et à des contraintes réglementaires lourdes que n'ont pas les hébergeurs en Airbnb. L'Union des métiers et des industries de l'hôtellerie (UMIH) qui fédère les professionnels du secteur, a même décidé d'assigner Airbnb devant le tribunal de commerce « pour concurrence déloyale » en 2019.

1. **À quel segment de l'économie numérique Airbnb appartient-elle ?**

2. **Airbnb est-elle toujours une start-up ? Justifiez.**

3. **Quel service propose-t-elle ? Pourquoi bouscule-t-elle le secteur du tourisme ?**

2 Analyser les conséquences du numérique dans les relations d'échange

A Les effets de la dématérialisation des échanges

DOC. 15 Les TIC modifient les relations d'échange

Les technologies de l'information et de la communication (TIC) permettent de dématérialiser les échanges entre les agents, qui peuvent ainsi se rencontrer plus facilement. Les nouvelles relations d'échange s'effectuent en ligne et peuvent être de nature marchande ou non marchande.

• Les **relations marchandes** sont de nature commerciale (achat/vente de biens ou services). On peut distinguer différents types de commerce électronique ou e-commerce :
– le B to B (*Business to Business*) désigne les relations commerciales entre entreprises : ventes des fournisseurs à leurs clients ;
– le B to C (*Business to Consumer*) renvoie au commerce de détail : ventes des entreprises aux particuliers ;
– le C to C (*Consumer to Consumer*) correspond au commerce entre particuliers : ventes de biens et services entre particuliers.

• Les **relations non marchandes** sont de natures variées :
– le B to G (*Business to Government*) : relations avec les administrations publiques ;
– les relations avec les organisations à but non lucratif (associations, syndicats, ONG…) ;
– le prêt de matériel, les services gratuits ;
– un accès à l'information facilité : consultation, partage de contenus…

DOC. 16 Des exemples de relations d'échange

YouTube
parcoursup
amazon
couchsurfing
croix-rouge française
airbnb
Share Voisins
NET-ENTREPRISES.FR
Valeo
BlaBlaCar

1. Associez chaque logo au type de relations d'échange qui lui correspond.
2. Précisez quel(s) type(s) de bien ou de service est (sont) échangé(s) entre les acteurs.

DOC. 17 L'e-commerce aux particuliers progresse

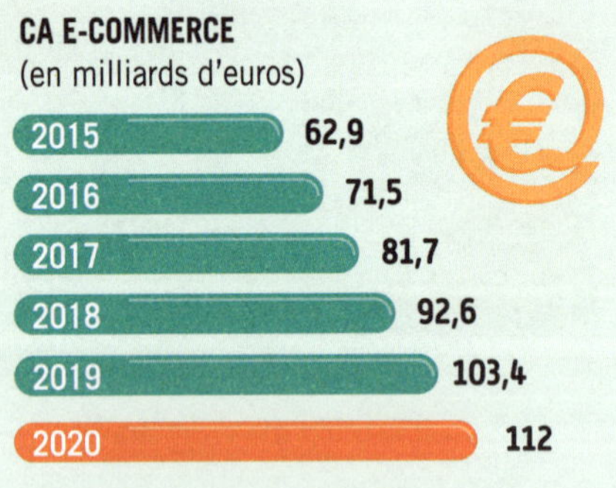

Source : Fevad iCE

DOC. 18 L'impact de la pandémie sur les relations marchandes B to C

Les Français se déplacent de moins en moins en magasin pour faire leurs courses. Les ventes en ligne de produits de grande consommation se sont envolées de 42 % sur un an en France en 2020, dévoile le cabinet d'études NielsenIQ. Une tendance qui se poursuit en 2021 […].

« La bataille n'est pas gagnée […]. Au-delà de l'épisode Covid-19, les distributeurs vont devoir convaincre ces nouveaux clients pour que le clic devienne une nouvelle habitude d'achat. Que ce soit pour les familles, seniors ou télétravailleurs, maintien du lien et qualité de l'expérience client vont être décisifs, plus que jamais », pointe Daniel Ducrocq, directeur d'A3Distrib et des services à la distribution Europe chez NielsenIQ.

LSA*, 27 mai 2021.

3. Mesurez la progression annuelle de l'e-commerce B to C entre 2015 et 2019 et comparez avec le taux d'évolution entre 2019 et 2020.
4. Expliquez pourquoi la pandémie a favorisé l'essor du e-commerce B to C.
5. En quoi la dématérialisation des échanges permet-elle la croissance de l'e-commerce ?

DOC. 19 La place de marché, ou *marketplace*

Le commerce électronique s'effectue de plus en plus par l'intermédiaire de places de marché. Une place de marché, ou *marketplace*, correspond à une plateforme électronique commerciale dont l'objectif est de mettre en relation des vendeurs et des acheteurs, particuliers ou professionnels.
La place de marché désigne l'espace réservé sur les grands sites marchands à des vendeurs indépendants moyennant une commission prélevée sur leurs ventes, pour les vendeurs professionnels.
Par exemple, Amazon, Rue du Commerce, Rakuten France (anciennement PriceMinister), Cdiscount, la Fnac ou Auchan proposent d'héberger des espaces de vente pour plusieurs milliers de petits marchands, professionnels et particuliers, en leur faisant profiter des fonctionnalités de leur plateforme d'e-commerce et de leur potentiel de trafic. Selon les cas, l'opérateur de la place de marché peut prendre en charge le stockage et l'expédition des produits.

DOC. 20 Le poids des places de marché dans l'e-commerce

PLACES DE MARCHÉ

Le développement des places de marché est source de chiffre d'affaires complémentaire pour de nombreux commerçants et e-commerçants.

Site leaders

35 %
vendent sur les places de marché

23 %
exercent une activité de place de marché

TPE / PME

32 %
des e-marchands TPE/PME vendent sur les places de marché

pour **63 %**
d'entre eux, ce canal représente plus de 10 % du chiffre d'affaires

VOLUME D'AFFAIRES DES PLACES DE MARCHÉ

15 %
du volume d'affaires du panel iCE ventes de produits Fevad

+14 %
par rapport à 2018

Source : Fevad iCE

Fevad.

6. **Quelle part représentent les places de marché dans l'e-commerce des entreprises ?**
7. **Citez les avantages et les inconvénients du développement des places de marché pour les entreprises.**
8. **Les places de marché citées dans les documents relèvent-elles du commerce B to B, B to C ou C to C ?**

DOC. 21 Decathlon ouvre sa place de marché

L'activité est encore discrète sur le site français de Decathlon. Mais depuis quelques semaines, la plateforme e-commerce du géant de la distribution d'articles de sport a activé sa place de marché. Concrètement cela signifie que des vendeurs tiers peuvent proposer aux clients du site Decathlon, leurs produits. Un nouveau service, développé avec la licorne française Mirakl [voir vidéo ci-contre], qui devrait permettre à l'activité e-commerce de Decathlon de décoller. L'an passé, celle-ci représentait plus de 16 % des 3,5 milliards d'euros de chiffre d'affaires réalisés en France. Les sports phares étaient la randonnée, l'équipement pour la montagne, les pilates et le fitness, le VTT et le jogging.

Olivier Guyot, Fashionnetwork, 12 juillet 2021.

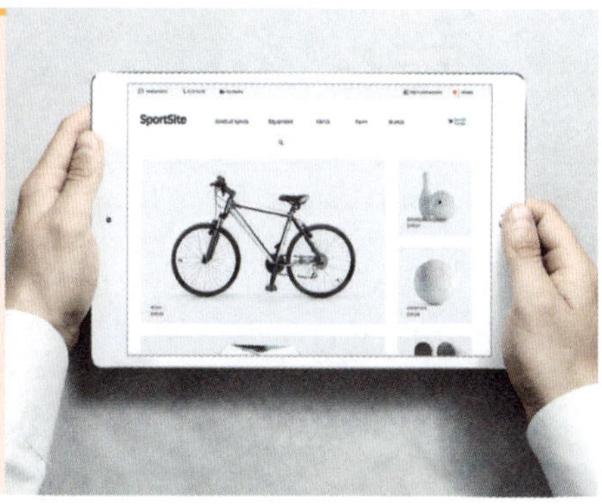

QU'EST-CE QU'UNE PLACE DE MARCHÉ ?
Vidéo
liennathan.fr/9xi75t

9. **Pourquoi et comment l'enseigne Decathlon ouvre-t-elle une place de marché ?**

DOC. 22 La désintermédiation des échanges

La désintermédiation, c'est lorsque le producteur cherche à être en relation directe avec les consommateurs en supprimant les intermédiaires. C'est devenu possible notamment grâce à Internet qui a pu rapprocher les entreprises avec leurs clients. Internet a permis à de nombreuses entreprises de réduire la chaine de distribution et donc de réduire les coûts. […]

Un exemple de désintermédiation : l'industrie de la musique.
Les maisons de disques servent d'intermédiaires aux artistes. Elles permettent aux artistes de distribuer leurs morceaux via des grandes enseignes. En contrepartie, elles perçoivent un pourcentage sur chaque vente. Cependant, avec l'arrivée d'Internet, il est maintenant possible aux artistes de s'autoproduire c'est-à-dire de créer les morceaux de musique mais aussi de les distribuer. En effet, il existe plusieurs étapes pour produire un morceau de musique : il faut le composer, l'enregistrer en studio, le graver, en faire la promotion puis le distribuer dans les grandes enseignes. Grâce à Internet, il est maintenant possible pour le compositeur de mettre son morceau directement en ligne et d'en faire la promotion tout seul. Il n'est donc plus forcément nécessaire de passer par une maison de disques.

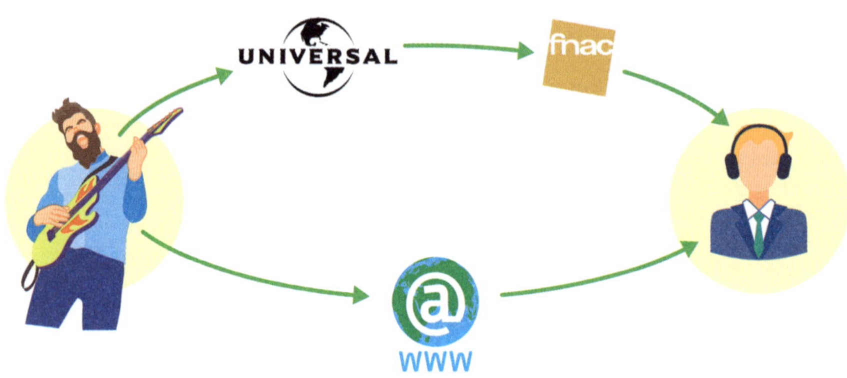

Désintermédiation

my-business-plan.fr

DOC. 23 De la désintermédiation à la réintermédiation des échanges

Dans de très nombreux cas, cette désintermédiation s'accompagne d'une réintermédiation : l'intermédiaire historique disparaît ou voit son activité fortement réduite au profit d'un nouvel intermédiaire, qui est la plupart du temps une plateforme Internet.
Ainsi, Uber (transport), Airbnb (logement), Skype (télécommunications), Amazon (commerce de détail), Spotify (musique), Netflix (vidéos), sont devenus des intermédiaires incontournables entre le consommateur et le service ou le produit qu'il recherche.

www.sénat.fr

10. **Qu'entend-on par « désintermédiation des échanges » ? Illustrez par un exemple.**

11. **Recherchez des exemples de désintermédiation des échanges grâce au numérique.**

12. **Pourquoi parle-t-on alors de « réintermédiation » ?**

13. **Citez des acteurs de la réintermédiation.**

DOC. 24 L'ubérisation et ses enjeux

Le mot « ubérisation » est un néologisme formé à partir du nom de la société Uber. Il entre dans le *Larousse* en 2017 :
Ubérisation. Remise en cause du modèle économique d'une entreprise ou d'un secteur d'activité par l'arrivée d'un nouvel acteur proposant les mêmes services à des prix moindres.
L'« ubérisation » est un terme qui suscite autant de crainte que d'espoir.

L'UBÉRISATION EST-ELLE UNE CHANCE POUR L'ÉCONOMIE ?

Vidéo
liennathan.fr/3vm63e

14. **Montrez en quoi l'ubérisation bouscule l'économie traditionnelle.**

15. **Visionnez la vidéo et mettez en évidence les enjeux de l'ubérisation.**

16. **La réglementation a-t-elle évolué depuis la diffusion de cette vidéo ?**

B La plateforme d'échange au cœur de l'économie numérique

DOC. 25 La notion de plateforme « multifaces »

Les acteurs de l'économie numérique se rencontrent sur des plateformes logicielles. On distingue plusieurs types de plateformes :
– les plateformes d'échange direct : places de marché, économie collaborative (ex. : Darty, Le Bon Coin) ;
– les plateformes d'audience ou de contenus (ex. : Google, Spotify, Facebook) ;
– les plateformes de travail (ex. : ENT scolaire) ;
– les plateformes de financement (ex. : KissKissBankBank).

Ces plateformes sont « multifaces », c'est-à-dire qu'elles sont des intermédiaires qui mettent en relation plusieurs « faces » ou catégories d'utilisateurs. La valeur d'une plateforme est sa capacité à attirer de larges catégories d'utilisateurs.

DOC. 26 La plateforme « biface » de l'économie collaborative

Les plateformes de consommation collaborative comportent deux faces : une face « offre » de biens ou services et une face « demande ». Certains utilisateurs peuvent faire le choix de n'être que sur une seule face de la plateforme ou, au contraire, d'être présents sur les deux faces.

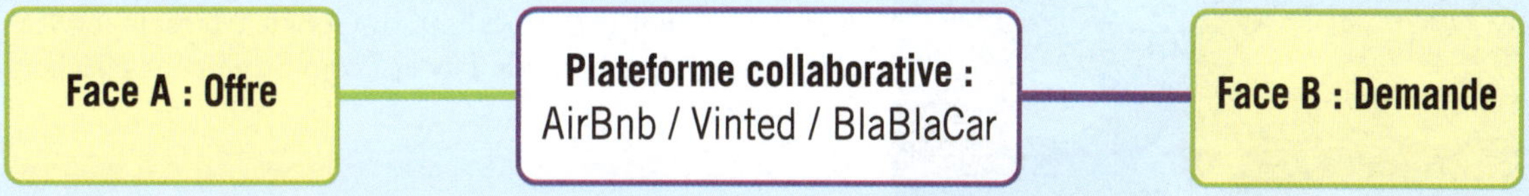

17. **Rappelez ce qu'est l'économie collaborative.**

18. **Identifiez les faces des plateformes Airbnb, Vinted et BlaBlaCar.**

19. **Illustrez chaque type de plateforme du document 25 par des exemples de plateformes que vous utilisez personnellement et identifiez leurs faces.**

DOC. 27 Les externalités de réseau (ou effets de réseau) sur les plateformes

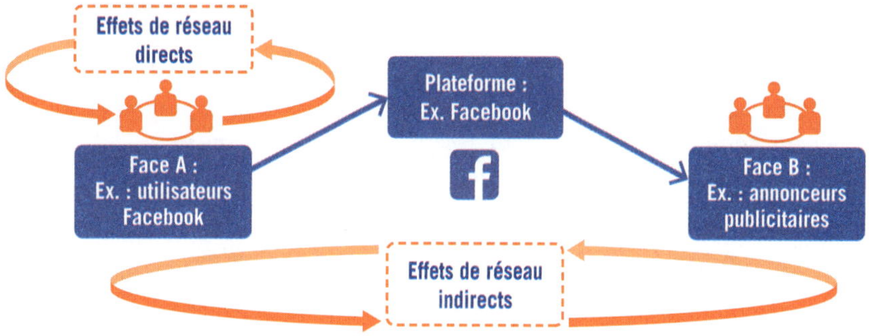

Les plateformes présentent des effets de réseaux directs – l'attractivité de la plateforme sera renforcée par la présence d'autres utilisateurs – et indirects – l'attractivité d'une plateforme pour l'utilisateur d'une face dépendra des utilisateurs présents sur l'autre face. Par exemple, les utilisateurs de Facebook (face A) profitent de la présence de plus d'utilisateurs et cela augmente également l'attractivité de Facebook pour les annonceurs publicitaires (face B). <u>Le succès d'une plateforme reposera ainsi sur sa capacité à attirer les utilisateurs qui lui permettront d'exploiter au mieux ces effets de réseau.</u>

tresor.economie.gouv.fr, novembre 2019.

20. **Mettez en évidence les externalités de réseau sur la plateforme Facebook.**

21. **Identifiez les effets de réseau d'autres plateformes comme Instagram, BackMarket, et Uber.**

22. **Expliquez la phrase soulignée dans le document 27.**

DOC. 28 La plateforme : un outil du monopole numérique

L'établissement d'un monopole se fonde sur la notion de **rendement croissant**. Une entreprise connaît des rendements croissants quand l'accroissement de sa production entraîne une baisse de son coût unitaire. La plateforme s'y prête singulièrement. En effet, dans une plateforme, le coût [...] de production d'une unité supplémentaire est décroissant. La raison est simple : *les coûts fixes de la plateforme, quand advient une hausse des ventes, se retrouvent répartis sur davantage de volumes.* Il s'ensuit que le coût moyen chute quand les volumes croissent. La position dominante survient lorsque le cercle vertueux s'enclenche où la baisse du coût moyen et la hausse des ventes se nourrissent l'une l'autre. Dans les cas extrêmes, l'effet est tel que la concurrence disparaît. [...]
Les sociétés numériques cherchent donc à construire des monopoles et, dans l'écosystème numérique, le plus sûr moyen est la plateforme. [...] La plateforme parie sur des effets de réseau : un meilleur service attire plus d'usagers, qui en retour améliorent la prestation. L'effet réseau, pour fonctionner, nécessite dès le départ une très bonne qualité de services, sinon l'effet ne pourra pas s'enclencher.

J.-L. Beffa, *La Révolution numérique et les entreprises. Se transformer ou mourir*, Éditions Points.

DOC. 29 L'écosystème de Google

Uber et l'écosystème de Google
Une entreprise de plateforme s'appuie sur un écosystème numérique. Par exemple, Uber utilise l'écosystème de Google avec notamment la géolocalisation Google Maps, le service de paiement en ligne Google Pay et l'App Store pour télécharger l'application.

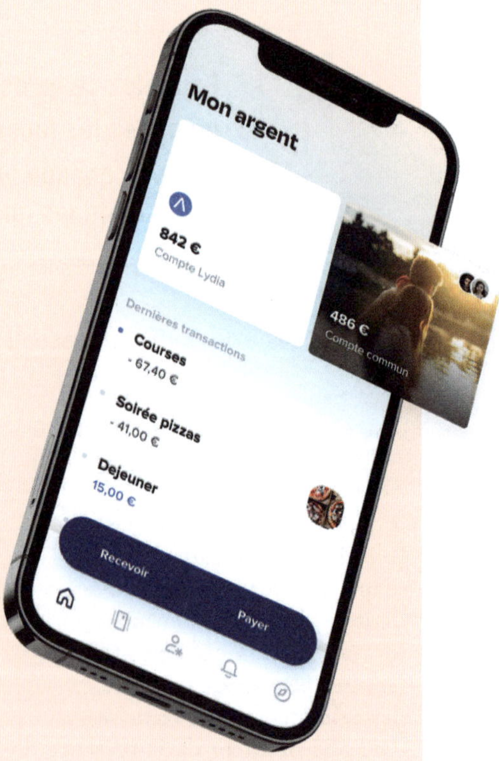

Lydia s'allie à Google Cloud :
Pour migrer ses services sur le Cloud et accélérer son développement, la start-up française Lydia a opté pour un partenariat avec Google. Elle bénéficiera de l'expertise du géant en matière de sécurité et d'intelligence artificielle afin d'accroître sa présence en France et en Europe et intégrer de nouvelles fonctionnalités à sa super-app de paiement.

usine-digitale.fr, août 2021.

Il s'agit aussi d'accélérer le déploiement de nouvelles fonctionnalités. Au départ une application de paiement sur mobile, Lydia a progressivement enrichi son service, dont récemment avec des fonctions de compte courant, d'épargne rémunérée et de crédit [...].
Au travers de ses nouveaux produits financiers, la start-up compte bien accélérer la conquête de nouveaux clients. Le cloud doit ainsi lui permettre d'accueillir « 5 000 nouveaux clients par jour pour des offres de comptes courants, d'épargne, de cartes de paiement et de crédits instantanés, etc. »

www.alliancy.fr

23. **Qu'entend-on par « rendements croissants » ? Comment une entreprise peut-elle en obtenir ?**
24. **Repérez les facteurs qui favorisent la situation de monopole.**
25. **Pourquoi peut-on parler d'écosystème pour Google ?**
26. **Pourquoi l'application Lydia décide-t-elle de s'allier à l'écosystème de Google ?**

DOC. 30 Les plateformes collaboratives et le fonctionnement du marché

L'économie collaborative induit une réduction des coûts de transaction qui rapproche les marchés de leur idéal concurrentiel. Elle met en concurrence quantité d'offreurs et de demandeurs, ce qui contribue à la baisse des prix et à la qualité des biens et services produits. Les effets peuvent se propager à l'ensemble des secteurs concernés, l'émergence de nouvelles firmes innovantes incitant les traditionnelles à se moderniser et à se différencier. [...]
L'asymétrie d'information entre producteurs et consommateurs est également diminuée. Les plateformes d'échange facilitent la circulation de l'information sur la qualité de ceux-ci via des procédures d'évaluation. Elles produisent de la confiance entre une multitude d'agents qui ne se connaissent pas par un processus d'accumulation de connaissances à moindre coût. Ces effets de réputation réduisent les asymétries d'information et les défauts de coordination.

© Dila, *Cahiers français*, n° 392, O. Montel.

DOC. 31 La position dominante des entreprises numériques

Le développement des plateformes tend à la création de monopoles. Il existe donc un risque de voir les acteurs dominants exploiter leur pouvoir de marché pour se livrer à des pratiques abusives à l'égard de leurs utilisateurs. Cela peut se traduire, par exemple, par des tarifs excessifs imposés aux utilisateurs.
Par exemple, Booking.com a dû modifier ses conditions tarifaires auprès des hôtels suite à la décision de l'Autorité de la concurrence du 21 avril 2015.

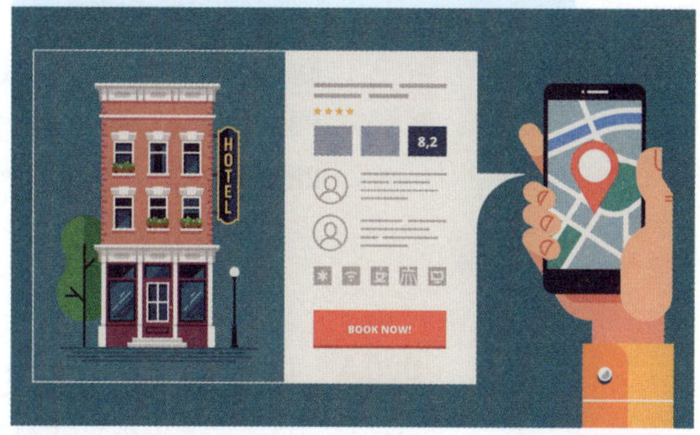

27. **Par quel effet l'économie collaborative favorise-t-elle la baisse des prix et l'amélioration de la qualité des produits ?**
28. **Rappelez la définition de l'asymétrie d'information entre offreurs et demandeurs.**
29. **Comment les effets de réputation sont-ils intégrés sur les plateformes ? Quel est leur impact ?**
30. **Peut-on dire que les plateformes améliorent le fonctionnement du marché ?**

APPLICATION AU CAS

AIRBNB

DOC. Airbnb tisse sa toile

Au siège de Airbnb à San Francisco, l'appartement de Rausch Street, dans lequel Brian Chesky, Nathan Blecharczyk et Joe Gebbia ont loué leur premier matelas gonflable (d'où le Air) à un touriste pour payer leur loyer, a été reconstitué dans les moindres détails. « Pour ne pas oublier d'où l'on vient », relève Nathan. Il faut dire que le succès supersonique de leur plateforme de location entre particuliers pourrait facilement effacer ses débuts. Le pionnier de l'hébergement collaboratif se rêve en numéro 1 mondial du tourisme. Si les historiques du secteur s'affolent, beaucoup d'autres se frottent les mains. En dix ans, bousculant l'industrie hôtelière et les historiques du tourisme, ces trois trentenaires toujours aux manettes ont fait de Airbnb le plus gros hébergeur mondial avec [7] millions de logements et [150] millions de clients par an, dont 12 millions en France, deuxième marché derrière les États-Unis.

N. Villard, *Capital*, 14 juin 2018.

1. **Quel type de relation d'échange est concerné par la plateforme Airbnb ?**
2. **Identifiez les faces de la plateforme numérique Airbnb.**
3. **Expliquez comment la plateforme Airbnb a réussi à construire en dix ans une position dominante sur le marché de l'hébergement.**

TESTEZ VOS CONNAISSANCES

Flashez le QR code pour faire les exercices et réviser les notions essentielles.

liennathan.fr/6i5ra9

1 La place de marché Etsy en plein boom

1. **Expliquez en quoi Etsy et Depop sont des places de marché.**
2. **Pour quelles raisons Etsy procède-t-elle au rachat de Depop ?**
3. **Identifiez les effets de réseau de Etsy et leur impact sur l'entreprise.**

DOC. 1 L'essor d'Etsy avec la pandémie

Il y a trois ans, on vous parlait d'Etsy, le site d'e-commerce des bobos qui battait de l'aile. Malgré une entrée en Bourse réussie en 2015 et une hausse constante de ses ventes, cette plateforme d'e-commerce dédiée aux produits artisanaux et seconde main était en réalité dans le rouge depuis des années. Des difficultés financières qui avaient alors motivé le licenciement de 22 % de ses salariés et la fermeture de deux sites français (AlittleMarket et AlittleMercerie) fraîchement achetés.

Une pandémie mondiale plus tard, la situation a bien changé. En 2020, Etsy a réalisé plus du double de son chiffre d'affaires de 2019, un excellent résultat qui s'explique en partie par la vente de 600 millions de dollars de masques en tissus. L'entreprise américaine, qui n'était plus en perte depuis 2017, a vu son profit être multiplié par sept entre le premier semestre de 2020 et le deuxième. Avril, paroxysme de la première vague du Covid, a été le mois de vente le plus élevé depuis 2015.

Ariane Blanchet, *Les Echos*, février 2021.

DOC. 2 Etsy s'offre Depop, la place de marché de la génération Z

Etsy, *marketplace* de référence du « fait main », a annoncé ce mercredi 2 juin le rachat du spécialiste londonien de la mode d'occasion prisé par les moins de 26 ans Depop. La transaction qui s'élève à 1,63 milliard de dollars devrait être finalisée d'ici à la fin de l'année 2021. Cette acquisition devrait permettre à Esty d'atteindre un public plus jeune et de renforcer sa position sur le marché des vêtements vintage ou d'occasion.

***usine-digitale.fr*, juin 2021.**

2 Ubérisation : quels enjeux ?

1. Rappelez ce que signifie le terme « ubérisation ».
2. Quels sont les nouveaux enjeux économiques posés par l'ubérisation ?
3. Quelles règles ont été mises en place par les pouvoirs publics pour réguler ce phénomène ?

DOC. **Les limites de ce nouveau modèle**

Néologisme créé à partir du nom de l'entreprise californienne de transport, le terme « ubérisation » a fleuri depuis peu dans notre vocabulaire économique. Il correspond à l'émergence de plateformes digitales mobiles sur lesquelles clients et prestataires peuvent entrer en contact directement, gratuitement et en temps réel. […]

Ce modèle vient bouleverser les prestataires et intermédiaires historiques car il permet à des particuliers et semi-professionnels d'annoncer gratuitement des services à des bases de clientèle très larges. […]

Un accroissement de l'offre et de la concurrence

En permettant à des particuliers et semi-professionnels de prendre part à la création de valeur dans certains marchés, l'ubérisation contribue à augmenter l'offre. Ceci a pour effet d'accroître la taille des marchés quand la demande n'est pas entièrement satisfaite.

Exemple : Airbnb a permis d'augmenter la capacité d'accueil touristique dans de nombreuses villes. Cet afflux supplémentaire de touristes accroît les revenus du tourisme et profite à beaucoup d'autres secteurs. […]

L'innovation des plateformes mobiles a permis dans certains cas de débloquer des marchés qui existaient déjà mais avaient du mal à décoller.

Exemple : le marché des livraisons de plats cuisinés à domicile était réduit avant l'arrivée d'acteurs comme Deliveroo ou Uber Eats. C'est une possibilité de chiffre d'affaires complémentaire pour les restaurants et une opportunité financière pour les particuliers qui effectuent ces livraisons.

La concurrence a certaines vertus ! Elle oblige les professions « attaquées » à se remettre en cause. Les taxis offrent plus de services, les hôtels traditionnels devraient baisser leurs prix.

Les limites de ce nouveau modèle

• La première réserve est simple et très objective : rares sont les entreprises qui participent à l'ubérisation et parviennent à dégager des résultats financiers positifs. Ces sociétés sont parvenues à enregistrer des croissances très fortes de leurs ventes, mais tardent à démontrer qu'elles ont un modèle financier pérenne.

Exemple : depuis sa création en 2009, Uber n'a réalisé qu'un seul exercice bénéficiaire (en 2018).

• Les nouvelles sociétés créent de l'emploi, mais il s'agit d'un travail essentiellement mal rémunéré et à temps partiel. Il s'agit d'un modèle aux antipodes du salariat classique. […]

D'après une étude réalisée par Kantar TNS d'octobre 2018, le taux horaire d'un chauffeur locataire chez Uber est d'environ 9,15 euros, après prise en compte des frais (commissions Uber, essence, assurance, etc.), soit un salaire très légèrement supérieur au SMIC. Le groupe enregistre par conséquent une rotation très importante des chauffeurs, dont les gains sont insuffisants.

L'intervention nécessaire des pouvoirs publics

Les États ont souvent été pris de court et contraints d'agir a posteriori lorsque des déséquilibres sont apparus. […]

La révolte des taxis en France

Le service UberPop donnait la possibilité aux particuliers de transporter d'autres particuliers, avec très peu de contraintes. Face au tollé suscité au sein des taxis traditionnels, le gouvernement a décidé d'interdire ce service. Depuis, les barrières à l'entrée pour les VTC ont été augmentées, notamment par la loi Thévenoud votée en 2014. Cette dernière oblige les chauffeurs à justifier d'un certificat d'assureur et d'avoir suivi une formation commune aux taxis. Les pouvoirs publics se sont également intéressés aux conditions de travail des chauffeurs de VTC.

La distorsion des marchés immobiliers

Le développement d'Airbnb a, dans certains cas, eu un effet néfaste sur le marché du logement. La rentabilité d'une location sur Airbnb étant supérieure à une location traditionnelle, de nombreux propriétaires sont tentés de louer leur(s) bien(s) exclusivement sur Airbnb. Ceci provoque une pénurie de l'offre dans le logement locatif traditionnel et pénalise la population locale (loyers plus élevés, exode du centre-ville). Symétriquement, cela nuit à l'hôtellerie traditionnelle, soumise à davantage de contraintes.

D'après www.lafinancepourtous.com, 18 novembre 2020.

L'économie numérique

- Une économie de l'information et de la connaissance grâce aux technologies numériques
- L'apparition de nouveaux acteurs (start-up, GAFA) et secteurs d'activité

→ La révolution numérique modifie les modes de consommation et de production.

Les conséquences du numérique sur l'environnement des entreprises

- Dématérialisation des services
- Accélération de l'innovation et nécessité de s'adapter
- Évolution des formes de concurrence (nouveaux acteurs, nouveaux secteurs)
- Accélération de la mondialisation

Les conséquences du numérique sur les relations d'échange

- Un mouvement de dématérialisation des échanges
  - → Des relations marchandes : B to B, B to C, C to C
    → Le rôle des places de marché et de l'e-commerce
  - → Des relations non marchandes : B to G, partage de contenus…
- La désintermédiation des échanges entre le producteur et le consommateur
  Et paradoxalement, l'apparition de nouveaux intermédiaires : processus de réintermédiation
- Le rôle des plateformes d'échange, lieux d'échange numériques qui permettent de créer des effets de réseau (ou externalités) et modifient les conditions de fonctionnement du marché (réduction des coûts de transaction et des asymétries d'information)

CONCEPTS

Big Data – B to B – B to C – C to C – C to G – Économie collaborative – Économie numérique – Externalité de réseau – Place de marché – Plateforme d'échange – *Pure player* – Ubérisation

2 L'adaptation des entreprises à l'économie numérique

PLAN DU CHAPITRE

- **1 •** Identifier les conséquences du numérique sur les modes de consommation
- **2 •** Identifier les conséquences du numérique sur les modes de production

LA COMPÉTENCE ATTENDUE

→ Identifier les conséquences du numérique sur les modes de production et de consommation de biens et services de l'entreprise.

LES SAVOIRS ASSOCIÉS

→ L'évolution des modèles économiques : relations marchandes, non marchandes, économie collaborative, propriété et usages
→ Les normes et les standards

L'essor du commerce par la voix

Partenaires stratégiques depuis deux ans, Carrefour et Google présentent un nouveau service de courses par la voix utilisant Google Assistant. Il s'agit à ce jour de l'expérience la plus aboutie en matière de commande vocale pour l'e-commerce en France, permettant au distributeur de prendre une longueur d'avance sur la concurrence.

Ce nouveau service permet aux clients de faire leurs courses alimentaires à la voix via Google Assistant, disponible sur smartphones, enceintes et écrans connectés compatibles. 27 000 références sont disponibles. « *En s'appuyant sur l'intégration technologique entre Google et Carrefour et sur les avancées de la reconnaissance vocale et de l'intelligence artificielle, ce nouveau service, qui continuera d'évoluer, simplifie et personnalise l'expérience d'achat pour l'e-commerce alimentaire* », résument les deux partenaires.

Concrètement, le client peut élaborer sa liste de courses en disant « Ok Google, je veux faire mes courses » puis en énumérant à haute voix les produits souhaités. Les mots courants – « lait », « beurre », mais aussi des expressions comme « comté 18 mois » ou « fromage Carrefour » – sont transformés en produits disponibles à la vente sur carrefour.fr. Une traduction en temps réel de Google Assistant, qui est connecté à l'inventaire e-commerce de Carrefour pour associer chaque mot à un produit.

Aude Chardenon, Usine Digitale, 16 juin 2020.

FAIRE SES COURSES À LA VOIX

Vidéo liennathan.fr/9fr74j

1. **Qu'est-ce que le commerce commandé par la voix ?**
2. **Quel est l'intérêt d'un tel partenariat pour Carrefour ? et pour Google ?**
3. **En tant que consommateur/consommatrice, que pensez-vous de ce partenariat ?**

1 Identifier les conséquences du numérique sur les modes de consommation

A De nouveaux usages auxquels s'adaptent les entreprises

DOC. 1 Le mobile au cœur des usages des « digital natives »

La génération des « digital natives » (15-34 ans) se caractérise par un usage massif du smartphone, une forte présence sur les réseaux sociaux, un faible temps passé à regarder la télévision, une consommation abondante de musique en streaming, une très faible appétence pour la presse papier… Instantanéité, mobilité et partage constituent leur credo. Ils représentent un quart de la population française et influencent de plus en plus les générations plus âgées. […] Un milliard de smartphones sont vendus chaque année dans le monde. Les applications sont désormais au cœur des usages et le consommateur a une consommation « ATAWAD » : Any Time, Any Where, Any Device (n'importe quand, n'importe où et sur n'importe quel support).

©Dila, *Cahiers français*, n° 392.

DOC. 2 La progression de la consommation connectée

Les digital natives, devenus consommateurs, entraînent une mutation de la structure de l'économie à mesure qu'ils accèdent à un pouvoir d'achat.

Près de 62 % des Français de 12 ans et plus effectuent des achats en ligne

DOC. 3 Les usages varient selon l'âge

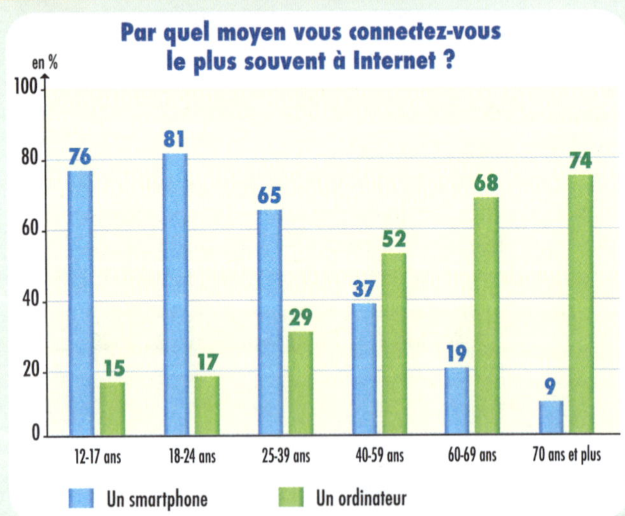

D'après https://serviceplan.blog

DOC. 4 Les entreprises s'adaptent à la mobilité

Pour une entreprise, l'application mobile représente une solution supplémentaire pour booster son activité, développer sa notoriété et acquérir de nouveaux clients. […] En interne, [les applications] sont destinées à permettre à leurs employés d'être nomades en disposant d'un bureau mobile et des données requises pour leur activité opérationnelle en tout temps et en tout lieu. D'où une productivité accrue.

D'après www.entreprendre.fr

1. **Qui sont les « digital natives » ?**
2. **Quel est l'effet de la diffusion des écrans et d'Internet sur le commerce B to C ?**
3. **Comment les entreprises s'adaptent-elles aux nouveaux usages de cette génération ?**

DOC. 5 Les réseaux sociaux transforment la consommation

Les réseaux sociaux représentent un moyen efficace d'informer les utilisateurs de la sortie d'un nouveau produit/service ou pour obtenir des exclusivités sur les évolutions et améliorations. Les "*early adopters*", qui y sont particulièrement sensibles, restent les premiers à se ruer sur le produit. Ils partagent l'information par la suite auprès de leurs différentes communautés. Il est possible de diffuser tout type de données qui diffèrent un peu d'une communication habituelle permettant d'orienter sa communauté vers le site Internet. Pour attirer et fidéliser leur clientèle *via* les réseaux, certaines marques comme Carrefour, H&M ou Monoprix se sont lancées dans le *live-shopping* sur Facebook, YouTube ou encore Instagram. Cette tendance qui a explosé durant le confinement reprend les codes du télé-achat et permet aux utilisateurs des réseaux sociaux d'acheter en direct des produits présentés par un « influenceur » dans une vidéo diffusée en streaming.

***Journal du net*, décembre 2021.**

79 % de la population européenne est sur les réseaux sociaux, 74 % en Amérique du Nord, 66 % en Asie de l'Est contre 8 % en Afrique

onlyso.fr, janvier 2021.

DOC. 6 Le « consommateur augmenté »

L'**expérience d'achat (ou expérience client)** désigne l'ensemble des émotions et sentiments ressentis par un client avant, pendant et après l'achat d'un produit ou service.

60 %

des clients ont recherché l'information avant de procéder à la commande sur Internet

***Fevad*, 2021.**

34 %

Des clients interrogés estiment que la crise les a conduits à commander davantage en ligne, dont 70 % estiment que cette évolution est désormais acquise.

***Fevad*, 2021.**

4. En quoi les réseaux sociaux facilitent-ils l'accès à l'information ?
5. Identifiez l'influence de « l'expérience client » sur l'acte d'achat.
6. Pourquoi peut-on parler d'un « consommateur augmenté » ?
7. Quel est l'usage des réseaux sociaux dans les relations marchandes ?
8. Montrez comment les entreprises s'adaptent à ces nouveaux usages.

DOC. 7 Les publications de contenus sur Internet

Lorsque vous publiez une image sur Instagram ou une vidéo sur YouTube, vous la partagez avec l'ensemble de vos contacts, qui pourront à nouveau la partager sur leurs comptes. Les réseaux sociaux ont une vocation de partage et incitent fortement les utilisateurs à faire circuler entre eux le contenu qu'ils postent sur la plateforme. De la même façon, chacun d'entre vous peut publier et partager des connaissances en libre accès sur l'encyclopédie collective et gratuite Wikipédia.
Seulement voilà : Instagram ressemble à une sorte de vaste supermarché numérique de l'image, où la moindre de vos photos personnelles pourrait se voir récupérée, transformée, éditée, exposée et commercialisée à votre insu. Et les contenus publiés sur Wikipédia sont modifiables par tous et ne constituent pas des sources d'information fiables.

9. Qu'est-ce que la diffusion de contenus en ligne ?
10. Quel est le problème posé par les publications de contenus sur Internet ?

B De nouveaux modèles de consommation

DOC. 8 Consommation : l'usage plutôt que la possession

De la propriété à l'usage

La révolution numérique bouscule nos habitudes de consommation. En effet, à l'heure du partage, consommer ne signifie plus posséder. La vente de la propriété du bien est de plus en plus souvent remplacée par la vente de l'usage du bien. On bascule ainsi d'une économie de la propriété à une économie de l'usage.

Le boom de l'économie collaborative

La bonne santé des sites de l'économie collaborative en témoigne : on assiste au développement des sites de vente entre particuliers (Leboncoin, eBay…) ainsi que des sites de partage (BlaBlaCar, Airbnb, Vélib' Métropole…). Petit à petit, l'usage se substitue à la possession et les modèles reposant sur la location ou l'abonnement deviennent de véritables modèles de consommation. Cela explique le succès de Deezer et de Netflix, par exemple.

DOC. 9 Le développement de l'autopartage

L'autopartage est la mise à disposition de véhicules en libre-service, au profit d'usagers et pour la durée et la destination de leur choix. Les véhicules peuvent appartenir à l'opérateur d'autopartage ou à la collectivité.
L'autopartage se distingue de la location traditionnelle par une mise à disposition des véhicules en libre-service et disponibles en 24/7, avec des conditions d'utilisation qui permettent des trajets d'une heure ou moins, et sans remise des clés en main propre. L'autopartage réduit la dépendance à la voiture et favorise le report vers d'autres modes de mobilité. En ce sens, il réduit la consommation d'énergie et les émissions de polluants. En outre, il permet de libérer de l'espace urbain utilisé auparavant pour le stationnement des véhicules.

ecologie.gouv.fr, novembre 2021.

11. **Qu'est-ce que l'autopartage ? Quelle est la différence avec le covoiturage ?**

12. **Pourquoi préférer l'usage d'un bien plutôt que sa propriété ?**

13. **Identifiez, dans les documents 8 et 9, les acteurs de cette économie de l'usage, puis classez-les selon leur modèle : abonnement, location, achat/vente d'occasion.**

14. **Donnez des exemples de votre vie quotidienne où l'usage remplace la propriété.**

DOC. 10 L'économie de l'usage et le développement durable

En remplaçant la vente du bien par la vente de l'usage du bien, le producteur a donc intérêt à faire durer le produit, ce qui favorise un moindre gaspillage des ressources naturelles, dans une perspective de développement durable. D'autre part, les citoyens ont pris conscience des dangers auxquels la planète est exposée du fait du développement de ce modèle d'hyperconsommation mondialisée et qui pourraient mettre en cause leurs modes de vie : pollution directe et indirecte, changement climatique, problématiques de recyclage, maladies, gaspillage, épuisement ou raréfaction des ressources (pétrole, eau…).

15. **Comment s'adaptent les entreprises qui produisent ces biens ?**

16. **Quels liens pouvez-vous établir entre économie de l'usage et contribution au développement durable ?**

DOC. 11 Les entreprises s'adaptent aux consommateurs

Au cours de la dernière décennie, les supports et les modes de consommation des productions audiovisuelles se sont multipliés : cinéma, télédiffusion, location ou achat de DVD/Blu-ray, TV Replay, Streaming, VOD, téléchargement, etc. Avec le développement d'internet, l'augmentation de la bande passante dans les foyers, la consommation de contenu audiovisuel s'est tournée de plus en plus vers le dématérialisé, au profit des services en ligne, des plateformes de streaming et aussi du téléchargement illégal auquel l'industrie du cinéma tente de faire face. À l'ère du tout-illimité, de la personnalisation, de la simplicité et la rapidité d'utilisation, ce sont les services comme Netflix qui semblent le plus innover et s'adapter à l'évolution du numérique, tout en répondant efficacement aux besoins des consommateurs.

lescahiersdelinnovation.com

NETFIX, QUELS SONT LES PRIX EN FRANCE ?

Vidéo liennathan.fr/4j58jk

DOC. 12 L'abonnement au service de cloud computing

Difficile de se passer du cloud aujourd'hui, en particulier pour les professionnels. Mais le cloud, qu'est-ce que c'est ? Le cloud computing est une forme de stockage de données à l'extérieur de son propre système. [...] En s'abonnant à un service de cloud computing [ex.: Google, IBM], on paie l'accès à des ressources informatiques partagées *via* un réseau de télécommunications. Des ressources, et c'est le plus important, qui restent donc disponibles en libre-service et à la demande.

Les « plus » du cloud : rapidité, souplesse, paiement à l'usage.
Les « moins » du cloud: complexité, sécurité des données...

www.entreprendre.fr

17. **Expliquez comment Netflix est passé d'un modèle de location à un modèle d'abonnement.**

18. **Pourquoi peut-on dire que Netflix répond aux besoins de consommateurs ?**

19. **Pourquoi y a-t-il une expansion des services de cloud computing ?**

20. **Quels en sont les avantages et les inconvénients pour les particuliers ? les entreprises ? la société dans son ensemble ?**

APPLICATION AU CAS

AIRBNB

DOC. Les avis sur Airbnb

Le système de commentaires Airbnb est à double sens : lorsqu'un voyageur quitte votre logement, il peut bien évidemment laisser un commentaire et une note sur votre annonce de location, mais vous pouvez, de même, poster un commentaire sur les personnes que vous avez reçues. À la fin du séjour, voyageur et hôte sont invités à laisser leur avis. Chaque avis n'est dévoilé qu'une fois l'avis de l'autre partie rédigé et soumis. Cela assure ainsi une certaine transparence et incite chacun à jouer le jeu, en déposant un avis sans avoir lu l'autre.

Romain, www.astuces-airbnb.com.

1. **Pourquoi l'entreprise Airbnb fait-elle partie de l'économie de l'usage ?**
2. **Quelles sont les caractéristiques du système de notation sur Airbnb ?**
3. **Montrez que le système appliqué par Airbnb permet de construire un profil des utilisateurs des deux faces de la plateforme.**
4. **Quelles en sont les conséquences sur les modes de consommation des utilisateurs ?**

2 Identifier les conséquences du numérique sur les modes de production

A L'évolution des modèles économiques de l'entreprise

DOC. 13 Le business model en plateforme

Levier stratégique des entreprises pour atteindre de nouveaux marchés, tester de nouveaux produits, ou encore mener des opérations « coups-de-poing » pour liquider du stock, les business de plateforme sont de plus en plus nombreux. On estime que d'ici 2030, les *business models* de plateforme représenteront 30 % de l'économie mondiale.
Une plateforme est un *business model* qui sert d'intermédiaire en créant de la valeur en facilitant les échanges entre deux groupes interdépendants dit « biface » ou plus dit « multiface ». On retrouve généralement un groupe de producteurs et un groupe de consommateurs. Les plateformes offrent aux parties prenantes des possibilités de collaboration et de transaction à grande échelle [NDLR : au sein d'un écosystème].

gementreprendre.com, mars 2021.

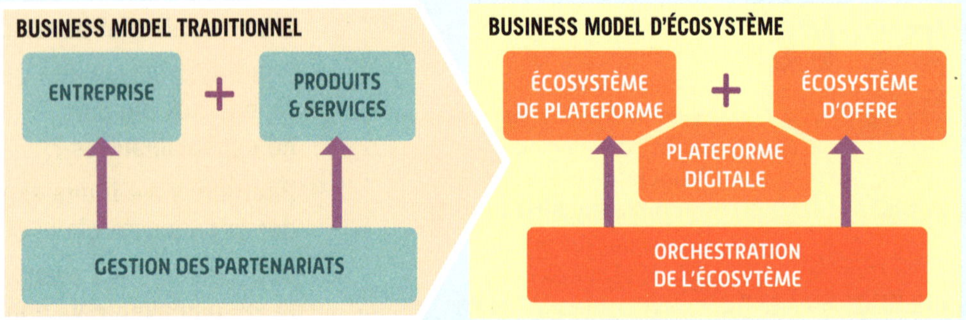

Accenture

DOC. 14 Le succès du *business model* de l'App Store

Treize ans après la création de l'App Store, Apple continue de régner en maître sur la distribution des applis mobiles au sein de son écosystème. Impossible d'installer un logiciel sur un iPhone ou un iPad sans passer par son magasin. Le groupe de Cupertino s'en félicite. Selon lui, c'est un gage de qualité, de sécurité et de confidentialité.

Sébastien Dumoulin, lesechos.fr, 29 août 2021.

1. **Relevez les différences entre un business model traditionnel et un business model fondé sur une plateforme.**
2. **Comment fonctionne le business model de l'App Store ?**

DOC. 15 Les PME françaises en retard dans la transformation digitale

À la traîne, ces entreprises doivent brutalement franchir un cap technologique pour continuer leur activité. « La crise a mis un coup d'accélérateur à la transition numérique des PME françaises, c'est évident », constate Marie Prat, présidente de la commission numérique de la Confédération des petites et moyennes entreprises (CPME).
Il y avait urgence car la France est très en retard en matière de digitalisation de ses petites et moyennes entreprises. Jusqu'à la crise, ces PME - très hétérogènes - montraient globalement peu d'appétence. Selon une étude menée par la BPI en 2019, 87 % des dirigeants ne faisaient pas de la transition numérique une priorité stratégique pour leur entreprise, faute de temps, de budget, de compétences internes… et d'en voir l'intérêt. La brutale réalité à laquelle les ont confrontés la crise du Covid-19 et le confinement a déclenché une prise de conscience.

Ingrid Vergara, lefigaro.fr, juillet 2020.

3. **Quels sont les freins à la digitalisation des PME ?**
4. **Pourquoi est-ce un enjeu de compétitivité nationale ?**
5. **Recherchez comment la Banque publique d'investissement (BPI) accompagne la digitalisation des PME.**

DOC. 16 Nouveaux modèles économiques, stratégie de prix et modalités de financement

Le modèle « Freemium »	C'est la contraction de « free » et de « premium ». Ce modèle économique consiste à proposer une offre gratuite et facile d'accès pour attirer les utilisateurs et les encourager à payer pour une offre plus complète.
Le modèle « Free-to-play »	Ce modèle économique ne restreint pas l'expérience du consommateur, qui peut profiter du service proposé (quasiment) à volonté. L'éditeur se rémunère sur des revenus indirects qui proviennent d'annonceurs (placement de produit, publicité intégrée…).
Le yield management	Cette méthode d'ajustement des prix en temps réel en fonction de la demande permet une tarification qui fixe le prix en fonction du client et du moment de la transaction pour maximiser le profit généré par la vente d'un bien ou d'un service. Elle est très utilisée par les entreprises ayant des capacités fixes commercialisant des services non stockables.

Candy Crush — Google Drive — SNCF — Spotify — AIRFRANCE — Dropbox — thefork a Tripadvisor company

6. **Quelles sont les différences entre les trois modèles économiques proposés ci-dessus ?**
7. **Quels avantages procure le yield management aux entreprises ?**
8. **À quels modèles économiques correspondent les logos ci-dessus ?**
9. **Citez d'autres exemples de votre connaissance.**

DOC. 17 Les normes et les standards

Dans l'industrie, l'économie ou les services, une **norme** est un ensemble de règles de conformité ou de fonctionnement légiféré par un organisme de normalisation mandaté, comme l'ISO au niveau international et l'AFNOR au niveau national. Un standard est un ensemble de recommandations ou de préférences préconisées par un groupe représentatif d'utilisateurs.

Ce type de pratiques possède de nombreux avantages. En effet, les normes et les standards permettent d'assurer la compatibilité, la pérennité et l'évolutivité des contenus et des choix techniques.

DOC. 18 Le développement des standards 5G et 6G

Juillet 2021 : Le gouvernement prévoit un financement allant jusqu'à 412 millions d'euros, dont 233 millions de financements publics pour :

- anticiper les évolutions de la 5G et l'arrivée de la 6G, en investissant dans des projets ambitieux sur les futures technologies de réseaux ;
- définir et mettre en œuvre une stratégie ambitieuse sur les standards internationaux.

economie.gouv.fr, juillet 2021.

10. **En quoi consistent les standards pour la mise en place de la 5G et de la 6G ?**
11. **Quel est l'intérêt pour les entreprises et les consommateurs d'adopter des standards et des normes ?**

B Les conséquences du numérique sur l'emploi

DOC. 19 L'automatisation, destructeur mais aussi créateur d'emplois

Si l'automatisation transfère indéniablement des tâches des hommes aux machines, et supprime en conséquence des emplois, l'évaluation de ces suppressions brutes est aujourd'hui imprécise et les économistes estiment aussi que l'adoption de nouvelles technologies crée de l'emploi, selon des mécanismes multiples. L'histoire économique l'a montré : le progrès technique n'a pas supprimé l'emploi. Il n'y a jamais eu autant de personnes au travail qu'aujourd'hui. Le taux d'emploi des 15-64 ans, selon les chiffres de l'OCDE, n'a cessé de croître sur les trois dernières décennies dans les principaux pays du monde, dans une période qui n'a pas été marquée par une stagnation des technologies. La digitalisation, la numérisation de l'économie ne sont donc pas au plan macro-économique la cause d'un sous-emploi massif.

La nature des innovations techniques mises en œuvre peut avoir un impact très variable sur l'emploi [...] :
- l'innovation de procédé, qui correspond à l'introduction de nouvelles techniques de production et de distribution, avec notamment l'objectif d'accroître la productivité ;
- et l'innovation de produit, qui porte davantage sur l'objet final fabriqué ou le service fourni par l'entreprise.

Les innovations de procédé sont les plus susceptibles de détruire directement des emplois, puisqu'elles répondent à l'impératif d'améliorer l'efficacité et de baisser les coûts de production alors que les innovations de produits peuvent au contraire en créer car elles font émerger de nouveaux besoins et de nouveaux débouchés.

Rapport du Sénat, novembre 2019.

DOC. 20 Robotisation : un effet positif sur l'emploi

Aucun pays n'a aujourd'hui apporté la preuve que la robotisation conduisait à un chômage de masse. Ce serait même plutôt le contraire qui se vérifie : le taux d'emploi des pays qui se robotisent a plutôt tendance à progresser.

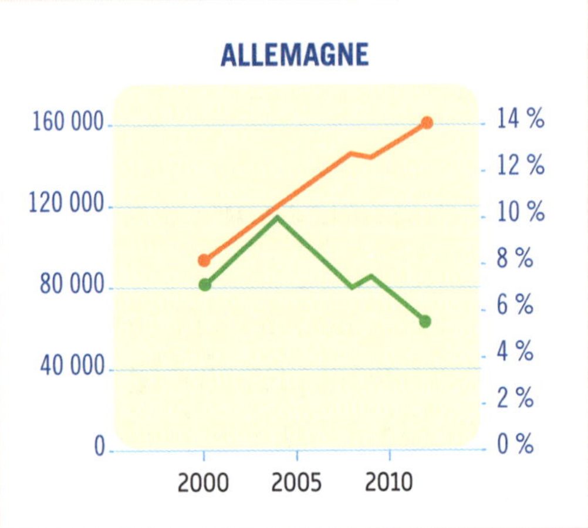

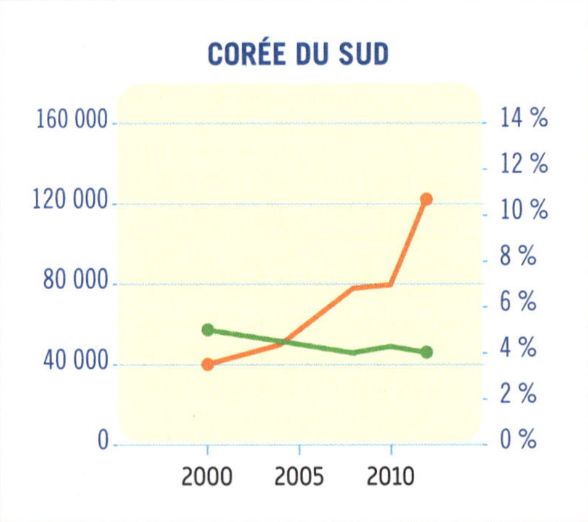

— Taux de chômage
— Nombre de robots

D'après le rapport du Sénat, novembre 2019.

12. **Quel a été l'effet global du numérique sur l'emploi au cours des 20 dernières années ?**

13. **De quel type d'innovation relève l'automatisation ? Quels risques à court terme fait-elle peser sur les emplois ?**

14. **Montrez que l'automatisation peut être créateur d'emplois.**

15. **Repérez les effets de l'innovation de produits sur l'emploi.**

DOC. 21 Les métiers de demain

La révolution du numérique est en marche. Selon une étude publiée par Dell et l'Institut pour le futur, 85 % des emplois de 2030 n'existent pas encore. L'intelligence artificielle ou la robotique vont non seulement transformer en profondeur les métiers existants mais en créer de nouveaux, dont on peine encore à dessiner les contours, comme les éthiciens ou les psydesigners. Certains métiers de demain sont toutefois déjà une réalité. Roboticien, data scientist, pilote de drone civil, imprimeur 3D […]. Les entreprises s'arrachent ces profils rares qui concernent beaucoup de secteurs professionnels.

www.pole-emploi.fr

DOC. 22 La précarisation des emplois : l'exemple des « juicers »

Il est une heure où les trottinettes électriques se mettent à sonner sur les trottoirs de Paris. Lorsque la gomme des roues s'est usée toute la journée sur le bitume et que la batterie est vide, aux alentours de 22 heures, les start-up qui les gèrent les « relâchent », comme on dit poétiquement dans le milieu. Permettant à ceux qui les rechargent de se lancer dans leur traque et de déclencher, via l'application, un petit bruit strident pour mieux repérer les deux-roues. Une sorte de carte au trésor numérique. Sauf que les candidats sont des travailleurs précaires.

[…] Pas des salariés : ce marché balbutiant a encore besoin de flexibilité, argumentent les entreprises. Des auto-entrepreneurs, ce statut bien français auquel ont déjà recours les plateformes Uber, Deliveroo et autres, usant des mêmes ficelles. « Vous fixez vos propres horaires, travaillez lorsque ça vous arrange », peut-on lire sur le site de Lime. Aujourd'hui, onze opérateurs de trottinettes se partagent le marché. Pour permettre aux clients de rouler de jour, le travail, lui, se fait de nuit et ceux qui s'en chargent portent un nom : ce sont des *juicers*. L'étymologie vient de *give juice*, donner de l'énergie en anglais.

liberation.fr, mai 2019.

16. **Quelles sont les prévisions concernant l'évolution des emplois ?**
17. **Relevez des exemples de métiers de demain.**
18. **Pourquoi peut-on parler d'ubérisation à propos des trottinettes électriques ?**

APPLICATION AU CAS

AIRBNB

DOC. Un écosystème est né autour de Airbnb

Combien sont-elles exactement ? Impossible à dire ; sans doute des centaines, peut-être des milliers. Toute une galaxie de petites entreprises nées, depuis 2015, de la montée en puissance de Airbnb. Toutes avides de rendre des services aux loueurs comme aux locataires d'appartement pour de courtes durées. Qui créent des emplois et de la richesse. Et cela, dans toute la France. Parfois, cela se résume à de menus services rétribués à des étudiants autoentrepreneurs : accueil des visiteurs, remise des clés. Parfois, c'est un peu plus élaboré. La société Monkey Locky installe ainsi des casiers dans des cafés afin que les arrivants munis d'un code puissent récupérer les clés sans encombre.

E. Ducros, *L'Opinion*.

D'autres sociétés de « e-conciergerie » proposent de tout gérer : des annonces aux clés, jusqu'au nettoyage du linge sale… Depuis peu, des sociétés partenaires proposent de réserver des activités ou d'organiser des événements, ou bien d'aider les clients à déclarer leurs revenus aux services des impôts. Airbnb se lance dorénavant dans la construction d'immeubles. À quand la vente de billets d'avion ?

1. **Décrivez l'écosystème d'Airbnb.**
2. **Pourquoi peut-on parler d'un business model en plateforme ?**
3. **Comment ce business model est-il source de création de valeur ?**

TESTEZ VOS CONNAISSANCES

Flashez le QR code pour faire les exercices et réviser les notions essentielles.

liennathan.fr/48igj4

1 L'assurance auto connectée

1. **Comment le numérique fait-il évoluer l'offre d'assurance ?**
2. **Quels sont les avantages du service proposé par Direct Assurance ?**
3. **Quels sont les risques liés à l'hyperpersonnalisation de l'assurance ?**

DOC. 1 L'assurance face à la révolution des données

Depuis quelques années, il existe une alternative à l'assurance auto classique : l'assurance auto connectée. Son objectif est le même : couvrir le conducteur dans le cadre de sa conduite et en cas de sinistre. Cependant son fonctionnement diffère en ce qu'elle est capable - grâce à un boitier connecté - d'évaluer la conduite et de récompenser les conducteurs prudents au volant. À la clé, une diminution de 50 % de la prime d'assurance auto selon les assureurs (...). Si vous décidez de souscrire une assurance auto connectée, votre compagnie d'assurance vous demandera dans un premier temps d'installer la technologie permettant d'analyser vos données de conduite. Il s'agira au choix :

- d'un boitier installé dans votre véhicule (par vous ou par un garagiste) ;
- ou d'une simple application sur votre smartphone.

Ces données une fois restituées donneront lieu à un « score de conduite ». Score auquel aura accès votre assureur et à partir duquel il pourra fixer votre prime d'assurance.

reassurez-moi.fr, 6 août 2021.

DOC. 2 Un risque d'exclusion

YOUDRIVE DE DIRECT ASSURANCE

Vidéo liennathan.fr/e3f3v4

« À l'extrême, il y a un risque que les assurés les plus fragiles soient tout simplement exclus du marché de l'assurance », met en garde Pascal Demurger, le directeur général de la Maif, dans la revue *Risques*.

2 Le numérique au service de la santé et de l'éducation

1. **Quel est l'impact du numérique sur les services de santé ? et sur la formation des médecins ?**
2. **Montrez que le numérique transforme ces services non marchands.**

DOC. 1 Chirurgie réalisée avec un casque de réalité mixte

OPÉRATION DE L'ÉPAULE RÉALISÉE AVEC UN CASQUE DE RÉALITÉ MIXTE

Vidéo liennathan.fr/2f3q2k

DOC. 2 Visualisation médicale préopératoire

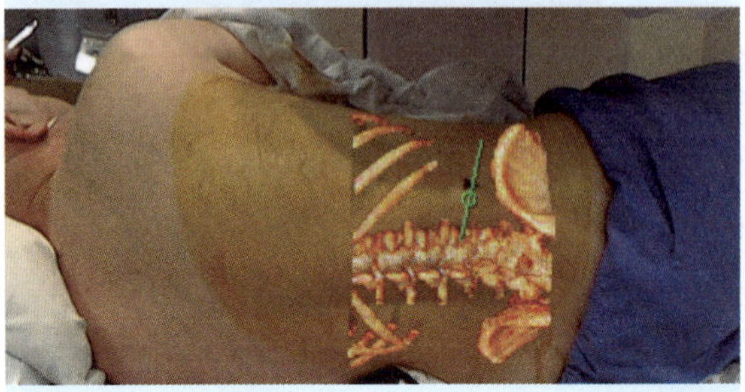

DOC. 3 Apprentissage virtuel pour les chirurgiens

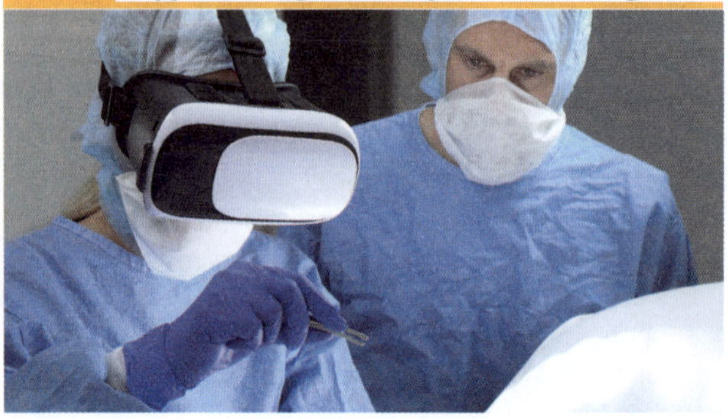

3 Doctolib, une plateforme en pleine croissance

1. **Quelles sont les faces de la plateforme Doctolib ?**
2. **S'agit-il d'une relation d'échange B to B ou B to C ?**
3. **Montrez que le modèle économique de Doctolib est un modèle d'abonnement.**
4. **Recherchez sur Internet des indicateurs qui témoignent de la forte croissance de Doctolib.**

DOC. 1 La prise de rendez-vous révolutionnaire

La plateforme numérique Doctolib a été fondée en 2013 par quatre entrepreneurs qui voulaient révolutionner la médecine. Depuis la crise sanitaire du coronavirus, elle est de plus en plus utilisée.

La start-up, maintenant bien connue, propose des outils numériques aux médecins pour la prise de rendez-vous et la téléconsultation. Le modèle économique de la plateforme est plutôt simple pour son patron : l'entreprise se rémunère avec les médecins qui sont ses clients. « On a un seul et unique modèle économique. On se rémunère 129 euros par praticiens par mois et 79 euros pour la vidéo-consultation par praticiens par mois. Il n'y a aucun autre revenu [...] pour les patients, c'est 100 % gratuit, nous n'avons aucun marketing et nous n'avons pas d'accès aux données de santé », explique Stanislas Niox-Chateau.

***Europe 1*, novembre 2020.**

DOC. 2 Doctolib achète Tanker

Doctolib annonce ce vendredi 21 janvier 2022 l'acquisition de la startup Tanker, spécialiste du chiffrement de bout en bout. [...] « Les données personnelles de santé des patients qui utilisent Doctolib ne sont accessibles qu'aux patients et à leurs professionnels de santé en toutes circonstances », expliquait Doctolib lors d'une précédente présentation. Autrement dit, seules les personnes qui communiquent – le professionnel de santé et son patient – peuvent lire les messages échangés. Ce rachat s'inscrit dans un contexte de prise en compte croissante de la sécurité des données personnelles par Doctolib.

Alice Vitard, Usine Digitale, janvier 2022.

4 Station F : un écosystème pour les start-up en France

À l'aide de vos recherches sur Internet, répondez aux questions suivantes :

1. **En quoi l'ouverture de ce campus facilite-t-il l'innovation ?**
2. **Pourquoi peut-on parler d'écosystème entrepreneurial ?**
3. **Recherchez des exemples de « jeunes pousses » de Station F.**

DOC. 1 Page d'accueil https://stationf.co/fr/

SYNTHÈSE

Les entreprises s'adaptent aux nouveaux modes de consommation.

- Nouveaux usages de consommation, des « digital natives » notamment
  - E-commerce, partages de contenus, applications, réseaux sociaux…
- Nouveaux modèles de consommation
  - Économie de l'usage
    - Économie collaborative
    - Modèle de location
    - Modèle d'abonnement

Les entreprises se transforment, se digitalisent et développent de nouveaux modes de production.

- Nouveaux modèles économiques
  - Business model de plateforme
    - Écosystème : réseau d'entreprises
  - Stratégies de prix et de financement
    - – Freemium
    - – Free to play
    - – Yield management
- Transformation des emplois
  - Automatisation
  - Apparition de nouveaux métiers

CONCEPTS

Automatisation – Business model de plateforme – Digital natives – Digitalisation – Économie de l'usage – Économie collaborative – Écosystème – Free to play – Freemium – Normes et standards – Yield management

3 La protection des personnes dans l'univers numérique

LA COMPÉTENCE ATTENDUE
→ Caractériser les conséquences juridiques des choix opérés par l'entreprise sur la protection des personnes, des données.

LES SAVOIRS ASSOCIÉS
→ Le rôle de la CNIL
→ La protection de la personne : les données à caractère personnel, l'identité numérique, l'usage du numérique dans l'activité de travail

PLAN DU CHAPITRE
- 1 • Repérer les enjeux de la protection des données à caractère personnel
- 2 • Caractériser les conséquences juridiques de la protection des données personnelles pour l'entreprise

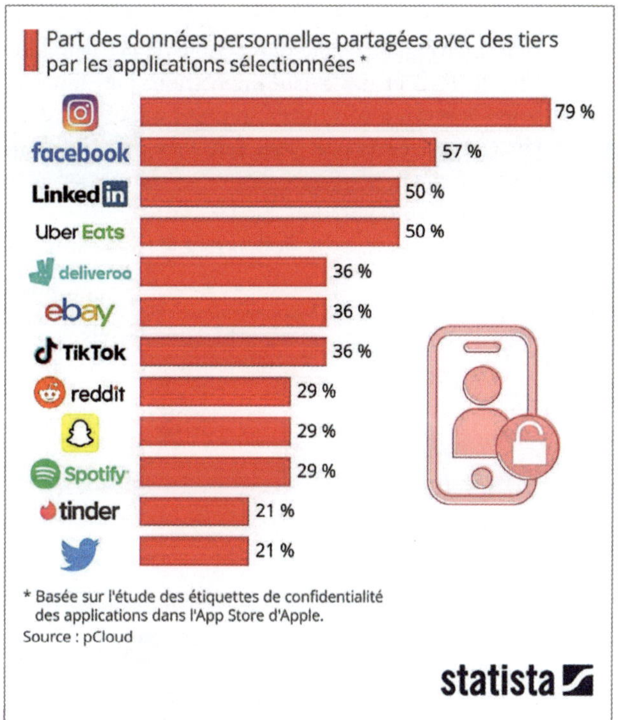

Quelles applis partagent le plus de données personnelles ?

Nous avons pour la plupart déjà tous vécu cette expérience : après avoir regardé une critique ou un test de produit sur YouTube, par exemple, on tombe quelques instants plus tard nez-à-nez sur une publicité pour ce même produit dans le flux d'une autre application (Instagram, Facebook,...). Bien que cela laisse toujours l'impression qu'une sorte de magie noire est à l'œuvre, l'internaute lambda est désormais plutôt habitué à ce genre de « coïncidences ».

Ce n'est plus vraiment un secret pour personne, les plateformes que nous utilisons quotidiennement collectent de grandes quantités de données sur leurs utilisateurs, et dans de nombreux cas, ces données sont transmises à des tiers dans un but commercial. Bien entendu, cela ne devrait pas se produire sans autorisation et c'est pourquoi nous devons généralement accepter une longue liste de conditions générales avant d'utiliser une application. Mais, honnêtement, combien d'utilisateurs lisent vraiment systématiquement l'intégralité de ces conditions avant de cliquer sur «oui» ? [...]

Tristan Gaudiaut, www.fr.statista.com, 24 mars 2021.

1. **Quel est l'intérêt pour les plateformes de collecter des données sur leurs utilisateurs ?**
2. **Les utilisateurs d'Internet ont-ils les moyens de contrôler cette collecte de leurs données ?**
3. **Arriveriez-vous à lister les informations personnelles que vous avez révélées sur un réseau social ou sur un autre site sur Internet ? Que pouvez-vous en conclure ?**

CHINE, TOUT EST SOUS CONTRÔLE !
Vidéo
liennathan.fr/4vz64m

1 Repérer les enjeux de la protection des données à caractère personnel

A Le besoin de protection des données à caractère personnel

DOC. 1 Les risques de la collecte des données à caractère personnel

[…] Lorsqu'un internaute surfe sur Internet, il est toujours identifié par une adresse « IP ». De nombreuses informations sont associées à cette adresse par les sites qu'il visite, comme sa localisation, son nom, son temps de connexion, son numéro de téléphone, voire son âge, son sexe ou une empreinte digitale. Toutes les traces qu'il laisse derrière lui, depuis un ordinateur ou un téléphone, et qui sont susceptibles de permettre son identification directement ou indirectement sont considérées comme des données personnelles. […]

Les données personnelles revêtent une importance stratégique pour les entreprises. Comme le dit le vieil adage d'Internet, « si c'est gratuit, c'est que vous êtes le produit ». Le modèle économique de la plupart des services gratuits du Web est fondé sur l'exploitation et la vente des données. […] Les marques sont prêtes à payer très cher pour connaître les habitudes d'achat et les centres d'intérêt des internautes pour définir leur profil et leur proposer de la publicité ciblée. […] Plus largement, des données peuvent être utilisées pour usurper une identité ou commettre des actes de cybermalveillance. Une photocopie de la carte d'identité, du RIB et des avis d'imposition d'un internaute peuvent servir à contracter un prêt bancaire à son insu. Un compte Facebook peut être créé avec le nom, le prénom et les photos de soirée d'une personne afin de nuire à sa réputation. […]

B. Hue, www.rtl.fr, 28 janvier 2018.

1. **Qu'est-ce qu'une donnée à caractère personnel ?**
2. **Expliquez la phrase soulignée dans le document 1.**
3. **En quoi le numérique augmente-t-il le risque d'une usurpation d'identité ?**

QU'EST-CE QU'UNE DONNÉE PERSONNELLE ?
Vidéo
liennathan.fr/3xc99u

DOC. 2 Objets connectés et algorithmes : suivre au plus près les assurés

Anticiper le risque est un enjeu essentiel pour les assureurs, mais qu'adviendra-t-il le jour où ils auront un tel niveau de connaissance qu'ils sauront le prédire ? […] [Selon] Mélodie Leloup-Velay, data protection officer chez Axa et docteure en droit, […] « *l'intelligence artificielle (IA)* permet […] *de mieux connaître nos assurés pour s'adapter à leurs besoins, répondre à leurs préoccupations en matière de garanties, de risques et de tarifs.* » La question qui en découle de façon évidente est de savoir s'il sera possible, demain, d'adapter la tarification en temps réel, pourquoi pas avec des objets connectés - des objets capables de suivre en permanence l'état de santé de l'assuré. […] C'est bien l'orientation prise par le programme Vitality, qui récompense les comportements sains. L'assureur vous offre ainsi une Apple Watch si vous respectez une certaine hygiène de vie : marcher, faire de l'exercice ou aller régulièrement chez le médecin. […]. Le programme […] ne sert ni dans un cas ni dans l'autre à la tarification. Ce n'est pas à exclure à terme […].

Cela n'empêche pas le constructeur automobile Stellantis, via sa filiale PSA Finance France, de proposer une assurance personnalisée à la façon de conduire. Avec un boîtier « télématique » - un mouchard - un score de conduite est établi tous les mois qui permet de calculer le tarif annuellement, raconte *Motors Actu*.

R. Demichelis, investir.lesechos.fr, 14 janvier 2022.

4. **Comment la collecte de données personnelles impacte-t-elle le domaine de l'assurance ?**

DOC. 3 L'affaire Pegasus

Militants, journalistes, opposants politiques, mais aussi chefs d'État… L'affaire Pegasus, révélée par le consortium de journalistes Forbidden Stories, a mis au jour un système d'espionnage d'une ampleur inédite. L'utilisation d'un logiciel espion capable de s'infiltrer dans les téléphones portables et d'accéder à toutes les données (messages, photos, mails…), y compris celles contenues dans les messageries cryptées (Signal, WhatsApp ou encore Telegram), a provoqué un véritable scandale, et de nombreuses tensions diplomatiques. […]
Il y a de quoi susciter de véritables inquiétudes pour les États. Les négociations commerciales internationales, sous écoutes, on ne les conclut pas pareil ! Une vente de Rafale, ou une vente de centrale nucléaire, sous écoutes, ne se négocie pas de la même manière. C'est une vraie lutte de pouvoir sur tous les plans, économique, commercial, militaire, stratégique, sanitaire… qui se joue à travers l'espionnage. […]

www.20minutes.fr, 25 juillet 2021.

5. Au regard des personnes visées par le logiciel espion, expliquez les risques économiques et politiques de l'utilisation des données personnelles.

B Les règles juridiques protégeant les données à caractère personnel

L'EUROPE ET LA PROTECTION DES DONNÉES PERSONNELLES ?
Vidéo
liennathan.fr/73r8tf

DOC. 4 Le règlement général sur la protection des données

La protection des données personnelles est encadrée par le Règlement général sur la protection des données (RGPD). Ce règlement de l'Union européenne est entré en vigueur le 25 mai 2018. Puisqu'il s'agit d'un règlement, il est directement applicable dans tous les États membres de l'UE. Le RGPD est applicable à toutes les organisations (entreprises, administrations publiques, associations…) qui traitent, au sein de l'UE, des données personnelles. Il s'impose aussi aux organisations non établies sur le territoire de l'UE qui traitent des données personnelles de résidents européens.

6. Expliquez pourquoi le RGPD permet d'unifier la protection des données au sein de l'UE.

7. En quoi le champ d'application du RGPD permet-il une protection efficace des données à caractère personnel ?

DOC. 5 Ce que change le RGPD pour la protection des données personnelles

Je peux savoir comment sont utilisées mes données.
[…] Lorsqu'un internaute met à disposition une partie de ses données personnelles, il doit désormais savoir à quoi elles serviront, combien de temps elles seront conservées et si elles quitteront l'Union européenne. Aux entreprises, donc, de demander la permission à chacun en expliquant la légitimité de leur utilisation. […]
Je peux obtenir une copie de mes données personnelles.
L'utilisateur d'un service doit pouvoir demander facilement une copie de ses données personnelles. Il a également la possibilité de demander la suppression des données […].
Je peux corriger ou effacer mes données si elles sont inexactes.
En cas d'erreur, en particulier en cas de préjudice potentiel, l'organisme ou l'entreprise doit rectifier dans les plus brefs délais les informations détenues en cas de demande. L'utilisateur peut aussi s'opposer à leur utilisation commerciale.
Je peux faire transférer mes données vers un autre service.
Cette nouvelle loi introduit aussi un nouveau droit pour les internautes, celui de pouvoir récupérer et transférer une partie de ses données gratuitement d'un service (réseau social, messagerie, fournisseur d'accès à Internet, site de streaming, etc.) à l'autre […]. [C'est] ce qu'on appelle le droit à la portabilité des données. […]
Je peux savoir quand mes données ont été piratées.
[…] En cas de piratage, [les entreprises] devront avertir « en des termes clairs et simples » leurs clients ou usagers. […]

M. Delacharlery, www.lci.fr

8. Comment le RGPD permet-il de mieux maîtriser ses données personnelles ?

DOC. 6 **Netflix et la maîtrise des données personnelles**

[...] **Comment puis-je obtenir une copie des informations que détient Netflix me concernant ?**
Si vous souhaitez obtenir une copie de ces informations ou ne trouvez pas les informations que vous recherchez sur la page « Compte », contactez-nous à l'adresse privacy@netflix.com.
Pour que nous puissions vérifier votre identité, suivez les consignes ci-dessous :
- Contactez-nous depuis l'adresse e-mail associée à votre compte Netflix.
- Joignez une pièce d'identité numérisée à votre demande. *Vous pouvez masquer le numéro du document, votre photo (le cas échéant) et toute autre information sensible, pour ne laisser visibles que votre nom, votre adresse et votre date de naissance.*

Un délai maximal de 4 semaines peut s'écouler entre la vérification de votre identité et l'envoi des informations demandées.
Comment arrêter certaines utilisations de vos données personnelles ?
[...] ***Cookies et identifiants publicitaires***
Nous proposons un outil de choix des cookies qui explique quels cookies sont utilisés sur notre site Web et vous permet de refuser les cookies publicitaires. Cet outil est également accessible depuis la section « Cookies et publicité en ligne » de notre « Déclaration de confidentialité ».
Si vous utilisez l'application mobile de Netflix, sachez que nous pouvons extraire un identifiant publicitaire de votre appareil. Pour ne plus bénéficier de publicités ciblées de la part de Netflix diffusées sur votre appareil mobile et générées à l'aide d'un identifiant publicitaire, configurez le paramètre correspondant sur votre appareil (généralement dans la section « Confidentialité ou Publicités de ses paramètres »). Vous pourrez continuer à voir des publicités Netflix sur votre appareil, mais elles ne seront plus ciblées. [...]

www.help.netflix.com

Un cookie est un fichier informatique déposé sur un ordinateur lors de la consultation de certains sites et qui conserve certaines données de l'internaute.

9. **Quels droits issus du RGPD sont ici mis en place par Netflix ?**
10. **À l'aide du document 5, indiquez les intérêts, pour un utilisateur de Netflix, d'obtenir une copie des informations détenues.**

DOC. 7 **Cookies : les nouvelles règles depuis le 1er avril 2021**

Certains cookies sont indispensables au bon fonctionnement d'un site Internet. Ils servent, par exemple, à mémoriser le contenu d'un panier d'achats ou bien des préférences d'affichage. D'autres ne servent qu'à collecter des informations sur l'internaute afin de lui adresser de la publicité personnalisée selon ses goûts et ses centres d'intérêts.
Avant de cliquer sur « *accepter* », l'internaute doit comprendre facilement à quoi servent les traceurs publicitaires : publicité personnalisée ou non, publicité géolocalisée, personnalisation du contenu ou encore partage d'information avec les réseaux sociaux. Le site doit l'informer, de façon claire et synthétique, de ce à quoi ils vont servir.
L'internaute doit aussi pouvoir refuser les cookies aussi facilement qu'il lui est proposé de les accepter [...]. Il ne doit pas être obligé de passer par un paramétrage complexe et dissuasif.
En effet, lorsqu'un seul clic est requis pour « *accepter les cookies* » tandis que plusieurs actions sont nécessaires pour paramétrer un refus, l'internaute, qui souhaite généralement accéder rapidement au site, risque d'être influencé.
Si un site ne respecte pas les règles de protection des données, il est possible d'adresser une plainte à la CNIL.

service-public.fr

QU'EST-CE QU'UN COOKIE ?
Vidéo
liennathan.fr/8tig29

11. **Qu'est-ce qu'un cookie ?**
12. **Comment les nouvelles règles permettent-elles de mieux protéger les internautes concernant les cookies ?**

C L'organe de protection des données à caractère personnel

DOC. 8 La CNIL

Créée en 1975, la Commission nationale de l'informatique et des libertés (CNIL) est une autorité administrative indépendante chargée de garantir les libertés individuelles et de protéger les données personnelles dans l'univers numérique.

CNIL. COMMISSION NATIONALE INFORMATIQUE & LIBERTÉS

LES MISSIONS PRINCIPALES DE LA CNIL

- Informer les citoyens sur la protection de leurs données personnelles et répondre aux plaintes qui lui sont adressées.
- Anticiper les évolutions technologiques pour identifier les risques d'atteinte aux libertés individuelles et à la vie privée.
- Accompagner les organisations qui traitent des données personnelles pour les aider à se mettre en conformité avec la loi et le RGPD.
- Contrôler et, si nécessaire, sanctionner les organisations qui ne respectent pas les règles relatives au traitement des données personnelles.

13. **Rappelez ce qu'est une autorité administrative indépendante (AAI).**

14. **Expliquez comment les missions de la CNIL lui permettent de protéger efficacement les données personnelles.**

DOC. 9 Les pouvoirs de sanction de la CNIL

La CNIL épingle une commune pour non-conformité de sa vidéosurveillance et ses caméras-piéton

[La CNIL a mis en demeure] une commune française de mettre en règle les caméras-piéton de sa police municipale et son dispositif de vidéoprotection [...]. Parmi les manquements relevés, la CNIL a évoqué « la présence dans la caméra-piéton de fichiers vidéo datant de plus de six mois », la durée limite de conservation des images. [...] Par ailleurs, « le mot de passe permettant d'accéder au logiciel de la caméra » n'est « pas suffisamment robuste » et « aucune mesure » ne permet « d'assurer la traçabilité des accès aux images », a relevé la CNIL.

[...] S'agissant des caméras fixes de vidéosurveillance, la CNIL a observé qu'elles pouvaient permettre « la visualisation d'intérieur d'immeubles », ce qui n'est pas autorisé. La durée de conservation des images n'est pas non plus conforme, et les panneaux d'information du public sur la vidéosurveillance ne comportent pas toutes les informations nécessaires.

20minutes.fr, 24 décembre 2021.

Des sanctions record prononcées contre Google et Facebook

La [CNIL] a infligé de lourdes amendes de respectivement 150 millions et 60 millions d'euros à Google et Facebook pour leurs pratiques en matière de cookies, ces traceurs numériques utilisés notamment pour la publicité ciblée, a-t-elle annoncé jeudi 6 janvier [2022] [...] « *La CNIL a constaté que les sites Facebook.com [et] Google.fr* » ne permettent pas de refuser les cookies « aussi simplement » que de les accepter, a-t-elle expliqué. « *Plusieurs clics sont nécessaires pour refuser tous les cookies* ». Pour ajouter à la confusion, le bouton ajouté par Facebook pour refuser les traceurs s'appelle même « *Accepter les cookies* », a-t-elle dénoncé. Les plates-formes ont trois mois pour se mettre en conformité, à défaut de quoi « *les sociétés devront chacune payer une astreinte de 100 000 euros par jour de retard* ».

lemonde.fr, 6 janvier 2022.

En cas de violation du RGPD, une amende de 10 à 20 millions d'euros ou de 2 à 4 % du chiffre d'affaires annuel mondial peut être prononcé par la CNIL.

15. **Dans chacun des deux cas exposés, expliquez pourquoi la CNIL a prononcé une sanction.**

16. **Distinguez les sanctions prises dans chaque cas.**

D La protection contre l'usurpation de l'identité numérique

DOC. 10 Arnaque : à Mers-les-Bains, un commerce victime d'une ursurpation de son identité numérique

C'est en voyant débarquer une personne venue d'Amiens pour récupérer un ordinateur qu'elle ne lui avait jamais vendu que Nadine Falkman, gérante de Télé Rapid, a flairé l'arnaque. « *Le monsieur avait acheté l'ordinateur sur Leboncoin. Il avait effectué un virement et s'inquiétait de n'avoir aucune nouvelle sur sa livraison. Il est donc venu directement* », raconte-t-elle.

Les jours qui suivent, Mme Falkman et son employée, Amélie Delannoy, reçoivent des appels d'autres clients floués. [...]

Les témoignages révèlent l'existence d'une page Facebook frauduleuse et d'un site Internet reprenant l'identité de Télé Rapid [...].

Le faux site, tele-rapid.com, présente l'aspect classique d'un site Web marchand : des rubriques, des occasions, des propositions de livraisons... Tout ça sous la couverture d'une entreprise bien réelle. « *Ils ont repris toutes nos informations que l'on trouve sur societe.com. Tout est bon, sauf le numéro de téléphone !* », lance Mme Delannoy. [...]

Pour la patronne, le coup est dur à encaisser. « *Ça fait plus de 50 ans qu'on est là. On a préservé notre clientèle jusqu'ici, nous n'avons pas envie de la perdre !* » Elle a déposé une plainte à la gendarmerie du Tréport, qui a ouvert une enquête. [...]

paris-normandie.fr, 26 août 2021.

DOC. 11 Article 226-4-1 du Code pénal

« Le fait d'usurper l'identité d'un tiers ou de faire usage d'une ou plusieurs données de toute nature permettant de l'identifier en vue de troubler sa tranquillité ou celle d'autrui, ou de porter atteinte à son honneur ou à sa considération, est puni d'un an d'emprisonnement et de 15 000 € d'amende.
Cette infraction est punie des mêmes peines lorsqu'elle est commise sur un réseau de communication au public en ligne. »

17. Comment, dans cette affaire, était caractérisée l'usurpation d'identité numérique ?

18. Repérez les victimes de cette usurpation et les préjudices subis.

19. Expliquez l'intérêt pour Mme Falkman de pouvoir identifier l'auteur du faux site.

20. À l'aide du document 11, indiquez les sanctions qu'encourt le créateur du faux site.

APPLICATION AU CAS

AIRBNB

Une multitude de données personnelles sont collectées sur le site de Airbnb pour procéder aux réservations, ce qui attise la convoitise de nombreux pirates.

DOC. Une des principales arnaques sur Airbnb

Des utilisateurs d'Airbnb ont pu disposer « d'un accès à un nombre d'informations limitées provenant de comptes d'autres utilisateurs de la plateforme » mentionne la plateforme. Informations qui n'ont pas pu être modifiées par ces utilisateurs. Airbnb a depuis résolu le problème et assure avoir mis en place des contrôles supplémentaires pour empêcher qu'une telle situation ne se reproduise. Airbnb dit que ces informations personnelles n'ont pas été utilisées de manière abusive. [...] La plateforme mentionne que ce problème technique a été identifié en moins d'une heure et ne fait pas suite à une attaque malveillante. L'incident a touché la plateforme en ligne, accessible via un ordinateur ou un mobile, et non l'application mobile.

C. Osborne, www.zdnet.fr

1. Quel est le risque, pour les utilisateurs d'Airbnb, de l'accès libre à leurs données personnelles ?

2. Quelle(s) obligation(s) pèse(nt) sur Airbnb en raison de ce risque ?

3. Auprès de qui les internautes peuvent-ils agir pour faire protéger leurs données ?

2 Caractériser les conséquences juridiques de la protection des données personnelles pour l'entreprise

A Les obligations issues du RGPD pour l'entreprise

DOC. 12 « ***Privacy by design / by default*** » **– Assurer des mesures préventives**

Le principe de respect de la vie privée dès la conception (en anglais, « privacy by design ») et celui de la protection des données par défaut (« privacy by default ») sont devenus des éléments phares du Règlement général sur la protection des données (RGPD). [...]

L'objectif est d'amener les entreprises à suivre un ensemble de principes et de pratiques visant à anticiper les risques d'exploitation abusive des données et les minimiser lorsqu'ils surviennent. [...]

– **Le concept de protection de la vie privée dès la conception** [« *privacy by design* »] impose aux entreprises d'assurer des mesures préventives plutôt que correctives. Elles doivent trouver des solutions en amont, au niveau de la conception des produits et services, sans attendre l'existence d'une faille de sécurité pour agir.

– **Le principe de protection de la vie privée par défaut** [« *privacy by default* »] impose aux entreprises de paramétrer par défaut leurs produits avec un haut niveau de protection avant toute utilisation. En d'autres termes, lors de sa première utilisation, l'utilisateur ne devrait pas avoir besoin de modifier les paramètres pour renforcer la protection de ses données : tout devrait être déjà préconfiguré. Cette protection « par défaut » garantit également aux utilisateurs d'éviter que leurs données ne soient utilisées dans un but autre que celui pour lequel la collecte a été effectuée.

Romain de Monza, publié par *Solutions Numériques*, mars 2018.

1. **Définissez les principes de « *privacy by design* » et de « *privacy by default* ».**
2. **En quoi ces principes assurent-ils une protection efficace des données personnelles ?**

DOC. 13 **Le principe d'*Accountability***

[L'*Accountability* (« responsabilisation »)] désigne l'obligation pour les entreprises de prendre des mesures internes permettant de démontrer le respect des règles relatives à la protection des données.

De ce fait, [depuis le 25 mai 2018], la plupart des formalités préalables actuelles auprès de la [CNIL] telles que les déclarations et autorisations [ont disparu] au profit d'une logique de conformité continue. La CNIL incite à désigner un délégué à la protection des données (DPO), qui aura pour mission d'apporter la preuve que les mesures appropriées ont été prises. Les traitements courants devront figurer dans un registre et n'auront donc plus à être déclarés à la CNIL.

Le DPO est obligatoire dans les organismes publics (un hôpital, par exemple) et dans les entreprises traitant des données personnelles à grande échelle.

Ce principe engage les responsables de traitements des données à :

• adopter des procédures internes dans le but d'assurer le respect du règlement (charte informatique, charte de protection des données à caractère personnel) ;

• conserver une trace documentaire de tout traitement effectué sous sa responsabilité [...] (tenue du registre des traitements, accords de confidentialité des salariés et des prestataires, politique de sécurité de l'entreprise, procédures de gestion des demandes d'accès, de rectification, d'opposition...) ;

• réaliser une analyse d'impact [sur la vie privée] (PIA [ou EIVP]) pour les traitements présentant des risques particuliers au regard des droits et libertés des personnes concernées.

M. Heurtel, www.sellsy.fr, 30 mars 2018.

3. **Listez les moyens par lesquels les entreprises peuvent assurer leur conformité aux règles de protection des données personnelles.**
4. **À partir des documents 12 et 13, expliquez comment le RGPD institue une logique de responsabilisation (« *accountability* ») des entreprises en la matière.**

DOC. 14 Le RGPD, 3 ans après : les entreprises ont gagné en maturité

Deux ans et demi après l'entrée en vigueur du [RGPD], où en sont les entreprises ? En toute logique, elles ont structuré la gouvernance de leurs données à caractère personnel (DCP) relatives aux salariés, clients, utilisateurs, partenaires et fournisseurs… sous la responsabilité d'un délégué à la protection des données ou DPO (« data protection officer »). […]

[Les] DPO opèrent le plus souvent dans le cadre d'un comité de pilotage qui rassemble au minimum la direction générale, la direction informatique et le service juridique. « *Nous nous réunissons deux fois par an,* décrit Laetitia Reina, DPO chez le bailleur social Alpes Isère Habitat. *À chaque nouveau projet, par exemple les bâtiments connectés expérimentaux, la conformité au RGPD intervient dès la conception. Une fois l'expérimentation terminée, nous détruisons les DCP.* » […]

Pour diffuser les bons réflexes en matière de données, le DPO doit parfois donner de sa personne. En témoigne Dominique Bricot, DPO pour les 2 700 entités juridiques du réseau Aide à domicile en milieu rural (ADMR) […]. « *Pendant six ans, j'ai fait le tour de France pour accompagner chacune de nos 87 fédérations départementales vers la mise en conformité au RGPD.* » […]

Le DPO a pour mission principale la création et l'actualisation du registre des données et des traitements. Ce qui soulève de nombreuses questions. Quelles applications génèrent quelles données ? Où sont-elles stockées ? Quels traitements leur applique-t-on ? Sur quelles bases juridiques ? Qui en est responsable ? Quels en sont les moyens de protection ? Quelle doit être leur durée de vie ? « *Le registre ne fait pas toute la conformité mais il donne une vision claire sur les données* », souligne Nathalie Krief. Résultat : « *Nous minimisons ainsi nos DCP et nous les protégeons mieux,* confie Dominique Bricot. *Mais cela requiert un travail quotidien énorme !* »

Le DPO veille aussi sur la cascade de prestataires et sous-traitants informatiques, en s'assurant en particulier que leurs contrats respectent les clauses RGPD. À ceci près : bon nombre d'applications professionnelles ne sont pas conçues pour gérer le cycle de vie des données. « *Nous avons demandé à notre prestataire un système qui limite la collecte d'informations au strict nécessaire par les personnes idoines* », précise Dominique Bricot. […]

E. Haehnsen, www.business.lesechos.fr, 29 octobre 2020.

QUI EST LE DPO ?

Vidéo
liennathan.fr/482ygr

5. **Repérez les différentes missions du délégué à la protection des données.**

6. **Expliquez en quoi le registre des données et des traitements permet une meilleure protection des données.**

B La protection des données personnelles des salariés

DOC. 15 La gestion de vos collaborateurs

De très nombreuses données personnelles relatives aux employés sont nécessaires pour la gestion de leur carrière au sein de votre entreprise. Par exemple, vous avez besoin de beaucoup d'informations pour assurer la rémunération et les déclarations sociales obligatoires […].

Ne demandez à vos employés que les informations utiles pour accomplir leurs missions, et évitez de traiter des données dites « sensibles » (activité syndicale, opinions politiques, religion, origine ethnique, santé). […] Assurez-vous d'en garantir la confidentialité et la sécurité. Ainsi, seules les personnes habilitées doivent en prendre connaissance. […]

Informez vos collaborateurs à chaque fois que vous leur demandez des informations (exemple : mise à jour des données administratives, demande de formation, formulaire d'entretien d'évaluation).

Enfin, souvenez-vous toujours que vos salariés peuvent vous demander une copie de toutes les données les concernant que vous détenez : copie d'un bulletin de paie, état d'un compte épargne-temps, mais aussi les enregistrements téléphoniques, relevés des badgeuses […].

www.cnil.fr

7. **Quelles données personnelles un employeur peut-il détenir sur ses salariés ?**

8. **Quelles sont les obligations des employeurs concernant les données personnelles détenues sur les salariés ?**

DOC. 16 Le contrôle de l'utilisation d'Internet et de la messagerie

L'employeur peut contrôler et limiter l'utilisation d'Internet (dispositifs de filtrage de sites, détection de virus…) et de la messagerie (outils de mesure de la fréquence des envois et/ou de la taille des messages, filtres « antispam »…). Ce contrôle a pour objectif d'assurer la sécurité des réseaux qui pourraient subir des attaques (virus, cheval de Troie…) ; de limiter les risques d'abus d'une utilisation trop personnelle d'Internet ou de la messagerie […]. Par défaut, les courriels ont un caractère professionnel. L'employeur peut les lire, tout comme il peut prendre connaissance des sites consultés, y compris en dehors de la présence de l'employé. […]

[Mais un] employé a le droit, même au travail, au respect de sa vie privée et au secret de ses correspondances privées. Un employeur ne peut pas librement consulter les courriels personnels de ses employés, même s'il a interdit d'utiliser les outils de l'entreprise à des fins personnelles. Pour qu'ils soient protégés, les messages personnels doivent être identifiés comme tels, par exemple en précisant dans leur objet « Personnel » ou « Privé ». […]

www.cnil.fr, 25 juillet 2018.

9. Pourquoi l'employeur contrôle-t-il l'utilisation d'Internet par ses salariés ?
10. L'employeur peut-il librement consulter les mails de ses employés ?

DOC. 17 Salariés : surfer sur Internet oui, mais avec modération !

[…] En l'espèce, Mme X… avait été engagée par la société Dubus […] en qualité de responsable juridique opérationnelle. Elle avait été licenciée pour faute grave (motif : connexions excessives sur des sites non professionnels durant son temps de travail) […] et avait alors saisi la juridiction prud'homale pour contester le bien-fondé de la rupture et demander une indemnisation. [La cour d'appel rejette sa demande.]
La Cour de cassation a confirmé la position de la cour d'appel, en retenant que celle-ci, constatant que « *Mme X… s'était connectée pendant son temps de travail à de très nombreuses reprises à de nombreux sites extraprofessionnels tels que des sites de voyage ou de tourisme, de comparaison de prix, de marques de prêt-à-porter, de sorties et événements régionaux ainsi qu'à des réseaux sociaux et à un site de magazine féminin et que ces connexions s'établissaient, exclusion faite de celles susceptibles de présenter un caractère professionnel, à plus de 10 000* […] *avait pu décider* […] *qu'une telle utilisation d'Internet par celle-ci pendant son temps de travail présentait un caractère particulièrement abusif et constitutif d'une faute grave.* »

A. Rideau, d'après un arrêt de la Cour de cassation, www.juritravail.com

11. Pourquoi la salariée a-t-elle été licenciée par son employeur ?
12. Pourquoi la Cour de cassation a-t-elle confirmé la décision de la cour d'appel ?

APPLICATION AU CAS

AIRBNB

DOC. Airbnb conçoit un logiciel capable de détecter et d'évincer les « mauvais » locataires

Appartements saccagés, soirées clandestines… Airbnb souhaite mettre fin à ces situations qui ternissent sa réputation. La plate-forme de location veut pouvoir vérifier l'intégralité des profils qui sont inscrits grâce à un outil d'intelligence artificielle (IA). […] L'outil scannera et compilera toutes les informations en ligne sur une personne : casier judiciaire, réseaux sociaux, vidéos, images… La technologie pourra également fouiller dans les actualités de l'utilisateur pour, par exemple, déceler d'éventuelles condamnations pénales. Ensuite, le logiciel calculera un score de compatibilité entre l'hôte et l'invité. À la charge pour le loueur d'accepter ou de refuser ensuite la demande de location […].

Alice Vitard, Usine Digitale, 6 janvier 2020.

1. Qualifiez les données collectées par le logiciel d'Airbnb.
2. Expliquez les obligations que doit respecter Airbnb dans le traitement de ces données.

TESTEZ VOS CONNAISSANCES

Flashez le QR code pour faire les exercices et réviser les notions essentielles.

liennathan.fr/2snr55

1 Forfait mobile et données personnelles

1. **Relevez les manquements au RGPD commis par Free mobile.**
2. **Schématisez les étapes de la procédure jusqu'au prononcé de la décision par la CNIL.**
3. **Repérez toutes les sanctions prononcées par la CNIL contre Free Mobile.**

DOC. Free Mobile écope d'une sanction de la CNIL qui se veut exemplaire

Free Mobile est épinglé par la CNIL. À la suite de 19 plaintes déposées par des abonnés, la Commission a diligenté des contrôles entre 2019 et 2020. Elle a constaté que l'opérateur avait enfreint le règlement du RGPD.
[...] Au niveau de la protection et de la sécurité des données personnelles tout d'abord, les mots de passe des utilisateurs étaient transmis en clair par mail lors de leur souscription, ils n'étaient pas temporaires et la société n'imposait pas d'en changer [...]. Le deuxième volet concerne la prospection commerciale. Le droit d'opposition et d'accès aux données de certains abonnés n'aurait pas été respecté en ne tenant pas compte des demandes ou n'en y donnant pas suite dans les délais. En conséquence, [la CNIL] a prononcé une sanction de 300 000 euros à l'encontre de Free Mobile le 28 décembre [2021]. Cette décision a été rendue publique [...] « [La] *publicité de la sanction se justifie au regard de la pluralité des manquements relevés, de leur persistance, et du nombre de personnes concernées* », peut-on lire dans la délibération.

A. Charnay www.01net.com, 4 janvier 2022.

2 Analyse d'impact relative à la protection des données

1. **Repérez les intérêts, pour une entreprise, de réaliser une analyse d'impact.**
2. **Justifiez pourquoi une entreprise doit-elle réviser régulièrement son analyse d'impact.**

DOC. L'analyse d'impact relative à la protection des données (AIPD)

[...] L'AIPD est un outil important pour la responsabilisation des organismes : elle les aide non seulement à construire des traitements de données respectueux de la vie privée, mais aussi à démontrer leur conformité au règlement général sur la protection des données (RGPD). Elle est obligatoire pour les traitements susceptibles d'engendrer des risques élevés. [...]
L'AIPD doit être menée avant la mise en œuvre du traitement. Il doit être démarré le plus en amont possible et sera mis à jour tout au long du cycle de vie du traitement. Il est également nécessaire de revoir une AIPD de manière régulière pour s'assurer que le niveau de risque reste acceptable tout au long de la vie du traitement, dans la mesure où l'environnement, technique notamment, sera amené à évoluer, ce qui nécessitera d'adapter les mesures mises en œuvre. [...]
Une AIPD contient a minima une description systématique des opérations de traitement envisagées et les finalités du traitement [...], une évaluation des risques sur les droits et libertés des personnes concernées et les mesures envisagées [...] visant à assurer la protection des données à caractère personnel et à apporter la preuve du respect du règlement. [...]

www.cnil.fr, 6 novembre 2018.

3 Facebook et la vie privée des salariés

1. **Repérez le motif du licenciement de la salariée de Petit Bateau.**
2. **Expliquez pourquoi la copie écran du compte Facebook a été reconnue comme une preuve loyale.**
3. **Indiquez pourquoi la copie écran du compte Facebook porte atteinte à la vie privée.**
4. **Examinez comment la Cour de cassation justifie l'atteinte à la vie privée pour retenir la copie écran comme une preuve valable.**
5. **Déterminez si l'on peut conclure, avec, cet arrêt, que le respect à la vie privée cède toujours face au droit à la preuve.**

DOC. Publication sur Facebook : méfiez-vous de vos « amis » !

[Une] cheffe de projet engagée par la société Petit Bateau avait publié sur son compte Facebook une photographie de la future collection pourtant réservée exclusivement aux commerciaux de la société. La salariée n'avait diffusé cette image qu'à son réseau d'amis, mais parmi eux figuraient outre des collègues, des personnes travaillant pour des structures concurrentes. Un « ami », employé également par la société Petit Bateau, informe l'employeur de la situation. La salariée est licenciée pour faute grave, l'employeur invoquant le manquement à l'obligation de confidentialité. […]

Mais encore faut-il pouvoir prouver cette faute. Le plus simple consiste sans doute à présenter une copie écran de la publication de la salariée. Mais cette preuve est-elle recevable ? […]

[…] [Selon la Cour de cassation, doivent] être écartés des débats les preuves déloyales, c'est-à-dire les preuves obtenues […] par un stratagème. […] En l'espèce, la Cour de cassation prend soin de souligner que l'employeur n'avait eu recours à aucun stratagème : d'une part le salarié qui l'a informé des faits avait été « accepté comme ami » par la salariée sur son compte privé Facebook, d'autre part, la dénonciation était spontanée. L'employeur ne s'était livré à aucune manigance pour se faire passer pour quelqu'un d'autre ou pour inciter les salariés à surveiller les publications des autres afin de lui rapporter leurs propos. La copie écran constituait donc un procédé de preuve loyale.

Reste que cette photo pouvait constituer une atteinte au droit au respect de la vie privée.
[…] En l'espèce, la salariée licenciée tente, sans succès d'invoquer son droit au respect de la vie privée pour écarter des débats l'image litigieuse. […] [La] communication en justice de la liste des amis de la salariée tout comme les propos/images qu'elle leur communiquait portait [bien] atteinte à sa vie privée […] [en raison du] caractère fermé du groupe. […]

Une fois l'atteinte à la vie privée caractérisée, il faut apprécier si le droit à la preuve peut venir la justifier. La Cour de cassation met en exergue les différentes étapes à franchir.

Il faut tout d'abord invoquer un but légitime. En l'espèce, il s'agit d'assurer « la défense de l'intérêt de l'employeur à la confidentialité des affaires ». Il paraît en effet pertinent que l'employeur réagisse lorsqu'un salarié communique à autrui des informations professionnelles confidentielles.

Ensuite, le moyen choisi doit être adéquat et nécessaire. L'employeur se bornait ici à produire la photographie révélant la future collection et le profil professionnel de certains des « amis » travaillant dans le même secteur d'activité. L'atteinte paraît donc raisonnable puisque la preuve se limite aux seuls éléments susceptibles d'établir la violation de l'obligation de confidentialité. Ainsi, la Cour de cassation relève […] qu'au regard du droit à la preuve, l'atteinte à la vie privée était « indispensable ». La preuve de la faute étant recevable, la salariée ne pouvait [donc pas] valablement contester son licenciement disciplinaire. […]

À propos de l'arrêt de la Cour de cassation du 30 septembre 2020, www.actu.dalloz-etudiant.fr

Les enjeux de la protection des données personnelles

Risques de l'exploitation des données à caractère personnel pour la vie privée

- Exploitation commerciale des données pour le profilage publicitaire
- Exploitation politique et économique des données contre des citoyens ou des États
- Exploitation frauduleuse des données en vue d'une usurpation d'identité

Besoin de protection des données à caractère personnel

- Protection par le Règlement général sur la protection des données (RGPD)
  - Renforcement des droits des personnes sur leurs données personnelles
  - Renforcement des pouvoirs de la CNIL pour garantir l'effectivité du RGPD
- Sanction de l'usurpation de l'identité numérique

Les conséquences juridiques de la protection des données personnelles pour l'entreprise

Responsabilisation (*accountability*) de l'entreprise pour respecter le RGPD

- Anticiper la protection des données personnelles (analyse d'impact, charte de protection).
  ➡ « *Privacy by design* »
- Prévoir, par défaut, un haut degré de protection des données personnelles.
  ➡ « *Privacy by default* »

Protection des données personnelles des salariés

- Sécuriser les données personnelles collectées sur les salariés.
- Protéger la vie privée des salariés dans le cadre de l'activité professionnelle.

CONCEPTS

Commission nationale de l'informatique et des libertés (CNIL) – Délégué à la protection des données (DPO) – Données à caractère personnel – « *Privacy by default* » – « *Privacy by design* » – Responsabilisation (*accountability*) – Règlement général sur la protection des données (RGPD) – Usurpation d'identité – Vie privée

4 La protection des actifs immatériels dans l'univers numérique

PLAN DU CHAPITRE

- 1 • Repérer les enjeux de la protection des actifs immatériels pour l'entreprise
- 2 • Identifier pour l'entreprise les modalités juridiques de protection des actifs immatériels

LA COMPÉTENCE ATTENDUE

→ Identifier pour l'entreprise les modalités juridiques de protection des actifs immatériels.

LE SAVOIR ASSOCIÉ

La protection des actifs immatériels : droit d'auteur et droits d'utilisation des services et des applications

Les enjeux de la transformation digitale

Aujourd'hui, la transformation digitale est une étape incontournable en BtoB [*business to business*] comme en BtoC [*business to consumer*]. Si elle concerne l'ensemble des secteurs d'activité des entreprises, injecter de la nouvelle technologie n'est pas une tâche évidente. Cela signifie qu'il est essentiel de modifier son organisation interne et sa culture d'entreprise, afin de créer de la valeur autrement pour assurer sa mutation. [...] [Les grandes marques de renom] ont saisi l'opportunité du tournant numérique en repositionnant leur business model dans un contexte digital.

Starbucks, la référence du café américain digitalisée pour améliorer l'expérience client

Enseigne commerciale initialement spécialisée dans le café en grains, Starbucks est rapidement devenu la référence en la matière dans le monde. Si l'entreprise vend exclusivement sa propre marque de café, elle distribue aussi du thé, des boissons, des pâtisseries ou encore des machines à café.

Pour améliorer l'expérience client en boutique, Starbucks a investi dans l'intelligence artificielle. L'entreprise revendique une stratégie digitale afin d'étendre ses enseignes physiques à sa clientèle, sans pour autant, bien entendu, détériorer l'expérience en magasin. Application mobile pour passer les commandes et récupérer ses produits directement dans une boutique Starbucks sélectionnée, automatisation de certaines tâches manuelles pour gagner en réactivité (notamment concernant les inventaires), l'enseigne souhaite permettre à ses collaborateurs de consacrer davantage de temps à la clientèle. Elle a su associer des outils entre eux pour faire communiquer la donnée et en tirer le meilleur parti. Un rapport "*human first*" largement revendiqué par l'enseigne pour un personnel plus disponible pour les clients grâce aux nouvelles technologies issues du digital. En se basant sur une étude comportementale précise de sa clientèle, Starbucks vise juste. Elle a réussi à identifier un véritable potentiel pour améliorer l'expérience client, et donc, augmenter son chiffre d'affaires (plus de 90 millions de transactions par semaine via ses 25 000 boutiques à travers le monde !).

go.sellsy.com, 31 mars 2021.

1. **Expliquez ce qu'est la « digitalisation » à partir de l'exemple de Starbucks.**
2. **Quels sont les enjeux pour l'entreprise de procéder à sa transformation digitale ?**
3. **Quels sont les outils numériques utilisés par les entreprises que vous connaissez ?**

L'HISTOIRE DE L'ENTREPRISE DELFINGEN À TRAVERS LES ÉVOLUTIONS TECHNOLOGIQUES

Vidéo
liennathan.fr/a3g2q8

1 Repérer les enjeux de la protection des actifs immatériels pour l'entreprise

A Le contenu du patrimoine immatériel de l'entreprise

DOC. 1 SNCF : Adieu oui.sncf, bonjour sncf-connect.com

L'extension « sncf » n'aura pas duré longtemps : moins de quatre ans. L'annonce avait été faite en décembre 2017, créant la surprise : le site historique, voyages-sncf.com changeait alors de nom pour devenir oui.sncf. [...] Le 7 décembre 2021, soit moins de quatre ans après ce premier changement, c'est le retour de l'extension en.com qui est annoncé pour début 2022. [Depuis] janvier 2022 le site oui.sncf [n'existe] plus et il [faut] se connecter sur le nouveau : sncf-connect.com. Mais le changement est naturellement plus poussé que cela : c'est un véritable nouvel environnement qui est créé. [...]

economiematin.fr, 8 décembre 2021.

DOC. 2 SNCF Connect, nouveau site et nouvelle app

L'opérateur simplifie enfin son offre digitale avec un point d'entrée unique pour l'information, l'achat de billets et l'après-voyage. [...] Un pari ambitieux. Car jusqu'ici, il fallait savoir jongler entre les différents canaux digitaux du groupe pour préparer son voyage : entre le site de la maison mère SNCF.com, l'assistant SNCF pour établir son itinéraire, l'appli TGV pro pour modifier son billet professionnel, celui de oui.sncf ou des TGV low cost Ouigo...
Désormais, la fusion entre l'appli oui.sncf et l'assistant SNCF permet de regrouper sur une seule interface aussi bien la recherche d'itinéraires du premier au dernier kilomètre, l'achat de billets, les abonnements, l'information voyageurs en temps réel que les échanges et annulations. Si vous avez plusieurs cartes de réduction, le site affiche désormais les différents tarifs correspondants. Pour les échanges et remboursements, il est enfin possible de ne payer que la seule différence tarifaire, sans être obligé de se faire rembourser son premier billet pour en émettre un nouveau. Bref, une grosse révolution pour le groupe ferroviaire également leader du e-commerce français.
Les enjeux ? Accélérer une transition numérique déjà bien entamée et résister à la concurrence qui démarre dans les voyages en train. La billetterie oui.sncf compte 450 millions de visites par an, dont deux tiers sur l'application, et 11 millions de clients actifs (des clients ayant acheté au moins un billet au cours de l'année écoulée). Entre 65 à 70 % des ventes TGV et Intercités sont achetés sur la plateforme, une progression de 10 points en deux ans. Quant à l'application Assistant SNCF, elle a été téléchargée à 16 millions de reprises et sert chaque jour à calculer un million d'itinéraires. [...] L'offre devrait pouvoir s'améliorer petit à petit, notamment pour les moyens de paiement, en intégrant les chèques vacances et en proposant de nouvelles offres de proximité, comme les trajets en bus.

Pauline Damour, *Challenges*, 25 janvier 2022.

DOC. 3 Site Internet, nom de domaine, application mobile et logiciel

Un **nom de domaine** est une adresse sur le web qui permet d'accéder à un site.
Un **site Internet** (ou site web) est un ensemble de pages Web liées entre elles, contenant des fichiers, documents, images...
Un **logiciel** est un programme informatique exécuté par un ordinateur et utilisant des données pour permettre à l'ordinateur d'assurer une tâche, une fonction.
Une **application mobile** est un logiciel téléchargeable sur smartphone ou tablette.

QUE SE PASSE-T-IL QUAND ON ACCÈDE À UN SITE INTERNET ?
Vidéo
liennathan.fr/5ir4t5

1. **Distinguez le site Internet et le nom de domaine de la SNCF.**
2. **Expliquez en quoi SNCF Connect est à la fois un site Internet, un logiciel et une application mobile.**
3. **Quels sont les enjeux, pour la SNCF, de procéder à cette révolution digitale ?**

DOC.4 Les bases de données (databases)

Base de données : qu'est-ce que c'est ?
Les bases de données informatiques sont utilisées dans un grand nombre d'entreprises pour stocker, organiser et analyser les données. [...] Une base de données [...] est une collection d'informations organisées afin d'être facilement consultables, gérables et mises à jour. Au sein d'une database, les données sont organisées en lignes, colonnes et tableaux. Elles sont indexées afin de pouvoir facilement trouver les informations recherchées à l'aide d'un logiciel informatique. [...] Les bases de données sont utilisées par de nombreuses entreprises dans toutes les industries. Elles sont notamment utilisées par les compagnies aériennes pour gérer les réservations. [...]

www.lebigdata.fr

L'open data (ou « données ouvertes ») sont des données diffusées par des acteurs publics ou privés, qui sont accessibles et exploitables par tout le monde.

Le site open data de la SNCF fait peau neuve

En ligne depuis début octobre [2020], le nouveau site open data SNCF propose une interface simplifiée et plus esthétique, pour mieux répondre aux besoins de ses 50 000 utilisateurs mensuels [...] [dont] des développeurs en quête de datas pour alimenter leurs applications. [...] Le site mentionne d'ailleurs quelques exemples d'usages de données : DataSnack#9, qui analyse la fréquentation des gares bretonnes sur une année, ou encore le Bureau des horaires qui réunit toutes les informations sur les départs et arrivées en France et en Europe.[...] [Les] jeux de données les plus téléchargés sont les horaires théoriques des trains pour toutes les activités, la disponibilité des places dans les TGV max, les objets trouvés en temps réel et la localisation des passages à niveau.

www.sncf.com, 6 octobre 2020.

4. Retrouvez les trois éléments constitutifs d'une base de données.
5. Repérez les avantages de l'open data recherchés par la SNCF.

B Le besoin de protection des actifs immatériels de l'entreprise

DOC.5 Les différentes menaces informatiques qui visent les entreprises

[...] Selon le baromètre établi par le FIC (Forum International de la Cybersécurité), les entreprises publiques et privées ont été largement ciblées par les organisations pirates, engendrant des violations de données en hausse de 20 % en 2020. [...]

Les *ransomwares* [...] C'est la version numérique du racket : les données de l'entreprise sont prises en otage par un pirate. Le principe de cette infection est le suivant : caché dans une pièce jointe, un programme malveillant chiffre (on dit par erreur « crypte ») les documents stockés dans l'ordinateur qui a été le premier infecté. Mais en quelques secondes, tous les fichiers partagés par les différents collaborateurs sont également bloqués. Impossible de les ouvrir, sauf si l'on paie une rançon [...]

Le *phishing* ou l'hameçonnage. Tout le monde connaît ces emails usurpant l'identité d'une entreprise privée ou d'une administration. Mais les cybercriminels ont beaucoup d'imagination pour concevoir de faux courriers avec le logo officiel. On peut facilement tomber dans ce piège. Ce sont alors des mots de passe qui sont récupérés ou l'installation de programmes malveillants qui s'exécutent avec le « consentement » de l'utilisateur. [...]

La fuite de données. Elle peut être due à l'infiltration du réseau informatique par un pirate. Mais elle peut aussi provenir d'un salarié de l'entreprise. [...]

L'attaque DDos va consister à demander [à des milliers d'ordinateurs infectés] de se connecter ou d'envoyer des données en même temps vers une cible. Croulant sous les demandes de connexion ou inondée par des Gigabit/s de données, cette cible devient en quelques secondes inaccessible pour tous les internautes.

www.sfr.business.fr, 2 septembre 2021.

6. Distinguez les menaces liées à la transformation numérique des entreprises.
7. Expliquez les risques encourus par les entreprises victimes de ces pratiques.

DOC. 6 **NFT : la marketplace Rarible prise d'assaut par les hackers**

Un NFT ou jeton non fongible désigne des données stockées sur une blockchain de cryptomonnaie dotée d'un certificat numérique signé. Chaque NFT est unique et impossible à copier. L'année dernière, les NFT ont attiré l'attention du grand public grâce à la vente d'art numérique sur des sites web comme Rarible et OpenSea qui comptent parmi les plus populaires. […]
Selon un rapport de Bolster, une société de cybersécurité et de protection contre la fraude, les hackers utilisent des noms de domaine de typosquattage qui usurpent l'identité Rarible.com pour leur attaque. [Rarbile.com par exemple est un domaine de typosquattage qui cible la plateforme Rarible]. En naviguant sur le site pirate, les visiteurs sont victimes d'escroqueries, sont amenés à télécharger des logiciels malveillants et d'autres contenus indésirables, etc. […]

www.lebigdata.fr, 20 avril 2021.

DOC. 7 **Les dangers du *typosquatting***

[…] [Les] individus qui pratiquent le *typosquatting* font l'acquisition d'un nom de domaine ressemblant à s'y méprendre à celui d'un autre nom de domaine disposant d'une certaine notoriété, comme celui d'une grande entreprise ou même de l'État. Cette similarité induit ainsi en erreur les personnes qui effectuent une recherche, de sorte à permettre aux pirates informatiques d'en obtenir des données à caractère personnel comme des identifiants de connexion.
Les auteurs de ce dispositif peuvent également être motivés par la possibilité qu'offre le *typosquatting* d'augmenter considérablement le nombre de visiteurs sur leur site Internet, et ce en bénéficiant simplement de la renommée du nom de domaine qu'ils imitent. Les instigateurs du *typosquatting* peuvent ainsi tirer partie de la forte visibilité de leur site en monnayant la présence de bandeaux publicitaires sur le site ou en y proposant des produits ou services concurrents à ceux du site original. Dans certains cas de figure, le *typosquatting* est motivé par la volonté d'infecter l'appareil de l'utilisateur par un logiciel malveillant, ou même de participer à la détérioration planifiée de l'image d'une marque.
Ce procédé peut prendre plusieurs formes, à commencer par l'utilisation d'un même terme rédigé de manière différente. Le *typosquatting* peut également consister en une faute orthographique, une homonymie ou encore en une autre extension.

Me Julien Ayoun, www.legavox.fr, 12 septembre 2020.

8. À partir de l'exemple de Rarible, expliquez ce qu'est le *typosquatting*.
9. Listez les risques de cette pratique pour les entreprises et les internautes.
10. Expliquez l'intérêt de cette pratique pour le *typosquatteur*.

APPLICATION AU CAS

AIRBNB

Airbnb, véritable *digital native*, a intégré le numérique au cœur de son modèle de croissance.

DOC. **Airbnb va proposer de la réalité virtuelle pour ses logements**

[…] Airbnb fait constamment évoluer les services qu'elle propose. […] La plateforme a fait l'acquisition de la société Resy, un service qui permet de faire des réservations de restaurants. Petit à petit, Airbnb révolutionne l'expérience de voyage pour retirer toutes les petites contraintes. […] La plateforme a aussi des projets pour la réalité augmentée. L'idée serait d'apporter des informations contextuelles grâce à une reconnaissance de l'environnement du voyageur. Cela lui permet d'être orienté vers un lieu à voir, ou un établissement à fréquenter. Aussi, dans un logement, cela pourrait être utilisé comme une application de tutoriel pour comprendre comment fonctionne le thermostat ou un autre appareil de la maison.

V. Blanchot, siecledigital.fr.

1. Quels sont les actifs immatériels utilisés par Airbnb dans sa stratégie digitale ?
2. Quel est l'intérêt, pour Airbnb, de faire évoluer ses services numériques ?

2 Identifier pour l'entreprise les modalités juridiques de protection des actifs immatériels

A La protection des sites Internet et des logiciels

DOC. 8 Le droit d'auteur, droit de propriété intellectuelle

Le droit d'auteur protège les œuvres littéraires, les créations musicales, graphiques et plastiques, mais aussi les logiciels, les [sites Internet] […].
Attention : le droit d'auteur ne protège pas les idées ou les concepts.

Intérêts

Le droit d'auteur s'acquiert sans formalités, du fait même de la création de l'œuvre. Votre création [à condition d'être originale] est donc protégée à partir du jour où vous l'avez réalisée […].

Pour garder la preuve de la date d'une création numérique et assurer sa conservation, il est possible de l'enregistrer auprès de l'Agence pour la protection des programmes (APP).

Vous bénéficiez sur votre œuvre de deux types de prérogatives :
- de **droits « moraux »** qui vous protègent en tant qu'auteur. Vous pouvez ainsi vous opposer à une divulgation de votre œuvre qui serait faite sans votre consentement, à une utilisation qui dénaturerait votre œuvre ou encore revendiquer que votre nom soit mentionné. Ce droit moral est perpétuel et vous ne pouvez pas le céder ;
- de **droits « patrimoniaux »** qui vous permettent d'interdire ou d'autoriser l'utilisation de votre œuvre et de percevoir, dans ce cas, une rémunération en contrepartie.

www.inpi.fr

1. **Quelles prérogatives sont reconnues, grâce au droit d'auteur, aux créateurs de logiciels et de sites Internet ?**
2. **Le dépôt d'un logiciel ou d'un site web auprès de l'Agence pour la protection des programmes est-il obligatoire pour obtenir la protection par le droit d'auteur ?**

DOC. 9 Plus de 3 millions d'euros pour contrefaçon de codes sources et concurrence déloyale

Dans cette affaire, qui interpelle au regard de l'importance de la sanction, la société GENERIX, qui a absorbé la société INFOLOG, a développé un logiciel GCS WMS pour la gestion des entrepôts et notamment ceux de la grande distribution.
Le responsable du support d'INFOLOG (devenue GENERIX) a quitté cette société pour créer sa propre société ACSEP en 2011, dont l'activité principale réside dans la fourniture de prestations dans le même domaine que celle de son ancien employeur. Par la suite, d'autres employés de la société GENERIX ont quitté celle-ci pour rejoindre la société ACSEP, et certains clients de la société GENERIX ont cessé leur collaboration pour se tourner vers ACSEP. Par ailleurs, la société GENERIX a eu connaissance du fait que la société ACSEP était en possession des codes sources, pourtant confidentiels, du logiciel GCS WMS. […]

clairmont-novus.law

Le 23 septembre 2021, le Tribunal judiciaire de Marseille a condamné la société ACSEP et certains des anciens salariés sur les fondements de la contrefaçon du logiciel et de la concurrence déloyale pour débauchage massif d'anciens salariés, ayant conduit à une désorganisation de la société GENERIX. La société ACSEP est ainsi condamnée à plus de 3 millions d'euros pour indemniser les préjudices causés à GENERIX. Le tribunal ordonne également la cessation de toute reproduction et utilisation du logiciel.

La contrefaçon de logiciel peut également être punie de trois ans d'emprisonnement et de 300 000 euros d'amende.

3. **Quelles sont les deux actions en justice qui permettent de protéger le droit d'auteur ?**
4. **Quelles sanctions peuvent être prononcées contre la personne qui a violé un droit d'auteur ?**

DOC. 10 **La guerre des sites de ventes privées se joue devant les tribunaux**

[Vente-Privée.com] doit [...] se battre en justice pour tenter de protéger son site Internet et sa marque, comme l'illustre un arrêt de la cour d'appel de Versailles du 2 juillet 2013, qui opposait Vente-Privée.com à la société PMC Distribution, qui exploitait le site « Club-Privé.fr » depuis 2005. Dans ce litige, Vente-Privée.com reprochait à PMC Distribution d'avoir reproduit, pour les besoins d'une activité concurrente, l'architecture de son site Internet. [...] Le site « Club-Privé.fr » utilisait en effet certains éléments caractéristiques de son concurrent, à savoir une dominante de couleurs rose et noire, des rubriques avec de mêmes intitulés et dans le même ordre, une illustration relevant également de la thématique de la nature, ainsi qu'une structure de site globalement identique. Selon les juges, « la combinaison originale des caractéristiques de la page d'accueil du site Internet de la société Vente-Privée.com a été reprise sur la page d'accueil de la société Club-Privé, selon la même disposition, révélant une impression d'ensemble similaire ». PMC Distribution a donc été condamnée pour contrefaçon de droit d'auteur.

www.journaldunet.com

5. Que reprochait Vente-Privée.com à la société PMC Distribution ?

6. Sur quel fondement les juges ont-ils condamné la société PMC Distribution ?

B La protection des noms de domaine

DOC. 11 **La réservation d'un nom de domaine**

Le nom de domaine (par exemple, https://editions.nathan.fr) permet d'accéder à une page web. Pour protéger un nom de domaine en « .fr », il faut le réserver auprès d'un bureau d'enregistrement accrédité par l'Association française pour le nommage Internet en coopération [AFNIC]. C'est la règle du « premier arrivé, premier servi » qui s'applique : le nom de domaine est reconnu au premier qui le réserve. Toutefois, il faut vérifier avant qu'il est disponible pour éviter les conflits.
Le titulaire du nom de domaine réservé peut alors intenter une action en concurrence déloyale en cas d'utilisation par un tiers (un concurrent, par exemple). Mais le nom de domaine n'est pas un titre de propriété industrielle : il n'est donc pas possible d'agir sur le fondement de la contrefaçon, sauf si on l'a enregistré comme marque.

La **marque** (signe d'une entreprise qui lui permet de se différencier des autres) confère un monopole de 10 ans renouvelable.

DÉCOUVRIR L'AFNIC

Vidéo
liennathan.fr/78wa2n

7. Comment protéger son nom de domaine ?

8. Peut-on librement choisir un nom de domaine ?

9. De quelle protection bénéficie un nom de domaine réservé ? Quel est alors l'intérêt de l'enregistrer également comme une marque ?

DOC. 12 **On ne peut pas typosquatter les noms de domaine de l'État**

SYRELI est une procédure non judiciaire, qui permet d'obtenir la suppression ou le transfert d'un nom de domaine.fr auprès de l'AFNIC

La mission APIE [service de l'État chargé de promouvoir une gestion optimisée des actifs immatériels publics] a été sollicitée [...] pour obtenir la suppression du nom de domaine <vacances-scolaires-gouv.fr>, imitant l'extension <.gouv.fr> strictement réservée aux services de l'État. Enregistré par un tiers, ce nom de domaine donnait accès à un site d'informations relatives aux calendriers des vacances scolaires et jours fériés reprenant la présentation graphique de la page du site officiel du ministère de l'Éducation nationale [...]. Ce nom de domaine était donc susceptible de tromper les internautes. [...] La mission APIE a alors introduit une procédure de résolution des litiges relatifs aux noms de domaine (dite « procédure Syreli ») auprès de l'AFNIC, l'office d'enregistrement du .fr, pour solliciter la suppression du nom de domaine [...]

www.economie.gouv.fr, septembre 2021.

DOC. 13 **Le *cybersquatting* du nom d'un Président de la République**

Emmanuel Macron [...] a demandé à récupérer deux noms de domaine à l'intitulé transparent [réservés par des tiers] : macron-2022.fr et macron2022.fr, [par la procédure SYRELI] auprès de l'AFNIC. [...]
Les deux noms de domaine « macron2022.fr » ont ainsi été transférés à Emmanuel Macron par décision de l'AFNIC. [...] : « *[L'AFNIC] a considéré que [...] l'enregistrement du nom de domaine qui associe le nom d'une personnalité publique et l'année d'une prochaine échéance électorale, pouvait être considéré comme un acte de mauvaise foi du Titulaire.* »
[...] Il arrive en effet que des particuliers ou entreprises déposent des noms de domaine en rapport avec des personnalités publiques, parfois en amont d'élections. Il peut s'agir d'une démarche citoyenne (protéger un nom de domaine pour éviter qu'il ne tombe dans de mauvaises mains), mais aussi, souvent, de cybersquatting, une pratique qui vise à s'approprier une URL [nom de domaine] dans l'espoir de se la faire racheter pour une somme non négligeable.

À propos d'une décision de l'AFNIC, www.numerama.com, 28 décembre 2021.

10. **À partir de ces deux affaires, distinguez typosquatting et cybersquatting et leur intérêt respectif pour les auteurs de ces pratiques.**

11. **Les demandeurs ont-ils dû agir en justice ?**

12. **Expliquez pourquoi les demandeurs ont obtenu gain de cause dans chacune de ces affaires.**

PEUT-ON LANCER UNE MARQUE SANS AVOIR LE .COM
Vidéo
liennathan.fr/g6k24p

C La protection des bases de données

DOC. 14 **Comment protéger une base de données ?**

[...] Le développement considérable de la quantité de données nécessite qu'elles soient ordonnées afin d'être facilement consultables et mises à jour. Mais peut-on protéger une base de données ?

Quels sont les éléments protégeables ?

• **La donnée**. Elle n'est pas protégée en principe car il s'agit généralement d'une information brute. Il peut en aller différemment si la donnée est une œuvre de l'esprit originale (image ou photographie, par exemple), protégée par le droit d'auteur.

• **La structure / l'architecture de la base de données**. Elle est protégeable par le droit d'auteur sous réserve d'originalité qui peut se manifester dans le choix ou la disposition des matières, dans les règles d'organisation de celle-ci. [...]

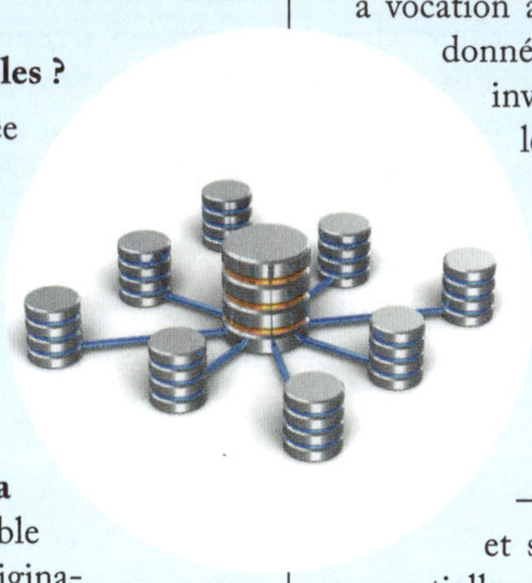

• **La protection du « contenu informationnel » par le droit du producteur de base de données**. Ce droit « *sui generis* » [c'est-à-dire spécifique, particulier] [...] a vocation à lutter contre le pillage des bases de données et permet d'assurer un retour sur investissement au producteur qui prend le risque de financer les coûts de collecte et de traitement de cette matière première que constituent les données. [...]
Le producteur peut interdire :
– l'extraction ou la réutilisation d'une partie substantielle du contenu de cette base ;
– l'extraction ou la réutilisation répétée et systématique de parties non substantielles, dès lors que les emprunts excèdent manifestement les conditions d'utilisation normale de la base. [...]

Éditions Francis Lefebvre, 18 octobre 2018.

13. **Identifiez les différents éléments d'une base de données qui sont protégés.**

14. **Quelles prérogatives sont conférées par le droit d'auteur sur l'architecture de la base de données ?**

15. **Comment est protégé le contenu de la base de données ?**

DOC. 15 **Le web scraping du site « Le Bon Coin » par « Entre particuliers »**

À l'origine du litige, l'extraction systématique, par entreparticuliers.com, des données contenues dans la base de données immobilières du site leboncoin.fr. Plusieurs utilisateurs de ce site s'en sont plaints.
La société LBC [Le Bon Coin] a ainsi assigné en 2017 son concurrent afin de faire cesser ces pratiques, sur le fondement du droit *sui generis* des producteurs de bases de données [...].
Le 1er septembre 2017, le tribunal de grande instance de Paris condamne entreparticuliers.com [...]
La Cour d'appel, saisie par la société entreparticuliers.com, confirme la qualification de base de données du site leboncoin.fr et la qualité de producteur de la société LBC, ainsi que les mesures de réparation prononcées par le tribunal [20 000 € de dommages-intérêts].

Le *web scraping* consiste à extraire des informations, textes ou données de sites internet pour les réutiliser.

[...] En revanche, la Cour d'appel retient que les données extraites et réutilisées par entreparticuliers.com étaient bien qualitativement substantielles, en considérant que les données étaient contenues dans une « sous-base » de données du site leboncoin.fr, à savoir la catégorie immobilière, et sur la base d'une large série de documents comptables et techniques justifiant de ses investissements financiers, matériels et humains, présentés par la société LBC en appel. La cour d'appel établit ainsi l'évaluation du préjudice financier de la société LBC à 50 000 euros.

À propos de l'arrêt de la Cour d'appel de Paris du 2 février 2021, www.uggc.com.

16. **Pourquoi Le Bon Coin a-t-il agi en justice contre la société Entreparticuliers.com ?**
17. **Le litige portait-il sur une atteinte à l'architecture de la base de données ou à son contenu ?**
18. **Pourquoi la Cour d'appel a-t-elle condamné la société Entreparticuliers.com ?**

D La création d'actifs immatériels par les salariés

DOC. 16 **Création d'un salarié : qu'en est-il du droit d'auteur ?**

Lorsqu'un salarié crée quelque chose en entreprise, que ce soit une base de données, un logiciel, [un travail de] recherche, un site Internet..., plusieurs questions peuvent se poser : qui est titulaire des droits patrimoniaux ? Le droit d'auteur est-il applicable lorsqu'on est salarié par une entreprise ? [...]
Selon le Code de la propriété intellectuelle, le salarié d'une entreprise conserve son droit d'auteur sur les œuvres qu'il a créées dans le cadre de son travail. Le contrat de travail ne modifie pas ce droit inaliénable. [...]

Dans certaines situations, il existe cependant des exceptions à cette règle :
• Dans le cas d'un logiciel : si l'œuvre est un logiciel réalisé pendant les heures de travail du salarié et entre dans le cadre de l'activité de l'employeur, les droits sont cédés à l'employeur. [...]
• Le salarié cède ses droits : le salarié peut tout à fait choisir de céder ses droits d'auteur à son employeur pour une œuvre qu'il a réalisée [...]. Le salarié peut céder ses droits à titre gratuit, mais peut également négocier une rémunération, en plus de son salaire, pour la cession de ces droits. [...] Les droits moraux ne peuvent être cédés en aucun cas, seuls les droits patrimoniaux sont cessibles. [...]

INPI / APP / Avocats Picovschi, d'après www.filecys.fr, 25 avril 2018.

Article L.113-1 du Code de la propriété intellectuelle :
« La qualité d'auteur appartient, sauf preuve contraire, à celui ou à ceux sous le nom de qui l'œuvre est divulguée. »

19. **Pourquoi le droit d'auteur est-il en principe reconnu au salarié qui a produit une création numérique dans le cadre de son activité professionnelle ?**
20. **La solution est-elle identique en matière de logiciels ?**
21. **Le salarié peut-il céder à son employeur l'intégralité de son droit d'auteur ?**

DOC. 17 Le salarié créateur de logiciel

[...] Traditionnellement, le droit d'auteur appartient au seul créateur de l'œuvre, et ce quand bien même l'auteur est salarié et réalise la création protégée dans le cadre et en exécution de son contrat de travail. La situation est cependant bien différente s'agissant des logiciels. En effet, le Code de la propriété intellectuelle prévoit que les droits sur les logiciels sont dévolus automatiquement à l'employeur [...], seul habilité à exercer ces droits sans qu'il soit nécessaire d'organiser contractuellement le transfert de droit et ce en application de la loi. [...] Le logiciel doit avoir été créé postérieurement à la conclusion du contrat de travail. [...]

Ce régime exceptionnel autorise l'employeur à bénéficier des droits patrimoniaux sur le logiciel. En revanche, le salarié conserve les droits moraux. Aucune disposition ne prévoit de rémunération supplémentaire de l'employeur au profit du salarié, créateur de logiciel.

[...] Le logiciel créé par le salarié hors du cadre de sa mission reste sa propriété. L'employeur désireux d'en acquérir les droits devra formuler une offre d'achat, que le salarié est libre d'accepter ou non. Dès lors que le logiciel a été créé hors du cadre du contrat de travail, le régime général de cession des droits d'auteur, qui prévoit que la cession des droits patrimoniaux sur le logiciel peut être totale ou partielle, a vocation à s'appliquer. Une telle cession implique qu'un accord soit trouvé sur le prix de cession.

A.-L. Villedieu et M. Ollivier, *Les Echos*, 2 août 2017.

22. **Qu'est-ce que la dévolution des droits sur le logiciel au profit de l'employeur ?**

23. **Le salarié qui a créé un logiciel dans le cadre de son activité perd-il l'intégralité de ses droits ?**

24. **L'employeur peut-il se prévaloir de la dévolution automatique pour un logiciel créé par un salarié hors du cadre de sa mission ?**

APPLICATION AU CAS

AIRBNB

Un salarié de Airbnb a créé un nouveau logiciel, Superset, qui permet d'exploiter plus facilement des bases de données pour les exploiter sous forme de graphique.

DOC. Superset, l'outil de DataViz de Airbnb

Superset est un outil développé par Airbnb. Son objectif consiste à faciliter la prise de décision au sein d'une entreprise, en simplifiant l'accès à ses données. Superset permet notamment de regrouper les informations fournies par différentes sources, de créer des graphiques interactifs et de les partager sous forme de tableaux de bord. [...]

Conçu pour mutualiser différentes sources de données, Superset gère un très grand nombre de bases de données. Une fois les différentes bases connectées, l'ensemble des tables qu'elles contiennent devient accessible. [...] Les graphiques proposés par Superset sont classes, l'interface Web est très confortable à utiliser, la création de tableaux de bord intuitive et rapide. Superset

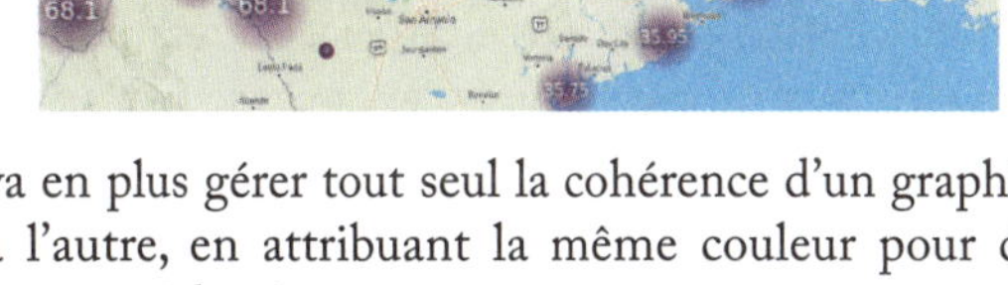

va en plus gérer tout seul la cohérence d'un graphique à l'autre, en attribuant la même couleur pour deux mesures identiques.

www.makina-corpus.com

1. **Comment le logiciel Superset est-il protégé ?**

2. **Le salarié a-t-il un droit sur le logiciel qu'il a créé ?**

3. **Quelles sont les prérogatives reconnues à Airbnb sur ce logiciel ?**

TESTEZ VOS CONNAISSANCES

Flashez le QR code pour faire les exercices et réviser les notions essentielles.

liennathan.fr/xn778p

1 La licence d'exploitation d'un logiciel

1. **Quelles sont les parties à ce contrat (« licence ») ?**
2. **À quoi s'engage chacune des parties ? Quel est alors l'intérêt de cette licence ?**
3. **WZ-Agenda est-il un logiciel libre ou un logiciel propriétaire ?**
4. **Comment le logiciel objet de cette licence est-il protégé ?**

DOC. **Licence du logiciel WZ-Agenda (extraits)**

La Société WEEZZ [...], ci-après le Concédant, est l'auteur d'un Logiciel dénommé « WZ-Agenda » consistant en une application web sur support hébergé et destiné à gérer de façon partagée des rendez-vous, plannings, fiches contact, consignes, tâches, messages et ressources. [...]
Le Licencié déclare connaître le Logiciel « WZ-Agenda » qu'il a pu tester gratuitement. [...]

ARTICLE 2. OBJET DU CONTRAT

Le présent contrat a pour objet de déterminer les conditions d'accès et d'utilisation en mode hébergé du Logiciel par le Licencié et ses Utilisateurs. [...]

ARTICLE 4. OBLIGATIONS DU CONCÉDANT

4.1 Accès du Licencié au Logiciel

Le Concédant s'engage par la présente à fournir au Licencié et à ses Utilisateurs un accès sécurisé au Logiciel depuis tout ordinateur, quel qu'en soit le système d'exploitation, à condition toutefois qu'il dispose d'une connexion à Internet fiable et qu'il soit équipé d'un navigateur Internet récent [...].

4.2 Accès du Licencié et des Utilisateurs aux données les concernant

[...] Le Concédant s'engage à fournir au Licencié un accès individuel et sécurisé au Logiciel par mot de passe pour lui permettre de consulter les seules informations le concernant. En outre, cet accès permettra au Licencié de créer des accès individuels et sécurisés au Logiciel par mot de passe pour ses Utilisateurs. [...]

ARTICLE 6. PRIX DE LA LICENCE

La rémunération de la présente Licence est constituée en fonction du nombre d'agendas en service et de l'offre sélectionnée par le Licencié pour chaque agenda. Le calcul de cette rémunération est établi sur une base tarifaire payable par mois. [...]

ARTICLE 7. PROPRIÉTÉ INTELLECTUELLE

Il est clairement entendu que le Concédant est et demeure le titulaire exclusif de l'ensemble des droits de propriété intellectuelle portant sur le Logiciel, les méthodologies employées, les spécifications et sur tous développements futurs du Logiciel. Le Concédant est seul habilité à utiliser, reproduire, diffuser, divulguer, modifier ou adapter ces éléments. [...]
Toute reproduction ou représentation totale ou partielle du Logiciel, par quelque procédé que ce soit, sans l'autorisation expresse du propriétaire du Logiciel est interdite et constituerait une contrefaçon sanctionnée par les articles L335-2 et suivants du Code de la propriété intellectuelle. Il en est de même des bases de données figurant, le cas échéant, sur le Logiciel. [...]

www.wz-agenda.com

2 Nom de domaine, logiciel et marque

1. Expliquez les faits à l'origine du litige.
2. Repérez les différentes actions en justice intentées par POWERON en les rattachant à chaque actif immatériel en cause dans cette affaire.
3. Retracez la procédure jusqu'à la Cour d'appel.
4. Expliquez la solution rendue par la Cour d'appel d'Aix-en-Provence.

DOC. **Arrêt de la Cour d'appel d'Aix-en-Provence du 27 mai 2021 (extraits)**

FAITS ET PROCÉDURE

La société POWERON, créée en 2008 et ayant pour activité l'édition, le développement, le conseil et la vente de produits et services liés à l'internet, a exploité à compter de juillet 2011 un logiciel dénommé « LicenceTobill » destiné à l'établissement et la gestion des facturations. Elle a fait enregistrer le nom de domaine www.licencetobill.com du 25 juillet 2011 au 23 juillet 2014, date à laquelle l'enregistrement n'a pas été renouvelé. Le 22 juillet 2014, messieurs S R et O M, associés de la société POWERON, ont créé la société SUBSCRIPTION TECH spécialisée dans la programmation informatique. Le 25 juillet 2014, Monsieur M a obtenu la réservation [du] nom de domaine www.licencetobill.com. La société SUBSCRIPTION TECH a déposé le 27 octobre 2014 auprès de l'Institut National de la Propriété Industrielle la marque verbale LicenceToBill. [...]

Par acte en date des 5 et 6 janvier 2016, la société POWERON a fait assigner la société SUBSCRIPTION TECH, Monsieur R et Monsieur M devant le tribunal de grande instance de MARSEILLE en contrefaçon de logiciel, en annulation de la marque LicenceToBill, [en transfert du nom de domaine] et en concurrence déloyale et parasitaire.

Suivant jugement en date du 21 décembre 2017, [le tribunal a débouté la société POWERON de l'ensemble de ses demandes] [...] [La] société POWERON a interjeté appel de cette décision. [...]

MOTIFS

Sur la titularité et la contrefaçon du logiciel Licence To Bill

La société POWERON, personne morale, invoque sa qualité d'auteur du logiciel Licence To Bill [...] Ni l'entretien filmé accordé par Monsieur R ni une simple indication sur le profil LINKEDIN de Monsieur M, [...], ni encore le fait que la société POWERON ait assuré la commercialisation du logiciel n'établissent que la société POWERON a été sur l'initiative de la création de cette œuvre [...]. [...] C'est dès lors à bon droit que les premiers juges ont décidé que la société POWERON n'établissait pas la preuve de sa qualité d'auteur [...] sur le logiciel LICENCE TO BILL et en conséquence sa qualité à agir en contrefaçon.

Sur les actes de concurrence déloyale et de parasitisme

Les premiers juges ont [...] rappelé que [...] monsieur M, auteur du logiciel portant l'appellation LICENCETOBILL était parfaitement fondé à demander l'enregistrement de ce nom de domaine le 25 juillet 2014, ledit nom étant libre de droits ; ils ont de même rappelé [...] que les pièces versées aux débats étaient manifestement insuffisantes pour démontrer l'existence de manœuvres imputables aux intimés [*les intimés sont les défendeurs devant la Cour d'appel*] ayant pour but de détourner la clientèle déjà existante et pour effet de désorganiser la société POWERON [...].

Sur la validité de la marque LICENCE TO BILL

Il n'est ni contesté, ni contestable qu'au jour où la société SUBSCRIPTION TECH a déposé la marque LICENCETOBILL auprès de l'Institut National de la Propriété Industrielle, soit le 27 octobre 2014, la société POWERON n'exploitait plus le nom de domaine www.licencetobill.com, dont le renouvellement n'avait pas été demandé à son échéance intervenant le 25 juillet 2014 [...]

PAR CES MOTIFS, LA COUR CONFIRME le jugement du tribunal de grande instance de MARSEILLE en date du 21 décembre 2017 dans l'intégralité de ses dispositions [...]

Les enjeux de la protection des actifs immatériels pour l'entreprise

Actifs immatériels pour l'entreprise = vecteurs d'innovation

- Personnaliser la relation clients pour améliorer la satisfaction de leurs besoins.
  - Nom de domaine
  - Site Internet
  - Logiciel
- Améliorer l'organisation interne et la prise de décision dans l'entreprise.
  - Site Internet
  - Logiciel
  - Base de données

Besoin de protection des actifs immatériels de l'entreprise

- L'usurpation d'identité par des pirates
- Contre la subtilisation frauduleuse des données par des pirates

Les modalités juridiques de protection des actifs immatériels

Protection par le droit d'auteur des sites Internet et des logiciels

- Prérogatives du créateur du site ou du logiciel
  - Droit patrimonial
  - Droit moral
- Sanctions de la violation du droit d'auteur
  - Action en contrefaçon
  - Action en concurrence déloyale

Protection spécifique des noms de domaine et des bases de données

- Protection des noms de domaine
  - Bénéfice du nom de domaine au premier qui le réserve
  - Protection par l'action en concurrence déloyale
- Double protection des bases de données
  - Droit d'auteur sur la structure, l'architecture de la base
  - Droit *sui generis* contre le pillage du contenu de la base

CONCEPTS

Base de données – Concurrence déloyale – Contrefaçon – Digitalisation – Droit d'auteur – Droit moral – Droit patrimonial – Droit *sui generis* – Logiciel – Nom de domaine – Site Internet

5 La preuve électronique, le contrat électronique et les contrats de prestations numériques

LA COMPÉTENCE ATTENDUE

→ Qualifier et analyser les clauses de contrats relatives à une vente ou à une prestation de services numériques entre professionnels.

LES SAVOIRS ASSOCIÉS

→ La preuve électronique
→ Le contrat de vente électronique
→ Le contrat de prestation de services numériques

PLAN DU CHAPITRE

- 1 • Identifier les conditions de validité de la preuve électronique
- 2 • Qualifier et analyser les clauses d'un contrat de vente électronique avec les consommateurs
- 3 • Qualifier et analyser les clauses d'un contrat de prestation de services numériques entre professionnels

Le e-commerce en France en 2020 et 2021 : quels sont les chiffres clés et prévisions ?

Marquée par l'actualité, l'année 2020 a explosé les compteurs en termes de ventes en ligne. Cette période touchée par la crise sanitaire a bouleversé les habitudes des consommateurs. [...]

Un chiffre d'affaires 2020 historique.

112 milliards d'euros, c'est le chiffre d'affaires du e-commerce en France en 2020, tous secteurs confondus. Ce chiffre est en hausse de 8,5 % par rapport à l'année 2019. Cette même année, le e-commerce ne représentait que 9,8 % du commerce de détail. Aujourd'hui, son poids est de 13,4 %. [...]
Dans le top du classement des réseaux les plus performants, Beauté-Santé et Produits de Grande Consommation se placent sur la première marche du podium, enregistrant respectivement des croissances de +52 % et +42 % (source : Nielsen). Ensuite, ce sont les produits techniques puis le mobilier et la décoration qui se distinguent, avec des hausses de +34 % et +24 %.

Wizishop.fr, 2022.

Article 14 de la loi n° 2004-575 du 21 juin 2004 pour la confiance dans l'économie numérique

« Le commerce électronique est l'activité économique par laquelle une personne propose ou assure à distance et par voie électronique la fourniture de biens ou de services.
Entrent également dans le champ du commerce électronique les services tels que ceux consistant à fournir des informations en ligne, des communications commerciales et des outils de recherche, d'accès et de récupération de données, d'accès à un réseau de communication ou d'hébergement d'informations, y compris lorsqu'ils ne sont pas rémunérés par ceux qui les reçoivent. »

LES CONTRATS DÉMATÉRIALISÉS
Vidéo
liennathan.fr/nn272t

1. **Quelle est la principale différence entre le commerce « traditionnel » et l'e-commerce ?**
2. **Selon vous, quels sont les risques du e-commerce pour les cyberconsommateurs ?**

1 Identifier les conditions de validité de la preuve électronique

DOC. 1 La dématérialisation des documents

La dématérialisation des documents a changé la donne mais tout écrit électronique ne peut pas constituer une preuve.

Verba volant, scripta manent. Traduction de cette expression latine : si les paroles s'envolent, les écrits restent. Mais, qu'est-ce qu'un « écrit » ? Cette question ne se posait pas il y a quelques décennies : quand bien même certaines preuves peuvent être apportées par tout moyen (témoignage…), le document écrit constituait souvent la panacée et sa définition ne posait aucun problème car tout le monde sait ce qu'est un document écrit. Cela va de la facture remise par un professionnel à un contrat lu et paraphé par les différentes parties. Le document existe matériellement (chacun dispose de son exemplaire du contrat, par exemple) et sa recevabilité en tant que preuve est une évidence puisque cette matérialisation confirme son existence même. Mais tout cela, c'était avant l'ère informatique et la dématérialisation des documents… […]

www.clcv.org/vie-pratique

DOC. 2 L'e-mail : un moyen de preuve ?

L'e-mail peut-il être une preuve juridique lors d'un litige ?

Avec un autre professionnel

Si l'un de vos fournisseurs vous réclame une somme non-conforme au devis qu'il vous avait joint par e-mail, alors vous pouvez utiliser ce même e-mail pour contester la somme devant la justice. Il s'agit d'un élément d'information recevable pour un juge car selon le Code de commerce, tous les moyens de preuve peuvent être utilisés pour régler un litige. […]

Avec un particulier. Il est possible que vous passiez une commande, pour un produit ou un service, pour un particulier qui finalement se désiste au dernier moment. Vous avez avancé les frais et vous souhaitez être logiquement remboursé. Si le particulier vous a initialement contacté par e-mail, vous pouvez utiliser la base de vos échanges électroniques comme preuve, mais à certaines conditions car c'est le Code civil qui s'applique ici. Tout d'abord, l'expéditeur et le contenu du message doivent être clairement identifiables. Vous devez également prouver que le message n'a pas fait l'objet de modifications entre le moment où il a été écrit et celui où il a été consulté. Enfin, dans ce cas précis, l'e-mail doit être accompagné d'une signature électronique. Si ce n'est pas le cas, il peut néanmoins être considéré comme un « commencement de preuve » devant un tribunal. Alors n'oubliez pas, relisez-vous toujours avant de cliquer sur « Envoyer » !

D'après réussir-en.fr

1. **Que signifie la « dématérialisation des documents » ?**

2. **À quelles conditions un e-mail peut-il être utilisé devant le juge pour faire établir la réalité d'un fait, d'une discussion ou d'un accord entre un professionnel et un particulier ?**

DOC. 3 La signature électronique

Comme la signature manuscrite, la signature électronique (SE) identifie celui qui l'appose et manifeste son consentement au contenu de l'acte.

La SE consiste « en l'usage d'un procédé fiable d'identification garantissant son lien avec l'acte auquel elle se rattache ».

La fiabilité de ce procédé doit en principe être prouvée, ce qui peut rendre nécessaire le recours à une expertise. Afin de faciliter la preuve de la fiabilité du procédé de SE, une présomption a été instituée par le législateur. Une SE est présumée fiable lorsqu'elle fait appel à un certificat électronique « qualifié », délivré par une autorité de certification.

Un certificat de signature électronique est un document sous forme électronique qui a pour but d'authentifier l'identité de la personne signataire, l'intégrité des documents échangés (protection contre toute altération) et l'assurance de non-répudiation (impossibilité de renier sa signature).

3. **Quel est l'intérêt pour une entreprise d'obtenir une signature électronique certifiée ?**

DOC. 4 La lettre recommandée électronique (LRE)

Une lettre recommandée au format électronique est la version dématérialisée d'un recommandé au format papier. Pour être juridiquement valable, l'envoi d'une LR électronique doit remplir 3 conditions :

Le prestataire chargé de l'acheminement se porte responsable de la bonne identité du destinataire et de celle de l'expéditeur

Les dates d'expédition et de réception de la lettre doivent être garanties et vérifiables

Si le destinataire n'est pas un professionnel, son accord préalable est nécessaire (en cas de refus, l'expéditeur doit envoyer le recommandé au format papier).

Service.public, février 2022.

AR24 est une filiale de Docaposte
www.ar24.fr

DOCAPOSTE
l'avenir devient plus simple

4. Expliquez le mécanisme de la LRE.

5. À quelles conditions la lettre recommandée électronique a-t-elle la même valeur juridique que la LR papier ?

DOC. 5 L'archivage numérique

La mise en place d'une politique de conservation sécurisée des données et documents électroniques est l'une des premières étapes de la transformation numérique des entreprises. Sa nécessité est accentuée par la réforme de facturation électronique obligatoire dès 2023 et le « e-reporting » TVA*.

Le système d'archivage électronique (SAE) préserve la valeur juridique des données et documents électroniques en offrant de nombreux avantages : sécurité, accessibilité, confidentialité, conservation à long terme, protection des données, conservation de l'intégrité, validation et préservation des données de signatures électroniques. Avec un SAE, l'entreprise règle aussi la réversibilité et la lisibilité des documents dans le temps grâce à l'utilisation de formats de fichiers qui resteront lisibles sur long terme.

En confiant l'archivage de ces documents à un prestataire certifié, les organisations garantissent la préservation de leur valeur probante. Elles ne pourront pas être suspectées de les avoir manipulés et éviteront les désagréments liés aux défaillances des systèmes informatiques et à l'obsolescence technologique, tout en suivant le rythme des évolutions juridiques et normatives.

* *transmission électronique des données à l'administration fiscale*

silicon.fr, 22 mars 2021.

6. Qu'est-ce qu'un archivage à valeur probante ?

APPLICATION AU CAS

AIRBNB

Il y a 8 mois, Christophe a réservé un appartement sur Airbnb à Nice afin de participer à l'Ironman : départ pour 3,8 km dans la Méditerranée suivi d'une boucle en vélo de 180 km dans l'arrière-pays niçois et d'un marathon de 42,195 km. Afin d'obtenir quelques précisions sur le logement, Christophe vient de contacter le loueur auprès duquel il a réservé. Ce dernier prétend ne pas être engagé à lui louer. La course attirant chaque année des spectateurs de toute la France pour applaudir les nombreux triathlètes, Christophe sait qu'il ne trouvera pas d'hébergement à un tarif abordable à la dernière minute. Il est bien décidé à obliger le loueur à exécuter son engagement en le menaçant de l'assigner en justice. Il dispose des échanges avec lui, réalisés via la messagerie sécurisée de la plateforme.

Rebonjour,
Suite à nos échanges, je vous confirme la réservation de votre logement pour les nuits des 24, 25 et 26 juin prochain. Pouvons-nous arriver vers 18 h le 24 ?

Pas de souci ! Je vous enverrai les instructions nécessaires un ou deux jours avant votre arrivée.
À très bientôt donc !

1. Christophe dispose-t-il d'une preuve valable de l'engagement du loueur ?

2. Les échanges *via* la messagerie sécurisée ont-ils valeur de contrat ?

2 Qualifier et analyser les clauses d'un contrat de vente électronique avec les consommateurs

A La protection préalable au contrat

DOC. 6 La protection des données personnelles du cyberconsommateur

Les données à caractère personnel des consommateurs présentent une valeur marchande considérable et les entreprises multiplient les outils de collecte et d'analyse pour se les approprier. Afin de protéger ces données, les entreprises sont soumises à de nombreuses règles notamment issues du RGPD (règlement général sur la protection des données du 25 mai 2018) : déclaration, autorisation, sécurisation, loyauté de la collecte, légitimité de la finalité du traitement.
Attention : les exigences du RGPD s'appliquent au B2B, une adresse mail professionnelle étant considérée comme une donnée personnelle.

DOC. 7 Les obligations des entreprises d'e-commerce

➔ **Information sur les cookies et autres traceurs :** permettre à l'internaute de consentir ou de refuser explicitement au dépôt de traceur (consentement à renouveler chaque année en principe).
Les bandeaux cookies avec collecte de données personnelles permettent d'afficher un bandeau cookie au moment de la première connexion pour informer les internautes, obtenir leur consentement (la durée de validité du consentement est de 13 mois maximum)…

➔ **Inscription à la newsletter :** inscription par un *opt-in* (obtenir l'accord du destinataire ; s'il ne dit pas « oui », c'est « non »), préciser la finalité de la newsletter (ex. : envoi de propositions commerciales), permettre à l'utilisateur de se désabonner…

➔ **Création d'un compte client :** limiter la collecte de données à celles qui sont nécessaires pour l'activité de l'entreprise, permettre au client de consulter et modifier ses informations personnelles, de supprimer son compte et l'ensemble de ses informations personnelles…

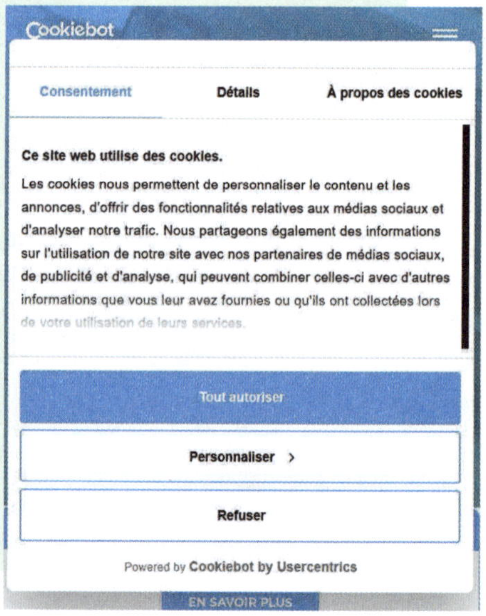

1. **Résumez les obligations des entreprises présentées dans le document 7.**
2. **Quelle est leur finalité ?**

B L'information du cyberacheteur

DOC. 8 Les risques de l'achat en ligne

La première caractéristique d'un achat en ligne est l'absence de rencontre physique entre le vendeur et l'acheteur. Le contrat étant formé par l'échange des consentements, il est apparu indispensable de poser des règles de droit permettant de s'assurer que l'acceptation émanant du consommateur était donnée en toute connaissance de cause et de manière réfléchie.

DOC.9 Un achat en ligne sur le site www.mademoiselle-bio.com

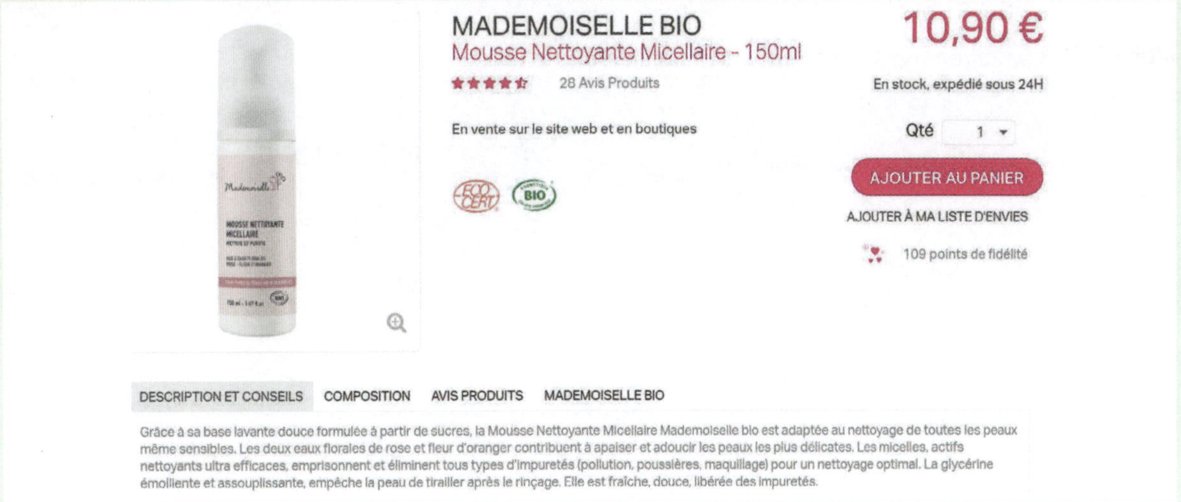

DOC.10 Conditions générales de vente de Mademoiselle bio (extraits)

PRÉAMBULE

La Boutique Mademoiselle bio est un site de commerce électronique accessible par le réseau Internet à l'adresse www.mademoiselle-bio.com (ci-après dénommé « le Site »). Il est ouvert à tout utilisateur de ce réseau. Il est édité par la société BIODOO avec le nom d'enseigne Mademoiselle bio, SAS au capital de 2 100 000 euros, dont le siège social est situé au 23 rue Jean Daudin, 75015 Paris, inscrite au Registre du Commerce et des Sociétés de Paris sous le numéro 431349927.

Le Site permet à Mademoiselle bio de proposer à la vente des produits de beauté comme des soins en institut à des internautes naviguant sur le Site. […]

3. Enregistrement et validation de la commande

[…]

3.2. Commande

Toute commande suppose l'adhésion sans restriction ni réserve aux présentes conditions générales de vente.

[…]

4. Paiement

Le paiement doit être réalisé lors de la commande par l'acheteur. À aucun moment, les sommes versées ne pourront être considérées comme des arrhes ou acomptes.

[…]

Pour régler sa commande, l'acheteur dispose des modes de paiement suivants : carte bancaire, virement, PayPal, cartes-cadeaux Mademoiselle bio. Les cartes bancaires acceptées sur le Site sont les suivantes : Carte Bleue, Visa, Master Card et Bancontact.

www.mademoiselle-bio.com

DOC.11 L'obligation d'information propre à l'e-commerce

Conformément aux dispositions du Code de la consommation (articles L.221-5 et L.221-14), le professionnel qui propose un contrat de vente par voie électronique doit notamment :

- communiquer au consommateur, de manière lisible et compréhensible, certaines informations telles que les informations relatives aux coordonnées du professionnel ;
- rappeler au consommateur, avant qu'il ne passe sa commande, de manière lisible et compréhensible, les informations relatives aux caractéristiques essentielles des biens ou des services qui font l'objet de la commande, à leur prix… ;
- veiller à ce que le consommateur, lors de sa commande, reconnaisse explicitement son obligation de paiement ;
- indiquer clairement et lisiblement, au plus tard au début du processus de commande, les moyens de paiement qu'il accepte et les éventuelles restrictions de livraison ;
- les conditions, le délai et les modalités d'exercice du droit de rétractation lorsqu'il existe.

3. **Quelle est la nature du document représenté dans le document 10 ?**

4. **À quelles obligations légales du document 11 correspondent les documents 9 et 10 ?**

C La conclusion du contrat

DOC. 12 Un achat en ligne sur le site de Mademoiselle bio

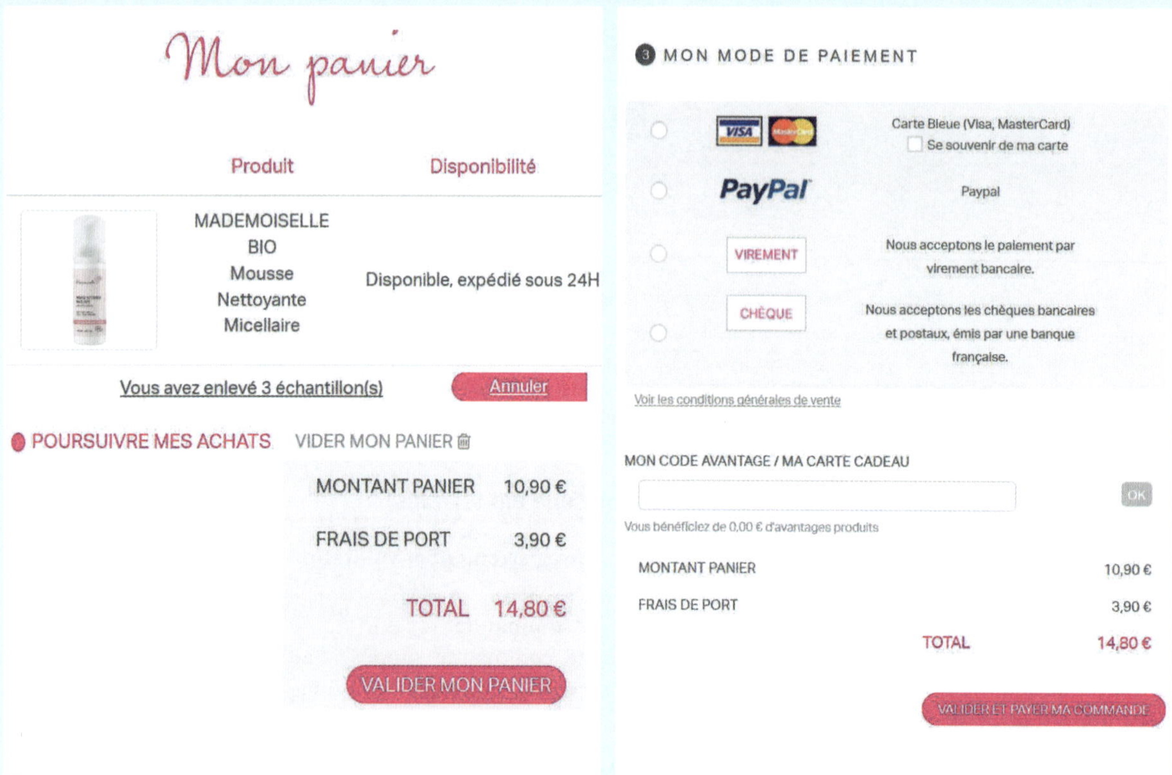

www.mademoiselle-bio.com

DOC. 13 La règle du double-clic

Article 1127-2 du Code civil (extrait)

« Le contrat n'est valablement conclu que si le destinataire de l'offre a eu la possibilité de vérifier le détail de sa commande et son prix total et de corriger d'éventuelles erreurs avant de confirmer celle-ci pour exprimer son acceptation définitive. »

Le client internaute doit pouvoir vérifier sa commande, notamment le détail et le prix. Il exprime son consentement en cliquant sur un bouton qui l'invite à valider son achat (premier clic).

Le client doit ensuite confirmer sa commande avant le paiement (deuxième clic).

5. **Quel écran du document 12 correspond au premier clic ? Lequel correspond au deuxième clic ?**

6. **Pourquoi la loi oblige-t-elle le vendeur à mettre en œuvre la procédure du double-clic ?**

DOC. 14 L'accusé de réception de la commande

Une fois la commande validée, le cybermarchand doit accuser réception sans délai et par voie électronique de la commande qui lui a été ainsi adressée. Cette procédure garantit que la commande a bien été enregistrée. Il peut s'agir d'une page apparaissant à l'écran à imprimer ou d'un courriel récapitulatif.

<u>L'accusé de réception est considéré comme reçu lorsque le cyberacheteur peut y avoir accès</u> (selon l'article 1127-2 du Code civil).

7. **Quelle obligation est imposée au cybervendeur lorsque le cyberacheteur a validé sa commande ?**

8. **Expliquez la phrase soulignée.**

DOC. 15 **Conditions générales de vente (CGV) de Phildar**

Article 6. Archivage de la commande

[…] Le vendeur assure la conservation de l'écrit qui constate la conclusion du contrat par voie électronique pendant 10 ans lorsque le contrat porte sur une somme supérieure ou égale à 120 euros.
À tout moment, vous pouvez accéder au détail de vos commandes *via* votre Compte Client à la rubrique Mes Commandes ou en envoyant un mail *via* la rubrique Contact.

www.phildar.fr

DOC. 16 **L'archivage selon la loi**

Selon l'article L.213-1 du Code de la consommation, le contrat électronique doit être archivé par le professionnel lorsqu'il porte sur une somme égale ou supérieure à 120 €.
Le délai de conservation est de 10 ans.
En outre, selon l'article 1127-1 du Code civil, si le contrat est archivé, le cyberacheteur doit pouvoir connaître les modalités d'archivage du contrat et les conditions d'accès à ce contrat.

9. Les CGV de Phildar sont-elles conformes à la loi s'agissant de l'archivage ? Justifiez.

D Le droit de rétractation du cyberacheteur

DOC. 17 **Extrait des conditions générales de vente de Mademoiselle bio (suite)**

7. Droit de rétractation

Conformément à l'article L.221-18 du Code de la consommation, l'acheteur dispose d'un délai de quatorze jours francs à compter de la date de réception pour retourner à nos frais les produits commandés, pour remboursement.
Dès enregistrement de la demande par nos services, une étiquette de retour préaffranchie lui sera adressée par mail.
Les produits doivent impérativement être retournés à Mademoiselle bio dans un parfait état de revente, dans leur état d'origine […]. Si les conditions susmentionnées sont remplies, Mademoiselle bio remboursera à l'acheteur, dans un délai de quatorze jours, les sommes correspondant aux produits acquis.
Afin de soumettre une demande de rétractation, l'acheteur doit contacter la société Mademoiselle bio par mail en précisant le numéro de commande et la référence du ou des articles concernés tels que mentionnés sur la facture, par téléphone […] ou en utilisant le formulaire de rétractation présent dans la rubrique « Mon compte » et accessible par ce lien.

www.mademoiselle-bio.com

10. Quelle faculté le droit de rétractation offre-t-il au cyberacheteur ?
11. Qui en supporte le coût dans cet exemple ? Justifiez.

APPLICATION AU CAS

AIRBNB

Charles Cottin propose depuis trois ans un logement à la location *via* Airbnb. Pour embellir ses extérieurs, il a acheté une pergola sur un site de vente en ligne. Lorsqu'il reçoit le colis dans les délais de livraison prévus, Charles découvre que la pergola est trop petite. Les dimensions du produit figuraient bien sur le site mais Charles n'y a pas prêté attention…

DOC. **Groupon Goods Global GmbH – Conditions générales de vente**

1.3. Votre commande. Le fait de cliquer sur le bouton « Acheter Maintenant » constitue une commande (« Commande ») des produits vendus par Groupon Goods (les « Biens »). En cliquant sur le bouton « Acheter Maintenant », vous reconnaissez explicitement que votre Commande implique l'obligation de payer les Biens. […]
4.1. Votre droit de rétractation. Aucune disposition des présentes conditions de vente ne porte atteinte à votre droit de vous rétracter du présent contrat sans donner de motif dans un délai de quatorze (14) jours. Ce délai de rétractation expire quatorze (14) jours après le jour où vous […] prenez physiquement possession des Biens. […]
4.4. […] Vous devez prendre en charge les frais liés au retour des Biens. […]

www.groupon.fr

1. À quelle obligation légale correspond l'article 1.3 des CGV ?
2. Sous quel délai et selon quelles modalités Charles peut-il retourner la pergola au cybervendeur ?

3 Qualifier et analyser les clauses d'un contrat de prestation de services numériques entre professionnels

DOC. 18 **Une application appétissante…**

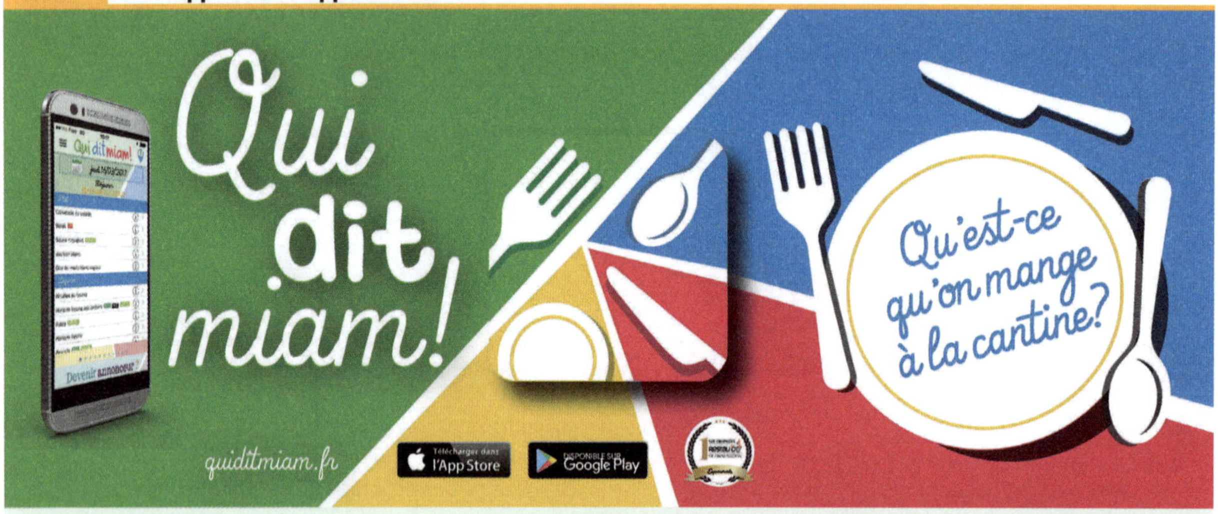

QuiDitMiam! est un outil de communication entre votre restaurant et vos convives.

Qui dit miam!
INFORMER PLUS, EDUQUER MIEUX, GASPILLER MOINS

DOC. 19 **Le nécessaire recours aux prestataires de services numériques**

Le développement du numérique rend indispensable le recours par les entreprises aux services de prestataires informatiques pour les besoins de leur activité. Les contrats de prestation de services numériques (hébergement de données, développement sites Internet, maintenance matérielle ou logicielle…) se multiplient.

DOC. 20 **Un contrat de prestation de services numériques (extraits)**

CONTRAT DE LOCATION ET DE MAINTENANCE DE QUIDITMIAM!

Entre les soussignés :
La société GOA SOFT SAS, dont le siège social est situé à :
[…] 31120 LACROIX-FALGARDE France
Immatriculée au RCS de Toulouse B […]
Ci-après dénommée « Le Prestataire » d'une part,

Et :
La SNRH RÉGAL ET SAVEURS
Adresse : […] 06730 SAINT-ANDRÉ-DE-LA-ROCHE
Ci-après dénommée « Le Client » d'autre part,

IL EST PRÉALABLEMENT EXPOSÉ CE QUI SUIT :
La société GOA SOFT SAS est le concepteur de l'application mobile QuiDitMiam! ainsi que de son interface d'administration appelée aussi « BackOffice ». Le présent contrat de location et de maintenance s'inscrit dans la continuité de cette conception et du contrat de licence d'utilisation qui a été accepté par le client. …

DOC. 20 **Un contrat de prestation de services numériques (extraits) (suite)**

ARTICLE 1 – OBJET

Le présent contrat a pour objet la mise à disposition de la solution Internet QuiDitMiam!.
Par location et maintenance, les parties entendent que le prestataire réalisera les prestations suivantes limitativement énumérées :
- configuration d'un accès sécurisé au « BackOffice » ;
- mise à disposition du « BackOffice » et des modules souscrits selon l'offre ;
- assistance *via* une adresse mail dédiée ;
- mises à jour correctives ;
- mise à disposition d'un espace de stockage [...].

1. **Qui est le concepteur de l'application QuiDitMiam! ?**
2. **Identifiez la société cliente. Pourquoi a-t-elle fait appel au prestataire ?**
3. **Quel est l'objet du contrat (document 20) ?**

DOC. 21 **Un contrat de prestation de services numériques (suite)**

ARTICLE 8 – SECRET ET CONFIDENTIALITÉ

Chacune des parties s'engage à conserver confidentiels les informations et documents concernant l'autre partie, de quelque nature qu'ils soient, auxquels elle aurait pu avoir accès au cours de l'exécution du contrat.
Les deux parties prendront, vis-à-vis de leurs personnel, préposés et prestataires de services auxquels elles pourraient faire appel, toutes les mesures nécessaires pour assurer, sous leur responsabilité, le secret, la confidentialité de toutes les informations et tous les documents visés à l'alinéa ci-dessus.
Les parties se portent fort du respect de cette clause par leurs personnel, préposés et prestataires de services auxquels elles font appel.
De même, le présent contrat, ses annexes et les conditions particulières qui y figurent sont réputés confidentiels et, à ce titre, ne peuvent faire l'objet ni d'une publication ni d'une communication à des tiers, sauf autorisation expresse des deux parties.

4. **À quelles obligations les parties sont-elles soumises par l'article 8 ?**
5. **Ce type de clause est-il généralement présent dans les contrats de vente conclus entre une entreprise et ses clients ? Pourquoi ?**

DOC. 22 **Un site Web hébergé par OVH**

DOC. 23 **Conditions particulières d'hébergement Web**

ARTICLE 1 : OBJET

Les présentes conditions particulières ont pour objet de définir les conditions techniques et financières dans lesquelles OVH s'engage à assurer le stockage sur son infrastructure du service d'hébergement Internet du Client (ci-après nommé « Service »).

Le Client reconnaît expressément qu'OVH ne participe aucunement au sens des présentes à la conception, au développement, à la réalisation et à la mise en place du Service du Client et de ses outils informatiques de gestion et d'administration.

ARTICLE 2 : MOYENS – CONDITIONS D'EXPLOITATION

L'Infrastructure d'hébergement Web d'OVH est accessible pour le grand public par le réseau Internet au moyen de stations connectées au réseau Internet. [...]

OVH garantit un accès au service d'hébergement Web du Client dans les conditions d'une fréquentation raisonnable et un accès au service de messagerie électronique dans des conditions d'utilisation raisonnable.

Dans l'hypothèse où l'accès au Service ne pourrait être maintenu en raison d'un trafic excédant les capacités du Service, les parties se concerteront afin d'envisager des modifications techniques et financières des conditions d'hébergement du Client.

ARTICLE 3 : SUPPORT TECHNIQUE

OVH met à la disposition du Client une assistance technique dans les conditions prévues aux conditions générales de Service. [...]

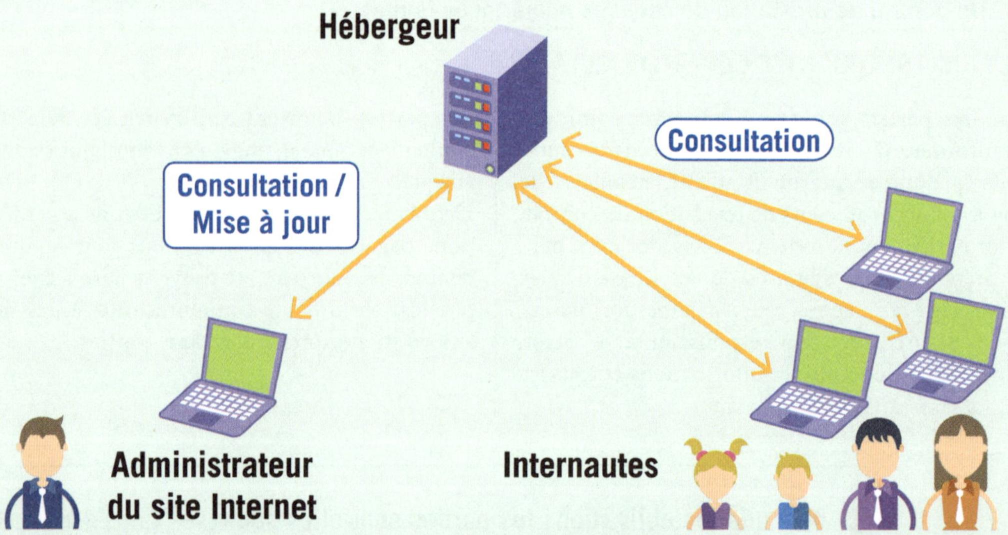

ARTICLE 7 : OBLIGATIONS ET RESPONSABILITÉ DU CLIENT

7.1. Le Client s'engage à ne pas héberger de sites racistes ou illégaux [...].

Le Client s'engage à ne pas héberger de sites à caractère pornographique sur les offres d'hébergement Web [...].

Le Client est informé que les publications constituent notamment des œuvres de l'esprit protégées par les droits d'auteur au sens de l'article L.112-2 1° et 2° du Code de la propriété intellectuelle.

Le Client est informé que les fichiers média (images, sons, vidéos ou autre nature/format), tels que JPG, MP3, DIVX, ISO..., sont soumis aux droits d'auteur et de propriété intellectuelle.

Le Client s'interdit toute utilisation du Service à des fins de diffusion en flux (streaming).

Il assure OVH qu'il est titulaire de tous les droits de propriété intellectuelle sur l'intégralité des pages et données qu'il fait héberger, c'est-à-dire des droits de reproduction, de représentation et de diffusion relatifs au support Internet, pour une durée préalablement déterminée.

www.ovh.com

6. **Dans la relation contractuelle illustrée par les documents 22 et 23, qui est le prestataire ? Qui est le client ? Quelle est la prestation fournie ?**
7. **Laquelle des deux parties est protégée par la phrase soulignée dans l'article 1 du document 23 ? Expliquez.**
8. **Expliquez le contenu de l'article 7.1 en distinguant deux parties.**

DOC. 24 Conditions générales de services

Les présentes Conditions Générales ont pour objet de définir les conditions de mise à disposition et d'utilisation des Services d'OVH.
Elles forment, avec les Conditions Particulières de Service applicables et l'ensemble des documents auxquels elles font référence, un contrat (ci-après « le Contrat ») conclu entre OVH SAS, société de droit français, domiciliée [...] et toute personne physique ou morale [...] créant un Compte Client sur le Site Internet d'OVH (ci-après nommée « le Client ») ; le Client et OVH étant individuellement ou conjointement dénommés la ou les « Partie(s) ». [...]
3.12. Continuité et Réversibilité des Services. Sauf disposition contraire des Conditions Particulières applicables, l'arrêt des Services, quelle qu'en soit la cause (notamment résiliation du Contrat, non-renouvellement, arrêt de Services par le Client, non-respect des Conditions de Service en vigueur, etc.), de même que certaines opérations de mise à jour et de réinstallation des Services entraînent la suppression automatique et irréversible de l'intégralité des Contenus [...] reproduits, stockés, hébergés, collectés, transmis, diffusés, publiés, et plus généralement utilisés et/ou exploités par le Client dans le cadre des Services, y compris leurs sauvegardes éventuelles. [...] À la demande du Client, [...] OVH lui communique toute information technique relative aux Services de nature à faciliter les opérations de réversibilité et de récupération de ses Contenus. Ces prestations d'assistance peuvent donner lieu à facturation supplémentaire [...]. Toutefois, OVH ne procède à aucune opération de restitution et de migration des Contenus du Client, lesquelles restent à la charge exclusive de ce dernier.

www.ovh.com

DOC. 25 Clause de réversibilité

La réversibilité est la possibilité, pour le client, de reprendre ou de faire reprendre la fonction externalisée par tout prestataire de son choix. Dans ce cas, le prestataire s'engage à fournir une assistance pour faciliter le transfert à un autre prestataire ou la reprise par le client.
Cette clause est fondamentale car la récupération de certaines données ou bases de données peut être cruciale pour le fonctionnement d'une entreprise et mettre en péril la continuité de l'activité économique en cas de perte ou de fuite de données.

9. Quelle obligation l'article 3.12 des CGS impose-t-il à OVH ?

10. Quel intérêt cette obligation présente-t-elle pour le client ?

APPLICATION AU CAS

AIRBNB

DOC. 1 Airbnb utilise AWS

Airbnb est la plus grande plateforme de partage de logements au monde [...].
Avec plus de 300 millions de séjours depuis les dix dernières années, nous faisons sans cesse face à des défis en matière d'algorithmes de recherche, de paiements, de prévention contre la fraude et de croissance. Le tout en maintenant une expérience utilisateur exceptionnelle. Nous voulons développer des solutions à ces problèmes qui soient évolutives, performantes et élégantes. [...]
Nous utilisons Amazon Web Services (AWS)* et pratiquons un déploiement continu pour tester rapidement de nouvelles idées et les appliquer à des fonctions produit existantes.

DOC. 2 Innover pour le client

Amazon WEB Services signe un accord avec les agences de renseignement britanniques
Amazon Web Services, le service « cloud » du géant du Web*, va héberger les données classifiées des services de renseignement anglais.

** AWS regroupe plus de 100 services répartis en diverses catégories telles que le stockage cloud, la puissance de calcul, l'analyse de données, l'intelligence artificielle ou même le développement de jeux vidéo.*

QU'EST-CE QU'AWS ?
Vidéo
liennathan.fr/a2a82y

1. Identifiez la relation juridique qui existe entre Airbnb et AWS.

2. Quel type de service AWS propose-t-elle à ses clients ? Illustrez votre réponse.

TESTEZ VOS CONNAISSANCES

Flashez le QR code pour faire les exercices et réviser les notions essentielles.

liennathan.fr/wf82u9

1 La valeur d'un échange de mails

1. **Indiquez à l'aide d'un raisonnement juridique, si l'échange de mails entre le club de football et l'agent constitue un contrat écrit valable entre les parties.**
2. **Quelle est la conséquence pour le club de foot de Saint-Étienne et l'agent sportif?**

DOC. La valeur d'un échange de courriers électroniques

Un club de football (l'AS Saint-Étienne) charge un agent sportif de négocier avec le club allemand de Dortmund le transfert de l'un de ses joueurs. Cette opération réalisée, le club refuse de verser sa commission à l'agent qui assigne le club en justice. L'accord de volonté des parties résultait d'une succession de courriers électroniques. Dans deux arrêts successifs (du 11 juillet 2018 puis du 7 octobre 2020), la Cour de cassation considère d'une part, que lorsque l'écrit est exigé pour la validité d'un acte juridique, l'échange de mails peut constituer cet écrit constatant l'engagement des parties mais, d'autre part, qu'en l'absence de signature électronique consistant en l'usage d'un procédé fiable d'identification garantissant son lien avec l'acte auquel elle se rattache, le contrat entre le club et l'agent encourt la nullité.

2 Un contrat électronique de vente

1. **Quelles obligations du cybervendeur l'article 1 des CGV illustre-t-il?**
2. **Indiquez, à l'aide d'un raisonnement juridique, si l'article 9 des CGV de la société Pascal Coste Coiffure est valide.**

DOC. 1 Conditions générales de vente (extraits)

Les présentes conditions générales de ventes ci-après « CGV » régissent la vente en ligne à toute personne (ci-après le « Client ») utilisant le site internet https://www.pascalcoste-shopping.com/ (ci-après dénommé le « Site ») de produits capillaires et assimilés (ci-après désignés les « Produits ») sur le territoire mondial.

ARTICLE 1 – DÉFINITIONS

Le « Vendeur » désigne la société PASCAL COSTE COIFFURE, société par actions simplifiée au capital de 4.005.000 euros, inscrite au registre du commerce et des sociétés de Nice sous le numéro : 440 339 471, dont le siège social est situé 42 avenue Maréchal Foch à NICE (06000), représentée par son gérant en exercice.

Numéro de TVA intracom : FR63440339471 [...]

ARTICLE 9 – RÉTRACTATION

Conformément aux dispositions légales en vigueur, le Client dispose d'un délai de quatorze (14) jours à compter du jour de la réception des Produits commandés pour exercer son droit de rétractation, sans avoir à motiver sa décision ni à supporter d'autres coûts que ceux relatifs aux frais de retour. [...]

...

Ce retour s'opérera à l'adresse suivante : Société PASCAL COSTE COIFFURE ZI LA GRAVE 1900 ROUTE DE LA ZONE ARTISANALE 06510 CARROS.
Si le Client met en œuvre son droit de rétractation, le Vendeur s'engage à rembourser les sommes versées hors les éventuels frais de livraison, dans un délai de 7 jours suivant la réception des Produits retournés, en utilisant le même moyen de paiement que celui utilisé par le Client lors de la commande. Les frais de retour sont à la charge du Client.

pascalcoste-shopping.com

DOC. 2 **Le retour du produit en cas de rétractation**

En cas de rétractation, le contrat est résilié et le client doit renvoyer le produit. Il doit payer les coûts directs de renvoi, sauf si le professionnel les prend à sa charge ou s'il ne l'a pas informé qu'il devait régler ces coûts.

3 La rédaction des contrats informatiques

1. **Quel est l'intérêt des clauses d'indexation dans les contrats de prestation de services informatiques ?**
2. **La société Digibest, prestataire informatique, envisage d'utiliser l'indice des prix à la consommation publié chaque mois par l'Insee dans la clause d'indexation de ses contrats. Indiquez-lui, à l'aide d'un raisonnement juridique si cette clause est valable.**

DOC. **Contrat de prestation de services informatiques : ce qu'il faut savoir**

Définition et types de contrats de prestation de services informatiques
Un contrat de prestation de services informatiques est la convention par laquelle une personne ou une société s'oblige contre une rémunération à exécuter pour une autre personne ou société, un travail relevant du milieu de l'informatique. Il en existe différents types : contrat de maintenance informatique, contrat de développement de logiciel informatique spécifique, contrat FAH (Fournisseur d'application hébergée), etc.
Exemple de clause : *La clause d'indexation*
Lorsqu'il s'agit d'un contrat à exécution successive, s'ajoute au prix de la prestation les conditions de son évolution au cours du contrat. En matière informatique, vous devez faire attention particulièrement aux conditions de révision (redevances de logiciels et progiciels ; loyers des matériels informatiques ; redevances des contrats de prestation de services récurrentes).
Il est possible de prévoir une indexation du prix en fonction de l'indice Syntec (indice de référence qui mesure l'évolution du coût de la main d'œuvre, essentiellement de nature intellectuelle, pour des prestations fournies) mais il est notamment interdit de fixer une clause d'indexation fondée sur le niveau général des prix ou des salaires. Tout clause stipulant un indice illicite sera réputée non écrite.

D'après captaincontrat.com, 20 juillet 2021.

La preuve électronique

- Documents dématérialisés = écrit électronique
  - Même force probante que l'écrit papier si…
    - Intégrité garantie : contenu non modifié
    - Personne dont il émane identifiée
- Signature électronique
  - Signature électronique « qualifiée » = présumée fiable

Le contrat de vente électronique

- La protection des données personnelles du cyberacheteur
- L'information du cyberacheteur
  - Coordonnées du professionnel
  - Caractéristiques essentielles du produit
  - Paiement
- La conclusion
  - La règle du double-clic
  - L'accusé de réception de la commande
  - L'archivage
- Le droit de rétractation du cyberacheteur
  - Dans les 14 jours, sans motifs, avec ou sans frais de renvoi ➡ contrat résilié

Le contrat de prestation de services numériques

- L'objet du contrat
  - Location, maintenance, hébergement de site Web…
- Les clauses spécifiques
  - Secret et confidentialité
  - Respect des droits d'auteur
  - Clause de réversibilité

CONCEPTS

Clause de confidentialité – Clause de responsabilité – Clause de réversibilité – Contrat de prestation de services numériques – Contrat de vente électronique – Données personnelles – Droit de rétractation – E-signature (ou signature électronique) – Règle du double-clic

6 L'incidence du numérique sur le management

LES COMPÉTENCES ATTENDUES

- Repérer le rôle du système d'information dans le fonctionnement de l'entreprise.
- Identifier les conséquences du déploiement du numérique sur le management et les processus décisionnels de l'entreprise.

PLAN DU CHAPITRE

- 1 • Repérer le rôle du système d'information dans le fonctionnement de l'entreprise
- 2 • Identifier les conséquences du déploiement du numérique sur le management et les processus décisionnels de l'entreprise

LES SAVOIRS ASSOCIÉS

- Spécialisation, intégration, action collective
- Mode de coordination, flexibilité, modalités d'organisation du travail
- Composantes et rôles du système d'information, opportunités et risques liés au système d'information

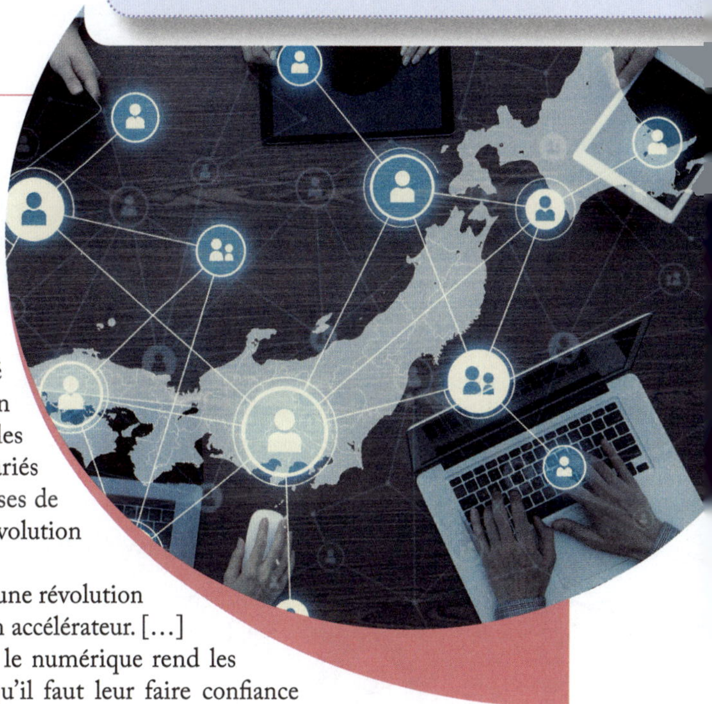

Salariés, entreprises et révolution numérique

La transition numérique est en cours indiscutablement ! Elle impacte frontalement l'ensemble des entreprises et leurs salariés. Et la crise du Covid-19 a encore accéléré le mouvement. De nombreuses enquêtes ont confirmé ce constat. Le « baromètre 2021 Digital Workplace » en lien avec l'IFOP publié par le cabinet Jolhiet-Stewernles donne un éclairage de plus sur la perception des salariés et de leurs responsables hiérarchiques dans les entreprises de plus de 500 salariés sur ce que l'on peut appeler « une révolution numérique ».

57 % des salariés enquêtés considèrent que nous vivons une révolution digitale et 72 % disent que la crise du Covid-19 en est un accélérateur. […]

L'enquête montre que 77 % des enquêtés pensent que le numérique rend les collaborateurs plus autonomes et que cela implique qu'il faut leur faire confiance (opinion partagée par 72 % des enquêtés). Mais c'est une difficulté pour les managers qui ont un sentiment de perte de contrôle sur leur équipe. Ils sont 53 % à estimer avoir moins d'impact et d'influence sur leurs collaborateurs. 55 % des managers pensent que leur fonction évolue vers un rôle de « *manager coach* » les obligeant à abandonner le rôle de manager « *command and control* » qu'ils avaient auparavant. Certains le vivent mal et considèrent de façon négative la transition numérique.

Toutefois, il y a une forte de demande d'accompagnement avec de la formation mais aussi la production de « tutos » pour utiliser les outils collaboratifs. Enfin, tout le monde ne va pas à la même vitesse et certains salariés ne disposent pas des outils numériques et des compétences nécessaires au travail à distance. […] . Il y a donc un risque de décrochage d'une partie des salariés et donc une transition numérique à deux vitesses.

clesdusocial.com

L'AVENIR DE L'ENTREPRISE NUMÉRIQUE PAR JOËL DE ROSNAY

Vidéo liennathan.fr/763qkw

1. **Quel est l'impact de la transition numérique sur le travail des collaborateurs au sein d'une entreprise ?**
2. **Comment le rôle du manager doit-il évoluer ?**

1 Repérer le rôle du système d'information dans le fonctionnement de l'entreprise

A Les multiples dimensions du système d'information (SI)

DOC. 1 Qu'est-ce qu'un système d'information ?

Une information est une donnée associée à un modèle d'interprétation (sens). Elle permet de réduire l'incertitude si elle est utile et fiable.

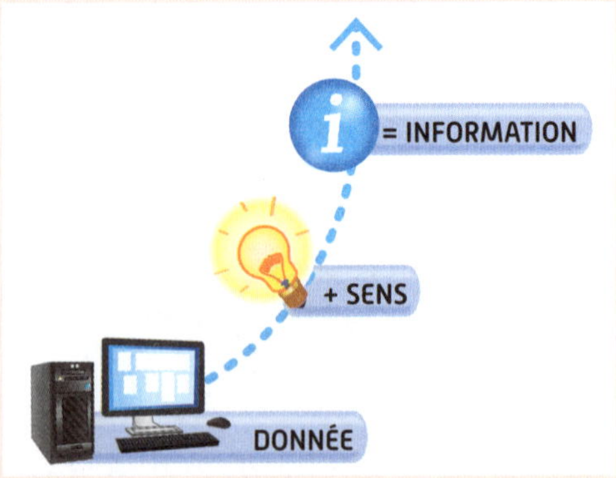

« Le système d'information est un ensemble organisé de ressources techniques, organisationnelles et humaines requises par le traitement des informations nécessaires à la stratégie et aux métiers de l'entreprise. »

R. Reix, *SI et management des organisations*, Vuibert.

1. **Que faut-il à un ensemble de données pour devenir une information ?**
2. **Quelles sont les caractéristiques d'une information efficace ?**
3. **Quelle est la finalité du système d'information ?**
4. **Quelles sont les trois catégories de ressources d'un système d'information ?**
5. **À quelle catégorie associez-vous les ressources suivantes : les ordinateurs ? les procédures et modes de travail adoptés pour le fonctionnement du système ? les logiciels ? les personnes qui collectent, traitent et diffusent l'information ?**

DOC. 2 Les composantes du SI des restaurants McDonald's

[…] Personnaliser l'expérience client est un défi de taille pour une entreprise qui fut longtemps le symbole de la standardisation des produits. Cela passe par une réorganisation complète du parcours de la commande. […] Ainsi, à la borne, la commande est préparée en cuisine au moment où le client appuie sur « Total », et non lorsque le paiement est effectué. « Nous gagnons ainsi les 20 secondes dédiées au paiement, explique Éric Bisson, vice-président des opérations et des systèmes d'information de McDonald's France. […] » Lorsque l'ordre de commande arrive en cuisine, il repasse dans l'infrastructure locale du restaurant. […] En cuisine, l'organisation des équipes a été repensée et les équipiers ont vu fleurir les écrans. « Les commandes s'affichent au fur et à mesure : les équipiers ont ainsi les informations en temps réel. C'était primordial, car chaque produit préparé correspond à un client précis, souligne Éric Bisson. Le préparateur s'adapte à une commande spécifique, un Big Mac sans cornichon, par exemple. » […] Les sandwichs, une fois préparés, sont centralisés près du comptoir. Un écran sert de tableau de bord et indique la répartition en fonction des commandes passées en salle, au « drive » ou destinées à la livraison à domicile. Une autre nouveauté est le service à table. À l'issue de sa commande, le client emporte avec lui une carte géolocalisée grâce à des capteurs disséminés dans le magasin. Il voit son repas arriver sans avoir à patienter dans la file d'attente.

F. Vairet, *Les Echos*, 27 novembre 2017.

6. **Identifiez les composantes humaines, matérielles et organisationnelles du SI mis en place chez McDonald's.**
7. **Montrez que le SI des restaurants McDonald's permet d'améliorer leur productivité.**

DOC. 3 Les différentes fonctions du système d'information

Flux d'entrée	ACTIVITÉ	Flux de sortie
ACTEURS		ACTEURS

ENVIRONNEMENT		ENVIRONNEMENT
COLLECTE ET STOCKAGE	**TRAITEMENT**	**DIFFUSION**
– Saisie directe ou création automatisée d'informations qui proviennent de sources externes (clients, fournisseurs…) ou internes (divers services de l'organisation). – Sauvegarde, protection, archivage des informations.	Utilisation des informations afin de prendre des décisions ou de créer de nouvelles informations à partir de celles existantes (tris, calculs, regroupements).	Transmission des informations aux acteurs internes et externes.

DOC. 4 Le système d'information clients de Michel & Augustin

Chez Michel et Augustin, la règle est simple : il faut répondre à tous les messages de manière personnelle, en moins de 24 heures, quel que soit le canal de communication. Les messages relatifs à la qualité des produits reçoivent, eux, un retour dans les 3 heures, 7 jours sur 7. Pour répondre aux clients, les deux collaboratrices en charge de la relation client, ainsi que Michel & Augustin, ont accès depuis différents terminaux (ordinateurs, smartphones, laptops…) aux dernières interactions pour y répondre. Une grande partie des canaux de communication sont pris en charge par le CRM d'Easiware [outil de GRC, gestion de la relation client] : e-mail, formulaire Web, Facebook, téléphone, courrier, et toutes les informations sont conservées. Chaque mois, l'équipe dédiée au CRM peut ainsi suivre des indicateurs clés, comme le temps de traitement en fonction du type de demandes.

L'une des dernières remontées en date ? Les cookies au cœur fondant de la marque ont suscité de nombreux appels… car les douceurs étaient souvent émiettées à l'ouverture du paquet. Première réaction, les équipes répondent à tous les messages de façon personnalisée. En parallèle, le sujet est remonté en interne et finalement… les packagings de ces biscuits ont été modifiés pour éviter le désagrément. Après la modification des packagings effectuée, l'ensemble des clients qui avait soulevé le problème a reçu un mail pour leur indiquer comment a été considérée leur remarque. Les mécontents ont également reçu le fameux cookie dans son nouveau packaging ou un bon de réduction à valoir sur la gamme de produits des deux acolytes. À chaque envoi, les adresses et les petits mots dans les paquets sont écrits à la main. « On multiplie les intentions pour personnaliser au mieux ce lien avec [nos] bons clients », assure Margaux Dauce, patronne de la « boulangerie de quartier », nom donné au service client pour insister sur la proximité volontaire avec sa clientèle.

Michel & Augustin, marque alimentaire française haut de gamme et innovante, propose des biscuits, yaourts et desserts gourmands et sains.

J. Delvallée, *LSA*.

8. **Dans l'exemple de Michel & Augustin, comment l'information client est-elle collectée ?**
9. **Comment sont traitées les demandes clients ?**
10. **Quel indicateur permet à l'entreprise de mesurer l'efficacité du SI clients ?**
11. **Quelle réponse est apportée aux clients suite aux remontées négatives du SI concernant les cookies ?**
12. **En quoi peut-on dire que le SI permet de créer de la valeur pour le client ?**
13. **Montrez comment le SI permet à l'entreprise d'être plus réactive.**

B Le rôle du système d'information dans la prise de décision

DOC. 5 Le SI, un outil d'aide au pilotage de la décision

Un système d'information intégré au système de décision doit permettre de rendre le pilotage de la décision plus intelligent. Il existe trois niveaux de décision : stratégique, tactique et opérationnel.

Niveau de décision stratégique

- Définition de la stratégie
- Fixation, planification et contrôle des objectifs

Niveau de décision tactique

- Mesure de la performance des processus
- Analyse et amélioration des processus

Niveau de décision opérationnel

- Exécution des processus
- Traitement des erreurs et des alertes
- Réaction très rapide

DOC. 6 Outil d'aide à la décision chez Sephora

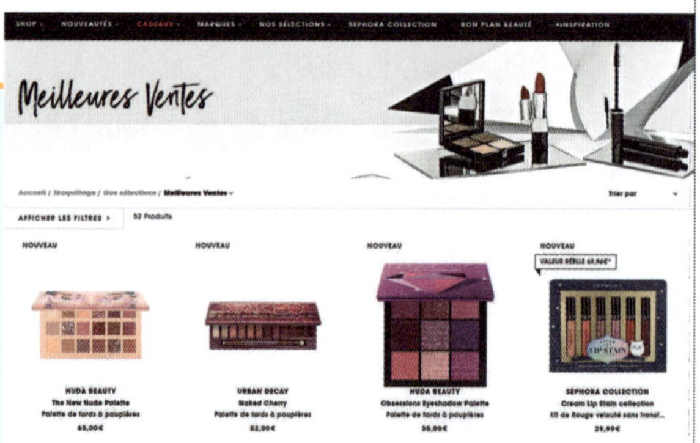

Pour piloter l'activité de l'e-boutique, les responsables du site doivent réaliser régulièrement des *forecasts* [prévisions] de ventes, de chiffres d'affaires et de volume de commandes. Ces estimations prévisionnelles alimentent en données différents services : le marketing, la *supply chain* (chaîne logistique) et le service clients.
Concrètement, le marketing utilise ces informations pour calibrer ses offres promotionnelles et ses opérations d'animation, pour définir son plan marketing et pour le valider. La *supply chain*, elle, utilise le volume de commandes pour mieux anticiper son organisation (dimensionner son équipe en entrepôt, par exemple). Le but étant de respecter les délais de livraison au client. Quant au service client, il extrapole des volumes d'appels au *call center* pour s'adapter de manière proactive.

P. Ducellier, lemagit.fr

14. Identifiez les décisions prises dans les services marketing, chaîne logistique et relation clients de Sephora grâce aux traitements effectués sur les ventes, le chiffre d'affaires et le volume de commandes.

15. À quel niveau de décision correspondent-elles ?

DOC. 7 Intégrer les données et fluidifier les processus : le rôle du PGI

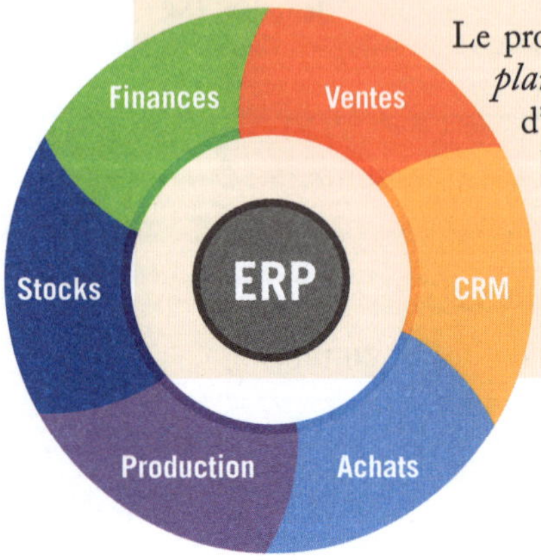

Le progiciel de gestion intégré (PGI) est la traduction française de l'*enterprise resource planning* (ERP). Il s'agit d'une solution logicielle dont l'objectif est d'unifier le système d'information d'une entreprise.
Un PGI est composé d'un ensemble d'applications conçues pour les ventes, les stocks, la production, la comptabilité ou encore la gestion de la trésorerie, regroupées autour de la base de données de l'entreprise, à partir de laquelle elles se partagent toutes les informations. Lorsqu'une mise à jour est effectuée au niveau de la base de données, elle affecte en temps réel chacune des applications.

16. Pourquoi peut-on dire que les PGI s'inscrivent dans une démarche d'intégration des données ?

DOC. 8 Le SI au service de la stratégie de l'entreprise

[Si] l'on examine les compagnies aériennes low cost (EasyJet, Ryanair…), on ne peut qu'être frappé par la présence d'un alignement stratégique fort entre stratégie de volume, de coûts faibles, de prix bas, et un système d'information en totale cohérence. Ainsi, ces compagnies ont été les premières à supprimer le billet «papier» dont le coût unitaire s'élevait à environ 10 €. De la même façon, le *business model* a conduit à supprimer les agences de réservation et de distribution (génératrices de charges fixes : location de locaux, personnels, matériels, frais de fonctionnement…) pour leur substituer l'achat des billets en ligne. La mise à jour en temps réel des taux de remplissage des avions permet en outre un ajustement des tarifs et des promotions.

L'alignement stratégique est une démarche visant à faire coïncider le système d'information sur la ou les stratégies de l'entreprise.

[…] *A contrario*, Nespresso développe une stratégie de différenciation reposant sur une communication utilisant un acteur (George Clooney), une offre [gamme] de capsules de café très large, des machines spécifiques et une distribution sélective. Le système d'information Nespresso est en cohérence avec cette stratégie et développe un *customer relationship management* (CRM) [gestion de la relation client, GRC] qui permet d'identifier chaque client, de suivre ses commandes, ses goûts et de l'accueillir de façon personnalisée quand il se rend dans une succursale Nespresso.

R. Reix, B. Fallery, M. Kalika, F. Rowe, *Systèmes d'information et management*, 7e édition, Vuibert Gestion.

17. Montrez l'alignement du SI à la stratégie des compagnies aériennes low cost.

18. Montrez l'alignement du SI à la stratégie de différenciation de Nespresso.

APPLICATION AU CAS

AIRBNB

DOC. Airbnb utilise la tarification intelligente pour fixer les prix de location

La tarification intelligente est un sujet fréquemment abordé sur le Community Center, forum de Airbnb, car certains hôtes aimeraient en savoir plus sur le fonctionnement.

Pour déterminer la valeur locative d'un appartement, Airbnb utilise un algorithme de tarification intelligente. Celui-ci permet de conseiller un prix pour le logement de l'hôte. L'algorithme prend en compte plus de 70 paramètres, que ce soit la ville, la saison, le type de bien, les transports, l'historique des commentaires… En plus de tous ces facteurs pour déterminer le prix, l'algorithme analyse aussi les images, le nombre de visiteurs chaque jour sur l'annonce du logement en question et la durée de leur visite !

L'accent est mis sur les technologies de personnalisation. À chaque fois qu'un voyageur se connecte sur le site, Airbnb en apprend un peu plus sur lui car l'algorithme repère ses habitudes. Cela lui permet de faire correspondre le bon logement avec le bon voyageur. C'est un peu ce que fait Google sur son moteur de recherche.

Pour aller plus loin dans la personnalisation du service, les équipes d'Airbnb sondent et interrogent des hôtes du monde entier et gardent un œil sur les sujets et commentaires.

1. Identifiez et catégorisez les différentes ressources du SI mises en place par Airbnb, selon qu'elles sont humaines, matérielles ou organisationnelles.

2. Quelles informations sont collectées et stockées ?

3. À quel traitement les informations sont-elles destinées ?

2 Identifier les conséquences du déploiement du numérique sur le management et les processus décisionnels

A L'émergence de nouvelles structures plus réactives

DOC. 9 Un besoin de flexibilité dans un environnement ouvert et incertain

La dernière décennie a été marquée par une accélération des changements au sein des organisations, engendrée par l'introduction massive des nouvelles technologies de l'information et des communications (notamment Internet), la déréglementation, l'ouverture des marchés, la mondialisation d'une économie fondée de plus en plus sur le savoir et l'arrivée sur le marché d'une main-d'œuvre mieux informée, en quête d'autonomie et de plus en plus diversifiée sur le plan culturel. Ces forces sont à l'origine d'un nouveau contexte concurrentiel qui a incité les organisations à se transformer en profondeur sur les plans stratégique, structurel et opérationnel. En plus de fournir un produit de haute qualité à moindre coût, il faut aujourd'hui, pour être compétitif, démontrer suffisamment de flexibilité pour répondre, dans des délais extrêmement courts, à des besoins individualisés, c'est-à-dire le « sur-mesure de masse ».

M. Roy, M. Audet, « La transformation vers de nouvelles formes d'organisation plus flexibles : un cadre de référence », *Gestion 2002/4*, vol. 27, p. 43, HEC Montréal.

1. Relevez les facteurs qui amènent les entreprises à gagner en flexibilité et en réactivité.
2. Que permet la flexibilité des entreprises ?

DOC. 10 De nouvelles formes d'organisation du travail

Les créateurs de cette agence de traduction ont décidé de ne pas avoir de bureau dès le début. C'était logique au départ pour une petite entreprise qui travaille via Internet. Aujourd'hui, Alconost comprend plus de 600 personnes dans le monde […].
La motivation est importante en particulier pour ceux qui travaillent chez eux. Lorsque l'on n'est pas assis à côté de son patron, d'un collègue, ou de subordonnés, il est facile d'oublier que l'on fait partie d'une équipe, dans une entreprise qui a sa propre culture. […] Les managers doivent être proactifs et préserver la motivation des salariés qui doivent se sentir utiles socialement. À cette condition, malgré solitude et éloignement, ils restent dans une entreprise à laquelle ils appartiennent. La chose la plus importante est de maintenir la communication avec eux et d'être « virtuellement » à leurs côtés pour les aider à maintenir leur motivation.
Ils ont conçu des processus et des mécanismes pour rendre le télétravail tout aussi efficace et transparent que s'il avait été accompli par un collègue dans un bureau voisin. Pour les grands projets avec de nombreux traducteurs il travaille à travers une plate-forme basée sur le cloud. Les communications passent par e-mail, Skype ou Google Hangouts, qui permettent le partage des écrans dans les conférences de groupe virtuelles. Tous les documents et fichiers sont stockés sur Google Drive et sont accessibles depuis n'importe quel appareil. Un wiki interne centralise et systématise les connaissances, règles, références et procédures dans des articles régulièrement mis à jour, ce qui permet aux nouveaux collaborateurs de maîtriser rapidement leur travail. […] Maîtriser ces outils permet à tout le monde de travailler n'importe quand, n'importe où.

cadre-dirigeant-magazine.com

3. Montrez que le déploiement du numérique favorise des modes de travail collaboratif et l'esprit d'équipe.
4. À partir de l'exemple d'Alconost, caractérisez les nouvelles formes d'organisation du travail rendues possibles par le numérique.

DOC. 11 Des structures plus agiles

Les évolutions rapides de l'environnement et l'intensification de la concurrence conduisent bien souvent l'entreprise à une complexification et à une dispersion géographique de ses activités. Pour mieux répondre aux attentes des clients, l'entreprise aura tendance à se structurer en divisions spécialisées selon les différents marchés ou clients spécifiques. Pour autant, elle se retrouve confrontée à des situations d'interdépendance des processus productifs et d'interactions entre ses membres. Dès lors, se pose la question de la coordination pour assurer une cohérence d'ensemble. Les TIC peuvent être un outil privilégié de l'intégration, considérée comme l'ensemble des mécanismes et des pratiques communes visant à assurer cette cohésion.

DOC. 12 Entretien avec Jean-Paul Agon, PDG de l'Oréal de 2011 à 2021

Qu'est-ce qui caractérise L'Oréal ?

« Malgré sa taille, l'Oréal a pour originalité de ne pas être un gros paquebot. Cette entreprise est comparable à une flottille de bateaux de différentes tailles qui naviguent ensemble. Sur chaque bateau, un capitaine et son équipage ont pour mission de conduire leur bateau à destination. [La direction générale] fixe le cap et définit la stratégie générale mais chaque [marque] et chaque filiale sont pilotées par des équipes qui disposent d'un important niveau de responsabilité, d'autonomie et de liberté, avec pour mission de réussir chacune dans leur domaine par rapport à leur marché et à leurs concurrents. »

entreprendre.fr

[...] L'Oréal a ajouté un réseau social d'employés, qui permet aux représentants et aux stylistes de travailler en étroite collaboration pour planifier des événements au nom de nombreuses marques. Il leur permet également de partager toutes leurs connaissances : des techniques de coloration des cheveux aux astuces pour réduire les frisottis ou conserver la brillance des cheveux. La direction peut interagir plus facilement avec ses employés. [...] Avec ses nouveaux systèmes, L'Oréal peut intégrer des acquisitions ou déployer de nouvelles marques plus rapidement, commercialiser plus efficacement des produits et aider les clients à se montrer sous leur meilleur jour.

www.salesforce.com

5. Pour quelles raisons les entreprises ont-elles tendance à spécialiser leurs divisions par marché / client ?

6. Dans le cas de L'Oréal, selon quelle(s) spécialité(s) sont structurées les « flottilles d'entreprises » ?

7. Comment ces « flottilles d'entreprises » sont-elles intégrées au « vaisseau » ?

DOC. 13 Les entreprises en réseau

Certaines entreprises choisissent de se développer en réseau, regroupant temporairement des entités indépendantes. Le réseau relie, par les technologies de l'information, plusieurs entreprises partenaires (clients, fournisseurs, concurrents) qui coopèrent pour se partager des qualifications, des coûts et l'accès à des marchés, auxquels ils ne pourraient accéder seuls. L'entreprise structurée en réseau est une organisation aux frontières mouvantes du fait des liens contractuels qui se font et se défont au gré des projets en cours.

DOC. 14 L'entreprise étendue, entreprise de demain ?

Et si vos clients et vos fournisseurs faisaient partie intégrante de votre entreprise et de sa stratégie ? C'est en quelque sorte ce que l'entreprise étendue permet. Au lieu d'être seule, l'entreprise s'étend pour multiplier les interactions et donc l'innovation et les projets porteurs pour l'avenir. [...] Le milieu du bâtiment ou encore celui du cinéma fonctionnent avec tout un panel de prestataires qui font pleinement la stratégie de l'entreprise commune. [...]

Mais derrière cette nouvelle expression se cache bel et bien une réalité de plus en plus présente. La faute à la transformation digitale. « *L'accélération de la transformation digitale des entreprises et de l'économie pousse des groupes à externaliser davantage et notamment des briques stratégiques*, précise Jean-Michel Moutot, professeur de management au sein de l'école de management Audencia Nantes. *Les entreprises construisent donc une deuxième frontière, un écosystème avec lequel elles ont des rapports privilégiés.* ».

[...] Le coup d'accélérateur donné par l'explosion du digital permet de voir dans cette deuxième frontière l'opportunité viable – pour les grands groupes notamment – d'installer des talents avec des compétences intéressantes dans des situations stables de partenariat à long terme. C'est le cas par exemple [...] du Crédit Agricole, avec les Villages By CA, un incubateur dont la fonction est de permettre aux start-up de se développer et aux grands groupes d'interagir avec elles.

resources.grouperandstad.fr, avril 2021.

8. Quels sont les avantages de l'entreprise étendue ?

9. Montrez que le numérique est au cœur de l'entreprise en réseau.

DOC. 15 **La transformation chez l'assureur Axa : au-delà du digital**

En 1985, année de la création de la marque Axa, les possibilités d'interaction avec son assureur se limitaient au téléphone ou à la rencontre physique. Le digital a changé la donne. Applications, site Internet, SMS, « chats » viennent « augmenter » la relation traditionnelle avec l'agent qui reste cependant un acteur clé de l'interaction avec les clients.
[…] Ces exemples montrent que la transformation d'Axa touche ses clients, mais aussi les collaborateurs du groupe.
Pour que ces changements soient acceptés et compris, ils devaient être le fruit d'une réflexion globale. « Pendant trois mois, nous avons réuni 200 collaborateurs de tous horizons, issus de 16 pays sur tous les continents. Notre stratégie n'a pas été conçue par quelques personnes du siège, mais par les équipes qui travaillent sur le terrain. Les collaborateurs sont les acteurs – et les auteurs – de notre transformation. Nous avons créé et animons une communauté d'influenceurs au sein de toutes nos entités au travers d'événements, d'ateliers, de newsletters pour favoriser l'appropriation, la compréhension, l'adhésion. Ce n'est que le début de l'aventure et nous savons que sans l'enthousiasme et l'énergie de nos collaborateurs, nous ne réussirons pas dans la durée » [explique Benoît Claveranne, Chief Transformation Officer chez Axa].

L'action collective correspond à l'action commune ou concertée des membres d'un groupe en vue d'atteindre des objectifs communs.

T. Coëffé, blogdumoderateur.com.

10. **Pourquoi peut-on dire que la transformation numérique d'Axa est co-construite par l'ensemble des parties prenantes ?**

11. **Pour quelles raisons, selon vous, la dynamique du changement s'inscrit-elle dans une action collective ?**

12. **Quels seraient les risques, d'après vous, si l'ensemble des parties prenantes n'était pas impliqué dans la conduite du changement ?**

B L'apparition de nouveaux risques liés au système d'information

DOC. 16 **Se protéger contre les fuites de données**

PC de bureau, l'entreprise ouverte aux quatre vents
Lors d'un séminaire de formation destiné à des professionnels de l'informatique, un consultant en sécurité demande aux participants de lui confier leurs clés USB. Résultat après contrôle : un tiers des clés contenaient des virus ! Port USB, prise firewire, wi-fi, Bluetooth… autant de portes d'entrée dans l'entreprise pour les piratages, les intrusions ou les vols de données.

Portables et mobiles : menaces sur les données
La veille de son départ en vacances, le manager d'une Caisse d'épargne anglaise s'arrête dans un centre commercial et se fait voler son ordinateur portable sur le parking. Il ne signalera l'incident au service informatique que trois semaines plus tard, à son retour de vacances… Résultat : la Caisse d'épargne a été condamnée à verser une amende de 2 millions de dollars par le régulateur britannique des marchés financiers. L'ordinateur contenait les données non cryptées de plusieurs millions de personnes.

Machines de production : gare à la perte de contrôle !
Tristement banal : une machine essentielle à la production tombe en panne. Impossible de la relancer. À l'origine de l'incident, la défaillance d'un logiciel. […] Le scénario est courant. Aux quatre coins de l'entreprise, un nombre croissant de machines de production ou d'outils de bureautique sont pilotés par des logiciels.

Réseaux sociaux : danger d'intrusion
Le patron d'une entreprise annonce à la presse que son développement passe par une solution innovante bientôt sur le marché. Il n'en dira pas davantage. Pour démontrer qu'il est possible d'accéder à ce secret par le biais des réseaux sociaux, un spécialiste de la sécurité fait la manip suivante : il recherche le nom d'un ingénieur de l'entreprise, […] il parvient à entrer sur le réseau de l'ingénieur et accède de proche en proche à l'innovation encore secrète de l'entreprise.

Jean-Louis Marrou / lexpress.fr

13. **Quels sont les différents risques évoqués dans les cas présentés ?**

14. **Quelles ont été les conséquences pour l'entreprise dans chacun des cas ?**

DOC. 17 Les coûts des cyberattaques

C'est un phénomène qui prend de l'ampleur en France et dans le monde : les cyberattaques contre les hôpitaux. Depuis l'apparition du coronavirus, elles ont bondi « de 500 % », confirme au micro d'Europe 1 Philippe Trouchaud, en charge de la cybersécurité chez PWC, l'un des principaux cabinets de conseil au monde. Dernier exemple en date à l'hôpital de Dax : dans la nuit de lundi à mardi, une attaque d'ampleur a crypté les données du système informatique de l'hôpital, paralysant l'activité sur place. Mercredi soir, certains fichiers restaient encore très difficiles d'accès, alors que les équipes de l'Agence nationale de la sécurité des systèmes d'information (ANSSI) tentaient d'aider le personnel à rétablir la situation.

Les hôpitaux ciblés parce qu'on a « encore plus besoin d'eux »

[…] « Les hôpitaux sont certainement ciblés en ce moment parce qu'ils sont sous le feu de l'actualité. Avec le coronavirus, on a encore plus besoin d'eux. Donc les cybercriminels pensent qu'il va être plus facile dans ces circonstances d'obtenir de l'argent en échange des données. » Dans ce type d'attaques, les pirates s'introduisent dans le système informatique de la victime puis chiffrent ses fichiers pour les rendre inopérants, exigeant une rançon pour les débloquer.

Mais les données ne sont pas le seul moyen pour les cybercriminels de maximiser leurs chances de récupérer de l'argent. L'opinion publique joue également un rôle important, avance Philippe Trouchaud. « En Allemagne, une patiente dans un état critique est morte en septembre 2020 alors qu'une cyberattaque était en cours contre l'hôpital de Düsseldorf. Ce genre d'actions fait donc naître une pression de l'opinion publique pour mieux protéger ces établissements », mais surtout pour « payer la rançon ».

Ugo Pascolo, europe1.fr, 10 février 2021.

15. Recensez les différents coûts liés aux cyberattaques.

APPLICATION AU CAS

AIRBNB

DOC. Chez Airbnb, au bureau comme à la maison

La culture d'entreprise encourage les employés à décorer et meubler leur propre refuge, pour « recevoir » des collègues, comme s'ils étaient un hôte de Airbnb. […] Les seules limites sont de garder l'écran plat pour les vidéoconférences, et de protéger les dispositifs anti-incendie. […] Une partie des salariés n'a déjà plus de bureau. Au département « art », précise l'architecte, le ratio est de 70-30 : 70 % ont droit à un endroit attitré, 30 % sont des volants. Idem au marketing : peu de postes fixes mais beaucoup d'espaces de réunion : « Ils parlent beaucoup, ce sont de bons candidats pour ce genre d'organisation du travail. » Les programmeurs préfèrent, eux, les longues tables et les Mac alignés en rangs serrés – hormis des solitaires travaillant debout, écouteurs sur les oreilles, en se balançant en rythme devant leur clavier.

Cette conception de l'espace est censée favoriser le hasard. « Le modèle *kitchen island* », résume l'architecte : un comptoir – « l'île » – trône au centre de la cuisine. Autour, les invités échangent avec les hôtes. De quoi favoriser les rencontres fortuites entre employés qui circulent sans se départir de leur ordinateur.

C. Lesnes, *Le Monde*.

1. Caractérisez le mode d'organisation du travail chez Airbnb.

2. Montrez que ce mode de travail est directement corrélé au déploiement des technologies de l'information dans l'entreprise.

TESTEZ VOS CONNAISSANCES

Flashez le QR code pour faire les exercices et réviser les notions essentielles.

liennathan.fr/fq36p9

1 Protéger son système d'information

1. **De quel type de risque est-il question dans le document ?**
2. **Pourquoi, dans une entreprise en réseau comme Airbus, le risque est-il plus important ?**

DOC. **Cybersécurité et entreprise étendue : le cas d'Airbus**

L'industrie aéronautique moderne s'appuie sur un fonctionnement d'entreprise étendue, où le donneur d'ordre (Airbus, en l'occurrence) crée des liens numériques forts et complexes avec ses fournisseurs, que ce soit pour le passage de commandes, le transfert de maquettes numériques, les processus d'ingénierie… « Ce fonctionnement résulte en une surface d'attaque importante pour les criminels, précise Fabien Lecoq, CTO Cybersécurité [Chief Technical Officer ou directeur des nouvelles technologies] chez Sopra Steria. Et 70 % de la valeur de l'avion est dans la supply chain [chaîne logistique], d'où l'importance de la protéger. »

Sécuriser le maillon faible

Une problématique dont Airbus est bien conscient. « Face à la montée en puissance de la cybercriminalité, il est important pour nous de protéger notre propre système d'information, mais aussi d'accompagner notre chaîne de fournisseurs », commente Gil Mulin, Information Security Manager chez Airbus.

J. Bergounhoux, usine-digitale.fr, 26 janvier 2016.

Airbus, en tant que géant aéronautique européen, est de longue date l'une des cibles privilégiées des cyberattaquants. « La menace cyber est de loin la plus aiguë », affirmait à l'*Usine nouvelle* en juin dernier Pascal Andrei, le directeur de la sûreté du groupe, en charge notamment de la cybersécurité. […]
Dernièrement, Airbus a communiqué sur une attaque subie en janvier dernier, qui visait un système contenant des données personnelles d'un certain nombre de salariés, via l'entreprise de conseil en technologie Expleo (ex-Assystem). En juin dernier, c'est un équipementier belge, fournisseur d'Airbus, qui faisait les frais d'une cyberattaque.
Pour Airbus, l'enjeu est clair : à l'heure de la continuité numérique et de la notion d'entreprise étendue, fournisseurs et sous-traitants doivent, tout comme leur donneur d'ordre, s'assurer de la robustesse de leurs infrastructures informatiques. Si l'avionneur a su se protéger ces dernières années, il n'en est pas de même pour la myriade d'entreprises qui travaillent pour lui. « Depuis 2016, les grandes attaques auxquelles nous sommes confrontées passent quasiment toutes par nos partenaires constituant notre entreprise étendue », confirmait à l'*Usine nouvelle* Pascal Andrei.

L'AFP cite comme « porte d'entrée » des cyberattaquants le groupe Assystem et le motoriste britannique Rolls-Royce, ainsi que deux sous-traitants français non identifiés. C'est le revers de la médaille du numérique : la connectivité croissante des usines, mais aussi des avions, démultiplie les possibilités de cyberattaques.

Olivier James, Usine Nouvelle, septembre 2019.

2 Repenser l'organisation

1. **Quels modes de travail permet l'utilisation du robot d'Awabot ?**
2. **Pourquoi, en 2017, l'entreprise Awabot a-t-elle opté pour le *coworking* ?**
3. **Quel lien peut-on établir entre la configuration de l'espace de travail et la productivité des salariés ?**
4. **Analysez les impacts positifs pour l'entreprise et pour le salarié grâce à l'adoption du robot d'Awabot.**
5. **Pourquoi ce type d'innovation est-il un argument en termes de RSE ?**

DOC. Le robot-avatar Awabot veut incarner l'entreprise flexible

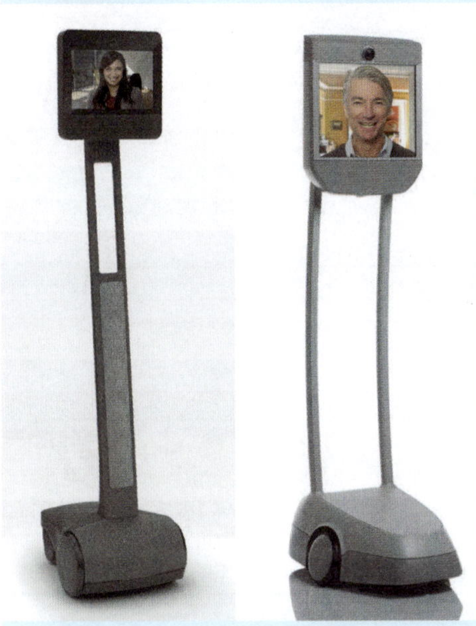

À travers sa branche « Awabot Solutions », l'entreprise française conçoit et développe des solutions robotiques de téléprésence qui s'intègrent en toute harmonie aux côtés des hommes, dans leur environnement du quotidien. Ces solutions peuvent contribuer à réduire ses déplacements dans une démarche de responsabilité environnementale.

« Nous proposons un système de vidéoconférence mobile qui s'intègre naturellement dans différentes infrastructures telles que des bureaux, des écoles, des usines ou encore, des centres commerciaux » explique Jérémie Koessler, président de l'entreprise.

Des solutions de téléprésence répondant aux enjeux du travail hybride

Les robots de téléprésence « BEAM » permettent à un grand nombre de personnes de pouvoir être présentes malgré la distance. En se connectant à son ordinateur depuis chez lui, l'utilisateur pourra en effet prendre le contrôle du robot en le pilotant et en le déplaçant à sa guise, pour interagir avec ses interlocuteurs distants, comme avec un outil de visioconférence classique.

« Cela offre la possibilité aux salariés de pouvoir participer à une réunion depuis leur domicile, mais aussi d'échanger avec des collègues en déambulant dans différents bureaux, ou même de se rendre à la machine à café. Cette technologie permet de résoudre en partie l'équation entre lien social et distance qui représente un véritable enjeu au lendemain de la crise sanitaire ; elle apparaît ainsi comme une solution aux problématiques du travail hybride ».

Dans le cadre de l'entreprise, ce système de téléprésence peut aussi permettre de réaliser des formations à distance, de programmer des visites de sites industriels, et de développer ses relations clients à travers l'organisation d'événements.

challenges.fr

La force du robot de téléprésence réside dans son système audio et vidéo bien sûr, mais surtout dans sa base mobile, que l'utilisateur pilote à distance *via* une application dédiée. C'est précisément pour permettre aux collaborateurs d'interagir avec leurs interlocuteurs comme s'ils étaient sur place que le robot BEAM a vu le jour, afin de permettre, notamment :

– une organisation moins contraignante dans la vidéo-collaboration, en se passant notamment des contraintes de la visioconférence traditionnelle;

– une économie de temps et d'argent vis-à-vis des éventuels frais de déplacement. En effet, une organisation utilisatrice de solutions de téléprésence mobile réduit significativement les déplacements professionnels de ses managers et collaborateurs en leur permettant de « se téléporter » librement au sein d'autres sites;

– une réduction de l'empreinte carbone, argument de poids pour une entreprise responsable.

awabot.com

ROBOT DE TÉLÉPRÉSENCE MOBILE BEAM : COLLABOREZ À DISTANCE COMME SI VOUS Y ÉTIEZ !

Vidéo
liennathan.fr/v5c98n

Le système d'information

- **Ensemble organisé de ressources** techniques, organisationnelles, humaines qui permettent de collecter, stocker, traiter et diffuser l'information nécessaire à la stratégie et aux métiers de l'entreprise.
- **Outil d'aide à la décision** qui facilite le pilotage de la décision au niveaux stratégique, tactique et opérationnel.
- **Outil au service de la stratégie** Alignement du système d'information avec la stratégie.

Les conséquences du numérique sur le management et les processus décisionnels

De nouveaux modes d'organisation

- **Des structures plus flexibles :** hiérarchie souple, gestion transversale des activités
- **Un fonctionnement agile :** spécialisation des divisions selon les spécificités des marchés, cohésion d'ensemble par des mécanismes d'intégration
- **Des structures en réseau :** externalisation et partenariats entre entreprises (reliées par les TIC)
- **De nouvelles modalités de travail :** collaboration et action collective (outils collaboratifs, coworking…)

Apparition de nouveaux risques

- **Risques liés à la sécurité :** cyberattaques, vol, piratage…
- **Risques opérationnels :** pannes du système de production
- **Risques juridiques :** protection de données à caractère personnel
- **Risques financiers :** coûts des cyberattaques (perte de CA, actions en justice…)

CONCEPTS

Action collective – Entreprise en réseau – Mode d'intégration – Mode de coordination – Mode de spécialisation– Progiciel de gestion intégré (PGI) – Structure flexible – Système d'information

THÈME 4

Synthèse du thème 4

L'impact du numérique sur l'entreprise **Airbnb**

À l'aide d'un outil collaboratif en ligne (ex. : Padlet), préparez pour chaque question une réponse argumentée. Vous veillerez à mobiliser les concepts développés dans les chapitres.

La transformation de l'environnement d'Airbnb par le numérique.

Quels piliers de l'économie numérique ont permis l'émergence d'Airbnb ?

Pourquoi parle-t-on de plateforme d'échange au sujet d'Airbnb ?

À quels nouveaux usages et modèles de consommation s'adapte Airbnb ?

Sur quel modèle économique repose Airbnb ?

En quoi cette entreprise a-t-elle su tirer parti des bouleversements liés au numérique pour s'imposer sur le marché du tourisme ?

La réponse du droit aux questions posées par le développement du numérique.

Quelles obligations s'imposent à Airbnb en termes de protection des données personnelles ?

Comment l'entreprise Airbnb peut-elle protéger ses actifs immatériels ?

Quels impacts le développement du numérique a-t-il sur la preuve ? sur les contrats de vente aux particuliers ? L'entreprise Airbnb est-elle concernée ?

Quelles sont les spécificités des contrats de prestation de service numérique que l'entreprise Airbnb peut être amenée à conclure ?

L'incidence du numérique sur le management.

Quels peuvent être les apports du système d'information dans le fonctionnement d'Airbnb ?

Quel mode d'organisation du travail prévaut chez Airbnb ? En quoi le numérique peut-il le favoriser ?

Quels risques liés au système d'information peuvent peser sur Airbnb ?

L'impact du numérique sur la vie de l'entreprise

Le numérique modifie les relations d'échange.

- **Économie**
  - Dématérialisation des échanges marchands et non marchands
  - Désintermédiation et réintermédiation des échanges : plateformes, ubérisation
- **Droit**
  - Le contrat et la preuve électronique : écrit dématérialisé, e-signature
- **Management**
  - Apparition de nouveaux risques : cyber-sécurité, financier, juridique, opérationnel

Le numérique transforme les modes de production et de consommation.

- **Management**
  - Émergence de nouvelles structures : flexibles, agiles, en réseau
- **Économie**
  - Nouveaux modèles économiques, nouveaux acteurs et secteurs
  - Économie collaborative, économie de l'usage
- **Droit**
  - Protection des actifs immatériels : noms de domaine, sites Internet, logiciels, bases de données

Le numérique facilite l'accès à l'information.

- **Économie**
  - Économie de l'information et de la connaissance : big data, externalités de réseau, innovation
- **Droit**
  - Protection des données personnelles : rôle de la CNIL, respect du RGPD
- **Management**
  - Nouveaux modes de coordination du travail : outils collaboratifs, co-working
  - Le système d'information : outil d'aide à la décision

Pizza Hut

Pizza Hut figure parmi les leaders mondiaux de la livraison de pizzas. Implantée en France depuis 1987, Pizza Hut France s'est développée grâce à un réseau de franchises* autour de trois concepts : *Pizza Hut Delivery* (livraison), *Pizza Hut Restaurant* et enfin, *Pizza Hut Express* (restauration rapide).
Pour pouvoir conserver sa place de leader, Pizza Hut doit aujourd'hui relever le défi de l'essor du numérique et en particulier des « FoodTech », ces entreprises qui intègrent les innovations digitales dans les secteurs de l'alimentation, de la restauration rapide et de la livraison.

* *Une franchise est un contrat par lequel le franchiseur met à disposition sa marque, son enseigne, son savoir-faire à disposition des franchisés, en contrepartie d'une rémunération.*

L'étude est composée de 3 missions :

MISSION 1 : L'intégration de Pizza Hut dans un environnement numérique

MISSION 2 : Le numérique impacte les ressources de Pizza Hut

MISSION 3 : Pizza Hut s'adapte aux nouveaux modes de consommation

Composition du dossier documentaire :

ANNEXE 1 – Le marché de la pizza en France
ANNEXE 2 – Un marché dominé par la franchise
ANNEXE 3 – Un secteur concurrentiel
ANNEXE 4 – Pizza Hut veut doubler de taille
ANNEXE 5 – Pizza Hut et Toyota : le projet e-Palette
ANNEXE 6 – La FoodTech en pleine croissance
ANNEXE 7 – Qu'est-ce que le « Web-to-Store » ?
ANNEXE 8 – L'évolution du système d'information de Pizza Hut
ANNEXE 9 – Des chaussures connectées pour commander une pizza
ANNEXE 10 – Article. L221-28 du Code de la consommation (extrait)
ANNEXE 11 – Quelques actifs immatériels utilisés par Pizza Hut

MISSION 1 L'INTÉGRATION DE PIZZA HUT DANS UN ENVIRONNEMENT NUMÉRIQUE

(Annexes 1 à 6)

1. **Décrivez le marché de la pizza en France et ses tendances actuelles.**
2. **En quoi la FoodTech constitue-t-elle un moteur de croissance pour l'entreprise Pizza Hut ?**
3. **Montrez que l'entreprise Pizza Hut évolue vers une structure en réseau.**

MISSION 2 LE NUMÉRIQUE IMPACTE LES RESSOURCES DE PIZZA HUT

(Annexes 5 à 8 et 11)

4. **Comment le déploiement du numérique agit-il sur la performance du système d'information (SI) de Pizza Hut ?**
5. **En quoi peut-on dire que l'évolution du SI de Pizza Hut est au service de sa stratégie ?**
6. **Expliquez comment le droit protège les actifs immatériels mobilisés par Pizza Hut.**

MISSION 3 PIZZA HUT S'ADAPTE AUX NOUVEAUX MODES DE CONSOMMATION

(Annexes 5, 6, 9, 10)

7. **Comment le numérique transforme-t-il le service de livraison de pizzas de l'entreprise Pizza Hut ?**
8. **La commande par les baskets connectées est-elle conforme aux règles de droit de la vente en ligne ?**
9. **Après avoir identifié les données personnelles collectées par Pizza Hut lors d'une commande, expliquez les contraintes juridiques à respecter pour les collecter et les exploiter.**

DOSSIER DOCUMENTAIRE

ANNEXE 1 Le marché de la pizza en France

Après une courte phase de recul entre 2015 et 2017, le marché de la pizza a repris des couleurs en 2019. Depuis 2019, en effet, les Français sont officiellement les plus gros mangeurs de pizzas au monde, à égalité avec les États-Uniens.

Un marché florissant
Entre 2015 et 2017, le marché de la pizza a enregistré une baisse généralisée de son activité. Cependant, dès 2018, le secteur se redresse avec une croissance de 7,4% de ses ventes. Ainsi, cette même année, selon le cabinet Gira Conseil, plus d'un milliard de pizzas ont été vendues en France, soit 10 kilos de pizza par Français, pour un chiffre d'affaires global de 4,3 milliards d'euros. Estimé en moyenne à 4,58 milliards d'euros par an, **le marché de la pizza continue de croître depuis la reprise de 2018**.

Un marché en pleine « premiumisation »
L'un des éléments qui a permis le rebond du secteur de la pizzéria en 2018 est la premiumisation progressive d'une partie de l'offre. En effet, outre la grande distribution (qui représente 25% des ventes), les pizzérias spécialisées, qui captent près de 50% des ventes, se classent en trois segments :
- Les pizzerias de **restauration rapide low-cost**, pour de la vente à emporter ou de la livraison le plus souvent ;
- Les pizzerias « classiques » de **restauration à table** (en particulier dans les restaurants italiens) ;

- Les **pizzerias premium**, en **restauration assise** ou, le plus souvent, en livraison.

C'est principalement ce dernier segment qui tire vers le haut des chiffres du secteur avec des tickets moyens plus importants (la moyenne du secteur étant à 17 euros).

Une tendance qui s'adapte aux attentes des consommateurs :
- 92 % des personnes achètent une pizza sur la base de critères qualitatifs ;
- 42 % des sondés sont en quête d'originalité ;
- 24 % recherchent avant tout le prix le plus bas.

Les pizzérias avec un positionnement marketing premium miseront par conséquent sur des volumes de ventes très importants pour compenser la, relative, diminution de leur marge liée à l'utilisation de produits de qualité et/ou du terroir.

***Toute la franchise*, avril 2021.**

ANNEXE 2 Un marché dominé par la franchise

À l'instar du marché de la beauté, le marché de la pizza est dominé, en nombre d'unités, par les indépendants, qui représentent 92 % des plus de 14 000 pizzérias recensées en France en 2019. Les pizzérias franchisées quant à elles ne représentent donc que 8% des établissements.

Pourtant, **ce sont les franchises de pizzerias qui soutiennent la croissance du secteur**. D'une part parce qu'elles se développent à très grande vitesse et ouvrent de nombreux restaurants chaque année, d'autre part parce qu'elles enregistrent des résultats largement supérieurs à ceux des indépendants. Ainsi :
- Les pizzérias franchisées réalisent en moyenne 1,78 million d'euros de chiffre d'affaires quand leurs homologues indépendantes plafonnent à 219 000 euros en moyenne ;
- En livraison, les pizzérias franchisées enregistrent en moyenne plus de 500 000 euros de chiffre d'affaires, contre 175 000 euros pour les pizzérias indépendantes.

Et pour cause : outre une **notoriété supérieure**, les pizzérias franchisées bénéficient également de **process industrialisés** et structurés pour **plus de performance**. Elles sont en outre plus agiles : en cas de crise, comme cela a été le cas en 2020 avec la crise du Covid-19, elles bénéficient du soutien et de la capacité d'innovation de leur tête de réseau pour développer des solutions.

***Toute la franchise*, avril 2021.**

ANNEXE 3 Un secteur concurrentiel

La crise sanitaire a modifié en profondeur les habitudes des consommateurs, obligeant les restaurateurs à miser sur la vente à emporter et la livraison à domicile. Encore faut-il garantir la capacité à remettre rapidement des plats chauds de qualité et bien présentés. Avec un concept basé sur la livraison, Domino's Pizza est le leader dans son domaine.

1 million, c'est le nombre de possibilités de recettes offertes par la personnalisation chez Domino's Pizza, il y en a vraiment pour tous les goûts ! Installée depuis plus de 30 ans en France, l'enseigne compte aujourd'hui 453 points de vente en France dont 95 % en franchise. La première marque de pizzas livrées en France doit son succès à ses expertises métier, à la passion de ses équipes et à sa capacité d'innover.

Focus sur un réseau en pleine expansion avec Andrew Bradley Président de Domino's Pizza France :
D'après vous, d'où vient le succès de Domino's Pizza ?
« Il y a de nombreux critères qui entrent en ligne de compte. Mais en premier lieu, je parlerais de nos pâtes à pizza qui sont fraîches garanties jamais congelées et travaillées à la main par nos équipes en magasin comme dans les pizzerias traditionnelles. Ensuite, il y a tout le travail sur la qualité et l'approvisionnement de nos produits [...]. Et puis il y a surtout notre expertise livraison depuis plus de 30 ans en France. Nous réalisons 100% de nos livraisons, parce que la livraison c'est l'ADN de Domino's ».

Bfmtv.com, septembre 2021.

ANNEXE 4 Pizza Hut veut doubler de taille

[Pizza Hut], première chaîne mondiale de restaurants de pizzas qui appartient au groupe Yum! Brands, Inc (qui possède les marques KFC et Taco Bell) a annoncé la signature d'un accord de développement avec le groupe polonais AmRest Holdings afin de doubler la taille de son activité en France d'ici à 5 ans (AmRest, exploite 92 Pizza Hut en Europe centrale et orientale). Ce groupe devient donc le partenaire des concepts Pizza Hut Livraison et Express en France.
La France est un marché clé pour la marque dans sa stratégie d'expansion ; les Français étant les plus gros consommateurs européens de pizzas ! La marque espère alors challenger les leaders, comme Dominos Pizza. La marque estime qu'elle dispose en France d'un potentiel tel que celui du Royaume-Uni où elle est co-leader avec plus de 700 points de vente [...].
Un des plus grands enjeux est la digitalisation des transactions : « *Aujourd'hui, 7 clients sur 10 passent par Internet dans une consommation à domicile. Ils n'étaient que 30% il y a 5 ans. Et sur ces 70%, 7 transactions sur 10 se font avec un mobile* », indique à LSA Raphael Miolane. Les livreurs deviennent ainsi les ambassadeurs de la marque.

storee-retail.com, mai 2018.

ANNEXE 5 Pizza Hut et Toyota : le projet e-Palette

Pizza Hut a fait son premier pas vers un éventuel adieu au livreur.

La chaîne de pizzas a annoncé qu'elle faisait équipe avec Toyota sur un camion de livraison sans conducteur [...].

Toyota a dévoilé lundi son « véhicule concept autonome » appelé e-Palette au Consumer Electronics Show de Las Vegas en 2018, parallèlement à l'annonce de Pizza Hut.

« Aujourd'hui, vous devez vous rendre dans les magasins », a déclaré le président de Toyota, Akio Toyoda, lors de la présentation. « Dans le futur avec e-Pallete, le magasin viendra à vous. »

www.culture-today

ANNEXE 6 La FoodTech en pleine croissance

Alors que la crise sanitaire a fortement impacté la plupart des secteurs d'activité, la FoodTech a au contraire connu une accélération de son développement sur la période. Pour rappel, la FoodTech désigne l'ensemble des sociétés innovantes intervenant sur la chaîne de valeur alimentaire, de la production à la distribution en passant par la transformation et le transport. L'essor de la FoodTech s'inscrit dans une tendance de mutation profonde de notre manière de nous alimenter. Les consommateurs plébiscitent ainsi des solutions plus saines, plus durables et plus flexibles.

Cette tendance va de pair avec une croissance des levées de fonds réalisées dans le secteur, qui ont atteint un record en 2020, à la fois en quantité et en valeur (cf. graphique ci-contre).

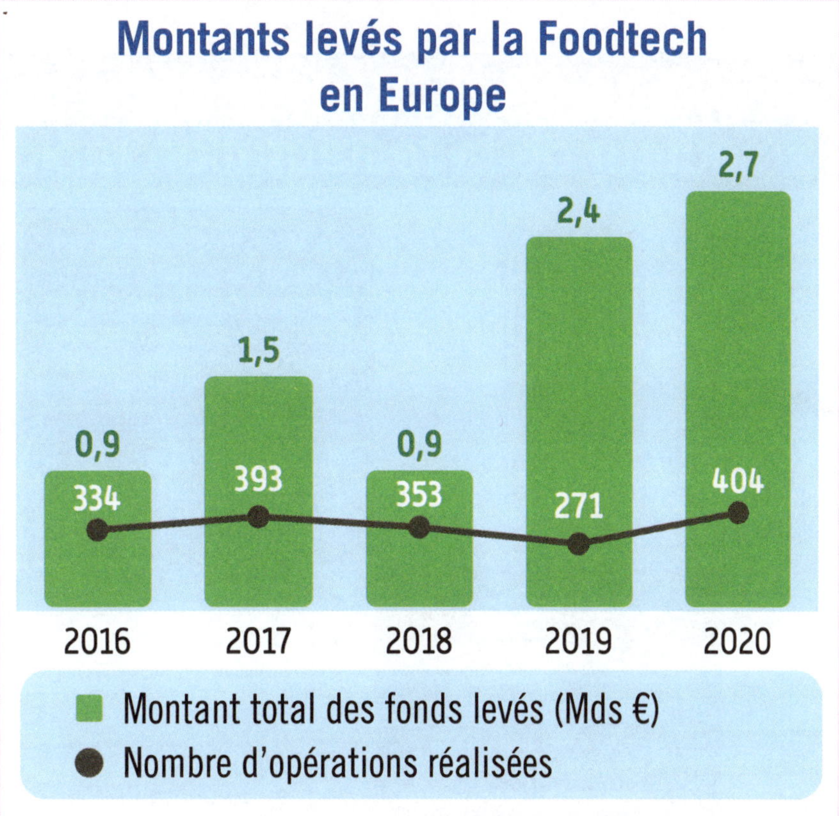

Les différentes périodes de confinement ont accéléré l'intérêt des consommateurs pour des modèles de restauration plus flexibles et ont ainsi dynamisé les start-ups spécialisées dans le Delivery et les Dark kitchens. Les leaders du secteur (Deliveroo, Uber Eats, Just Eat et Frichti) ont connu une croissance de 27 % de leur chiffre d'affaires sur l'année 2020. Ce contexte favorable a entraîné une accélération des investissements réalisés sur ce segment, à l'image de Karma Kitchen (spécialiste des Dark kitchens) qui a levé 252 millions d'euros en 2020.

D'autre part, la tendance des consommateurs s'oriente également vers des modes d'alimentation plus sains et durables. Aujourd'hui, 70 % des individus considèrent être davantage sensibilisés à la problématique environnementale, de plus en plus demandeurs de produits locaux, biologiques, traçables et respectueux de l'environnement.

Thomas Lenoble et Louis de Sivry, bakertilly.fr, 27 mai 2021.

ANNEXE 7 Qu'est-ce que le « Web-to-Store » ?

Comment transformer la menace Internet pour les commerçants physiques en opportunité ?
La solution : le Web-to-Store. […]
Le Web-to-Store s'intéresse au comportement des internautes qui, de plus en plus souvent, mènent leur recherche sur Internet pour trouver le bon produit ou service, puis se rendent en magasin, cette fois bien réel, pour effectuer ou retirer leur achat. […]
Les dispositifs du Web-to-Store :

- Le *Click-and-Collect* pour commander en ligne, retirer le produit en magasin. […]
- Le *Product Locator* pour vérifier la disponibilité d'un produit sur plusieurs magasins. […]
- Le *Store Locator* pour trouver un point de vente à proximité. […]

www.manager-go.com, 18 février 2019.

blog.leadformance.com

ANNEXE 8 L'évolution du système d'information de Pizza Hut

S'il y a bien une chose que j'ai retenue de mon entretien (1 heure !) avec Olivier Guilhot, directeur du Digital de Pizza Hut Europe, c'est que les pizzas aussi étaient une affaire de hautes technologies. [...] Tout d'abord, il faut dire que je n'ai pas rencontré Olivier Guilhot par hasard, mais bien dans le contexte d'une évolution majeure et significative de son système d'information. À savoir la mise en place d'un véritable écosystème e-commerce qui permettra à terme d'unifier la technologie [à laquelle] auront accès les membres de la chaîne (95 % de franchisés). Appelé Bridge, et édité par la société Leadformance, il permet à Pizza Hut de déployer une solution unique d'e-commerce, très orientée SEO (« *Search Engine Optimization* » : référencement) dont le but premier est bien de remonter en tête de résultat de recherche où que vous soyez, à n'importe quelle heure, sur n'importe quel support, mobile ou desktop, et quel que soit le pays où vous vous trouvez. Cet important chantier, à visées très commerciales, est aussi un pas vers une uniformisation des moyens digitaux mis à disposition des collaborateurs de la marque. C'est à la fois l'apport d'une plateforme unique pour tout le monde, mais également un (futur) hub de services dans lequel chaque franchisé pourra se fournir.
Aujourd'hui, son objectif est simple et clair : apporter plus de commandes aux magasins et utiliser le canal digital, [mais] le faire de manière évidemment plus marketée que la prise de commande par téléphone.

www.capitaine-commerce.com, 10 janvier 2017.

Extraits de l'interview d'Olivier Guilhot, directeur du Digital de Pizza Hut Europe

En interne, comment utilisez-vous la* data *? Est-ce que la connaissance client est pour vous un indicateur qui permet de porter vos efforts sur un outil digital plus qu'un autre ?

O. Guilhot : La connaissance client est clé. On a un outil mondial qu'on appelle GES [...]. On demande en moyenne à nos franchisés d'avoir un minimum de deux avis par jour et par *store* [magasin]. Ça veut dire qu'on a des centaines de milliers d'avis toutes les semaines de par le monde. On analyse ces données et on demande à nos franchisés d'avoir un certain *scoring* (score). Notamment, on épluche les données quand le client n'est pas pleinement satisfait [...]. On creuse sur tous les aspects d'une livraison : est-ce que la livraison est arrivée en temps et en heure ? Est-ce que la pizza était chaude ? Et [...] sur la partie digitale, est-ce que le parcours client était fluide ou non ?

C'est là-dessus que vous pensez pouvoir faire une différence par rapport à ce marché complètement éclaté maintenant sur le mobile ?

O. G. : Oui, le point clé, c'est la livraison, c'est le service, c'est d'avoir des pizzas qui arrivent chaudes en temps et en heure, ce sont nos principaux critères [...].

Et le* store locator *[localisation des points de vente et de livraison] que vous avez lancé, concrètement, en France, ce sera quoi cette année ?

O. G. : L'objectif [du *store locator*], c'est de pouvoir facilement trouver le restaurant le plus proche de chez vous, que vous souhaitiez soit aller au restaurant (*dining*), soit vous faire livrer (on va vous dire quel est le restaurant qui va vous livrer), soit en *take away* (à emporter), et pour le coup, c'est une logique de géolocalisation, où on vous propose tous les restaurants, que ce soit des *dining* ou des livraisons, qui font de la vente à emporter.

Et être présent sur d'autres plateformes ? On parlait tout à l'heure ensemble de Waze... Est-ce que c'est aussi Google Maps qui vous intéresse, par exemple ?

O. G. : Alors effectivement, nous, aujourd'hui, on est présents sur TripAdvisor, sur Yelp, sur Facebook, et demain, on souhaite également être présents sur Waze. Pourquoi ? Parce qu'en France, mais en Europe également, on développe un nouveau concept qui est le Pizza Hut Express [...], dans les aires d'autoroute par exemple. Évidemment, dès qu'on a des restaurants sur des aires d'autoroute, on voit l'intérêt de faire de la publicité, sur Waze notamment.

www.frenchweb.fr, 16 janvier 2017.

4 THÈME

ANNEXE 9 Des chaussures connectées pour commander une pizza

La *wearable tech* [« habitronique » ou « la technologie qui se porte »] fait encore des siennes, cette fois-ci avec des chaussures connectées révélées par Pizza Hut le 5 mars 2018. Ces baskets permettront de commander des pizzas et de mettre une télévision en pause d'une seule pression sur un bouton. L'entreprise américaine n'est pas la première à se pencher sur les boutons connectés pour simplifier la commande de produits courants. [...]

Concrètement, les baskets se connectent en Bluetooth à un smartphone et à une application dédiée. Sur l'application, le mangeur de pizza peut renseigner son adresse, ses informations de paiement ainsi que son produit favori. En appuyant sur un bouton situé sur la languette de la chaussure, une commande est envoyée automatiquement dans le restaurant de la chaîne le plus proche. [...] Élaborées avec le designer The Shoe Surgeon, les chaussures seront vendues sur le site HBX à partir du 19 mars 2018 à un prix pour l'instant inconnu. Avec une édition limitée à 50 exemplaires, les chaussures relèvent plus de l'opération de communication que d'une véritable stratégie. [...]

S. Chodorge, *L'Usine Digitale*, 7 mars 2018.

ANNEXE 10 Article L.221-28 du Code de la consommation (extrait)

Le droit de rétractation ne peut être exercé pour les contrats :

[...]

3° De fourniture de biens confectionnés selon les spécifications du consommateur ou nettement personnalisés ;

4° De fourniture de biens susceptibles de se détériorer ou de se périmer rapidement ;

5° De fourniture de biens qui ont été descellés par le consommateur après la livraison et qui ne peuvent être renvoyés pour des raisons d'hygiène ou de protection de la santé [...].

ANNEXE 11 Quelques actifs immatériels utilisés par Pizza Hut

Un nouveau site pour recruter de nouveaux franchisés Pizza Hut

Pizza Hut a récemment annoncé la mise en ligne de son nouveau site Web franchiseur. Animé de plusieurs rubriques, ce site donne la possibilité aux personnes souhaitant un engagement en franchise au sein de ce réseau d'en savoir davantage sur le concept. En effet, les candidats peuvent avoir accès à des informations sur l'enseigne, ses actualités, les conditions et les raisons de devenir franchisé Pizza Hut et plus encore. [...]

www.observatoiredelafranchise.fr, 24 juin 2018.

Une application pour commander sa pizza depuis Facebook Messenger ou Twitter

En 2017, Pizza Hut s'est lancé dans les *chatbots* en configurant une solution logicielle qui permet aux clients de commander et payer leur pizza depuis l'application de messagerie.

L'optimisation du référencement sur les moteurs de recherche par le SEO

(*Search Engine Optimization* : référencement)

Du fait de la concurrence des restaurants locaux, présents sur Internet, Pizza Hut veille à ce que, grâce aux adresses de ses sites, ses restaurants et points de vente et de livraison apparaissent dans les premiers résultats de recherche locale.

THÈME 5

Les mutations du travail

Question 1

Quelles sont les principales évolutions du marché du travail ?

Question 2

Comment le droit prend-il en considération les besoins des entreprises et des salariés ?

Question 3

Quel est l'impact des mutations du travail sur l'emploi et les conditions de travail ?

5 Les mutations du travail : l'exemple du groupe Stellantis

THÈME

Résultats du groupe Stellantis

Au cours du premier semestre 2021, Stellantis a fait un bénéfice de 6 milliards d'euros. Stellantis continue d'afficher une forme financière insolente. Le chiffre d'affaires du groupe né de la fusion entre PSA et Fiat a atteint 75,3 milliards d'euros au cours du premier semestre 2021.

CONTEXTE DE L'ENTREPRISE

L'histoire de PSA et de STELLANTIS en quelques dates

- 1966 : PSA (Peugeot Société Anonyme) est fondé.
- 1976 : Citroën S.A. et Peugeot S.A. fusionnent pour former le groupe PSA Peugeot Citroën
- 1980 : Fusion des réseaux Peugeot et Talbot
- 2002 : Dongfeng Motors (en Chine) et PSA Peugeot Citroën élargissent leur coopération
- 2011 : partenariat avec BMW pour les technologies hybrides
- 2016 : PSA Peugeot Citroën devient Groupe PSA
- 2017 : Le Groupe PSA acquiert les marques Opel et Vauxhall
- Décembre 2019 : PSA et FCA (FIAT-Chrysler) signent un accord en vue d'une fusion
- Juin 2020 : La Commission européenne ouvre une enquête approfondie pour vérifier que PSA-FCA ne ferait pas courir au marché un risque d'abus de position dominante
- Juillet 2020 : Le nouveau groupe né de PSA et de FCA a pour nom Stellantis
- Décembre 2020 : La Commission Européenne donne son feu vert pour la fusion
- Janvier 2021 : Les actionnaires de PSA et FCA approuve la fusion des deux entreprises
- 16 janvier 2021 : Stellantis est née et lancée

Stellantis, quelques chiffres clés

- 14 marques automobiles
- 8,1 millions de véhicules vendus dans le monde en 2019
- 130 marchés couverts et implantations industrielles dans 30 pays
- 400 000 collaborateurs de 150 nationalités différentes
- 89 % du chiffre d'affaires de PSA repose sur l'Europe (2019)
- 68 % du CA de FIAT-Chrysler repose sur l'Amérique du Nord (2019)

La fusion de PSA et de FCA permet de réunir les capitaux nécessaires pour investir dans les véhicules électriques (ou hybrides), autonomes et connectés. Les réglementations de plus en plus strictes obligent à réduire les émissions de CO_2. Selon les spécialistes il faudra 250 milliards d'euros d'ici à 2025 pour électrifier les gammes. Développer des voitures connectées suppose aussi d'importantes dépenses de recherche, dans des domaines qui ne relèvent pas des compétences traditionnelles des constructeurs automobiles.

Quel a été l'impact des évolutions du marché du travail et des politiques de l'emploi sur la gestion du facteur travail au sein du Groupe Stellantis ? Comment l'entreprise mobilise-t-elle les règles juridiques et les leviers managériaux pour adapter ses besoins en emplois et en compétences aux mutations du travail ? Par quels moyens le Groupe Stellantis peut-il améliorer les conditions de travail de ses salariés ?

7 Les évolutions du marché du travail

LA COMPÉTENCE ATTENDUE
→ Décrire les principales tendances du marché du travail.

LES SAVOIRS ASSOCIÉS
→ L'offre et la demande de travail
→ La segmentation du marché du travail
→ Les déséquilibres du marché du travail

PLAN DU CHAPITRE

- 1 • Comprendre le fonctionnement du marché du travail
- 2 • Décrire les principales tendances du marché du travail

Covid-19 : le marché du travail a bien résisté à la crise

Quel miracle a donc sauvé le marché du travail ? Si la France a connu une récession d'une grande violence en 2020, la flambée redoutée du chômage n'a pas eu lieu. […] Avec 2,4 millions de chômeurs dénombrés au premier trimestre 2021, le taux de chômage sur le territoire s'est établi à 8,1 %, en hausse d'un dixième de point seulement par rapport à 2020. D'ici à la fin de l'année, c'est la stabilité qui prévaut : l'Insee, dans sa note de conjoncture publiée jeudi 1er juillet, voit le taux de chômage s'établir à 8,2 % au terme de 2021. Globalement, en sortie de crise, le chômage retrouve son niveau de fin 2019.

Qu'est-ce qui a permis de préserver ainsi le marché du travail, tandis que l'activité dégringolait de plus de 8 % en 2020 et que de larges pans de l'économie fonctionnaient au ralenti, voire étaient à l'arrêt ? La première explication tient au dispositif de chômage partiel, qui a permis aux entreprises de conserver leurs salariés malgré la baisse de l'activité.

La seconde explication est à trouver dans le comportement des salariés eux-mêmes, qui se sont mis en retrait du marché de l'emploi pendant quelques mois, constatant qu'ils n'avaient guère de chances de trouver un job dans un secteur à l'arrêt comme le tourisme, l'hôtellerie ou la restauration. Avec le retour à la normale de l'activité, ces personnes « empêchées » devraient reprendre leurs recherches d'emploi. […] Le secteur de la construction affiche déjà 47 000 emplois de plus qu'en 2019. Entre fin mars et fin juin, l'emploi salarié aurait augmenté de 101 000 postes, selon l'Insee.

B. Madeline, *Le Monde*, 1er juillet 2021.

LE DISPOSITIF DU CHÔMAGE PARTIEL
Vidéo
liennathan.fr/85qws5

1. **Comment le chômage a-t-il évolué en 2020/2021 ?**
2. **Pourquoi la crise sanitaire aurait-elle dû entraîner la hausse du chômage ?**
3. **Expliquez les causes de la stabilité du chômage pendant cette période.**

1 Comprendre le fonctionnement du marché du travail

DOC. 1 **Le fonctionnement théorique du marché du travail : le modèle néoclassique**

Le marché du travail a un double sens.

Au sens courant, il désigne la situation de l'emploi dans une économie et, plus précisément, l'état des emplois disponibles (nature, qualifications exigées, quantité). [...]

Le marché du travail est aussi un concept économique. C'est un marché mettant en relation ceux qui offrent leur travail (les salariés) et ceux qui demandent ce service qu'est le travail (facteur de production pour les entreprises). Langage courant et langage économique s'opposent ici car l'offre de travail des salariés (notion économique) correspond à la demande d'emploi (sens courant). À l'inverse, la demande de travail des entreprises correspond à l'offre d'emploi (sens courant).

J.-Y. Capul et O. Garnier, *Dico SES, L'essentiel de l'économie et des sciences sociales*, ©Hatier, 2017.

1. **Qu'est-ce qui est échangé entre les entreprises et les salariés sur le marché du travail ?**
2. **Exposez la correspondance entre le sens courant et le sens économique.**

DOC. 2 **Quel équilibre sur le marché du travail ?**

La théorie économique aborde le coût du travail par référence au marché du travail : le salaire est le prix du travail, c'est-à-dire le résultat de la confrontation de l'offre et de la demande de travail. Le salaire d'équilibre assure l'égalité entre l'offre totale et la demande totale de travail : à ce niveau de salaire, tous ceux qui acceptent de travailler et tous ceux qui acceptent de payer le travail sont satisfaits.

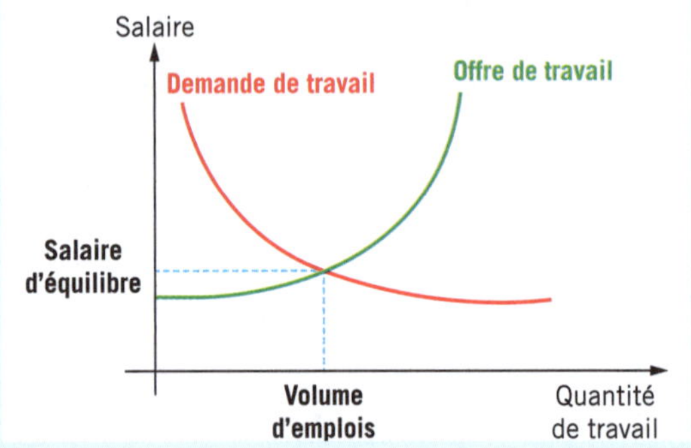

3. **Rappelez ce qu'est la loi de l'offre et de la demande.**
4. **Que signifie la situation où l'offre est supérieure à la demande ? Comment évolue le salaire dans ce cas ? et dans le cas inverse ?**
5. **Recherchez les autres facteurs qui influent sur le niveau des salaires.**

DOC. 3 **La population active, une mesure de l'offre de travail**

La quantité d'offre de travail peut être mesurée par la population active, cette dernière regroupant les personnes qui occupent un emploi et les personnes en recherche d'emploi (les chômeurs). L'Insee fournit chaque année les chiffres de la population active.

Deux grands facteurs expliquent l'évolution quantitative de la population active :

– le facteur démographique : la population française augmente, soutenue, outre le vieillissement démographique, par un taux de fécondité en France parmi les plus élevés d'Europe ;

– l'évolution des taux d'activité des individus d'une nation, mesurant le rapport entre le nombre d'actifs (actifs occupés et chômeurs) et l'ensemble de la population en âge de travailler (15-64 ans selon l'Insee).

L'évolution du taux d'activité dépend de critères démographiques, sociologiques et juridiques : la plus grande participation des femmes au marché du travail, l'allongement de la durée des études qui retarde l'entrée des jeunes sur le marché du travail, la hausse de l'âge légal de départ à la retraite qui augmente le taux d'activité des seniors...

DOC. 4 Les taux d'activité en France en 2020

En moyenne en 2020, selon l'enquête Emploi de l'Insee, 28,9 millions de personnes âgées de 15 à 64 ans en France (hors Mayotte) sont actives (dont 2,4 millions sont au chômage), soit 71 % de cette tranche d'âge. Le taux d'activité a chuté de 0,7 point par rapport à 2019, en raison de la crise sanitaire.
Mais, sur la dernière décennie, la population active âgée de 15 à 64 ans a augmenté (+ 1 million de personnes en France métropolitaine) principalement sous l'effet de la hausse du taux d'activité.

Taux d'activité selon l'âge et le sexe

Taux d'activité des 15 à 64 ans (en %)	71,0
Sexe	
Femmes	67,6
Hommes	74,5
Âge	
15 à 24 ans	35,6
25 à 49 ans	87,1
50 à 64 ans	67,1
dont : *55 à 59 ans*	77,5
60 à 64 ans	35,5

Insee références, 6 juin 2021.

6. **Quelle relation peut-on établir entre l'offre de travail et la population active ?**
7. **À combien s'élève la population active française en 2020 ? Quelles sont les parts respectives des chômeurs et des personnes occupant un emploi ?**
8. **À combien s'élève le taux d'activité des Français en 2020 ? Que signifie-t-il concrètement ?**
9. **Comparez les taux d'activité en fonction de l'âge, puis du sexe. À votre avis, quels sont les facteurs explicatifs de ces écarts ?**
10. **En guise de synthèse, listez tous les facteurs qui expliquent l'augmentation de la population active française sur longue période. Concluez sur l'évolution de l'offre de travail.**

DOC. 5 De plus en plus de personnes diplômées

En 1978,41 % des jeunes de 18 à 24 ans avaient quitté le système scolaire avec au mieux le brevet de fin de troisième et ne suivaient aucune formation selon le ministère de l'Éducation (ils sont qualifiés de « sortants précoces »). En quarante ans, cette proportion a été divisée par cinq et s'établit à 8,2 % en 2019 selon l'Insee.

observationsociete.fr, 18 janvier 2021.

DOC. 6 Pénurie d'offre dans certains secteurs

S'exprimant lors d'une conférence économique annuelle à Aix-en-Provence, certains dirigeants d'entreprises ont en effet fait part de problèmes persistants sur le marché du travail - dont une pénurie de travailleurs qualifiés - qui se sont amplifiés avec la crise du Covid-19, alors que les entreprises tentent de faire face au rebond de la demande. […]
Près de la moitié des entreprises du bâtiment, 41 % des entreprises du secteur des services et un quart des firmes industrielles peinent à recruter des travailleurs, montre la dernière enquête de la Banque de France.

latribune.fr, 5 juillet 2021.

11. **Que signifie une pénurie d'offre de travail ?**
12. **Quelle est la raison de cette pénurie en France ?**
13. **Cette situation signifie-t-elle qu'il n'y a pas de chômeurs en France ?**
14. **Montrez que l'offre de travail regroupe une diversité de profils d'individus.**

DOC. 7 **La diversité de la demande de travail**

La demande de travail a été affectée par la transformation des modes de consommation. La préférence des ménages s'est déplacée depuis les Trente Glorieuses des biens vers les services, appuyée sur une transformation des modes de vie et sur l'augmentation du revenu. La bi-activité des couples, le vieillissement de la population et la redistribution ont renforcé les dépenses en faveur de services d'aide et de soin, accentuant la transformation structurelle de l'emploi et des métiers. Ces évolutions expliquent une partie du déclin de l'industrie. […] La tertiarisation des emplois s'est, en effet, accompagnée d'une progression très significative de la part des femmes dans l'emploi au cours des dernières décennies. […]

Document de travail n° 2016-04, France Stratégie.

15. Quels sont les grands changements qui ont affecté la nature de la demande de travail depuis les Trente glorieuses ?

DOC. 8 **Demande de travail : les prévisions d'embauche**

L'enquête annuelle « Besoins en main-d'œuvre » de Pôle emploi, publiée mardi, fait état de 2,723 millions de projets de recrutement pour 2021, soit 30 000 de plus qu'en 2019 (2,693 millions), en hausse de 1,1 %. [L'amélioration de la situation sanitaire pourrait ainsi déboucher sur une reprise des recrutements au cours du deuxième semestre de 2021.] Par secteur, les projets de recrutement s'amplifient nettement dans la construction (+ 21,7 %), certains services aux particuliers comme la santé (+ 14,8 %) ou l'agriculture (+ 9,5 %), tandis qu'ils diminuent dans l'industrie (- 7 %) ou l'hôtellerie-restauration (- 7 %).
Parmi les métiers amenés à recruter le plus en 2021 figurent les viticulteurs, arboriculteurs salariés, cueilleurs (149 100), agents d'entretien de locaux (113 900), serveurs de cafés, de restaurants, dont les commis (90 900) et les aides, apprentis, employés polyvalents de cuisine (89 500).

Dépêche AFP, 4 mai 2021.

L'EMPLOI EN 2020 : GÉOGRAPHIE D'UNE CRISE
Vidéo : liennathan.fr/9r3zq7

16. Comment la demande de travail va-t-elle évoluer selon les prévisions de Pôle emploi ? Indiquez les deux causes de cette évolution.

17. Cette évolution concerne-t-elle tous les secteurs ? Expliquez.

DOC. 9 **La réalité du marché du travail**

En réalité, il n'existe pas un marché du travail mais une multiplicité de marchés du travail. Le travail n'est pas du tout homogène : il existe des travailleurs qualifiés et des peu qualifiés, des travailleurs manuels et des travailleurs avec un contenu davantage intellectuel, etc. De même, il existe de nombreux secteurs dans lesquels il y a beaucoup d'offres de travail, mais peu de demande.
La théorie néoclassique du marché du travail permet de comprendre son fonctionnement mais n'est pas utile pour apprécier les diverses situations particulières de chaque marché, ni la formation des salaires, qui ne dépendent pas uniquement de la confrontation de l'offre et de la demande mais de nombreux autres critères (expérience, profil, secteur d'activité, négociations, etc.).

18. En quoi le modèle théorique présentant le fonctionnement du marché du travail présente-t-il des limites ?

APPLICATION AU CAS

GROUPE STELLANTIS

DOC. **Stellantis [ex-PSA] recrute : 160 emplois à pourvoir dans les Hauts-de-France**

Chez Stellantis [ex-PSA], ce sont 160 postes d'agent de fabrication qui sont à pourvoir dans les sites de Hordain (entre Valenciennes et Cambrai) et de Douvrin (dans le Pas-de-Calais).
Des contrats de professionnalisation de douze mois. Ces postes sont à pourvoir immédiatement et ne demandent pas d'expériences particulières.

courrier-picard.fr, 20 octobre 2020.

1. Quels sont les profils recherchés par Stellantis ?

2. Stellantis se situe-t-il du côté de l'offre ou de la demande de travail ?

2 Décrire les principales tendances du marché du travail

A La segmentation du marché du travail

DOC. 10 La thèse de la segmentation du marché du travail

L'analyse économique récente montre qu'il existe une dualité sur le marché du travail avec l'existence d'un marché primaire et d'un marché secondaire.
Le **marché primaire** est un marché protégé où se trouvent des emplois stables (en CDI) occupés par des salariés qualifiés, plutôt bien rémunérés et bénéficiant de bonnes conditions de travail et de possibilités de promotion.
À l'inverse, sur le **marché secondaire** se trouvent surtout les emplois dits « atypiques » (à durée déterminée ou à temps partiel), moins bien rémunérés et avec de fréquents passages par le chômage.
Cette segmentation du marché du travail a des conséquences sur le fonctionnement et l'analyse du marché : le chômage ne concerne pas de la même manière tous les actifs, les déterminants des salaires sont distincts sur les deux marchés.

DOC. 11 La dualité du marché du travail en France

<u>La flexibilité du marché du travail en France repose essentiellement sur les salariés en CDD et intérim.</u>
Cette dualité du marché du travail crée des difficultés sociales et économiques.
Si le principal contrat de travail demeure le contrat à durée indéterminée (CDI), il concerne une part limitée des embauches.
Pire, la durée des contrats courts ne cesse de diminuer : en 2019, 85 % des CDD arrivés à terme cette année-là ont duré moins d'un mois (30 % n'ont duré qu'une seule journée).
Enfin, si ces contrats temporaires sont parfois présentés comme des marchepieds vers un emploi stable, on constate qu'en réalité ils mènent plus souvent au non-emploi qu'à un CDI pour cette population.

Évolution de la part des CDD dans les embauches

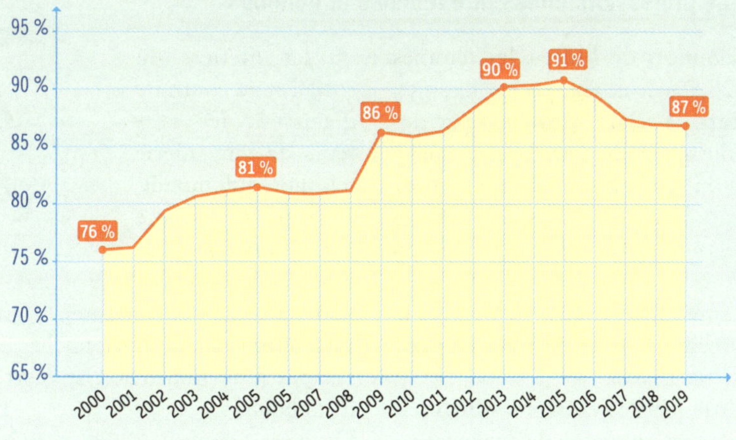

Source : partageonsleco.com, 2020.

1. **Pourquoi est-il inopérant d'analyser le marché du travail comme un ensemble homogène ?**
2. **Comment a évolué la part des recrutements en CDD ? Quelle difficulté cela soulève-t-il ?**
3. **En quoi peut-on dire que le marché du travail français est segmenté ? Quelles en sont les conséquences ?**
4. **Pourquoi est-il difficile de passer du secteur secondaire au secteur primaire ?**
5. **Expliquez la phrase soulignée dans le document 11.**

> **6.** Quelle évolution marquante concerne la nature des emplois salariés ?
>
> **7.** Concerne-t-elle tous les pays européens de la même manière ?

DOC. 12 La hausse des emplois atypiques

En France, la montée des contrats temporaires a été forte pendant les années 1980, quand ils représentaient déjà 5 % de l'emploi, puis continue jusqu'au début des années 2000. La part des CDD dans l'emploi s'est alors stabilisée autour de 15 %, même si […] la segmentation du marché du travail a en réalité continué de s'amplifier. Rappelons que tous les pays européens n'ont pas connu la même évolution en la matière. La part des contrats temporaires au Royaume-Uni et au Danemark est restée stable. En Allemagne, elle ne s'est accrue qu'au début des années 2000. Partant de niveaux différents, la croissance a été, en revanche, forte et assez continue en Italie comme en Espagne. […]

F. Fontaine, F. Malherbet, *CDD* versus *CDI*. *Les effets d'un dualisme contractuel*, Les Presses de Sciences Po.

DOC. 13 Les jeunes plus précaires

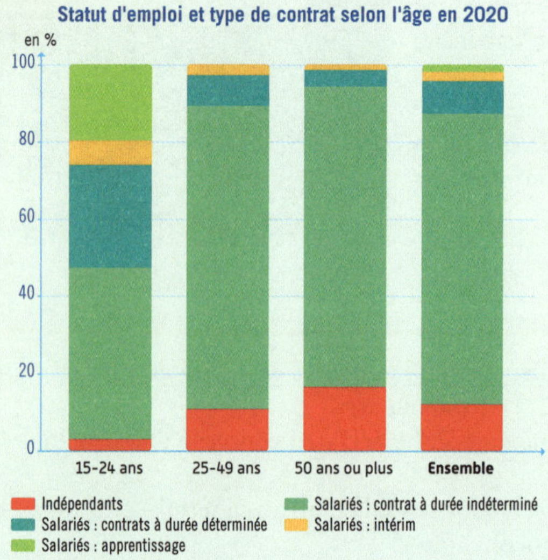

Lecture : en 2020, 44,2 % des personnes en emploi âgées de 15 à 24 ans sont salariées en emploi à durée indéterminée.
Champ : France hors Mayotte, personnes vivant en logement ordinaire, en emploi.

> **8.** En quoi peut-on dire que l'accès à l'emploi durable est plus long pour les jeunes ?

DOC. 14 Les inégalités professionnelles entre femmes et hommes

Selon les dernières données de l'Insee, les femmes gagnent en moyenne 28,5 % de moins que les hommes. Une partie de cet écart de salaire s'explique par des disparités au niveau du temps de travail, les postes à temps partiel (choisis ou subis) étant majoritairement occupés par les femmes : en 2019, près de 30 % des femmes sont employées à temps partiel, contre environ 8 % des hommes.

Si on effectue la mesure en équivalent temps plein, c'est-à-dire pour un même volume de travail, l'écart de rémunération reste de 16,8 %.

Cela s'explique en partie par des éléments structurels liés au secteur professionnel, au niveau de qualification et à l'emploi exercé : les emplois non qualifiés sont majoritairement occupés par des femmes, qui surinvestissent certains secteurs tels que l'aide à la personne ou les métiers du social, et au contraire délaissent les secteurs de l'ingénierie tels que l'automobile, l'énergie ou encore l'aéronautique. En intégrant ces différents facteurs pour mesurer l'écart de rémunération à caractéristiques professionnelles comparables, celui-ci s'établit à environ 8 %. Cet écart « réel » de 8 % reste inexpliqué.

Déclarée « grande cause nationale » du quinquennat, l'égalité professionnelle entre les femmes et les hommes passe par l'égalité de rémunération.

Margaux Berbey, capital.fr, 22 février 2021.

> **9.** Quel est l'écart de rémunération par équivalent temps plein entre les hommes et les femmes en France ? Pourquoi cette mesure est-elle la plus objective ?
>
> **10.** Quelles sont les différentes causes de cet écart de rémunération ?

QUELLES SONT LES INÉGALITÉS ENTRE HOMMES ET FEMMES SUR LE MARCHÉ DU TRAVAIL ?

Vidéo
liennathan.fr/p587yw

B Un déséquilibre durable sur le marché du travail : le chômage

DOC. 15 La définition du chômage de l'Insee

En application de la définition internationale adoptée en 1982 par le Bureau international du travail (BIT), un chômeur est une personne en âge de travailler (15 ans ou plus) qui répond simultanément à trois conditions :
– être sans emploi, c'est-à-dire ne pas avoir travaillé, ne serait-ce qu'une heure, durant une semaine de référence ;
– être disponible pour prendre un emploi dans les 15 jours ;
– avoir cherché activement un emploi dans le mois précédent ou en avoir trouvé un qui commence dans les trois mois.

Insee.

Remarque : un chômeur au sens du BIT n'est pas forcément inscrit à Pôle emploi (et inversement).

DOC. 16 La mesure du chômage : le taux de chômage

Les critères du BIT permettent de faire des comparaisons internationales. Les résultats de l'enquête Emploi fournissent en outre une estimation (par sondage) du volume de la population active, ce qui permet de calculer les taux de chômage.

$$\text{Taux de chômage} = \frac{\text{Chômeurs au sens du BIT}}{\text{Population active}}$$

Le taux de chômage peut ainsi être calculé pour l'ensemble de la population active ou une partie de celle-ci.

J.-Y. Capul et O. Garnier, *Dico SES, L'essentiel de l'économie et des sciences sociales*, ©Hatier.

DOC. 17 La stabilité du chômage en 2021

Au deuxième trimestre 2021, le nombre de chômeurs au sens du BIT atteint 2,4 millions de personnes en France (hors Mayotte), en baisse de 16 000 personnes sur le trimestre. Comme au trimestre précédent, le taux de chômage au sens du BIT est quasi stable (–0,1 point), […] après une année 2020 marquée par de fortes fluctuations. Il est quasiment identique à son niveau de fin 2019, avant la crise sanitaire.

Insee, Informations rapides n° 207, 13 aout 2021.

Population active en France métropolitaine en 2021 : 29,6 millions de personnes.

11. À quoi sert la définition internationale du chômage ?

12. Indiquez si les personnes suivantes sont comptabilisées dans les chiffres du chômage au sens du BIT :
- un étudiant recherchant un travail de quelques heures par semaine ;
- une personne victime d'un licenciement économique ayant cessé son travail le mois dernier ;
- un individu inscrit à Pôle emploi pour trouver un emploi à temps plein alors qu'il est employé en CDD à temps partiel.

13. Calculez le taux de chômage en France métropolitaine au 2e trimestre 2021. Comment a-t-il évolué ?

DOC. 18 30 ans de chômage de masse en France

Depuis la crise des années 1970, le chômage est un sujet de préoccupation majeur dans les pays développés. En France, il y avait moins de 500 000 chômeurs au début des années 1970…
La suite est connue : deux millions en 1981 et trois millions en 1993. Depuis, le chômage français n'est jamais redescendu en dessous de 7 % de la population active. Il fluctue autour de 8/9 % avec des pics supérieurs à 10 %. Les phases de diminution peuvent être importantes, comme entre 1997 et 2001, ou en 2007. Malheureusement, à chaque fois, le chômage remonte... Toutefois, la baisse enregistrée depuis 2015 semble plus significative.

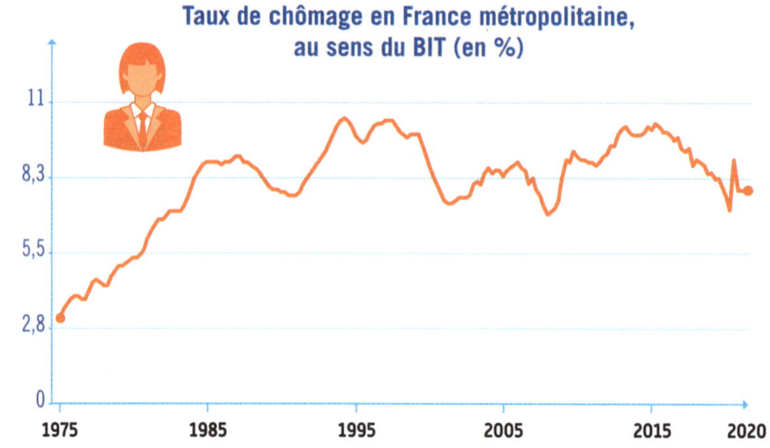

DOC. 19 La France au-dessus de la moyenne européenne

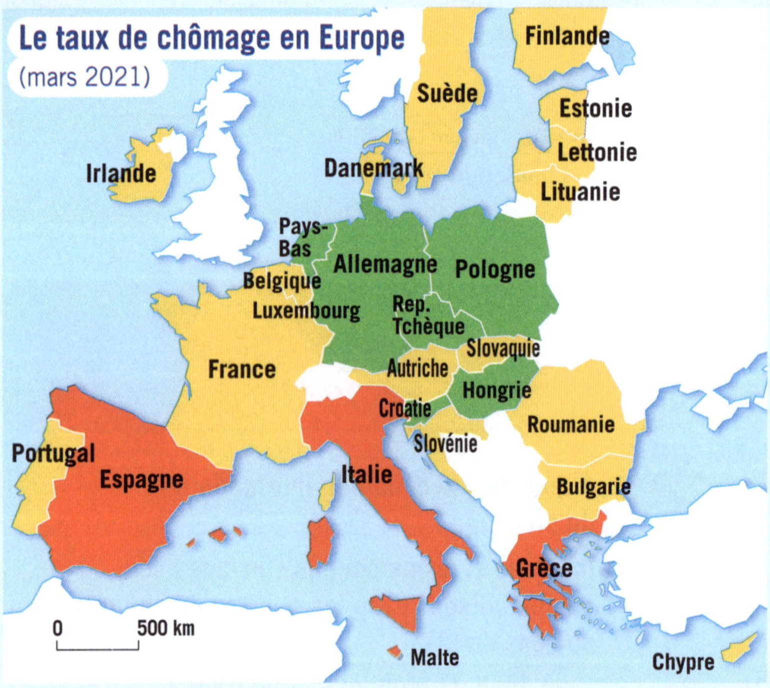

En février 2020, l'Union européenne enregistrait 6,5 % de chômeurs, soit l'un des taux les plus faibles depuis la crise économique de 2008. Mais avec la pandémie de Covid-19 et son impact sur l'économie européenne, le nombre de demandeurs d'emploi a de nouveau augmenté. […]
Les contrastes entre pays sont marqués. Quand la Pologne connaît un taux de chômage de 3,1 % (mars 2021), celui-ci culmine en Espagne à 15,3 % et en Grèce à 15,8 % (décembre 2020).

Eurostat, 4 mai 2021.

14. Comment le chômage a-t-il évolué depuis 1975 ?
15. Comment expliquer la hausse du chômage entre 2008 et 2015 ?
16. Comparez les performances des pays européens en termes de chômage. Comment la France se situe-t-elle ?

DOC. 20 Les facteurs d'inégalité face au chômage

Taux de chômage en France en 2020, en %

15 – 24 ans	20,2
25 – 49 ans	7,4
Plus de 50 ans	5,4
Cadres	3,7
Professions intermédiaires	4,8
Employés	8,7
Ouvriers	11,4
Brevet des collèges ou sans diplôme	13,9
Baccalauréat, CAP, BEP	8,8
Diplôme supérieur à bac + 2	5,2
Hommes	8,1
Femmes	8

Insee.

17. **Présentez les principaux facteurs d'inégalité face au chômage.**

18. **Quel pourrait être le profil des individus ayant le moins de risque de chômage ?**

DOC. 21 11 % des actifs sont en sous-emploi

En 2020, 3 millions de personnes sont en situation de sous-emploi, soit 11 % des personnes en emploi, un niveau jamais atteint. Le sous-emploi inclut essentiellement des personnes à temps partiel, souhaitant travailler davantage.
Le sous-emploi affecte surtout les femmes (12,7 %), les jeunes (15,4 %) et les employés non qualifiés (13,9 %).

Données : Insee.

19. **Quels types d'individus se retrouvent en situation de « sous-emploi » ?**

20. **Pourquoi ces individus ne sont-ils pas comptabilisés dans les chiffres du chômage ?**

APPLICATION AU CAS

GROUPE STELLANTIS

DOC. En 2018, PSA [futur Stellantis] a souhaité renouveler le savoir-faire de ses employés

La direction de PSA [futur Stellantis] veut utiliser les possibilités offertes depuis ce 1er janvier par la rupture conventionnelle collective pour supprimer 1 300 emplois au plan national. Elle veut aussi inciter 900 salariés à utiliser le dispositif du congé senior. En parallèle, la direction affiche vouloir embaucher 1 300 personnes [en CDI en 2018 et 2 000 jeunes en alternance].
Pour Christine Virassamy [déléguée centrale CFDT] l'entreprise a besoin de restructurer ses forces de travail, de les adapter à ses besoins futurs.
Rien de choquant non plus pour la CFDT à ce que PSA [futur Stellantis] propose aux salariés seniors 900 dispenses d'activité. Il s'agit de leur verser 75 % de leurs salaires pendant 3 ans et même pendant 5 ans pour les seniors. Il s'agit d'une sorte de préretraite, entièrement financée par PSA pour rééquilibrer sa pyramide des âges. […]

M.-A. Mouchère, Franceinfo, 10 janvier 2018.

1. **Comment évolue la demande de travail chez Stellantis [ex-PSA] ?**

2. **Recherchez les avantages et les inconvénients du rajeunissement de la courbe des âges dans une entreprise.**

ACTIVITÉS

TESTEZ VOS CONNAISSANCES

Flashez le QR code pour faire les exercices et réviser les notions essentielles.

liennathan.fr/pyj633

1 L'évolution de la nature des emplois en France

1. **Analysez l'évolution des emplois par qualifications entre 1996 et 2017.**
2. **Expliquez pourquoi on parle de « polarisation du marché du travail » en France. Quelle est la situation des autres pays développés ?**
3. **Analysez les différentes causes exposées pour expliquer cette évolution des emplois.**

DOC. **Forte polarisation du marché du travail en France**

À en croire les comparaisons internationales, la France serait un des pays d'Europe où la polarisation de l'emploi est la plus marquée. […]

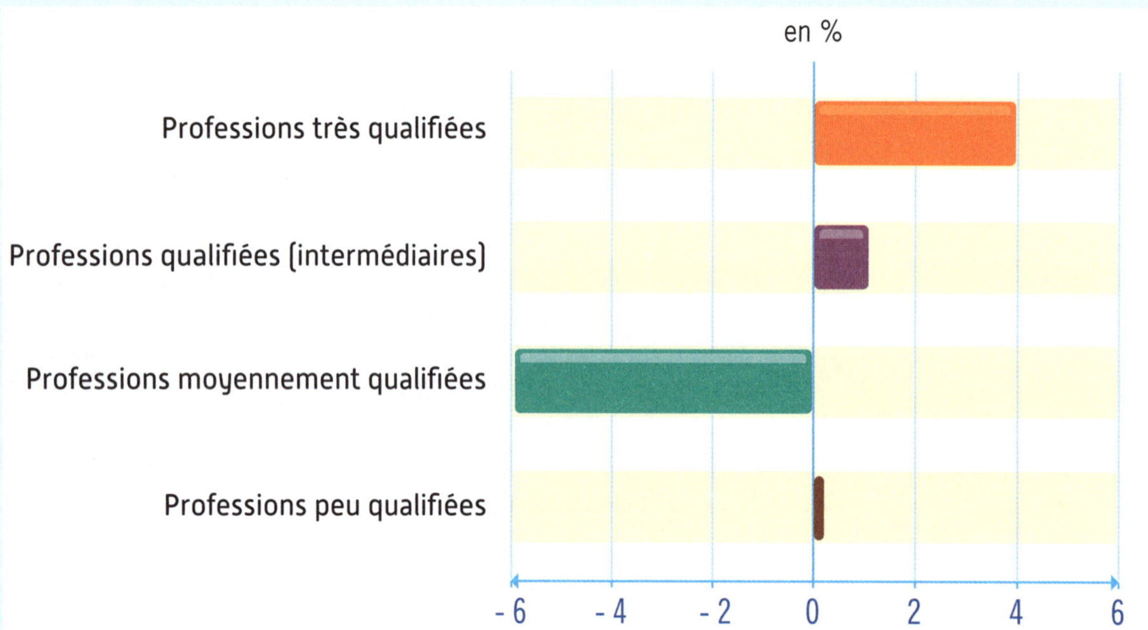

Champ : France métropolitaine, personnes en emploi
Source : Insee-DGI, enquête Revenus fiscaux et sociaux de 1996 à 2017

Repérée dans la plupart des pays développés, cette «courbe en U» fait craindre une atrophie de la classe moyenne, une montée des inégalités et une panne de la mobilité sociale. Les causes du phénomène font débat : élévation du niveau de diplôme qui favoriserait les plus qualifiés, automatisation, externalisation, délocalisation et flexibilité qui lamineraient les ouvriers et employés qualifiés, augmentation de l'activité des femmes et des immigrés qui grossirait les rangs des services aux personnes…
Au-delà, les qualifications se recomposent en permanence en fonction des profils recrutés, du progrès technologique, de la localisation des activités, de la fragmentation du travail qui impactent les conditions d'emploi et de travail.

Note d'analyse n° 98, *France Stratégie*, décembre 2020.

2 L'évolution de l'œuvre de travail

1. **Décrivez la situation du marché du travail en Europe. Expliquez le paradoxe.**
2. **Relevez les causes de la pénurie de main-d'œuvre actuelle.**
3. **Expliquez la conséquence de cette pénurie de main-d'œuvre :**
   – sur le niveau des salaires ;
   – sur l'activité économique.
4. **Quelles sont les perspectives structurelles évoquées dans le document concernant l'évolution du marché du travail ?**

DOC. À travers l'Europe, la grande pénurie de main-d'œuvre

Avec la reprise économique au printemps, déconfinement oblige, Andrew Baxter explique ne pas avoir eu le choix : « *J'ai dû augmenter le salaire de ma cinquantaine de chauffeurs routiers de 20 %, simplement pour les garder.* » […]

Les petites annonces débordent de partout
Drôle de période économique. Côté pile, le marché de l'emploi n'a pas encore retrouvé son niveau d'avant la pandémie : le chômage dans l'Union européenne restait de 7,1 % en juin. […] Rien de catastrophique par rapport à l'ampleur du choc de la pandémie, mais a priori pas une situation propice aux difficultés de recrutement. […]
Et pourtant, côté face, partout à travers le continent – et le phénomène est le même aux États-Unis –, les entreprises font face à de sévères pénuries de main-d'œuvre. Dans l'hôtellerie et la restauration, le transport, la manutention, le BTP, l'industrie, l'aide à domicile, la santé, le nettoyage, les commerces ou encore l'informatique, il n'y a aujourd'hui pas assez de candidats.[…]

Les cartes du marché de l'emploi rebattues
La pénurie est telle qu'elle risque parfois d'étouffer la reprise économique. Au Danemark, 21 % des grandes entreprises affirment avoir dû renoncer à des commandes faute de main-d'œuvre, selon une enquête, en juin, du quotidien danois *Berlingske*.
Explication : la pandémie est venue complètement rebattre les cartes du marché de l'emploi. Avec la fermeture de secteurs entiers pendant les différents confinements, les salariés ont eu le temps de se remettre en question. Et éventuellement d'aller monter leur propre projet ailleurs. […] En Allemagne, le syndicat de l'alimentation et de l'hôtellerie estime qu'un employé sur six a quitté le secteur, soit 275 000 employés en moins à l'échelle nationale. […] Ce marché de l'emploi fou est aussi une conséquence de l'ultraflexibilité demandée aux salariés. « *Ces dernières années, à Paris, ça fonctionne beaucoup avec les extras,* explique-t-il. *Il y a très peu de CDI.* » […]

Simple problème passager qui va se résorber avec la fin de la pandémie ou tournant économique structurel ?
Pour Sebastian Dettmers, directeur général du site de recrutement StepStone, la pandémie vient accentuer un phénomène qui avait déjà commencé avant l'apparition du Covid-19. « *Ce que nous connaissons actuellement n'est que le début d'une pénurie mondiale de travailleurs qualifiés. Des changements démographiques vont impacter le marché du travail.* »
La population vieillissante en Europe et la baisse de la natalité vont progressivement réduire le nombre d'actifs. À l'autre bout du monde, la démographie chinoise ne croît plus, ce qui va réduire le stock de main-d'œuvre bon marché.
Dans ces circonstances, l'Europe est peut-être sur le point de voir un profond basculement économique : le transfert du pouvoir de négociation vers les travailleurs, après quatre décennies de salaires réduits et d'érosion des conventions collectives. […]

***Le Monde*, 25 août 2021.**

Taux de chômage dans l'Union européenne, en % de la population active

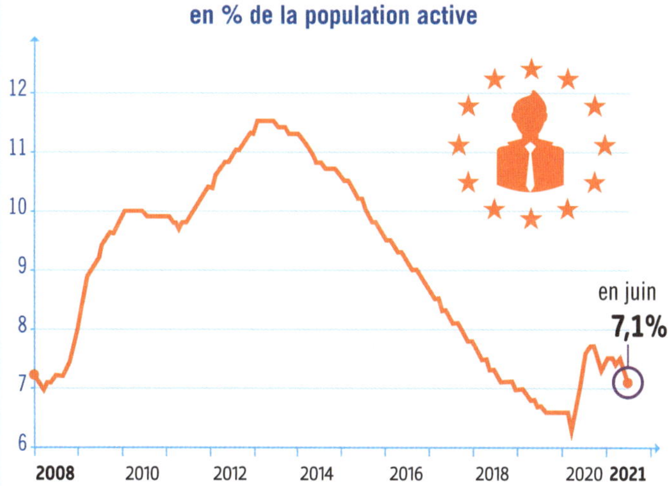

Le fonctionnement du marché du travail

- **Fonctionnement théorique** → La confrontation de l'offre et de la demande conduit à déterminer le salaire et le niveau de l'emploi.
- **La réalité : le travail n'est pas homogène.**
  - La **demande de travail** dépend :
    – du niveau de l'activité économique ;
    – des profils et qualités attendus (existence de secteurs en tension).
  - L'**offre de travail** dépend :
    – de la population active et des taux d'activité ;
    – des qualifications et compétences disponibles.

Les évolutions sur le marché du travail

- **Un marché segmenté**
  - **Marché primaire :** emplois stables occupés par des salariés qualifiés, plutôt bien rémunérés avec de bonnes conditions de travail.
  - **Marché secondaire :** emplois dits « atypiques », moins bien rémunérés, avec de fréquents passages par le chômage.
- **Les tendances du marché du travail**
  - Un chômage durable depuis les années 1980, supérieur à la moyenne européenne. Populations les plus vulnérables : les jeunes, les faibles qualifications, les étrangers.
  - La hausse des emplois atypiques (CDD, intérim, temps partiel contraint). Populations les plus touchées : les jeunes, les femmes, les faibles qualifications.

CONCEPTS

Chômage au sens du BIT – Demande de travail – Marché du travail – Offre de travail – Population active – Taux d'activité – Taux de chômage

8 Les politiques de l'emploi

LA COMPÉTENCE ATTENDUE

→ Caractériser l'action des pouvoirs publics pour accompagner les transformations du marché du travail.

LE SAVOIR ASSOCIÉ

→ La politique de l'emploi

PLAN DU CHAPITRE

Emploi : la persistante inadéquation entre l'offre et la demande risque de freiner une reprise déjà fragile

Si la « quatrième vague » de Covid-19 risque de perturber la relance de l'activité attendue à la rentrée, ce sont les difficultés de recrutement des entreprises qui pourraient au final constituer le principal écueil.

Le constat est général quel que soit le secteur d'activité et les profils recherchés : il n'y a pas ou très peu de candidats répondant aux offres d'emploi des entreprises. [...] . Alors que l'an dernier à la même époque on s'attendait à d'importantes défaillances d'entreprises et à une hausse du chômage à la rentrée, cette année on est face à une augmentation des recrutements qui se traduit d'ailleurs par une baisse continue du nombre de demandeurs d'emploi et par conséquent d'importantes tensions sur l'emploi. « Le marché du travail très perturbé ne s'adapte pas aussi vite que l'activité », résume l'économiste Mathieu Plane [...].

Fabienne Proux / JGPmedia pour Localtis, banquedesterritoires.fr, 30 juillet 2021.

Top départ du recrutement de saisonniers pour une saison compliquée

Après la saison blanche de l'hiver 2020-2021, les professionnels de la montagne et des grandes villes touristiques se préparent à une hausse exceptionnelle de l'affluence. Ils ont donc besoin de recruter un grand nombre de saisonniers au moment même où beaucoup ont abandonné cette voie pendant la crise du Covid et ne sont donc plus disponibles.

De plus, le secteur de l'hôtellerie-restauration fait face depuis des mois à une forte pénurie de profils. L'enjeu pour les professionnels est donc de recruter très rapidement et le plus tôt possible les profils disponibles sachant que les premières stations ouvrent dans 5 semaines [...].

C'est sans doute pour pallier ce manque de candidats que les recrutements des saisonniers, en contrats d'intérim ou en CDD ont commencé plus tôt que les années précédentes

presseagence.fr, 11 octobre 2021.

1. **Quel est le problème que risquent de rencontrer les stations de sport d'hiver au niveau de l'emploi ?**
2. **À partir de cet exemple, montrer que la création d'emplois n'est pas un critère suffisant pour résoudre le problème du chômage.**
3. **Proposez des solutions à ces problèmes**
4. **D'après la vidéo, quelles sont les solutions proposées par Pôle emploi pour aider les employeurs à recruter ?**

EMPLOYEURS, COMMENT PÔLE EMPLOI PEUT VOUS AIDER ?

Vidéo
liennathan.fr/x24yx4

1 Identifier les politiques actives de l'emploi

A L'objectif des politiques actives de l'emploi

DOC. 1 PME : la pénurie de main-d'œuvre qualifiée s'accentue

Selon un sondage OpinionWay d'octobre 2018, plus de 52 % des PME – 93 000 entreprises – rencontrent ou ont rencontré des difficultés de recrutement de profils hautement qualifiés. L'écart entre Paris (27 %) et la province (60 %) est très marqué.
Les entreprises peinent à recruter des profils spécifiques, malgré un taux de chômage important et un nombre de demandeurs d'emploi encore élevé. L'insuffisance des qualifications professionnelles des candidats est la première explication, évoquée par trois quarts des entreprises. L'absence même d'actes de candidature pour les postes à pourvoir est déplorée par 40 % des entreprises.

DOC. 2 Politiques actives du marché du travail : connecter les personnes avec les emplois

Les politiques d'activation efficaces pour les demandeurs d'emploi et les autres groupes défavorisés de la population ont pour objectif d'intégrer plus de personnes sur le marché du travail. Pour cela, elles doivent :
– s'assurer que les demandeurs d'emploi ont la motivation et les incitations nécessaires à la recherche d'emploi ;
– accroître leur employabilité et les aider à trouver un emploi approprié ;
– améliorer les débouchés offerts aux demandeurs d'emploi et aux personnes inactives sur le marché du travail ;
– mettre en œuvre les politiques d'activation grâce à des institutions du marché du travail efficaces.

www.oecd.org

1. **Identifiez le problème rencontré par les PME dans le recrutement.**
2. **Repérez le rôle des politiques actives de l'emploi et les moyens qu'elles utilisent.**
3. **Quelle solution vous semble répondre au problème soulevé dans le document 1 ?**

DOC. 3 Pôle emploi : assurer l'adéquation entre l'offre et la demande de travail

Créé en décembre 2008, par la fusion de l'ANPE (Agence nationale pour l'emploi) et l'Assedic (Association pour l'emploi dans l'industrie et le commerce), Pôle emploi a pour missions d'accompagner tous les demandeurs d'emploi dans leur recherche jusqu'au placement, d'assurer le versement des allocations aux demandeurs indemnisés, d'aider les entreprises dans leurs recrutements et de recouvrer les cotisations.

FRANCE
Nombre de retour à l'emploi :
1 972 360
Taux de notification des droits dans les 21 jours :
92,7 %
Taux de satisfaction des demandeurs d'emplois :
81,8 %
Taux de satisfaction des entreprises :
84,1 %

Données : Pôle emploi, juin 2021.

4. **Pourquoi peut-on dire que la création de Pôle emploi s'inscrit dans le cadre d'une politique active de l'emploi ?**
5. **Pensez-vous que Pôle emploi répond aux missions qui lui sont fixées ? Justifiez votre réponse.**

B Les principales mesures mises en œuvre

DOC. 4 L'importance de la formation professionnelle

Que dit la loi…

La formation des salariés par l'employeur est obligatoire dans le cadre des principes suivants :
• Permettre aux salariés de s'adapter à leur poste de travail et veiller au maintien de leur capacité à occuper un emploi, au regard notamment de l'évolution des emplois, des technologies et des organisations ;
• Permettre aux salariés d'occuper un nouvel emploi dans le cadre d'un reclassement ;
• Assurer la formation d'un jeune en contrat d'insertion ou d'alternance […].

Aujourd'hui, tout évolue très vite. On change de voiture tous les deux ans, d'ordinateur tous les 18 mois, de smartphone tous les six mois et pourtant on ne se forme plus une fois sorti de l'école. C'est absurde, non ? Pense-t-on que les métiers n'évoluent pas ? Que les compétences restent toujours les mêmes ? Bien au contraire.
Les métiers sont en perpétuelle évolution et nos enfants exerceront probablement des emplois qui n'existent pas encore. La digitalisation de l'économie oblige les entreprises à évoluer.
La formation professionnelle devient donc indispensable et doit être vue comme un levier de croissance et non plus comme une dépense.

www.skillup.co

6. **Expliquez pourquoi la formation professionnelle est un élément majeur pour l'activation de l'emploi.**

7. **Comment l'État agit-il pour favoriser cette pratique ?**

DOC. 5 Loi du 5 septembre 2018 pour la liberté de choisir son avenir professionnel

La loi du 5 septembre 2018 pour la liberté de choisir son avenir professionnel est entrée en vigueur au 1er janvier 2019. Elle modifie la gouvernance du système de formation et les relations entre les acteurs et modifie entre autre le fonctionnement du compte personnel de formation.

Qu'est-ce que le compte personnel de formation plus connu sous son acronyme CPF ? Il s'agit d'un compte qui permet aux salariés et à tous les actifs de se former tout au long de leur vie professionnelle quelle que soit leur situation ou leur contrat de travail. […]
Les salariés ayant effectué une durée de travail supérieure ou égale à la moitié de la durée légale ou conventionnelle du travail sur l'ensemble de l'année 2019 acquièrent 500 euros par an pour se former (plafonné à 5 000 euros). Ce montant est porté à 800 euros pour les salariés peu ou pas qualifiés qui n'auraient pas atteint un niveau de formation sanctionné par un diplôme classé au niveau 3 : CAP, BEP (plafonné à 8 000 euros). […]
Les personnes titulaires d'un CPF, soit, en principe, l'ensemble des actifs, peuvent toutes bénéficier d'un abondement supplémentaire de la part de l'État pour se former dans le domaine du numérique : développement, création et gestion d'un site, technicien informatique...

journaldunet.com, 2 novembre 2021.

8. **Caractérisez l'action des pouvoirs publics pour accompagner les transformations du marché du travail.**

9. **Repérez la différence de traitement prévue par le compte personnel de formation en fonction de la qualification du salarié.**

10. **Expliquez l'intérêt de cette mesure pour l'insertion des individus sur le marché du travail.**

DOC. 6 Le parcours emploi compétences remplace les contrats aidés CUI

Les contrats aidés sont des contrats bénéficiant d'aides publiques ou de dispositions spécifiques du droit du travail. Ils favorisaient l'emploi de personnes ayant des difficultés à s'insérer dans le marché du travail.

Durant sa campagne électorale, Emmanuel Macron s'était montré hostile aux contrats aidés. Selon lui, ces types de contrats de travail étaient une forme d'emploi subventionné qui ne permettaient pas aux salariés de monter en compétences. Ainsi, à partir de janvier 2018, les contrats aidés sont transformés en Parcours Emploi Compétences.

Mobilisation des associations autour du dispositif Parcours Emploi Compétences (PEC)
Un PEC est un contrat aidé, destiné à des personnes éloignées de l'emploi qui rencontrent des difficultés sociales et professionnelles. Il leur permet de s'engager dans une expérience professionnelle avec un accompagnement tout au long de leur parcours, tant par l'employeur que par le service public de l'emploi.

Pourquoi recruter en Parcours Emploi Compétences ?
Recruter une personne avec ce type de contrat permet de :
- ▶ former un salarié aux méthodes et aux pratiques de l'association ;
- ▶ transmettre le savoir-faire ;
- ▶ aider une personne éloignée de l'emploi à s'insérer professionnellement.

Quelles aides de l'État pour inciter les associations à y avoir recours ?
Une aide mensuelle à l'insertion professionnelle versée par l'État d'un montant de :
- ▶ 80 % du Smic horaire brut pour les résidents des quartiers prioritaires de la ville (QPV) et zones de revitalisation rurale (ZRR) ;
- ▶ 65 % pour les jeunes de moins de 26 ans et les travailleurs en situation de handicap de moins de 31 ans ;
- ▶ 30 à 60 % pour les autres publics.

travail-emploi.gouv.fr

11. Montrez que les contrats aidés permettaient de répondre aux objectifs d'une politique active du travail.

12. Quelle est la limite de ce type de mesure ?

13. Montrez en quoi le Parcours Emploi Compétences pourrait représenter une solution à ce problème.

DOC. 7 Nouvelles mesures pour l'insertion et la reconversion

Nouvelle mesure annoncée par Macron : le contrat d'engagement pour les jeunes
Un jeune de 16 à 25 ans pourra recevoir jusqu'à 500 euros par mois, à condition de s'engager dans un parcours de formation et d'insertion intensif. Sinon l'allocation pourra être suspendue ou supprimée. Pour un jeune en situation de handicap, le contrat d'engagement sera accessible jusqu'à 29 ans.

La Tribune, novembre 2021.

Le dispositif Transco de reconversion professionnelle
Ce dispositif s'adresse aux salariés qui ont travaillé au moins deux ans, dont un an dans la même entreprise, et qui voient leur emploi menacé, soit en raison de la mauvaise santé économique et financière de leur entreprise, soit parce que leur métier est destiné à devenir obsolète sur le long terme. Il permet de former pendant 24 mois au maximum les salariés dont l'emploi est menacé et de les orienter vers des métiers porteurs dans leur région. Par « métiers porteurs », le ministère entend notamment les « métiers en tension », c'est-à-dire ceux qui ont d'importants besoins en recrutements mais qui peinent à embaucher (aides à domicile, serveurs de cafés restaurants, aides-soignants…). Cela permet aux salariés de changer d'activité sans passer par le chômage.

Sarah, Asali, capital.fr, 18 janvier 2021.

14. Montrez en quoi ces dispositifs permettent d'améliorer le fonctionnement du marché du travail et donc de réduire le chômage.

DOC. 8 Les enjeux du coût du travail, dans le contexte de la mondialisation

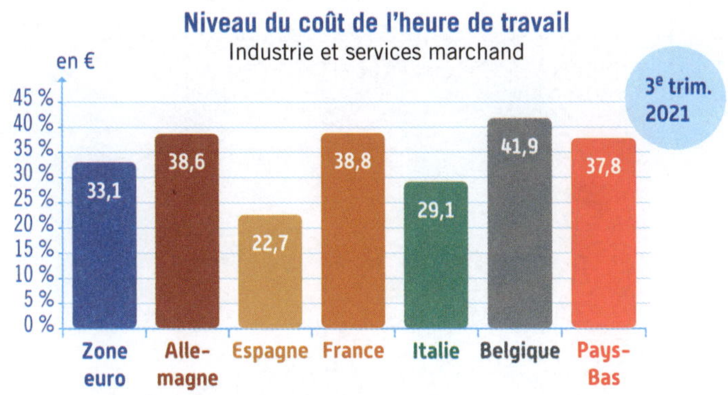

Source : Eurosat, calcul Rexecode, Janvier 2022

Un coût du travail élevé est considéré par certains économistes comme un facteur explicatif du chômage, en particulier pour les emplois peu ou pas qualifiés. Dans ce cas, celui-ci peut en effet devenir un handicap pour l'entreprise car la productivité de ce type d'employé est faible. Le coût du travail peut inciter l'entreprise à limiter les embauches, à délocaliser ses usines dans des pays où la main-d'œuvre coûte moins cher ou à faire le choix de la robotisation contre l'emploi. Cette question du coût du travail est complexe car les cotisations sociales ou le salaire minimum, qui augmentent le coût du travail, offrent également un filet de sécurité aux salariés les moins qualifiés en leur garantissant un pouvoir d'achat minimum et une protection sociale.

vie-publique.fr

15. Quelles sont les composantes du coût du travail ?

16. Repérez la position de la France au regard des autres pays en matière de coût du travail et repérez ses possibles conséquences en matière d'emploi.

17. Quel lien peut-on faire entre le coût du travail et la compétitivité des entreprises ?

18. Pourquoi la baisse du coût du travail est-elle une politique active de l'emploi ?

APPLICATION AU CAS

GROUPE STELLANTIS

DOC. PSA [futur Stellantis] recrute à Rennes

L'usine PSA [futur Stellantis] de Rennes-La Janais tourne à plein régime pour produire le Peugeot 5008, qui rencontre un gros succès commercial, et le Citroën C5 Aircross, qui sortira sur le marché en octobre.
L'usine bretonne recherche donc pour des missions de 6 mois à 12 mois : des agents de fabrication polyvalents en industrie, des caristes mais également des chefs d'équipe, des professionnels tels que : maintenanciers (mécaniciens, électriciens, automaticiens), tôliers, retoucheurs, conducteurs d'installation, soudeurs.
« Toutes les candidatures seront examinées afin de répondre aux besoins en recrutement de l'entreprise, précise Pôle emploi. Il n'est pas obligatoire d'avoir de l'expérience dans le métier d'agents de fabrication polyvalents en industrie ou de caristes. »
Les personnes intéressées peuvent se présenter sur place, à l'hôtel Rennes Métropole, ou déposer leur candidature auprès de leur conseiller Pôle emploi ou l'adresser directement par mail à recrutement.35061@pole-emploi.fr.
Cette opération de recrutement est organisée par Pôle emploi, en partenariat avec Manpower, Adecco, Synergie et Randstadt Inhouse.

***Ouest France*, 15 octobre 2018.**

1. Quel problème rencontre PSA ?

2. Que fait Pôle emploi pour résoudre ce problème ?

3. Quelle sera la conséquence de cette action sur l'emploi dans la région rennaise ?

2 Identifier les politiques passives de l'emploi

DOC. 9 Qu'est-ce que l'assurance chômage ?

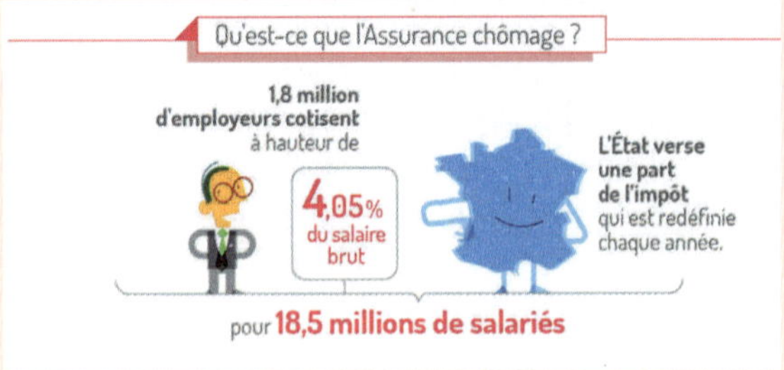

© Bronx Agence

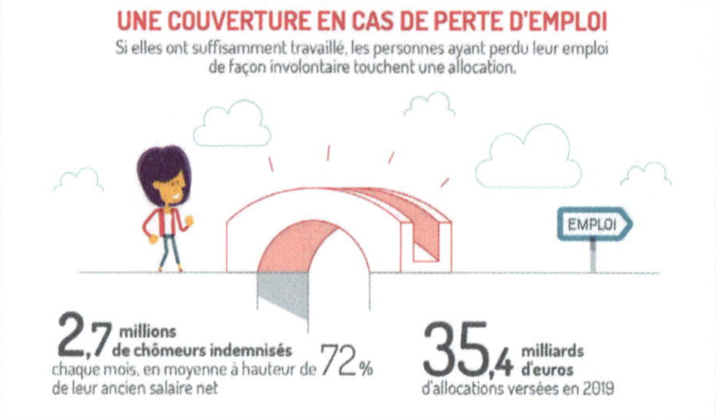

© Bronx Agence

À l'inverse des politiques actives qui cherchent à dynamiser l'emploi, les politiques passives ont pour objectif principal de limiter l'impact du chômage sur la situation des individus. Il s'agira principalement de compenser la perte de revenus ou, accessoirement, de permettre aux individus qui le souhaitent de se retirer de la vie active. Au-delà des allocations, l'assurance chômage incite aussi les chômeurs à reprendre un emploi et à développer leurs compétences.

1. **Comment est financée l'assurance chômage ? Les employeurs peuvent-ils s'y soustraire ?**
2. **Repérez le rôle de l'assurance chômage.**
3. **Identifiez les conditions à remplir pour pouvoir percevoir des indemnités.**

DOC. 10 La cessation anticipée du travail

[...] Certains salariés ou anciens salariés du secteur privé peuvent se retirer de la vie active avant d'avoir atteint l'âge minimum légal de la retraite, tout en percevant une allocation.
On peut distinguer plusieurs types de dispositif :
- les préretraites publiques [...] ;
- les retraites anticipées (pour carrière longue, handicap, pénibilité, amiante) [...].

travail-emploi.gouv.fr.

DOC. 11 Des mesures de l'assurance chômage pour favoriser le retour à l'emploi

L'insertion par l'activité économique (IAE) permet aux personnes les plus éloignées de l'emploi, en raison de difficultés sociales et professionnelles particulières (âge, état de santé, précarité), de bénéficier d'un accompagnement renforcé qui doit faciliter leur insertion professionnelle.
Une entreprise d'insertion (EI) propose l'accès à l'emploi et un accompagnement socioprofessionnel à des personnes éloignées de l'emploi : demandeurs d'emploi de longue durée, allocataires de minima sociaux, jeunes sans qualification, etc., en contrepartie d'une aide financière (aide au poste d'insertion).

travail-emploi.gouv.fr

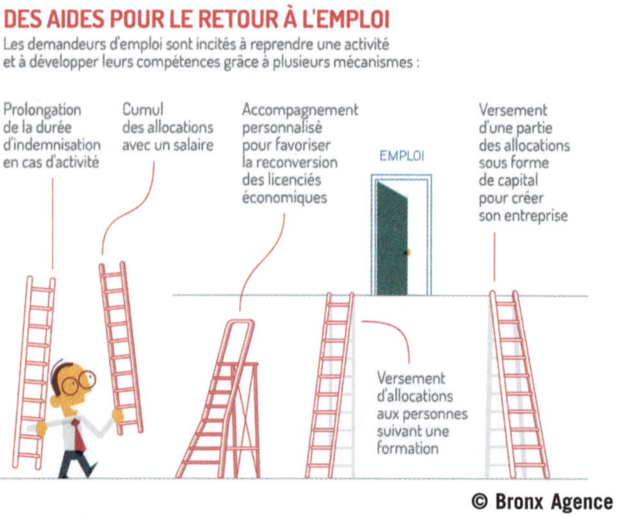

© Bronx Agence

4. **Repérez les dispositifs permettant de jouer sur le volume des chômeurs.**
5. **Montrez que ces dispositifs sont complémentaires des politiques actives de l'emploi.**

DOC. 12 Quand la crise sanitaire plombe les comptes de l'assurance chômage

Touchés côté recettes mais aussi côté dépenses par la crise, les comptes de l'assurance-chômage se dégradent à la vitesse grand V. [...] Un chiffre résume l'ampleur du désastre : la dette du régime est maintenant attendue à 65,2 milliards fin 2021, soit 28,4 milliards de plus que fin 2019, sans que l'on sache quand et comment ce trou abyssal sera comblé. Le retour à l'équilibre, encore entrevu en février juste avant le confinement, est donc à ranger aux oubliettes. En 2020, l'assurance-chômage table sur une hausse de 32 % de ses dépenses, à 54,2 milliards. Le gros de cette somme - un peu plus de 39 milliards, en hausse de 4,1 milliards - sera consacré aux allocations versées aux chômeurs indemnisés dont les le nombre devrait grimper de 420 000.

Alain Ruello, *Les Echos*, 21 octobre 2020.

Évolution du chômage indemnisé et des dépenses d'allocation

Variations en moyenne annuelle en %

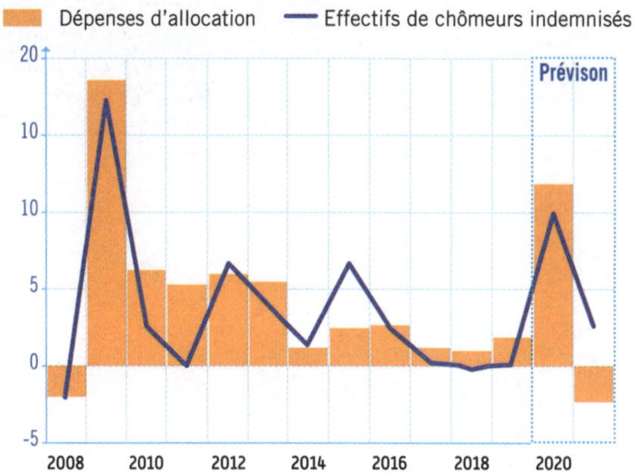

Champ : chômage indemnisé en ARE, AREF, ASP, AREP et ATI, France entière Données CVS.

« Les Échos » / Sources : UNÉDIC

6. Quelles sont les conséquences de la variation du chômage sur les comptes de l'UNEDIC ?

DOC. 13 La réforme de l'assurance chômage

La réforme de l'assurance-chômage répond à trois objectifs majeurs :

- **lutter contre le recours abusif aux contrats courts** avec notamment l'instauration d'un bonus-malus sur les cotisations chômage pour les entreprises afin de les inciter à embaucher sur des emplois de longue durée ;
- **faire en sorte que le travail paye plus que l'inactivité** en établissant de nouvelles règles d'indemnisation qui incitent à la reprise de l'emploi ;
- **renforcer l'accompagnement des demandeurs d'emploi** avec le recrutement de 1 000 nouveaux conseillers par Pôle emploi et la mise en place de deux demi-journées d'accompagnement intensif.

Une fois l'ensemble des mesures montées en charge, **la réforme conduirait à des moindres dépenses de 2,3 milliards d'euros par an.**

7. Montrez que la réforme de l'assurance chômage permet de répondre, en partie, au problème de financement de l'Unedic.

APPLICATION AU CAS

GROUPE STELLANTIS

1. Quelles mesures en termes de politique de l'emploi permettraient à M. Giacobi d'acquérir les compétences nécessaires à ce nouveau poste ?

2. M. Giacobi a-t-il une autre solution que la recherche d'un emploi ?

DOC. PSA [futur Stellantis] recrute à Valenciennes

M. Giacobi, ancien technicien de 57 ans, est au chômage depuis 14 mois. Il peine à retrouver un emploi qui corresponde à son expérience et ses qualifications. Un ami lui parle de la situation de l'usine de PSA Valenciennes (dans le Nord) qui n'arrive plus à approvisionner en quantités suffisantes les autres sites du groupe en boîtes de vitesses. Pour satisfaire la demande, ils vont embaucher suffisamment de maintenanciers pour réparer les machines délabrées.

TESTEZ VOS CONNAISSANCES

Flashez le QR code pour faire les exercices et réviser les notions essentielles.

liennathan.fr/44y6vt

1 Assurance chômage : la réforme entrée en vigueur le 1er juillet 2021

1. **Repérez le type de politique de l'emploi auquel se rattache le principe du bonus-malus.**
2. **Identifiez l'objectif de cette réforme.**

DOC. Bonus-malus : la chasse aux contrats courts

Le bonus-malus [...] s'applique aux entreprises de sept secteurs fortement consommateurs de contrats courts (fabrication de denrées alimentaires, de boissons et de produits à base de tabac ; production et distribution d'eau ...). Ces secteurs ont été sélectionnés en mesurant leur taux de séparation moyen, un indicateur qui correspond au nombre de fins de contrat de travail ou de missions d'intérim assorties d'une inscription à Pôle emploi rapporté à l'effectif de l'entreprise. **Tous ces secteurs ont un taux supérieur à 150 %.**

Ce sont 21 000 entreprises de 11 salariés et plus qui sont dès aujourd'hui concernées par cette mesure.

Elles verront ainsi leur comportement en matière d'embauche observé sur les douze prochains mois. Si, à l'issue de ces douze mois, elles ont recouru aux contrats courts davantage que la médiane des autres entreprises de leur secteur, une contribution supplémentaire au financement de l'assurance chômage, pouvant aller jusqu'à 1 % de leur masse salariale, leur sera demandée. À l'inverse, si, en comparaison avec les autres entreprises de leur secteur, elles ont proposé des contrats plus durables, elles pourront bénéficier d'un allègement de leur contribution.

Avec le bonus-malus, c'est un élément essentiel de la réforme qui entre en vigueur pour inciter les entreprises à proposer des contrats plus durables et, ainsi, améliorer la qualité des emplois, en évitant la création de trappes à précarité.

travail-emploi.gouv.fr, 1er juillet 2021.

2 Les jeunes au cœur des politiques de l'emploi

1. Analysez l'évolution du taux d'emploi selon l'âge depuis 1975.
2. Montrez en quoi le plan « un jeune, une solution » mis en place par le gouvernement est une réponse possible à cette tendance.
3. Repérez quelles les principales mesures mises en place et analysez leur impact sur l'insertion des jeunes sur le marché du travail.

DOC. 1 #1jeune1solution

Le plan « 1 jeune, 1 solution », lancé à l'été 2020, vise à offrir une solution à chaque jeune. Avec plus de 9 milliards d'euros investis, il mobilise un ensemble de leviers : aides à l'embauche, formations, accompagnements, aides financières aux jeunes en difficulté, etc. afin de répondre à toutes les situations. L'objectif est de ne laisser personne sur le bord de la route.

Lancé en mars 2021, le dispositif #1jeune1mentor, qui s'inscrit dans le plan #1jeune1solution, a pour ambition d'accompagner 100 000 jeunes d'ici fin 2021.

L'objectif consiste à donner de **nouvelles opportunités** aux jeunes pour qu'ils redeviennent les acteurs de leurs parcours, qu'ils s'enrichissent de nouvelles rencontres, se dotent de **nouvelles perspectives**, refusent tout déterminisme. 1 jeune 1 mentor est aussi le moyen de lutter pour l'égalité des chances et renouer le **dialogue intergénérationnel.**

Concrètement, il s'agit de faire bénéficier les jeunes de **conseils professionnels d'un mentor**. Ce dernier peut être un actif ou un retraité. Il accompagne des jeunes, parfois dès le début du collège, sur le moyen-long terme, en leur consacrant **une à deux heures par mois.**

https://www.gouvernement.fr/avec-1-jeune-1-mentor-faites-la-rencontre-qui-change-tout

DOC. 2 Les emplois aidés pour les jeunes

En 2020, les embauches initiales et les reconductions en contrats aidés s'élèvent à 82 000, après 99 000 en 2019. 95 % sont des parcours emploi compétences (PEC, secteur non-marchand) et 5 % des contrats uniques d'insertion - contrats initiatives emploi (CUI-CIE, secteur marchand).

Alors que leur prescription était en baisse depuis 2017, les contrats aidés sont de nouveau mobilisés pour lutter contre le chômage des plus jeunes suite à la crise sanitaire.

Le ciblage sur les jeunes est accentué à partir de l'été 2020, avec le lancement du plan #1jeune1solution. Ce dernier prévoit, via la circulaire du 28 septembre 2020, la création de 20 000 PEC et 10 000 CIE supplémentaires en faveur des moins de 26 ans. Il relève aussi le taux de prise en charge des « PEC Jeunes » (à 65 %, contre 50 % en moyenne). Enfin, il étend la souscription de CIE aux jeunes, alors que depuis 2018, elle n'était autorisée que dans les départements et régions d'outre-mer (Drom) ou par les conseils départementaux dans le cadre des conventions annuelles d'objectifs et de moyens (CAOM). Au final, en 2020, 17 800 jeunes sont entrés en PEC et 2 300 en CIE. La part des jeunes en contrats aidés progresse (25 % des entrées en 2020, contre 16 % en 2018). La moitié des entrées ou reconductions en CIE en 2020 concernent des jeunes.

dares.travail-emploi.gouv.fr

DOC. 3 Taux d'emploi par âge depuis 1975

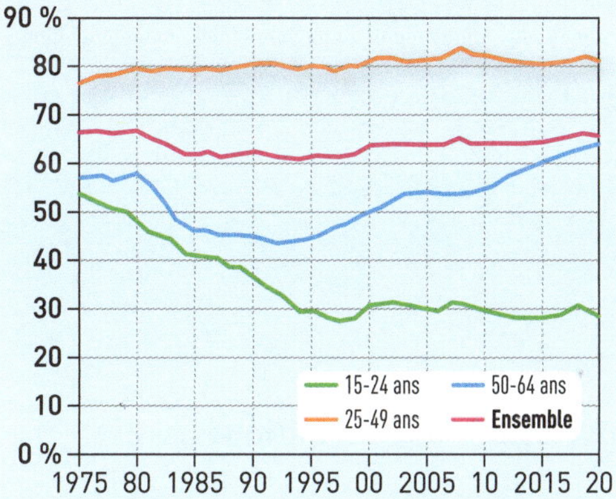

Lecture : en 1975, le taux d'emploi des 15-24 ans était de 53,3 %.
Champ : France hors Mayotte, personnes vivant en logement ordinaire, de 15 à 64 ans.

Source : Insee

DOC. 4 Part des jeunes de moins de 26 ans parmi les entrées en contrat aidé (en %)

	2016	2017	2018	2019	2020	2021*
Ensemble	**30,8**	**25,4**	**16,3**	**20,2**	**24,6**	**55,6**
PEC**/CAE	16,1	14,5	15,6	19,8	23,1	32,9
CIE	28,0	24,2	26,3	25,6	52,1	92,9

* données provisoires et calculées sur les 7 premiers mois de l'année
** les PEC ont succédé aux CAE le 1er janvier 2018

Les politiques actives de l'emploi

Objectif : dynamiser l'emploi

- Permettre une meilleure adéquation entre l'offre et la demande de travail
  Ex. : amélioration du fonctionnement de Pôle emploi
- Mesures ciblées pour réintégrer certaines catégories de chômeurs (de longue durée, jeunes…)
  Ex. : exonération de cotisations, contrats aidés
- Permettre aux chômeurs d'acquérir de nouvelles compétences et d'augmenter leur employabilité
  Ex. : obligation de formation professionnelle

Les politiques passives de l'emploi

Objectif : rendre le chômage plus supportable et/ou influencer la quantité d'offre de travail

- Incitation au retrait du marché du travail et/ou incitation à la reprise d'activité
  Ex. : droit à la préretraite
- Indemnisation du chômage

CONCEPTS

Assurance chômage – Pôle emploi – Politique active de l'emploi – Politique passive de l'emploi

9 Le droit négocié et le rôle des partenaires sociaux

LES COMPÉTENCES ATTENDUES
- → Identifier le rôle du droit négocié.
- → Identifier le rôle des partenaires sociaux dans l'entreprise.

LES SAVOIRS ASSOCIÉS
- → Les différentes sources du droit du travail
- → Le droit négocié
- → Le rôle des partenaires sociaux

PLAN DU CHAPITRE
- 1 • Distinguer les différentes sources du droit du travail
- 2 • Identifier le rôle du droit négocié
- 3 • Identifier le rôle des partenaires sociaux dans l'entreprise

Accord du 22 mars 2021 sur le télétravail sur France Télévisions

La CFDT a signé un accord précisant les modalités d'exercice du télétravail à France Télévisions. Le télétravail en situation exceptionnelle (celui que nous connaissons depuis un an maintenant) y est décrit, mais surtout le télétravail en situation normale, celui qui est choisi, sur un jour par semaine, ou deux voire 2,5 jours au maximum selon les termes de l'accord.
Tout au long de la négociation, la CFDT a insisté sur :
- le choix : le télétravail n'est pas une obligation ; il est ouvert à tous, CDI comme CDD. Il est réversible et fait l'objet d'entretiens réguliers entre le salarié et son chef de service.
- la confiance : pas de contrôle du télétravailleur via des logiciels espions.
- la charge de travail : le télétravailleur ne doit pas travailler plus chez lui qu'au bureau. […]
- les droits et devoirs du télétravailleur : les mêmes droits que le salarié sur site, les mêmes devoirs ! ni plus, ni moins.
- la flexibilité, dans un commun accord entre le salarié et son chef de service, de la planification des jours télétravaillés.
- la déconnexion : en dehors des heures de travail, plus de mails, plus de téléphone, plus de messages ! […]

cfdt-ftv.fr, mars 2021.

LA NÉGOCIATION D'UN ACCORD D'ENTREPRISE

Vidéo liennathan.fr/pb433v

1. **Quel est l'objet de l'accord d'entreprise conclu le 22 mars 2021 à France Télévisions ?**
2. **Qui sont les signataires de cet accord ? Qui en sont les bénéficiaires ?**
3. **En quoi ces règles peuvent-elles être vues comme améliorant les conditions de travail des salariés ?**

1 Distinguer les différentes sources du droit du travail

A Les sources internationales du droit du travail

DOC. 1 Un besoin universel de droit du travail

Une étude publiée en août [2017] par un cabinet d'analyse de risques états-unien, VeriskMaplecroft, estime que le risque de subir une forme d'esclavage moderne, dont le travail forcé, augmente de manière alarmante en Europe. En cause : l'exposition à l'exploitation des nouveaux migrants tout juste arrivés sur le continent. Selon cette étude, les pays avec les plus hauts taux de risque de mise en esclavage moderne sont aussi ceux par lesquels arrivent les réfugiés : Grèce, Italie, Roumanie, Bulgarie. Les migrants sont aussi particulièrement exposés au risque de travail forcé en Turquie.

R. Knaebel, www.bastamag.net

1. Quels sont les travailleurs les plus fragiles ?

2. Comment les principes du droit international du travail peuvent-ils les protéger ?

DOC. 2 L'énoncé de principes intangibles

Exemples de textes de droit international

– La Déclaration de l'OIT de 1998 oblige les États membres à respecter et à promouvoir la reconnaissance du droit de négociation collective, l'élimination de toute forme de travail forcé, l'abolition effective du travail des enfants, l'élimination de la discrimination en matière d'emploi.

– La Convention de sauvegarde des droits de l'homme et des libertés fondamentales de 1950 prévoit, dans son article 4, l'interdiction de l'esclavage et du travail forcé.

– Le traité européen de Nice (2000) édicte de nombreux principes essentiels : interdiction de l'esclavage et du travail forcé (article 5), liberté syndicale (article 12), liberté de travailler partout dans l'UE (article 15), non-discrimination (article 21), etc.

– Le règlement européen 987/2009 sur la coordination des systèmes de sécurité sociale simplifie les règles d'application des régimes de protection sociale au bénéfice des salariés de l'UE.

– La directive européenne 2003/88/CE sur le temps de travail impose aux pays de l'UE de garantir à tous les travailleurs un temps de travail hebdomadaire qui ne peut pas dépasser 48 heures en moyenne, un congé annuel payé d'au moins 4 semaines...

DOC. 3 Les principales sources internationales du droit du travail

1. L'Organisation internationale du travail (OIT), agence spécialisée de l'ONU (Organisation des Nations unies), définit les droits fondamentaux du travail dans des conventions (traités internationaux qui s'imposent aux États qui les ratifient) et des recommandations (qui n'ont pas de caractère contraignant).

2. Le droit européen « primaire » comprend les traités constitutifs de l'Union européenne et les traités les modifiant (traités de Rome, de Maastricht...).

3. Le droit européen « dérivé » regroupe l'ensemble des actes de l'Union européenne en application du droit primaire. On distingue les actes obligatoires (règlement, directive et décision) et les actes sans portée obligatoire (recommandation et avis).

D'après juri-ce.com

3. Pourquoi les règles internationales du droit du travail sont-elles forcément générales ?

B Les sources nationales du droit du travail

DOC. 4 **Les sources étatiques et professionnelles du droit du travail**

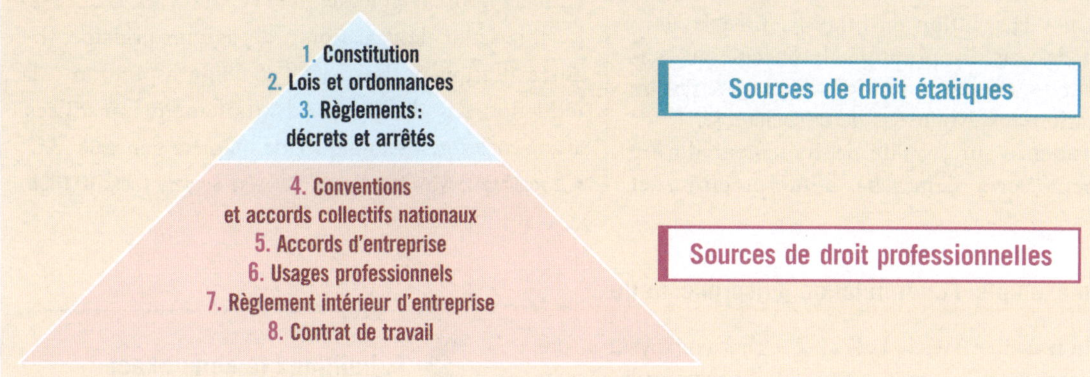

DOC. 5 **Extrait du règlement intérieur de l'entreprise Ravial**

Article 12. Nature et échelle des sanctions
Tout agissement d'un salarié considéré comme fautif pourra, en fonction de sa gravité, faire l'objet de l'une ou l'autre des sanctions suivantes : avertissement oral ou écrit, mise à pied de un à trois jours sans rémunération, mutation disciplinaire vers un autre site de l'entreprise, rétrogradation professionnelle, licenciement pour faute réelle et sérieuse, licenciement pour faute grave ou lourde.

Article 13. Agissements fautifs du salarié
À titre indicatif et de façon non exhaustive, des sanctions pourront être appliquées dans les cas suivants : non-respect des horaires, refus de travailler sans motif légitime, rixes, injures et violence à l'encontre d'un autre membre du personnel ou d'un client, détournement, vol, abus de confiance, bris et détérioration volontaires du matériel, désorganisation volontaire de la bonne marche de l'entreprise.

Le règlement intérieur est un document écrit, rédigé par l'employeur. Conforme aux dispositions des lois, règlements et conventions collectives applicables, il ne peut contenir que les règles en matière de santé et de sécurité dans l'entreprise, celles relatives à la discipline et aux sanctions ainsi qu'aux harcèlements moral et sexuel et aux agissements sexistes.

4. Distinguez, parmi les sources de droit professionnelles, celles qui relèvent de la négociation et celles qui manifestent le pouvoir du chef d'entreprise.

5. En quoi le pouvoir du chef d'entreprise d'élaborer des règles n'est-il pas absolu ?

DOC. 6 **La hiérarchie des sources du droit du travail et le principe de faveur**

Le sens et la portée du principe de faveur

En principe, les sources « inférieures » du droit du travail ne peuvent édicter que des règles plus favorables au salarié que celles des sources « supérieures ». Ainsi, les conventions collectives et les accords d'entreprise ont-ils pour rôle – en principe – d'améliorer la situation des salariés concernés.

Un exemple (chiffres d'octobre 2021) :

La loi pose le principe du SMIC (salaire minimum interprofessionnel de croissance). Un décret en fixe le montant chaque année.	**10,48 €** brut/heure **1 589,47 €** brut/mois
Salaire minimum professionnel prévu par la convention collective nationale des hôtels, cafés, restaurants	**11,52 €** brut/heure **1 747,12 €**/mois
Salaire minimum prévu par l'accord salarial d'un groupe hôtelier du 10 janvier 2021	**11,90 €** brut/heure **1 804,75 €** brut/mois

6. D'après vous, quel intérêt la direction du groupe hôtelier a-t-elle à conclure un accord salarial plus avantageux pour les salariés ?

DOC. 7 Une source non formelle importante : la jurisprudence

Parfois, l'application de la loi est évidente, le texte de la loi et la volonté du législateur étant suffisamment clairs pour déterminer de manière en quelque sorte « mécanique » la solution du litige [...]. Mais, dans la plupart des cas, l'application de la règle aux cas concrets impose une interprétation du texte [...], voire son adaptation aux évolutions de la société. [...]
La jurisprudence sur l'égalité de traitement illustre parfaitement cette démarche d'interprétation et d'adaptation de la règle de droit : partant de textes particuliers, comme celui sur l'égalité des rémunérations entre les hommes et les femmes (C. trav., art. L.3221-2) [...], la Cour de cassation a dégagé un principe, tiré de l'évolution de la société et d'une aspiration à la réduction des différences de traitement injustifiées, ayant vocation à s'appliquer de manière générale [...].

A. Lacabarats, www.lamyline.fr, *Semaine sociale Lamy*, n° 1598.

DOC. 8 Un exemple d'interprétation jurisprudentielle

1. Code du travail – Article L.3221-2 – Tout employeur assure, pour un même travail ou pour un travail de valeur égale, l'égalité de rémunération entre les femmes et les hommes.

2. Le sens de l'arrêt de la Cour de cassation (chambre sociale) du 29 octobre 1996

Dans l'arrêt *Ponsolle* (Cass. soc., 29 oct. 1996, n° 92-43.980), la Cour de cassation s'est appuyée sur les dispositions légales [de l'article L.3221-2 du Code du travail] pour étendre le principe « à travail égal, salaire égal » aux différences de rémunération non justifiées entre salariés dans leur ensemble, en dehors de toute considération du sexe.
Dorénavant, l'employeur est tenu d'assurer une égalité de rémunération entre ses salariés placés dans une situation identique, c'est-à-dire exerçant un même travail ou un travail de valeur égale.

F. Chhum, (avocat), village-justice.com

7. Indiquez le sens exact et la finalité du texte de l'article L3221-2 du Code du travail.

8. Comment son interprétation par la Cour de cassation en élargit-elle la portée ? Vous semble-t-il que les juges trahissent l'esprit de la loi ? Justifiez votre réponse.

APPLICATION AU CAS

GROUPE STELLANTIS

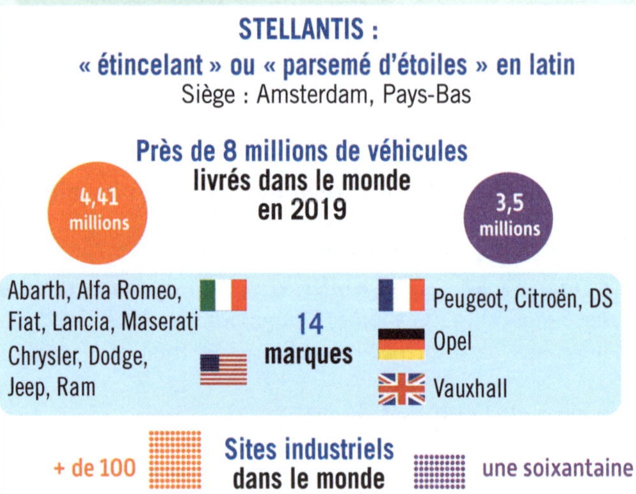

Les usines de Stellantis ne sont pas toutes en France. Le groupe, né de la fusion de PSA et de Fiat-Chrysler, compte des usines de production dans divers pays européens, mais aussi en Chine et en Amérique latine. PSA possède 18 usines d'assemblage, 13 unités produisant des composants et 5 centres de recherche. Fiat-Chrysler dispose de 94 sites de production industrielle et 39 centres de recherche.

1. **Quelles sont les sources du droit du travail qui permettent d'assurer une protection minimale de tous les salariés de Stellantis dans le monde ?**
2. **En quoi le personnel des usines de l'Union européenne peut-il attendre un rapprochement de ses conditions de travail dans les différents sites de l'UE ?**
3. **Quelles sont les sources du droit du travail nationales intéressant les salariés des usines françaises ?**
4. **Pour quelles raisons économiques, les règles de droit ne peuvent-elles pas être unifiées dans tous les pays où Stellantis est présent ?**

2 Identifier le rôle du droit négocié

DOC. 9 Définition et fonction des principaux accords collectifs

1. Un accord collectif est un accord conclu entre un employeur ou un groupement d'employeurs et une ou plusieurs organisations syndicales de salariés en vue de fixer des règles relatives aux conditions de travail, à l'emploi ou aux garanties sociales des salariés.

2. Les principaux accords collectifs à l'origine du droit du travail :

– **l'ANI (Accord national interprofessionnel)** traite de sujets d'intérêt commun à tous les salariés (chômage, formation tout au long de la vie, etc.). Il est souvent repris par une loi ultérieure, l'ANI ouvrant ainsi la voie à une réforme de la législation ;

– **la convention collective de branche** : cet accord, négocié entre les syndicats d'employeurs et de salariés d'une branche d'activité (métallurgie, commerce, hôtellerie, etc.), porte sur les conditions d'emploi et de travail des salariés. Comme le précise le *Guide pratique du droit du travail*, « elle institue souvent des dispositions que le Code du travail ne prévoit pas, telles que les salaires minimaux, un régime de prévoyance, des primes, des congés, etc., ou améliore celles qu'il prévoit ». Il arrive aussi qu'« elle adapte des dispositions générales du Code du travail aux situations particulières d'un secteur d'activité ou d'une entreprise (exemple : l'aménagement du temps de travail) » ;

– **l'accord d'entreprise** (ou d'établissement) : négocié dans l'entreprise, il apporte des réponses à des attentes qui sont propres aux salariés et à la direction de cette entreprise (salaires, formation, intégration des handicapés, etc.).

https://droit-finances.commentcamarche.com

1. **Expliquez l'expression « droit négocié ».**
2. **Quel est le rôle du droit négocié par rapport à la loi ?**
3. **Dans quelle mesure l'ANI et la convention collective sont-ils éloignés de l'entreprise et de ses problèmes particuliers ?**

DOC. 10 L'ANI sur la santé au travail du 10 décembre 2020

Le 9 décembre 2020, les partenaires sociaux ont conclu la négociation sur la santé au travail par la mise en place d'un nouvel accord national interprofessionnel. [...]

Le texte fait l'objet de trois axes majeurs :
- la prévention des risques professionnels dans les entreprises,
- la lutte contre la désinsertion professionnelle,
- la promotion de la qualité de vie au travail en lien avec la santé au travail.

Prévention des risques et responsabilité de l'employeur : après avoir rappelé le principe de la responsabilité de l'employeur en matière de santé au travail, l'ANI liste les risques liés à l'activité de l'entreprise à prendre en compte : les risques « classiques » [...], les risques psychosociaux, les risques émergents en particulier liés aux nouvelles technologies.

Nouveauté : le risque de désinsertion professionnelle : [ce risque] impliquera de nouvelles actions : organiser le repérage précoce des situations pouvant conduire, à terme, à une inaptitude du salarié ; faciliter le signalement d'un risque d'inaptitude ou de désinsertion professionnelle ; [...] mettre en œuvre une visite de « mi-carrière » pour repérer une inadéquation entre le poste de travail et l'état de santé. [...]

www.previssima.fr, décembre 2020.

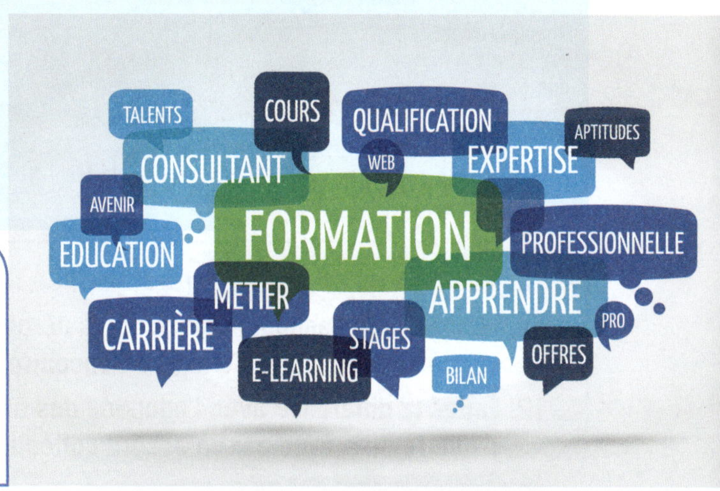

4. **Quel est l'objet de l'ANI du 10 décembre 2020 ? Qui en sont les bénéficiaires ?**
5. **En quoi peut-on dire que l'ANI dépasse les intérêts des salariés et employeurs de chaque branche ?**

6. **En quoi la convention collective de la banque est-elle favorable aux salariés ?**

7. **Qui sont les bénéficiaires des apports d'une convention collective de branche ?**

DOC. 11 Les apports d'une convention collective

Les salariés bénéficient d'au minimum 5 semaines de congés payés par an. Néanmoins, certaines conventions collectives accordent un nombre plus important de jours. [...]

La convention collective de la banque n° 2120 prévoit par exemple :
- 25 jours ouvrés de congés payés par an aux salariés qui comptent un an de travail effectif, auxquels s'ajoute un 26e jour supplémentaire de congé rémunéré, sous certaines conditions ;
- 2 jours par an pour déménager ;
- 5 jours ouvrés en cas de mariage ou PACS et 2 jours pour le mariage des descendants ; [...]
- 2 jours par exercice civil en cas d'hospitalisation d'un enfant de moins de 14 ans.

D'après www.juritravail.com

DOC. 12 Accord d'entreprise Société Air France pour 2021-2022

Extrait de l'accord salarial Air France pour les années 2021 et 2022

SOUS-TITRE 1 – MESURES COLLECTIVES INTERCATEGORIELLES

***Chapitre 1** - Rémunération brute minimale annuelle*

La rémunération brute minimale annuelle garantie pour 2021 et 2022 s'élève à 24000 euros pour un salarié temps plein justifiant d'une présence rémunérée continue sur toute l'année. [...]

***Chapitre 2** - Provision au titre de l'égalité professionnelle Femme / Homme*

Dans le cadre de l'accord sur l'égalité professionnelle entre les femmes et les hommes du 9 mars 2018, le principe d'une provision destinée à financer des mesures visant à réduire les écarts de salaire entre les femmes et les hommes est renouvelé pour 2021 et pour 2022.

***Chapitre 3** - Prime Uniforme Annuelle en 2021 et 2022*

Le montant de la Prime Uniforme annuelle pour 2021 et pour 2022 sera de 1200 euros. [...]

https://www.maitredata.com

8. **Pourquoi, au sein de la société Air France, la question des salaires ne peut-elle être réglée que par un accord collectif et non par la loi ?**

9. **Comment l'accord d'entreprise permet-il d'adapter le droit aux spécificités de l'entreprise ?**

DOC. 13 Les accords dérogatoires

Les accords dérogatoires sont des accords collectifs (au sens large) qui édictent une règle de droit dérogeant à la règle supérieure sans être favorable aux salariés. L'enjeu de ces accords dérogatoires est de viser à l'équilibre entre la justice sociale (intéressant les salariés) et l'efficacité économique (intéressant les employeurs).

Exemple : selon la loi, le salarié en CDD (contrat à durée déterminée) a droit, en fin de contrat, à une indemnité égale à 10 % des rémunérations perçues, mais un accord d'entreprise, comme un accord de branche, peut prévoir de réduire cette indemnité à 6 % pour alléger le coût du recours aux CDD.

Quand la règle est prévue par une loi ou un règlement
- En principe → Tous les accords collectifs sont plus favorables.
- Par exception → Des accords dérogatoires peuvent exister, mais sur autorisation de la loi.

Quand la règle émane d'accords collectifs de branche ou interprofessionnels nationaux
- En principe → Des accords d'entreprise dérogatoires sont possibles.
- Par exception → L'accord national prime dans certains domaines définis par la loi (salaires minimums, grilles de classification, égalité hommes-femmes...).

10. **Qu'est-ce qu'un accord dérogatoire ?**

11. **Montrez que l'adoption des accords dérogatoires reste soumise à des conditions assez strictes quand il s'agit d'aller à l'encontre d'une règle légale. Pourquoi, selon vous ?**

12. **Faites la différence avec l'adoption des accords dérogatoires allant à l'encontre d'une règle prévue par un accord collectif national. Comment cela s'explique-t-il ?**

DOC. 14 Un accord de compétitivité et de performance signé chez Valeo

Après plus de trois mois de négociations, Valeo a annoncé la signature mercredi 30 septembre [2020] d'un accord de compétitivité et performance collective. La veille, la CFE-CGC et FO, qui détiennent plus de 50% de représentativité syndicale, avaient indiqué avoir décidé d'adopter ce projet. À l'inverse, la CGT et la CFDT ont refusé de voter en faveur de ce projet, grâce auquel la direction espère réduire les coûts salariaux de l'ordre de 10% dans l'Hexagone.
Dans le communiqué, Valeo indique s'être engagé à « ne procéder à aucune fermeture de sites et aucun licenciement économique contraint en France dans les deux ans à venir». [...] En contrepartie, l'accord prévoit notamment un gel des salaires, la suspension de l'intéressement pendant deux ans, ainsi que le recours à une activité partielle de longue durée avec une indemnisation de l'activité partielle à hauteur de 80% de la rémunération brute, un niveau supérieur à celui prévu légalement. En parallèle, une « clause de retour à meilleure fortune» est prévue si les objectifs sont atteints en 2022.
Touché comme le reste de l'automobile par la crise de la Covid-19, Valeo a subi une perte de nette de 1,2 milliard d'euros au premier semestre. Son chiffre d'affaires s'est écroulé de 28% à 7 milliards d'euros sur la période. [...]

Julie Thoin-Bousquié, Usine Nouvelle, 30 septembre 2020.

13. Quel est le contenu de l'accord d'entreprise signé chez Valeo ?
14. Quelles sont les raisons qui ont poussé les syndicats CFE-CGC et FO à signer cet accord ?
15. Dans quelle mesure un accord moins favorable aux salariés peut-il favoriser l'emploi ?

DOC. 15 Le moteur du droit négocié : l'obligation légale de négocier

Code du travail – Article L.2241-1 (modifié par la loi n° 2018-771 du 5 septembre 2018)

« Les organisations [syndicales] liées par une convention de branche ou, à défaut, par des accords professionnels se réunissent, au moins une fois tous les quatre ans pour les thèmes mentionnés aux 1° à 5° [salaires, égalité professionnelle entre les hommes et les femmes, conditions de travail et GPEC, insertion des salariés handicapés, dispositifs de formation professionnelle] et au moins une fois tous les cinq ans pour les thèmes mentionnés aux 6° et 7° [classifications, épargne salariale], pour négocier. [...] »

16. Pourquoi les accords collectifs nationaux doivent-ils être régulièrement révisés ?
17. Donnez des exemples de thèmes relevant de la protection sociale qui justifient d'être révisés périodiquement.

DOC. 16 Le droit régulièrement négocié au niveau de l'entreprise

À défaut d'accord particulier prévoyant les modalités de la négociation au sein de l'entreprise, l'employeur doit engager, dans les entreprises où sont présentes des sections syndicales :
1. chaque année, une négociation sur la rémunération, sur le temps de travail, sur l'égalité professionnelle entre les femmes et les hommes et sur la qualité de vie au travail ;
2. tous les trois ans, dans les entreprises d'au moins 300 salariés, une négociation sur la gestion des emplois et des parcours professionnels.

18. Comment se justifie l'obligation de négocier périodiquement des accords d'entreprise ?
19. En quoi l'obligation de négocier est-elle distincte de l'obligation de conclure ?

DOC. 17 L'information des salariés

Quelles sont les obligations de l'employeur en matière d'information sur les accords collectifs applicables à l'entreprise ?

Les conditions dans lesquelles les salariés doivent être informés du droit conventionnel applicable à l'entreprise sont en principe fixées par une convention de branche ou un accord professionnel. Mais, à défaut d'un tel accord, l'employeur doit respecter les obligations suivantes (C. trav., art. L.2262-5).

1. Au moment de l'embauche, remettre au salarié une notice d'information relative aux conventions et accords applicables dans l'entreprise ou l'établissement.

2. Procurer un exemplaire de la convention ou de l'accord collectif au CSE (comité social et économique) et aux délégués syndicaux.

3. Tenir un exemplaire à la disposition du personnel dans chaque établissement; un avis est affiché à ce sujet.

4. Dans les entreprises dotées d'un intranet, y mettre à disposition des salariés un exemplaire à jour de toute convention ou accord collectif par lequel l'employeur est lié.

5. Mentionner l'intitulé de la convention collective de branche sur le bulletin de salaire (C. trav., art. R.3243-1).

D'après http://www.wk-rh.fr

20. **En quoi l'information des salariés est-elle indispensable au rôle du droit négocié ?**

21. **Comment se justifie chacune des obligations de l'employeur en matière d'information sur les accords collectifs applicables à son entreprise ?**

APPLICATION AU CAS

GROUPE STELLANTIS

Les salariés embauchés dans les usines françaises de PSA du groupe Stellantis dépendent de la convention collective n° 3126 de la métallurgie.

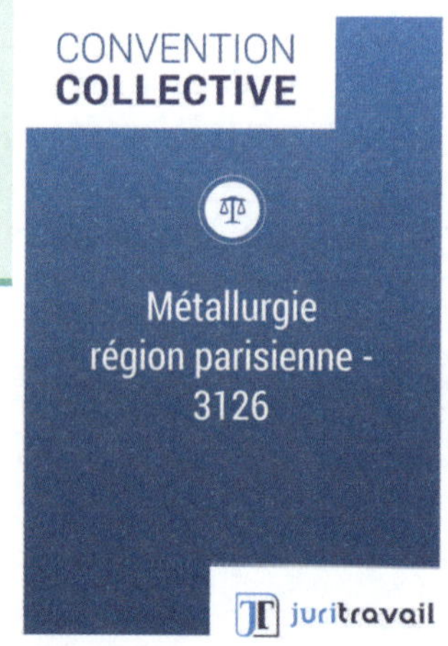

DOC. Convention collective n° 3126 de la métallurgie

Champ applicable de la convention Métallurgie (région parisienne)

La société Peugeot Citroën Automobile SA, dont le siège est situé route de Gizy 78140 Vélizy-Villacoublay, est principalement soumise aux dispositions particulières de la convention collective 3126. Vous êtes ouvrier dans une entreprise de fabrication de matériel électronique ou d'équipement ménager ? Vous travaillez dans une entreprise de construction automobile ? [...] Vous êtes concerné par la convention collective 3126 de la métallurgie. [...] Vous relevez donc des dispositions de la convention collective des industries métallurgiques, mécaniques et connexes (dite « CCN métallurgie ») du 16 juillet 1954.

Les partenaires sociaux ont négocié pour votre activité des avantages qui concernent notamment :

– l'attribution de jours de congé exceptionnels (4 jours pour enfant malade de moins de 12 ans) et de jours de congés payés supplémentaires en fonction de l'ancienneté (à partir de dix ans) ;

– une majoration d'incommodité de 50 % pour les heures effectuées un jour férié ;

– la rémunération : une prime d'ancienneté dont le taux augmente tous les ans est prévue dès 3 ans d'ancienneté, etc. [...]

www.juritravail.com

1. **Qui a négocié la convention collective n° 3126 et quels en sont les salariés bénéficiaires ?**

2. **Montrez que certains articles de cette convention collective illustrent bien le principe de faveur (document 6).**

3. **Par quels d'autres types accords collectifs les salariés d'une entreprise particulière de PSA peuvent-ils être concernés ?**

4. **Comment ces accords peuvent-ils compléter la convention collective n° 3126 ?**

3 Identifier le rôle des partenaires sociaux dans l'entreprise

DOC. 18 Les partenaires de la négociation sociale à différents niveaux

La négociation collective est constituée par l'élaboration de divers accords entre les syndicats de salariés et le patronat soit au niveau national (ANI et conventions collectives), soit au niveau de l'entreprise ou de l'établissement.

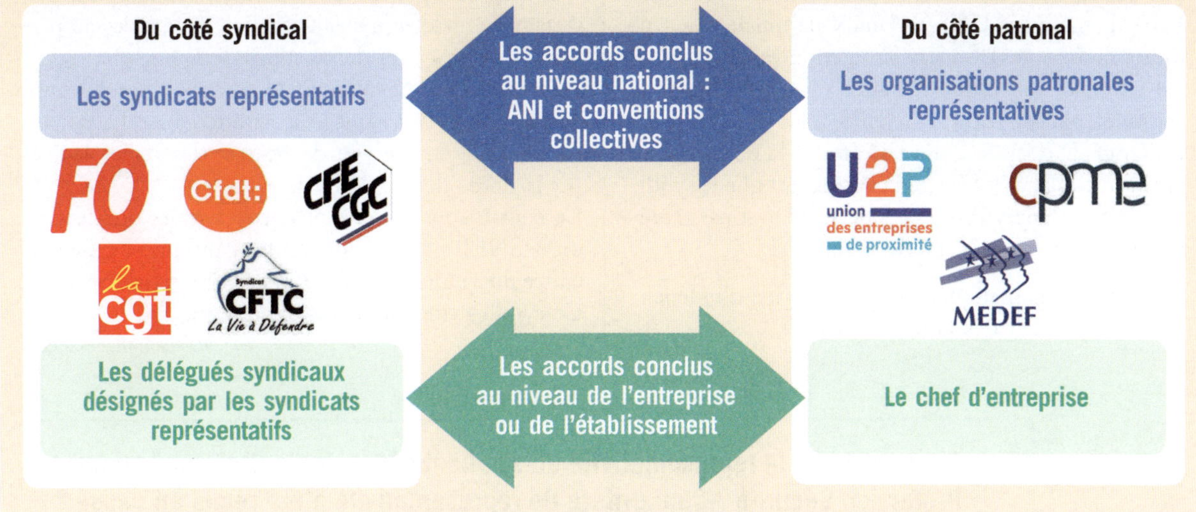

1. Qui sont les partenaires sociaux aux différents niveaux de la négociation sociale ?

DOC. 19 La représentativité des partenaires sociaux

Principe : les partenaires sociaux auxquels la loi réserve le droit de négocier les accords sont les syndicats représentatifs et les délégués syndicaux désignés par eux.

1. La représentativité des syndicats de salariés est reconnue au travers de divers critères : le respect des valeurs républicaines, l'indépendance, la transparence financière, une ancienneté minimale de deux ans, l'influence, les effectifs d'adhérents et les cotisations, et, le plus important, l'audience du syndicat.

Cette audience se mesure par les suffrages obtenus au 1er tour des élections professionnelles dans l'entreprise ou dans les entreprises de la branche (tous les quatre ans) :

– au niveau de l'entreprise, il faut avoir au moins 10 % des voix exprimées pour être représentatif. Les délégués syndicaux issus de ces syndicats sont les interlocuteurs du chef d'entreprise ;

– au niveau national, la faculté de négocier les accords collectifs est reconnue aux syndicats de salariés ayant obtenu au moins 8 % des voix aux élections professionnelles.

2. La question de la représentativité de l'employeur

– au niveau de l'entreprise, le chef d'entreprise est habilité à négocier avec les délégués syndicaux ;

– au niveau national, les syndicats patronaux représentatifs sont ceux qui obtiennent le plus d'adhésions d'entreprises : MEDEF (Mouvement des entreprises de France), CPME (Confédération des petites et moyennes entreprises), U2P (Union des entreprises de proximité).

Syndicats ayant obtenu une audience d'au moins 8 % en 2021

CFDT	26,77 %
CGT	22,96 %
FO	15,24 %
CFE-CGC	11,92 %
CFTC	9,50%

https://travail-emploi.gouv.fr/

2. Que permet à un syndicat le fait d'être représentatif ?

3. Relevez et justifiez les différents critères de la représentativité des syndicats de salariés.

DOC. 20 Une contestation de la représentativité

La perte de représentativité pour défaut d'indépendance du syndicat

Depuis la loi du 20 août 2008, la représentativité s'apprécie à la lumière de sept critères énoncés à l'article L.2121-1 du Code du travail. [...] En l'espèce, le syndicat SNEPS-CFTC [Syndicat national des employés de la prévention et de la sécurité – Confédération française des travailleurs chrétiens] intente une action en justice afin de contester la représentativité du syndicat UNSA [Union nationale des syndicats autonomes] Lancry Protection Sécurité. [...]
Le tribunal de grande instance rejette la demande formulée par le syndicat SNEPS-CFTC. [...]
La Cour d'appel de Paris fait droit à la demande du syndicat SNEPS-CFTC en considérant que le syndicat UNSA Lancry Protection Sécurité n'est pas représentatif pour absence d'indépendance. [...]

En l'espèce, les manquements au principe d'indépendance résultaient des faits suivants :

– lors d'un mouvement de grève, des représentants du syndicat UNSA Lancry Protection Sécurité, opposés à la grève, ont eu un comportement pour le moins ambigu, notamment en relevant l'identité des grévistes et en remettant leur liste au représentant de l'employeur ; [...]
– le secrétaire général du syndicat [...] avait, sur une certaine période, reçu une délégation de l'employeur permettant le prononcé de sanctions disciplinaires ;
– l'employeur a fait preuve de complaisance à l'égard des manquements dont le secrétaire général a pu être responsable en matière de respect des règles légales sur la durée du travail [...].
La cour d'appel estime qu'« il en résulte que le syndicat SNEPS-CFTC démontre l'absence d'indépendance du syndicat UNSA Lancry Protection Sécurité. Ce syndicat n'est donc pas représentatif ».

www.miroirsocial.com

4. **Qui a contesté la représentativité du syndicat UNSA de l'entreprise Lancry Protection Sécurité ? Quel critère de représentativité a été remis en cause ?**

5. **Quels faits justifient que la cour d'appel juge non représentatif ce syndicat ?**

DOC. 21 La négociation d'entreprise en l'absence de délégués syndicaux

PROCÉDURES PARTICULIÈRES

Entreprises	Procédures
Entreprises de moins de 11 salariés Entreprises de 11 à 20 salariés sans CSE	Possibilité de conclure un accord par référendum à la majorité des 2/3 des salariés)
Entreprises de 11 à 49 salariés	**Avec CSE* :** accord conclu avec des élus du CSE ayant eu la majorité des voix aux élections **Sans CSE :** accord conclu avec un ou des salariés mandatés par des syndicats + approbation par vote de la majorité des salariés
Entreprises d'au moins 50 salariés	**Avec CSE dont certains membres veulent négocier :** accord conclu avec un ou des salariés du CSE mandatés par des syndicats + approbation par vote de la majorité des salariés **Avec CSE mais sans volontaire(s) pour négocier :** accord conclu avec un ou des salariés mandatés par des syndicats + approbation par vote de la majorité des salariés

* Le Comité social et économique (CSE) remplace l'ensemble des institutions représentatives élues du personnel de l'entreprise. Mis en place par les ordonnances Macron du 22 septembre 2017, ses membres pourront être élus dans toutes les entreprises d'ici le 1er janvier 2020 (il se substitue aux délégués du personnel, au comité d'entreprise et au Comité d'hygiène, de sécurité et des conditions de travail). Le CSE ne se confond pas avec les délégués syndicaux, qui sont désignés par les syndicats de salariés.

6. **Sachant que la France compte 95 % de TPE, employant 1 salarié sur 5, montrez l'importance des procédures particulières en l'absence de délégués syndicaux.**

7. **Rapprochez le rôle du vote par les salariés de l'exigence de représentativité des délégués syndicaux dans la procédure « ordinaire » d'adoption des accords d'entreprise.**

DOC. 22 Le principe majoritaire

Les deux modalités de mise en œuvre du principe majoritaire

En principe, dans l'entreprise, les accords collectifs se négocient entre l'employeur et les délégués syndicaux appartenant à des organisations représentatives.

Accord entre le chef d'entreprise et les représentants syndicaux ayant recueilli **plus de 50 % des suffrages** lors des élections du conseil social et économique dans l'entreprise

ou

Accord entre le chef d'entreprise et les représentants syndicaux ayant recueilli **plus de 30 % des suffrages** lors des élections du comité social et économique dans l'entreprise **+** Approbation par un vote des salariés **à la majorité des suffrages exprimés**

8. Pourquoi peut-on dire que le droit négocié dans l'entreprise est démocratique ?

DOC. 23 Le premier référendum d'entreprise à Pôle Emploi

Le référendum sur la mise en place du 1er accord d'intéressement à Pôle Emploi vient de s'ouvrir le 3 juin [2021] : les 55 000 agents ont jusqu'au 10 juin pour se prononcer sur un accord que la CFDT a négocié pendant plusieurs mois. […] Ce référendum a été demandé par les syndicats : CFDT – CFE/CGC – SNAP face à l'obstruction d'organisations syndicales dogmatiques voulant faire barrage à la mise en place d'une prime d'intéressement annuelle collective pour tous. L'accord d'entreprise n'ayant pu être validé (signé par la CFDT, la CFE-CGC et le SNAP, il n'a pas pu recueillir les 50 % de suffrages nécessaires), le référendum est la dernière chance pour arriver à mettre en place un accord d'intéressement que la CFDT essaye d'initier depuis en réalité plus de dix ans ! Cette prime, d'un montant d'environ 400 euros en 2022, ne se substituera à aucune autre mesure salariale ou promotionnelle privée ou publique. Aucun agent de Pôle Emploi ne sera perdant !

pste.cfdt.fr, 3 juin 2021.

10. Quel était ici le projet d'accord d'entreprise à l'origine de la procédure de référendum ?

11. En quoi le référendum d'entreprise permet-il une expression directe de la volonté des salariés ?

APPLICATION AU CAS

GROUPE STELLANTIS

Au sein du groupe PSA, entreprise française du groupe Stellantis, divers accords collectifs organisent les rapports sociaux, en matière de rémunération, de gestion des emplois, etc.

Parfois, le consensus est assez difficile à dégager, en particulier lorsque l'accord collectif semble exiger des efforts importants de la part des salariés, comme dans le cas de l'accord de rupture conventionnelle collective de janvier 2018.

DOC. PSA : les syndicats ont signé l'accord de rupture conventionnelle collective

Une majorité de syndicats se sont prononcés en faveur du dispositif. L'accord, qui prévoit notamment 1 300 départs volontaires et 1 400 embauches en CDI, a été signé [le 19 janvier 2018]. Les syndicats du groupe automobile français PSA – qui exploite les marques automobiles Peugeot, Citroën, DS, ainsi que Vauxhall et Opel – ont tranché. Les organisations FO, CFE-CGC, CFDT, CFTC et GSEA, totalisant près de 78 % des voix, ont signé le projet de rupture conventionnelle collective (RCC), a annoncé la direction dans un communiqué […]. Seule la CGT (19,6 %) s'y est opposée.

Guillaume Poingt/lefigaro.fr

1. Quels sont les effets de l'accord d'entreprise rapporté dans le document ?

2. En quoi cet accord est-il avantageux pour l'employeur comme pour les salariés ?

3. Montrez que l'adoption de cet accord illustre bien le principe majoritaire institué par la loi.

TESTEZ VOS CONNAISSANCES

Flashez le QR code pour faire les exercices et réviser les notions essentielles.

liennathan.fr/3kf5e9

1 Une nouvelle convention collective pour les entreprises agricoles

1. **Quelle est la source de droit à l'origine du changement des conditions de travail des salariés agricoles ?**
2. **Quelle sorte d'accord collectif est en cause ici ?**
3. **Quels sont les partenaires sociaux engagés dans cette négociation ?**
4. **Quels sont les apports de cette convention collective pour les salariés ?**

DOC. Convention collective nationale applicable aux entreprises agricoles le 1er avril 2021

Cette convention nationale ne remplace pas les conventions territoriales déjà existantes (notamment la convention collective agricole de la Gironde) mais elle vient les compléter voire les remplacer sur des sujets plus favorables. Il y aura donc des changements à prendre en compte dès le 1er avril 2021 pour toutes les exploitations agricoles.

Qui est concerné ?
Toutes les exploitations et entreprises agricoles […].

Quels impacts en pratique ?
À compter du 1er avril 2021, chaque employeur devra avoir revu la classification des emplois de ses salariés. Cette nouvelle classification est basée sur les compétences et les responsabilités, et non plus sur les métiers. Elle doit conduire à un positionnement individuel de chaque emploi sur des considérations objectives. Les rémunérations « à la tâche » disparaissent. Elle s'appuie sur 5 critères, à valoriser en s'appuyant sur les missions habituelles réalisées par chaque salarié dans le cadre de son poste [technicité, autonomie, responsabilité, management, relationnel]. Ces critères permettent, pour chaque salarié, de :
- calculer son coefficient, en fonction des degrés atteints sur chaque critère,
- déterminer le taux horaire minimum, par palier,
- définir la catégorie socio-professionnelle

Un outil est à disposition sur le site dédié : www.convention-agricole.fr […]

www.asso-capavenir.fr, 29 mars 2021.

2 La place faite au droit négocié dans le Code du travail

1. **Quelle est la caractéristique de la règle dite « des 35 heures de travail par semaine » ?**
2. **Expliquez le dispositif de rémunération des heures supplémentaires (effectuées au-delà des 35 heures hebdomadaires).**
3. **Montrez en quoi ce dispositif illustre le rôle essentiel du droit négocié.**
4. **Quelle est l'utilité de la règle de droit supplétive ?**

DOC. Code du travail (extrait)

L'articulation entre les règles légales et les règles de droit négocié est illustrée par de nombreuses dispositions du Code du travail, qui prévoit :
– des règles d'ordre public (qui s'appliquent impérativement à tous les salariés) ;
– des règles relevant du droit négocié (avec des accords dérogatoires autorisés) ;
– des règles supplétives (prévues par la loi à défaut d'accord collectif).

Exemple : durée légale de travail et heures supplémentaires

1. Ordre public

Article L.3121-27 – La durée légale de travail effectif des salariés à temps complet est fixée à trente-cinq heures par semaine.

Article L.3121-28 – Toute heure accomplie au-delà de la durée légale hebdomadaire ou de la durée considérée comme équivalente est une heure supplémentaire qui ouvre droit à une majoration salariale ou, le cas échéant, à un repos compensateur équivalent.

Article L.3121-29 – Les heures supplémentaires se décomptent par semaine.

2. Champ de la négociation collective

Article L.3121-33

I. Une convention ou un accord collectif d'entreprise ou d'établissement ou, à défaut, une convention ou un accord de branche :

1° Prévoit le ou les taux de majoration des heures supplémentaires accomplies au-delà de la durée légale ou de la durée considérée comme équivalente. Ce taux ne peut être inférieur à 10 % [...].

3. Dispositions supplétives

Article L.3121-36 – À défaut d'accord, les heures supplémentaires accomplies au-delà de la durée légale hebdomadaire fixée à l'article L.3121-27 ou de la durée considérée comme équivalente donnent lieu à une majoration de salaire de 25 % pour chacune des huit premières heures supplémentaires. Les heures suivantes donnent lieu à une majoration de 50 %.

3 Champ d'application d'une convention collective

1. **Qui sont les salariés bénéficiant de cette convention collective ?**
2. **À quels employeurs s'impose-t-elle ?**

DOC. Texte de la convention collective

Convention collective nationale des cabinets et cliniques vétérinaires du 5 juillet 1995
Étendue* par arrêté du 16 janvier 1996

Titre Ier : Dispositions générales

Champ d'application

Article 1 – La présente convention collective nationale règle, sur le territoire métropolitain et dans les départements d'outre-mer, au sein des cabinets, cliniques et centres hospitaliers vétérinaires qui exercent la médecine ou la chirurgie des animaux, les rapports du travail entre les employeurs et le personnel salarié non vétérinaire.

Les activités concernées ressortissent au code NAF 75. 00Z.

* L'extension de la convention collective par le ministre du Travail la rend applicable à tous les employeurs de la branche, même ceux qui ne sont pas membres des organisations signataires de cette convention collective.

Les sources du droit du travail

- Sources internationales
- Sources nationales
  - Sources étatiques
  - Sources professionnelles issues en partie de négociations
  - Jurisprudence

Le rôle du droit négocié

Adapter le Code du travail aux spécificités d'une branche ou d'une entreprise

- Au moyen de différents accords collectifs :
  - ANI
  - Conventions collectives
  - Accords d'entreprise
- Grâce à une obligation de négociation périodique

Le rôle des partenaires sociaux

La négociation

- Qui négocie ?
  - **Au niveau national :** les syndicats de salariés et d'employeurs représentatifs
  - **Au niveau de l'entreprise :** le chef d'entreprise et les délégués syndicaux des syndicats représentatifs
- Modalités d'adoption des accords
  - Signature par l'employeur et les délégués syndicaux selon le principe majoritaire
  - **En l'absence de délégués syndicaux :** signature par les salariés mandatés, ou des membres du CSE et/ou par référendum auprès des salariés

CONCEPTS

Accord d'entreprise – Accord dérogatoire – Accord national interprofessionnel (ANI) – Comité social et économique (CSE) – Convention collective – Droit négocié – Principe majoritaire – Représentativité syndicale – Salarié mandaté – Syndicat

10 Le contrat de travail et son évolution

LES COMPÉTENCES ATTENDUES
- → Analyser un contrat de travail et justifier les clauses de ce contrat au regard des besoins de l'entreprise et des salariés.
- → Qualifier une modification du rapport d'emploi et en déduire les conséquences juridiques.

PLAN DU CHAPITRE
- 1 • Analyser le régime juridique du salarié et le contrat de travail
- 2 • Analyser les clauses particulières d'un contrat de travail
- 3 • Qualifier les modifications du rapport d'emploi

LES SAVOIRS ASSOCIÉS
- → Les régimes juridiques du salarié et du travailleur indépendant
- → Les contrats de travail
- → Les modifications du rapport d'emploi

Quelques statistiques sur les différents contrats de travail

En France en 2019, 87 % des embauches se faisaient en contrat à durée déterminée (CDD). En ayant à l'esprit cette donnée, on peut logiquement se demander si le recours à ce type de contrat est devenu la norme sur le marché de l'emploi. Néanmoins, même si l'embauche en CDD n'a eu de cesse d'augmenter depuis 1993 (+ 8 points de pourcentage), il est important de regarder la structure de l'emploi et non uniquement les embauches pour interpréter cette donnée. […]

L'une des principales raisons du nombre important d'embauches en CDD est la réduction de la durée moyenne des CDD, qui a entraîné une hausse du nombre de CDD successifs pour un volume de travail donné. Ainsi, en 2019, 85 % des CDD arrivés à terme cette année-là ont duré moins d'un mois (30 % n'ont duré qu'une seule journée).

Erwan Audren et Raphaël Martin, *Partageons l'éco*, 26 octobre 2020.

Types d'emploi

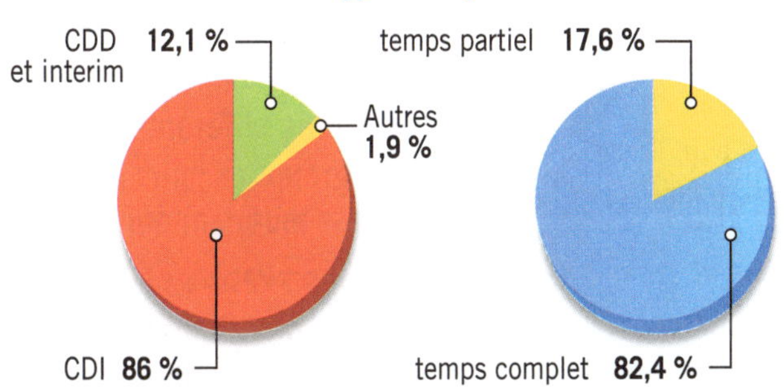

1. Quel est le type de contrat de travail le plus répandu ?
2. Quel est le type de contrat de travail le plus fréquemment proposé à l'embauche ?
3. Comment s'explique la différence entre ces deux constats ?
4. Si ces constats perduraient, quel changement dans les types d'emplois pourrait en découler ?

EMPLOI : LES AGENCES D'INTÉRIM EN PLEIN BOOM

Vidéo
liennathan.fr/u2nq22

1 Analyser le régime juridique du salarié et le contrat de travail

A Les régimes juridiques du salarié et du travailleur indépendant

DOC. 1 Le salariat, un statut caractérisé par un contrat de travail

Contrat de travail de Jean-Louis Martin (extraits)

[…]

Article 2 – Monsieur Jean-Louis Martin est engagé comme juriste d'entreprise par contrat à durée indéterminée avec un statut de cadre coefficient 330.

Article 3 – En contrepartie de sa prestation de travail, Monsieur Jean-Louis Martin percevra une rémunération de 3 600 euros brut mensuels. […]

Article 5 – Monsieur Jean-Louis Martin est soumis aux horaires collectifs de travail, soit du lundi au vendredi, de 9 h à 17 h avec une pause déjeuner d'une heure.

Article 6 – Monsieur Jean-Louis Martin devra se conformer aux directives de la société. Tout manquement à ses obligations contractuelles sera passible d'une sanction disciplinaire, mise en œuvre selon les dispositions du règlement intérieur de l'entreprise. […]

1. Relevez les obligations des deux parties à ce contrat.

DOC. 2 La définition du contrat de travail selon la jurisprudence

Les éléments définissant le contrat de travail et le salariat		Les éléments caractérisant le travailleur indépendant
	Une prestation de travail	✓
	Une rémunération	✓
	Un lien de subordination	

Le critère de la subordination est le critère le plus important. La jurisprudence l'a défini comme « *l'exécution d'un travail sous l'autorité d'un employeur qui a le pouvoir de donner des ordres, des directives, d'en contrôler l'exécution et de sanctionner les manquements de son subordonné* ».

Cour de cassation, 13 novembre 1996.

2. Repérez les critères caractéristiques du contrat de Jean-Louis Martin (document 1). Quels sont les éléments qui marquent le lien de subordination entre M. Martin et son employeur ?

3. Pourquoi la subordination du salarié justifie-t-elle sa protection par le droit du travail ?

DOC. 3 Le statut de travailleur indépendant pour des activités variées

Les travailleurs indépendants choisissent d'exercer librement à leur compte une activité économique, en supportant les risques de cette activité et en s'appropriant les profits éventuels qu'elle peut générer. Ils sont autonomes dans l'organisation de leur travail (horaires, dates, moyens mis en œuvre…) et ne se trouvent pas, à la différence d'une personne salariée, dans une situation de subordination juridique à l'égard de la personne avec laquelle ils contractent. C'est le cas, par exemple, des personnes en profession libérale (experts-comptables, médecins libéraux), des commerçants et des artisans.

4. Quelles sont les différentes activités regroupées sous le statut de travailleur indépendant ?

5. Quels sont les avantages et les inconvénients du statut de travailleur indépendant ?

6. Dans quelle mesure le choix d'exercer son métier en tant que salarié ou en tant que travailleur indépendant traduit-il la première des libertés professionnelles ?

DOC.4 Des différences de statut sensibles

EST-CE POSSIBLE ?

OUI	NON
Un jeune médecin, qui vient de s'installer, décide de ne pas prendre de congés durant ses deux premières années d'activité.	La secrétaire du médecin, désireuse d'augmenter sa rémunération, accepte de renoncer à ses congés payés.
Un commerçant, dont l'activité saisonnière est florissante, travaille 65 heures par semaine sans un jour de repos durant trois mois.	Un livreur du commerçant ne veut pas se faire mal voir et reste présent et actif aussi longtemps que le magasin est ouvert.
Le sous-traitant d'un industriel accepte de baisser le prix de ses prestations pour continuer à travailler avec son client.	Un ouvrier de l'entreprise sous-traitante accepte – pour un temps – de recevoir un salaire inférieur au SMIC.
Une agricultrice en grande difficulté décide, du jour au lendemain, de céder son exploitation à un repreneur.	Les deux ouvriers agricoles de la fermière se voient signifier la fin de leur contrat de travail sans délai.

7. Comparez les situations rapportées ci-dessus: qui décide des conditions d'exercice de son activité professionnelle ? Qui est tenu par les conditions qu'on lui impose ?

8. Dans quelle mesure le salarié est-il protégé par le droit du travail ?

9. Quels sont les domaines de cette protection illustrés par les exemples ci-dessus ?

DOC.5 Travail indépendant ou travail salarié ?

« L'existence d'une relation de travail salarié ne dépend ni de la volonté exprimée par les parties ni de la dénomination qu'elles ont donnée à leur convention, mais des conditions de fait dans lesquelles est exercée l'activité des travailleurs. »

www.courdecassation.fr

Cette règle, souvent rappelée par la Cour de cassation, autorise les juges à requalifier un contrat qui aurait l'apparence d'un contrat soit de franchise, soit de concession, soit d'entreprise…, mais qui, en réalité, révélerait la subordination du travailleur à son cocontractant.

10. Quel est le critère déterminant permettant de distinguer travail salarié et travail indépendant ? Quels indices peuvent révéler son existence chez Uber ?

11. Quel est l'intérêt pour un chauffeur Uber de demander la requalification de son contrat en contrat de travail ?

DOC.6 Le travail pour Uber

La cour d'appel de Paris a rendu sa décision. Mercredi 12 mai 2021, la juridiction a requalifié en contrat de travail le contrat de prestation d'un chauffeur Uber […]. Ainsi, la cour a reconnu l'existence d'un lien de subordination. […] [Le chauffeur] pouvait notamment être l'objet de « certaines vérifications de ses antécédents en tant que conducteur » qui risquaient, le cas échéant, de déboucher sur « une désactivation ou une restriction de l'accès » à l'application. Autre argument avancé par la cour pour établir le lien de subordination : « Uber fixe pour le service un tarif correspondant à un montant "recommandé" », sans laisser le choix au chauffeur. […] Uber avait donc le pouvoir de contrôler l'exécution de la prestation, mais aussi de sanctionner les manquements constatés. […]. En conséquence, le chauffeur n'avait aucune liberté pour fixer ses tarifs et ne pouvait accepter ou refuser les courses comme il le souhaitait. La cour […] a donc condamné Uber à verser près de 58 000 euros au demandeur. La Cour de cassation, en mars 2020, avait pris une décision en ce sens qui a fait jurisprudence.

lepoint.fr, 21 mai 2021.

DOC. 7 Stellantis. Les réseaux de distribution des marques seront résiliés

Les constructeurs semblent plus que jamais décidés à accélérer la transformation de la distribution automobile traditionnelle. À la surprise générale, le groupe Stellantis, né en janvier 2021 de la fusion de PSA et Fiat Chrysler Automobiles, a annoncé le 19 mai que «les contrats de vente et de distribution de services de toutes les marques de Stellantis seront résiliés en juin 2021, avec un préavis de deux ans. Le nouveau réseau de distribution sera sélectionné peu après, sur la base de critères et de facteurs clés objectifs». [...] Pour Stellantis, l'enjeu est de «promouvoir un modèle de distribution durable en s'appuyant sur un réseau performant, efficace et optimisé de distribution multimarques».

pro.largus.fr, 21 mai 2021.

Définition du contrat de concession
Il s'agit d'« *une convention liant le fournisseur à un nombre limité de commerçants auxquels il réserve la vente d'un produit sous condition qu'ils satisfassent à certaines obligations* ».

12. Quel est le statut juridique d'un concessionnaire ?

13. Dans quelles circonstances un concessionnaire pourrait-il faire requalifier son contrat en contrat de travail ? Quel intérêt cela aurait-il pour lui ?

B Les différents types de contrats de travail

DOC. 8 Les différents contrats de travail et leur formation

Le **contrat à durée indéterminée** (CDI) est conclu sans limitation de durée.
Les contrats précaires se sont développés afin de répondre au besoin de flexibilité des entreprises. On distingue le **contrat à durée déterminée** (CDD) et le **contrat de travail temporaire** (CTT): conclus pour des motifs spécifiques énumérés par la loi, ils ont une durée limitée dans le temps.

Contrats de travail	CDI	CDD	CTT
Conditions de forme	Contrat écrit (preuve du contenu du contrat facilitée) ou oral*.	– Contrat impérativement écrit, comportant des mentions obligatoires (motif du recours, terme...). – Contrat transmis au salarié dans les 2 jours de l'embauche.	
	Contrat écrit en français.		
Conditions de fond	Respect des conditions de validité de tout contrat: capacité des parties, consentement non vicié (ni erreur, ni dol, ni violence), contenu licite et certain.		
		– Recours à ces contrats pour une durée limitée, déterminée par accord collectif de branche ou, à défaut, fixée par la loi à 18 mois. – Renouvellement limité en fonction des restrictions prévues par accord collectif de branche ou, à défaut, à deux.	

* Une règle essentielle: en application des articles L1221-1 et L1221-2 du Code du travail, considérant le CDI (à temps plein) comme le contrat de travail « ordinaire », la Cour de cassation considère que tout contrat non écrit est présumé être un CDI à temps complet.

14. À quelle condition un mineur peut-il conclure un contrat de travail ?

15. Qu'est-ce qui justifie que le CDD ou le CTT doivent être transmis rapidement au salarié ?

DOC. 9 Le respect des conditions générales de validité des contrats

Un exemple d'après un arrêt de la Cour de cassation du 17 octobre 1995
La cour d'appel, après avoir constaté qu'il était établi que pour se faire embaucher, M. X... s'était faussement prévalu d'un DESS Technique et pratique des relations économiques extérieures Paris I (Dauphine) et d'une formation suivie à « Sup de Co » à Bordeaux, en a déduit que ces fausses affirmations avaient eu un rôle déterminant pour son recrutement, a justifié sa décision [le prononcé de la nullité du contrat de travail pour vice du consentement].

16. Quel est le vice du consentement qui rend nul le contrat de travail dans cet exemple ?

DOC. 10 Le CDI, contrat de droit commun

1. La loi : Code du travail – Article L1221-2
Le contrat de travail à durée indéterminée est la forme normale et générale de la relation de travail. [...]

2. Le fondement de la règle légale
Le CDI est privilégié par le législateur, qui le considère comme le type de contrat le plus favorable au salarié. En effet, si l'employeur peut éventuellement licencier le salarié, cette mesure est encadrée par de nombreuses règles limitant les pouvoirs du chef d'entreprise. Par exemple, l'employeur doit justifier d'une cause réelle et sérieuse, verser une indemnité...

3. La réalité sociologique : 86 % des emplois sont des CDI.

17. **Pourquoi le Code du travail veut-il privilégier le CDI ?**
18. **En quoi le CDI est-il le contrat le plus favorable à la stabilité de l'emploi ?**

DOC. 11 Un exemple de CDI

CONTRAT DE TRAVAIL À DURÉE INDÉTERMINÉE (extrait)

ENTRE LES SOUSSIGNÉS :

– la Société GRÉGOIRE CARTONS, 6 rue des Vignes, 46170 Castelnau-Montratier,
représentée par Mme Florence TERAS, agissant en qualité de directrice des ressources humaines,
d'une part,

– et Mlle Maryam LOTFI, demeurant 126 route de la Gare, 82220 Molières,
d'autre part,

IL A ÉTÉ CONVENU CE QUI SUIT :

Article 1er – La Société GRÉGOIRE CARTONS engage Mlle Maryam LOTFI à compter du 1er octobre 2019.
Le présent contrat de travail est soumis aux dispositions de la convention collective nationale pour le personnel des industries de cartonnage du 9 janvier 1969, étendue par arrêté du 2 août 1971.

Article 2 – Qualification et fonctions : Mlle Maryam LOTFI sera employée en qualité de VRP – représentant de commerce. Elle devra démarcher les industriels des régions Occitanie, Nouvelle-Aquitaine et Pays de la Loire et présenter la gamme des produits de GRÉGOIRE CARTONS susceptibles d'être intégrés à leurs processus d'emballage. Elle exercera son travail dans les conditions prévues par le Code du travail (art. L7311-1 et s.) et aura la qualification de cadre, coefficient 366 dans la convention collective.

Article 3 – Durée du contrat et préavis en cas de rupture : le présent contrat est conclu pour une durée indéterminée. Il est résiliable par l'une ou l'autre des parties, dans le respect des règles légales et conventionnelles, sous réserve du respect d'un délai de préavis d'un mois en cas de démission et de deux mois en cas de licenciement.

Article 4 – Rémunération : Mlle Maryam LOTFI percevra un salaire mensuel fixe brut de 1 900 € (mille neuf cents euros), versé le 30 de chaque mois civil, et correspondant à la rémunération minimale prévue par la convention collective précitée pour le coefficient 366. Elle percevra en outre chaque trimestre une commission égale à 7 % du chiffre d'affaires réalisé auprès des clients démarchés.

Article 5 – Remboursement de frais : Mlle Maryam LOTFI sera remboursée de ses frais professionnels chaque mois à partir des justificatifs produits pour les semaines écoulées.

Article 6 – Durée du travail : sur la base de 35 heures hebdomadaires, Mlle Maryam LOTFI disposera de la plus grande liberté d'organisation de son travail et de ses déplacements.
[...]

19. **Identifiez dans ce CDI : les parties, la fonction de la salariée, le lieu de son travail, sa rémunération.**
20. **Quelles sont les modalités de rupture de ce CDI envisagées par les parties ?**

DOC. 12 Les deux types de contrats précaires

Contrat à durée déterminée (CDD)	Contrat de travail temporaire (CTT) – Intérim
Le CDD met en présence un salarié et son employeur. Ce dernier doit assurer lui-même le recrutement et la formation éventuelle du salarié. La rupture du contrat avant son terme n'est possible que dans certains cas: – accord entre les parties ; – faute grave du salarié ; – embauche du salarié en CDI.	Face à un besoin de main-d'œuvre, le chef d'entreprise s'adresse à une agence d'intérim, qui offre ses services en créant deux contrats complémentaires: – un contrat de travail (**contrat de mission**) entre le salarié et l'entreprise de travail temporaire ; – un contrat de service (**contrat de mise à disposition**) entre l'entreprise de travail temporaire et l'entreprise utilisatrice du salarié.

21. Quels sont les avantages et inconvénients de chacun de ses deux contrats précaires ?

DOC. 13 Un exemple de CTT

LABORTOP – Entreprise de travail temporaire
SA au capital de 1 000 000 € – RCS Toulon B 736 466 050
302 bd Maréchal Joffre 83000 Toulon

CONTRAT DE MISSION

Réf. URSSAF ETT: 061000023698587335
Contrat n° 12569

INTÉRIMAIRE

NOM Prénom: MARTINEAU Julianne
Adresse: 8 rue du Jeu de Paume
83200 Toulon
Né(e) le: 31/10/1985 à La Seyne
N° SS: 2851083088170

ENTREPRISE UTILISATRICE

Raison sociale: BURTAS SARL
Adresse: 5 avenue Georges Bizet 83000 Toulon
Représenté par: BURTAS Antoine, gérant
N° SIRET: 821 655 698 00213
Lieu de travail: 5 avenue Georges Bizet
83000 Toulon

MOTIF ET JUSTIFICATIONS DU RECOURS

Remplacement de Mme Amira JOUNI, assistante de direction, absente pour cause de congé-maternité.

CARACTÉRISTIQUES DU POSTE

QUALIFICATION DEMANDÉE: Diplôme de niveau Bac+2 (BTS, DUT...) en assistanat de direction.
TÂCHES: Accueil de la clientèle, traitement de l'information, gestion des contrats, organisation des déplacements professionnels et des réunions, saisie des documents numériques, gestion du courrier.
RISQUES DU POSTE: Néant – ÉQUIPEMENTS INDIVIDUELS DE SÉCURITÉ UTILISÉS: Néant

DURÉE DE LA MISSION

Du 1er octobre N au 20 janvier N+1
ou reportée au 23 janvier N+1
(Le terme peut être reporté au surlendemain du retour du salarié remplacé.)

PÉRIODE D'ESSAI: 4 jours à compter du 1er octobre N
HORAIRES DE TRAVAIL: 8 h 30-12 h et 14 h-17 h 30 du lundi au vendredi

RÉMUNÉRATION DE RÉFÉRENCE

SALAIRE DE BASE: 2 400 € mensuels pour 151,67 h
Taux horaire: 15,82 €
HS > 35 h: + 25% HS > 43 h: + 50%

RÉMUNÉRATION DE L'INTÉRIMAIRE

Heures normales: 15,82 €
Indemnité de fin de mission: 10%
Indemnité compensatrice de congés payés: 10%

L'embauche du salarié par l'utilisateur à l'issue de la mission n'est pas interdite.
Le soussigné certifie être libre de tout engagement, accepte la mission proposée aux conditions énoncées sur le présent contrat, et reconnaît avoir pris connaissance du règlement intérieur et des mentions portées au verso.
Fait à Toulon, en deux exemplaires, le 28 septembre N, un exemplaire étant remis ce jour à la salariée intéressée.

Cachet et signature LABORTOP	Service médical LABORTOP	Signature de la salariée

22. **Identifiez dans ce CTT : les parties, la fonction de la salariée, le lieu de son travail, sa rémunération. Quelle est l'utilité de l'indication de la rémunération « de référence » dans l'entreprise utilisatrice ?**

23. **Quel est le contrat complémentaire de celui-ci ? Quelles en sont les parties ?**

DOC. 14 Le recours aux contrats précaires et ses limites

Contrats précaires (CDD et CTT) autorisés
– Remplacement d'un salarié absent – Accroissement temporaire d'activité – Emploi saisonnier ou par nature temporaire – Remplacement du chef d'entreprise malade – Contrats dans le cadre de mesures pour l'emploi
Contrats précaires (CDD et CTT) interdits
– Pour un emploi permanent – Pour remplacer un gréviste – Pour des tâches dangereuses – Dans les 6 mois qui suivent un licenciement économique

24. **Donnez des exemples d'absence de salarié donnant lieu à remplacement.**

25. **Expliquez la notion d'accroissement temporaire d'activité.**

26. **Justifiez chacune des interdictions de recourir aux contrats précaires.**

APPLICATION AU CAS

GROUPE STELLANTIS

Dans les différentes usines du groupe Stellantis, le recours aux salariés intérimaires est habituel. Pour autant, le choix de ce type de contrat de travail ne satisfait pas tous les partenaires sociaux.

DOC. Mulhouse : l'usine Stellantis va recruter 500 intérimaires pour la nouvelle 308

Une bonne nouvelle sur le front de l'emploi en Alsace. À Mulhouse, l'usine Stellantis (ex PSA) va créer une nouvelle équipe de production. Le site va recruter environ 500 intérimaires pour la nouvelle 308.

Cette nouvelle équipe devrait voir le jour à la fin du mois d'août [2021]. L'annonce a été faite par la direction lors d'un CSE ordinaire le 22 juillet.

Pour la CFE-CGC, ces annonces sont positives pour la pérennité du site. Le ton est différent du côté de la CGT qui parle d'une « *déclaration de guerre* » car ces intérimaires ne suffiront pas. « *Les salariés permanents vont devoir faire des heures supplémentaires et travailler le samedi pour assurer la production* », indique Julien Wostyn de la CGT. L'usine de Mulhouse compte environ 5 000 salariés permanents.

***francebleu.fr*, 22 juillet 2021.**

1. **Quelle raison, selon vous, a amené l'usine Stellantis de Mulhouse à recruter 500 salariés intérimaires ?**
2. **Pourquoi la direction de Stellantis a-t-elle choisi ce type de contrat de travail ?**
3. **Comparez les avis et les arguments des différents syndicats (CFE-CGC d'une part, CGT d'autre part) face à ce choix de la direction.**

2 Analyser les clauses particulières d'un contrat de travail

DOC. 15 L'adaptation des contrats de travail aux besoins de l'entreprise

Au-delà de ses obligations générales (exécuter le travail, respecter le règlement intérieur, obéir aux ordres de ses supérieurs hiérarchiques et, d'une manière générale, être loyal à son employeur), le salarié peut se voir imposer des clauses particulières – souvent contraignantes – dictées par les intérêts de l'entreprise (clause d'essai, clause de mobilité…). La question que posent ces clauses est celle de leur validité. En effet, dans la plupart des cas, le salarié ne peut pas se permettre de les contester. La conclusion du contrat de travail est liée à l'acceptation « en bloc » des termes de ce contrat. Il faut donc s'interroger sur les limites au pouvoir de l'employeur face à chacune de ces clauses.

1. Quelles sont les circonstances de conclusion du contrat de travail qui obligent le salarié à accepter les clauses particulières du contrat de travail ?

DOC. 16 La clause d'essai

Contrat de travail de Maryam Lotfi (extrait)

Article 7 – Période d'essai : la première période de travail de trois mois sera considérée comme période d'essai au cours de laquelle chacune des parties pourra librement rompre le contrat sans indemnité. À l'issue de cette période, conformément à la possibilité offerte par l'article 29 de la convention collective, l'employeur se réserve le droit de reconduire l'essai pour une nouvelle durée maximale de trois mois. […]

Les règles du Code du travail

Finalité : « La période d'essai permet à l'employeur d'évaluer les compétences du salarié dans son travail, notamment au regard de son expérience, et au salarié d'apprécier si les fonctions occupées lui conviennent. » (Art. L1221-20)

Durée et renouvellement (exemple de l'essai en CDI) : le CDI peut comporter une période d'essai dont la durée maximale est de 2 mois pour les ouvriers et les employés, de 3 mois pour les agents de maîtrise et les techniciens, de 4 mois pour les cadres (art. L1221-19). La période d'essai peut être renouvelée une fois si un accord de branche étendu le prévoit (art. L1221-21).

DOC. 17 La clause de mobilité

Contrat de travail de Maryam Lotfi (extrait)

Article 8 – Clause de mobilité : Mlle Maryam LOTFI exercera ses fonctions à Castelnau-Montratier, au siège social de la Société GRÉGOIRE CARTONS. Toutefois, compte tenu du grand nombre de succursales de la société, l'entreprise se réserve la possibilité de muter la salariée dans ses autres centres d'activité, soit à Strasbourg, soit à Mulhouse, soit à Digne-les-Bains. La salariée sera prévenue de la mise en œuvre de cette clause au moins trois mois à l'avance. […]

Règles légales

Le Code civil pose le principe général de la force obligatoire du contrat (art. 1103).
Le Code du travail est silencieux sur cette clause de mobilité à laquelle il ne consacre aucun article.

Précisions de la jurisprudence sur la validité de la clause

- Le(s) lieu(x) de la mutation éventuelle doit (doivent) être déterminé(s) de façon précise.
- La mutation du salarié doit être justifiée par l'intérêt de l'entreprise (ex. : réorganisation des services).
- L'employeur doit tenir compte de la situation personnelle et familiale du salarié (ex. : enfants, célibat).
- Un délai de prévenance raisonnable doit être respecté avant la mutation du salarié (ex. : quelques mois)

2. Quelle est l'utilité de la clause d'essai pour l'employeur et pour Maryam Lotfi ?

3. Présentez, à partir de l'analyse de l'extrait de contrat, le raisonnement permettant à l'employeur de considérer la clause d'essai comme valable.

4. Quels sont, en général, la finalité de la clause de mobilité et son intérêt pour l'entreprise ?

5. Présentez, à partir de l'analyse de l'extrait de contrat, le raisonnement permettant à l'employeur de considérer valable la clause de mobilité comme valable.

DOC. 18 La clause de confidentialité

La clause de confidentialité interdit au salarié de divulguer certaines informations qui lui ont été communiquées pendant son travail. Le secret doit être gardé non seulement à l'égard des personnes extérieures à l'entreprise, mais aussi en interne. La Cour de cassation a admis que cette obligation se poursuivait après la rupture du contrat (Cass. soc., 19 mars 2008, n° 06-45322).

Pour être valable, elle doit remplir certaines conditions : figurer dans le contrat de travail, justifier de son existence (protection des intérêts de l'entreprise et nature des fonctions du salarié), lister précisément les informations à ne pas révéler, respecter les éventuelles conditions posées par la convention collective.

www.saisirprudhommes.com

6. Quelle est la finalité de la clause de non-concurrence ? Qu'est-ce qui justifie sa présence dans le contrat de Maryam Lotfi ?

7. Indiquez, à l'aide d'un raisonnement juridique, dans quels cas l'employeur de Maryam Lotfi pourrait invoquer la clause de non-concurrence.

DOC. 19 La clause de non-concurrence

Contrat de travail de Maryam Lotfi (extrait)

Article 9 – Clause de non-concurrence : en cas de rupture de son contrat de travail, quelle que soit la cause de cette rupture, il est interdit à Mlle Maryam LOTFI d'accepter tout poste dans une entreprise concurrente de son actuel employeur ou de créer sa propre entreprise dans le secteur de la cartonnerie industrielle. Ces interdictions sont limitées à deux ans et ne s'appliquent que dans la région administrative du lieu où Mlle Maryam LOTFI exercera ses fonctions le jour de la rupture du contrat. En contrepartie du respect de cette clause, Mlle Maryam LOTFI percevra, durant les deux ans de son application, une indemnité mensuelle égale à 1/3 de sa dernière rémunération brute.

Règles légales

Le Code civil pose le principe général de la force obligatoire du contrat (art. 1103).

Le Code du travail ne consacre aucun article à la clause de non-concurrence.

Précisions de la jurisprudence sur la validité de la clause

Pour la Cour de cassation, la clause est valable dès lors que trois conditions sont réunies :

Une portée non absolue	Les effets de la clause doivent se limiter à un espace déterminé (ville, département…), pour un temps donné (deux, trois ans…) et ne concerner que des activités bien définies (ingénieur en optique industrielle, contrôleur de gestion dans l'hôtellerie…).
Un caractère indispensable	Elle doit être justifiée par la nécessité de protéger les intérêts légitimes de l'entreprise : elle n'est donc pas licite dans le contrat de travail d'un salarié subalterne.
Une contrepartie pour le salarié	Le salarié doit percevoir une indemnité financière en contrepartie du respect de la clause. Cette indemnisation ne doit pas être dérisoire.

APPLICATION AU CAS

GROUPE STELLANTIS

Divers concessionnaires du groupe Stellantis ont eu à verser des indemnités substantielles à d'anciens salariés concernés par une clause de non-concurrence. Il leur est arrivé de se demander si l'inconvénient ne surpassait pas parfois l'avantage de cette clause.

DOC. Renonciation à la clause de non-concurrence

L'employeur peut parfois vouloir renoncer à une clause de non-concurrence. Une décision qui aurait dès lors pour effet de priver le salarié de son indemnité compensatrice. Selon la jurisprudence (arrêt de la Cour de cassation du 11 mars 2015), l'employeur a le droit de renoncer unilatéralement à la clause au cours de l'exécution du contrat de travail, mais à condition d'avoir expressément prévu cette faculté au sein du contrat de travail. À l'inverse, il doit obligatoirement obtenir l'accord du salarié pour annuler la clause de non-concurrence si rien n'est prévu dans le contrat de travail ou dans un accord collectif.

https://droit-finances.commentcamarche.com

1. Dans quel cas un concessionnaire automobile peut-il regretter d'avoir inscrit une clause de non-concurrence dans le contrat de travail d'un salarié ?

2. Rédigez la clause de non-concurrence qui laisserait à l'employeur le choix de payer ou de ne pas payer l'indemnité compensatrice.

3 Qualifier les modifications du rapport d'emploi

A Les modifications affectant le travail du salarié

DOC. 20 La distinction entre les deux types de modification

L'employeur a un pouvoir disciplinaire et de direction qui lui permet d'organiser le travail, les horaires, les modes de production… donc de modifier les conditions de travail du salarié. Ce dernier, relié par un lien de subordination à l'employeur, ne peut refuser ces modifications sans prendre le risque d'un licenciement pour faute.

En revanche, la Cour de cassation et une directive européenne précisent que lorsqu'il s'agit de modifier le contrat de travail initialement conclu, c'est-à-dire l'un de ses éléments essentiels – rémunération, durée du travail, lieu du travail ou fonction –, l'employeur doit demander l'accord du salarié.

Il lui adresse une lettre recommandée avec accusé de réception, le salarié doit répondre (il a un délai d'un mois si le changement a une raison économique) et signifier son refus ou son acceptation. En cas de refus du salarié, le contrat de travail reste donc en l'état. Mais il peut être rompu, par exemple, par un licenciement économique si la modification est justifiée par des difficultés économiques.

Modification du contrat de travail pour cause économique : attention au formalisme !

Lorsqu'elle est dictée par un motif économique, la procédure de modification du contrat de travail obéit à un formalisme précis. […] Depuis 1998, une société employait une secrétaire commerciale à Strasbourg. Le 24 juillet 2014, elle l'informait de sa mutation dans l'Aude et, le 9 septembre 2014, la salariée informait l'employeur de son refus. […] Le 29 octobre 2019, la Cour d'appel de Colmar juge le licenciement sans cause réelle et sérieuse, au motif que le seul refus par la salariée d'une modification de son contrat de travail ne constitue pas en soi une cause réelle et sérieuse de licenciement, dès lors que l'employeur n'avait pas allégué que la réorganisation de l'entreprise justifiant la mutation résultait de difficultés économiques, de mutations technologiques où était indispensable à la sauvegarde de la compétitivité de l'entreprise […]. Dans son arrêt du 29 septembre [2021], la Cour de cassation rejette le pourvoi [de l'employeur.

Pascal Forzinetti, avocat, village-justice.com, 18 octobre 2021.

1. **Quelles modifications du travail du salarié peuvent lui être signifiées par l'employeur ?**
2. **Quelles modifications du travail du salarié doivent être acceptées par lui ?**
3. **Expliquez pourquoi, en cas de modification du contrat de travail pour cause économique, le formalisme imposé à l'employeur protège le salarié.**

DOC. 21 Différentes modifications du travail du salarié

Décision de l'employeur
Changement du montant des commissions pour un représentant de commerce
Changement des horaires imposant de travailler le samedi
Changement du lieu de travail à l'intérieur de la même ville
Passage d'un horaire de jour à un horaire de nuit
Changement des tâches dans la même fonction

4. **Précisez, pour chacun des exemples de ci-contre, s'il s'agit d'une modification des conditions de travail ou d'une modification du contrat de travail.**
5. **Quelles décisions formulées ici peuvent être imposées au salarié ?**

B La modification de la situation juridique de l'employeur

DOC. 22 La reprise d'une entreprise

C'est un chapitre qui se termine après des années de doutes. La reprise de l'aciérie Ascoval de Saint-Saulve (Nord) par le groupe allemand de sidérurgie Saarstahl vient d'être actée au tribunal de commerce de Paris ce lundi 2 août [2021].
À l'origine, trois groupes s'étaient dits intéressés par la reprise de l'aciérie Ascoval de Saint-Saulve (Nord) mise en vente début mai par le groupe sidérurgique Liberty Steel. C'est finalement Saarstahl qui a obtenu l'accord de principe le 1er juillet [2021], annoncé par le ministre de l'Économie [...]. Il ne restait plus que la décision du tribunal, qui vient de confirmer l'homologation ce soir. Du côté des syndicats, on se réjouit de cette nouvelle tant attendue. « *On est satisfait, ce n'est pas une surprise avec l'activité qui est devant nous, les nombreuses commandes. Maintenant, tout est conforme pour que l'entreprise puisse tourner de façon convenable* », déclare Nassim Bardi, délégué CGT.

france3-regions.francetvinfo.fr, 2 août 2021.

Pourquoi cet espoir pour les salariés ?

L'article L.1224-1 du Code du travail pose le principe du maintien des contrats en cours s'il y a transfert de l'entreprise entre les mains d'un nouvel employeur (bien que ce dernier n'ait conclu aucun contrat avec les salariés). Ce texte s'applique aux cas, notamment, de succession, de vente, de fusion, de transformation du fonds, de mise en société de l'entreprise.

6. Quelles sont les obligations du repreneur d'Ascoval à l'égard des contrats de travail en cours ?
7. Quel est l'objectif de cette règle particulière posée par le législateur en droit du travail ?

DOC. 23 Le cas particulier des entreprises en difficulté

À la différence d'une reprise d'activité de droit commun, le repreneur est libre de déterminer le périmètre de son offre et doit indiquer les actifs et les postes qu'il souhaite y inclure. Ne pèse sur lui aucune obligation de reprendre l'intégralité des postes, sous réserve des licenciements [autorisés par le tribunal].
[...] Le repreneur doit prendre garde à bien préciser les conditions dans lesquelles les salariés sont repris. [...] Il peut exclure certains droits acquis des salariés (primes, congés payés, etc.) du périmètre de son offre. [...] Son offre sera mise en concurrence et le Tribunal de commerce tranchera en faveur de l'offre qu'il considérera la mieux-disante. [...] Ainsi, la mise à l'écart de la règle de la reprise de tous les salariés attachés à l'activité acquise est certainement un attrait du plan de cession.

cms.law/fr, 24 décembre 2020.

8. Dans quelle mesure la cession d'une entreprise en difficulté comporte-t-elle des risques pour le personnel ?
9. Pour quelles raisons, selon vous, la législation moderne autorise-t-elle les entreprises en difficulté à procéder à des licenciements avant le transfert des contrats de travail ?

APPLICATION AU CAS

GROUPE STELLANTIS

À la suite d'un accord signé en juin 2021 entre la direction de Stellantis et quatre syndicats (FO, CFDT, CFTC et CFE-CGC), le télétravail est devenu l'organisation dominante pour les 18 000 salariés en France qui ne sont pas affectés à la production dans les usines.

DOC. Accord sur le télétravail chez Stellantis

Le télétravail pourra être pratiqué un, deux, trois jours en moyenne par semaine… ou aucun. [...] Cette forme d'organisation « *ne sera en aucun cas imposée en l'absence de volonté du salarié* ». Le décompte pourra également se faire par demi-journée. Ceux qui souhaiteront s'engager dans le système signeront un avenant individuel [une modification] à leur contrat de travail. Le document précisera le nombre de jours passés à distance, en concertation avec le manager direct.

Lionel Steinmann, *Les Echos*, 17 juin 2021.

1. La modification proposée par Stellantis touche-t-elle aux conditions de travail ou aux contrats de travail eux-mêmes ? Justifiez votre réponse.
2. À quel mode d'accord avec les salariés a-t-on eu recours ? Qu'est-ce qui le justifie ?

TESTEZ VOS CONNAISSANCES

Flashez le QR code pour faire les exercices et réviser les notions essentielles.

liennathan.fr/8g7mi8

1 Les conditions de la requalification en contrat de travail

1. **Faites une analyse juridique du contrat de franchise.**
2. **Quels sont les risques liés à la requalification d'un contrat de franchise ?**
3. **Quelles sont les circonstances qui peuvent amener le juge à requalifier un contrat de franchise en contrat de travail ?**

DOC. 1 Définition du franchisé

Le franchisé est un entrepreneur indépendant, ou une entreprise qui exploite son activité en utilisant un savoir-faire, une marque qui lui ont été transmis par son franchiseur. Le franchisé est financièrement et juridiquement indépendant de son franchiseur et exploite son activité à ses propres risques. Il verse des rémunérations à son franchiseur, sous forme de « droit d'entrée » et ou de « royalties » : Redevance initiale, redevance proportionnelle, redevance forfaitaire…

observatoiredelafranchise.fr

DOC. 2 Des risques importants liés à la requalification

L'enjeu de ces requalifications [en contrat de travail] est très important par les risques encourus, qu'ils soient :
- civil, avec toutes les conséquences prud'homales liées à une telle requalification (rappels de salaire, d'indemnité compensatrice de préavis, indemnité légale ou conventionnelle de licenciement, indemnité pour licenciement sans cause réelle et sérieuse, indemnité forfaitaire pour travail dissimulé, éventuels rappels d'heures supplémentaires, application du statut conventionnel) ;
- pénal, avec une peine d'amende pouvant aller jusqu'à 100 000 euros (quintuple pour les personnes morales), une peine d'emprisonnement pouvant aller jusqu'à 10 ans si l'infraction est commise en bande organisée, des peines complémentaires de natures diverses (confiscation, interdiction de sous-traiter, affichage et publication du jugement) ;
- Urssaf, *via* des redressements des cotisations, des majorations spécifiques qui s'ajoutent aux majorations de retard de droit commun (majoration de 25 %, voire 40 % si le travail dissimulé concerne un mineur, une personne vulnérable ou s'il est commis en bande organisée, cette notion étant fréquemment retenue par l'Urssaf).

editions-legislatives.fr, 15 avril 2019.

2 L'abus de contrats précaires

1. **Précisez, à l'aide d'un raisonnement juridique, pourquoi Henry-Jean Servat a obtenu du conseil de prud'hommes la requalification de ses CDD en un CDI.**
2. **Quelle est la finalité de la requalification de ces CDD en un CDI ?**
3. **Présentez, en tenant compte de la Cour de cassation, le raisonnement permettant à un employeur de repousser la demande de requalification en CDI de multiples CDD.**

DOC. 1 «Télématin» : France Télévisions condamné à payer 134 000 euros à Henry-Jean Servat

Le conseil des prud'hommes a requalifié les 680 contrats à durée déterminée de l'ancien chroniqueur mondain de la matinale de France 2 en CDI.
Il y a deux ans, bon nombre de chroniqueurs désertaient «Télématin». La raison ? France Télévisions proposait que leurs CDD soient transformés en CDI en échange d'abandonner leur statut, induisant une baisse de salaire et une perte de leur ancienneté dans l'entreprise. Soit les intéressés acceptaient et continuaient à participer à la matinale de France 2, soit ils refusaient et devaient s'en aller. «*Ils proposent de réembaucher mais à des conditions inacceptables. Après 10, 20 ou 30 ans de collaboration, c'est aberrant*», nous confiait à l'époque l'un d'entre des chroniqueurs sous couvert d'anonymat.
À l'instar de Jean-Philippe Viaud, Henry-Jean Servat a souhaité porter l'affaire devant la justice. Et il a bien fait. Selon nos confrères du *Parisien*, le conseil des prud'hommes vient de donner raison au chroniqueur mondain. Ainsi, le tribunal a décidé de requalifier les 680 contrats à durée déterminée qu'il a signés depuis l'été 2006 en contrat à durée indéterminée, lui garantissant 134 000 euros d'indemnités notamment pour «licenciement sans cause réelle et sérieuse». «*Après cette décision, nous espérons que France Télévisions mettra fin à ces pratiques*», a commenté son avocat Maître Jonathan Bellaiche.

DOC. 2 La position actuelle de la Cour de cassation

Jusqu'à présent, le fait qu'un employeur ait systématiquement recours à des salariés en CDD pour faire face aux absences « habituelles » des salariés (congés, arrêt maladie, etc.) entraînait la requalification du contrat en CDI. [...]
Sous l'impulsion du juge européen (CJUE, 26 janvier 2012, aff. C-586/10), la Cour de cassation a cependant atténué sa position. Dans un arrêt du 14 février 2018, elle estime désormais que le seul fait de recourir à des CDD de remplacement de manière récurrente, voire permanente, ne saurait suffire à caractériser un recours systématique aux CDD pour faire face à un besoin structurel de main-d'œuvre et pourvoir ainsi durablement un emploi lié à l'activité normale et permanente de l'entreprise. Pour aboutir à la requalification, d'autres éléments doivent être pris en considération, par exemple la nature des emplois successifs occupés par le salarié en CDD ou la structure des effectifs de l'entreprise.

sovitrat.fr

SYNTHÈSE

Le statut du salarié et le contrat de travail

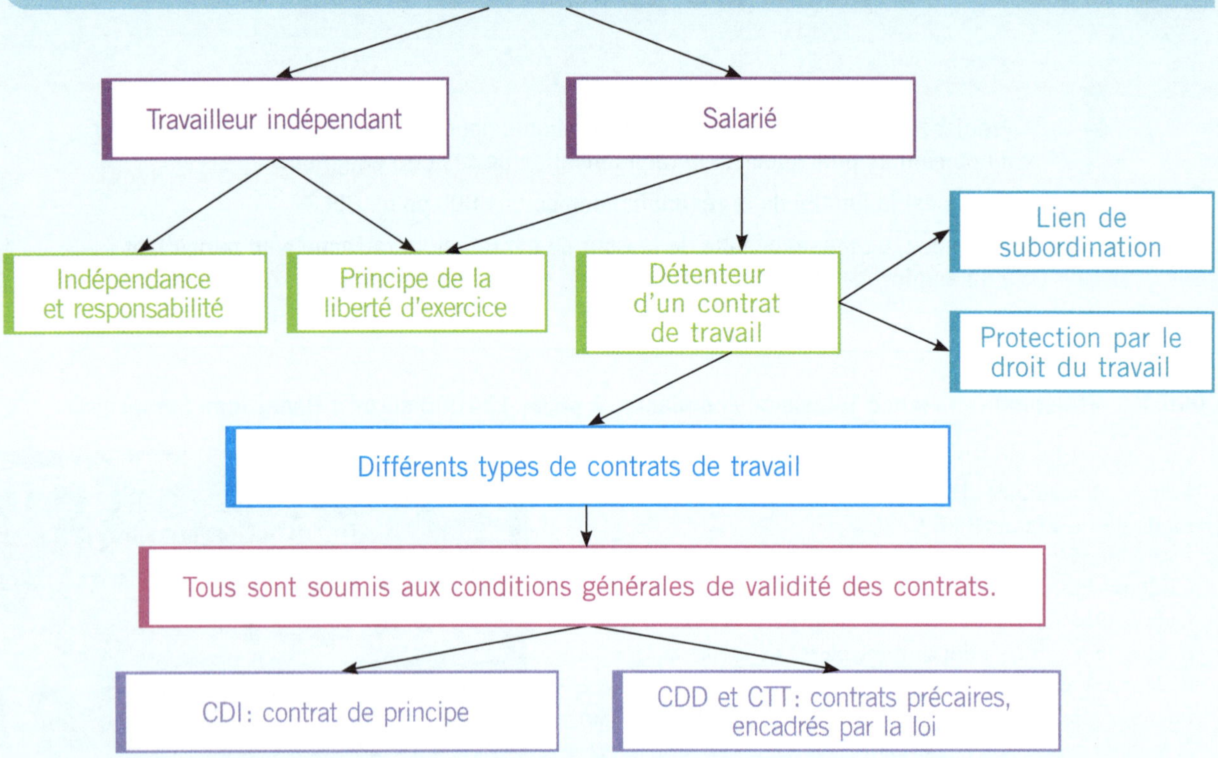

Les clauses particulières du contrat de travail

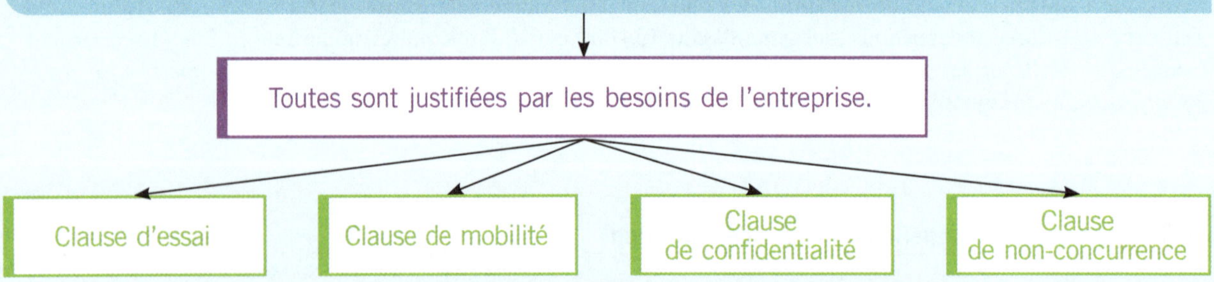

Les modifications du rapport d'emploi

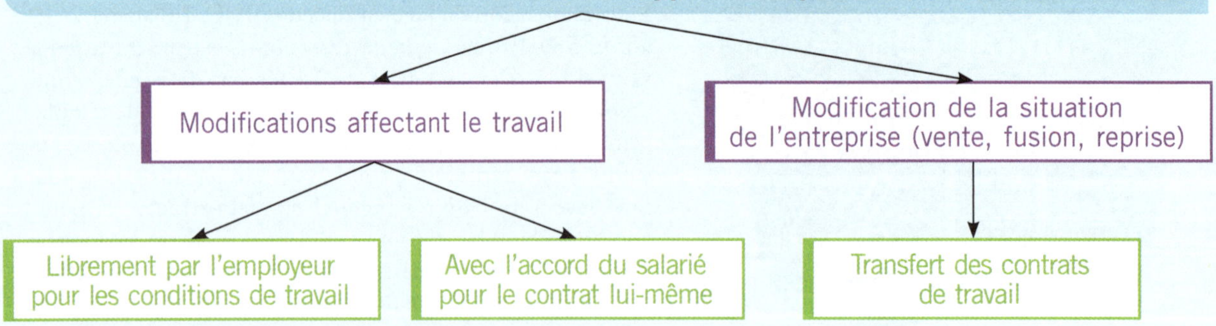

CONCEPTS

CDD – CDI – Clause d'essai – Clause de mobilité – Clause de non-concurrence – Contrat de travail – CTT – Lien de subordination – Transfert des contrats de travail – Travailleur indépendant – Salarié

11 La protection du salarié

LES COMPÉTENCES ATTENDUES

- Caractériser les obligations de l'employeur en matière de protection des salariés.
- Identifier les dispositifs de formation au sein de l'entreprise.
- Qualifier une rupture du rapport d'emploi et en déduire les conséquences juridiques.

LES SAVOIRS ASSOCIÉS

- Les principes de la protection du salarié
- Les modes de rupture du rapport d'emploi

PLAN DU CHAPITRE

- 1 • Analyser la protection du salarié lors de l'exécution du travail
- 2 • Qualifier la rupture du contrat de travail et en déduire les conséquences

Le bermuda peut-il nuire au travail ?

Quand le thermomètre frôle les 40 °C et qu'il faut aller travailler, couvert jusqu'aux pieds, certains craquent. Vincent, 27 ans, conseiller financier à La Défense : « Je n'en peux plus. Ça me colle de partout, c'est une horreur. Je n'ose même pas me lever de ma chaise. » Guillaume, 46 ans, vendeur aux Halles : « Oui, oui, oui… Il y a la clim, de quoi je me plains ? En attendant, j'ai l'air d'un clown là avec mes taches de transpiration. Franchement, je serais moins ridicule en short de bain et tongs. » Aurélien, 30 ans, cuisinier au quartier des Batignolles : « C'est simple, je suis en train de cuire avec mes légumes. »
Ils ne sont pas les seuls à grogner. Mardi, six conducteurs de bus nantais de l'entreprise Semitan, encartés CFDT, se sont rendus à leur QG vêtus d'une jupe, pour protester contre l'interdiction de leur employeur de porter un bermuda au travail. […]
Le salarié a pourtant la liberté de s'habiller à son gré (et ses fautes de goût ne peuvent être pénalisées). Il y a cependant des exceptions. « *D'abord, on ne doit jamais fâcher la décence*, explique Eva Touboule, avocate en droit du travail. *Outre ce savoir-vivre, un employeur peut également exiger de son salarié une tenue vestimentaire particulière, proportionnée au but recherché, grâce à des dispositions prises par le règlement intérieur.* » Dans les faits, les entreprises imposent principalement leur *dress code* pour trois motifs « légitimes » : sécurité, hygiène et image de marque.

A. Moran, *Libération*.

1. **Quelle est la liberté des salariés qui pose problème ici ?**
2. **Pourquoi cette liberté peut-elle générer des conflits dans l'entreprise ?**
3. **Comment peuvent se justifier les cas où l'employeur porte atteinte à cette liberté ?**

CANICULE : SALARIÉS, QUELS SONT VOS DROITS ?

Vidéo
liennathan.fr/4iy5c4

1 Analyser la protection du salarié lors de l'exécution du travail

A Les domaines de la protection du salarié

DOC. 1 La perception de la discrimination

Chiffres clés de la discrimination au travail :
Plus de 33 % des jeunes actifs de 18 à 34 ans déclarent avoir vécu une discrimination ou un harcèlement discriminatoire. Principaux critères évoqués :
- **l'apparence physique** (63 %),
- **le sexe** (61 %) **ou l'orientation sexuelle** (60 %),
- **la religion** (57 %),
- **l'état de santé ou le handicap** (54 %).
- **58 % des victimes ont entrepris des démarches** à la suite d'une discrimination, mais 51 % des femmes déclarant des discriminations n'ont entrepris aucune démarche contre 33 % pour les hommes.

D'après *defenseurdesdroits.fr*, décembre 2021.

1. **À quels moments de sa carrière professionnelle une personne peut-elle être victime de discriminations ?**
2. **Quel problème concret un salarié rencontre-t-il lorsqu'il veut se plaindre en justice d'une discrimination ?**

DOC. 2 L'interdiction de la discrimination

Diriger une entreprise ou une structure comporte la nécessité de faire des choix, en particulier des choix entre les personnes auxquelles on confie telle ou telle tâche, ou choix de celles qu'on entend promouvoir.
Cependant, la législation (européenne et nationale) ainsi que la jurisprudence ont progressivement limité le pouvoir arbitraire du dirigeant afin que ses décisions soient encadrées et qu'il ne puisse les faire reposer sur des critères subjectifs. […]
Aujourd'hui, le terme « discrimination » désigne ce que la société considère comme inacceptable comme critère de choix dans les processus de gestion des entreprises.

Face à une situation de discrimination dans la relation de travail, la loi protège le salarié en définissant :
– les éléments que l'employeur ne peut pas prendre en compte pour fonder une décision […]. **(1)**
Discriminer, c'est traiter différemment des personnes placées dans des situations comparables, en se fondant sur un ou des critères prohibés par la loi.

www.souffrance-et-travail.com

(1) Code du travail – Article L1132-1
Aucune personne ne peut être écartée d'une procédure de recrutement ou de l'accès à un stage ou à une période de formation […], aucun salarié ne peut être sanctionné, licencié ou faire l'objet d'une mesure discriminatoire, […] notamment en matière de rémunération […], de formation, de reclassement, d'affectation, de qualification, de classification, de promotion professionnelle […] en raison de son origine, de son sexe, de ses mœurs, de son orientation sexuelle, de son identité de genre, de son âge, de sa situation de famille ou de sa grossesse, de ses caractéristiques génétiques, de la particulière vulnérabilité résultant de sa situation économique, apparente ou connue de son auteur, de son appartenance ou de sa non-appartenance, vraie ou supposée, à une ethnie, une nation ou une prétendue race, de ses opinions politiques, de ses activités syndicales ou mutualistes, de ses convictions religieuses, de son apparence physique, de son nom de famille, de son lieu de résidence ou de sa domiciliation bancaire, ou en raison de son état de santé, de sa perte d'autonomie ou de son handicap, de sa capacité à s'exprimer dans une langue autre que le français.

3. **Relevez les trois éléments de définition de la discrimination.**
4. **Quelle différence existe-t-il entre la sélection et la discrimination ?**
5. **Combien de critères de discrimination sont prévus par le Code du travail ? Commentez.**

DOC. 3 Rent A Car condamné pour discrimination envers un salarié noir

Le groupe français de location de voitures Rent A Car a été condamné en mai par les prud'hommes de Bobigny (Seine-Saint-Denis) pour harcèlement moral et discrimination envers un salarié noir, cible d'un « racisme primaire ». [...] Dans son jugement rendu le 21 mai [...], le conseil de prud'hommes [...] a reconnu qu'il avait été victime de « harcèlement moral » et de « discrimination » et a condamné la société à lui verser 15 000 euros de dommages et intérêts en réparation du préjudice subi. Le salarié dénonçait les agissements de son supérieur, qui l'avait affecté exclusivement au nettoyage des véhicules, en faisant un parallèle avec sa couleur de peau. Dans un témoignage écrit, une collègue a corroboré les propos de ce manager qui qualifiait la victime de « négro » et refusait sa présence au comptoir « car il est pas intelligent et le noir se met derrière pour laver le véhicule ».

***Le Parisien*, 21 juin 2021.**

6. **De quelle(s) discrimination(s) le salarié se plaint-il ici ?**

7. **Quelle est la sanction prononcée par le conseil de prud'hommes ? Quel est son fondement ?**

DOC. 4 Le respect de la vie privée et des libertés fondamentales

Le sujet des libertés dans l'entreprise est plus que jamais d'actualité. L'employeur doit ainsi veiller au respect de l'ensemble des droits du salarié, de surcroît au regard de la valeur fondamentale de ces derniers, rappelés et protégés par les dispositions légales du Code civil, du Code du travail, mais aussi par la Cour européenne des droits de l'homme.

D'après www.travail-prevention-sante.fr

1) Le respect de la vie privée du salarié

Les **données personnelles du salarié** lui appartiennent et l'employeur ne peut accéder qu'à celles qui sont indispensables à la gestion du contrat de travail.

Le **secret des correspondances** doit être respecté par l'employeur dès lors que celles-ci ont un caractère personnel. Mais la jurisprudence considère que les courriels reçus par le salarié sur sa messagerie professionnelle sont présumés avoir un caractère professionnel (sauf s'ils portent la mention « Personnel »). L'employeur peut donc y avoir accès sans la présence du salarié.

Le **droit à la déconnexion**, c'est-à-dire le droit de ne pas être joignable en dehors du temps de travail, est depuis peu reconnu. La négociation annuelle sur la qualité de vie au travail doit comporter un volet sur le droit à la déconnexion.

La **liberté vestimentaire** du salarié doit également être respectée. Des restrictions ne peuvent être admises que si elles sont dictées par des nécessités d'ordre professionnel tenant à l'hygiène, la sécurité, la décence ou encore l'image de marque.

Le **respect du domicile** : le salarié dispose du libre choix de son domicile duquel son employeur ne peut pas lui imposer de travailler.

2) Les libertés individuelles fondamentales

La **liberté d'opinion et de penser du salarié** est absolue. Le salarié ne saurait être contraint d'aucune manière, ni à dévoiler son opinion, ni à s'en voir imposer une.

La **liberté d'expression du salarié** hors de l'entreprise s'exerce pleinement, sauf abus (interdiction des propos diffamatoires ou particulièrement dénigrants à l'encontre de l'employeur ou l'entreprise). Au sein de l'entreprise, l'abus sera constitué dès lors que les conversations non professionnelles sont de nature à empêcher le travail.

Les **convictions religieuses du salarié** ne peuvent servir de base à aucune discrimination ni aucune sanction ou licenciement (article L1132-1 du Code du travail). Toutefois :
– il n'est pas possible au salarié de refuser d'exécuter des actes absolument inhérents au poste qu'il occupe pour des motifs religieux ;
– à défaut d'un accord ou d'une autorisation spéciale, le salarié ne peut prétendre justifier des absences ou des refus de travail par des exigences religieuses ;
– si la question du port des signes religieux n'est pas clairement tranchée, il est en principe autorisé mais peut-être limité par une restriction suffisamment précise, justifiée par la nature des tâches à accomplir et proportionnée à l'objectif poursuivi.

8. **Pour quel type de salarié le « droit à la déconnexion » est-il important ?**

9. **Montrez que le droit moderne défend les droits de la personne au travail et pas seulement les droits du salarié.**

DOC. 5 Les restrictions des droits et libertés par l'employeur

Les limitations des libertés et droits du salarié sont inhérentes au lien de subordination qui existe entre celui-ci et son employeur durant le temps de travail. Toutefois, « *nul ne peut apporter aux droits des personnes et aux libertés individuelles et collectives de restrictions qui ne seraient pas justifiées*[1] *par la nature de la tâche à accomplir ni proportionnées*[2] *au but recherché* » (article L1121-1 du Code du travail).

1. Exemples de justifications admissibles :

– le contact avec le public ou la clientèle. Il justifie par exemple le port d'une tenue spéciale ou l'interdiction de telle ou telle tenue ; [...]

– la santé, la sécurité (interdiction de porter des bijoux religieux dans un hôpital).

2. La proportionnalité : la restriction aux libertés ne doit pas être seulement justifiée ; elle doit être proportionnée à la situation. Il s'agit donc d'une appréciation au cas par cas.

www.travail-prevention-sante.fr

10. Donnez un exemple d'atteinte aux libertés individuelles justifiée et proportionnée.

DOC. 6 Exemples et contre-exemples

1. D'après un arrêt de la Cour de cassation du 10 juillet 2013

Un salarié de la RATP estime subir une atteinte à sa vie privée liée au port d'une tenue d'uniforme, y compris sur le chemin du travail. Il relève qu'il dispose bien d'un vestiaire dans le centre de bus où se fait la prise de travail, mais pas au terminus, lieu de la prise ou de la fin de son service. Les juges du fond et la Cour de cassation rejettent ce raisonnement : « Le port de la tenue d'uniforme de la RATP auquel sont astreints les machinistes-receveurs jusqu'au retour au centre de bus était exclusive de toute atteinte à leur vie privée. »

2. D'après un arrêt de la Cour de cassation du 18 janvier 2018

Un salarié estime subir un système illicite de géolocalisation mis en place par l'employeur ; les juges du fond ne l'ayant pas suivi, le salarié forme un pourvoi en cassation ; les juges du droit désapprouvent les juges du fond en énonçant que l'utilisation d'un système de géolocalisation pour assurer le contrôle de la durée du travail n'est licite que lorsque ce contrôle ne peut pas être effectué par un autre moyen et que le salarié en a été préalablement informé ; qu'en revanche, ce dispositif n'est pas justifié lorsque le salarié dispose d'une liberté dans l'organisation de son travail.

3. D'après un arrêt de la Cour de cassation du 8 juillet 2020

Un salarié licencié pour faute grave a saisi la justice au motif qu'il aurait subi une mesure discriminatoire : son employeur lui reprochait en effet de porter une barbe « taillée d'une manière volontairement signifiante aux doubles plans religieux et politique ». Les juges du fond ont donné raison au salarié et l'employeur s'est pourvu en cassation. Les juges du droit ont rejeté le pourvoi en rappelant que l'employeur peut prévoir dans le règlement intérieur de l'entreprise une cause de neutralité interdisant le port visible de tout signe politique, philosophique ou religieux sur le lieu de travail, dès lors cependant que cette clause générale et indifférenciée n'est appliquée qu'aux salariés se trouvant en contact avec les clients. Ce n'était pas le cas ici et l'interdiction faite au salarié caractérisait bien une discrimination fondée sur les convictions religieuses et politiques du salarié.

11. Pour chacune de ces situations, faites ressortir les faits litigieux et le problème de droit qu'ils illustrent, la règle de droit rappelée par la Cour de cassation et la solution du litige.

DOC. 7 La sécurité au travail

Nice. Grave accident de chantier, un homme de 20 ans empalé sur de la ferraille
Un jeune homme de 20 ans s'est empalé sur un chantier au niveau de l'avenue de Fabron ce 12 novembre 2021 au matin à Nice (Alpes-Maritimes). Il a été transporté d'urgence à l'hôpital Pasteur 2. [...]. La télévision locale précise qu'il est touché au niveau des membres inférieurs et gravement blessé. [...] Le BTP est le secteur professionnel le plus touché par les accidents de travail avec 56 accidents enregistrés pour 1 000 salariés alors que la moyenne de tous les secteurs est autour de 34.

actu.fr/provence-alpes-cote-d-azur, 12 novembre 2021.

La responsabilité des chefs d'entreprise est de plus en plus souvent recherchée dans le cadre d'accidents du travail ou de maladies professionnelles. [...] Selon la loi française, la Sécurité sociale indemnise les victimes d'accident du travail ou de maladie professionnelle sur une base automatique et forfaitaire. La victime, ou ses ayants droit en cas de décès, peut également rechercher la faute inexcusable de l'employeur pour obtenir une majoration de la rente versée par l'organisme social, ainsi qu'une indemnisation supplémentaire sur tous les autres types de préjudice non pris en charge.

www.groupe-sma.fr

12. **Comment les victimes d'accident du travail sont-elles protégées par le droit ?**
13. **Quelles mesures un employeur du BTP doit-il prendre pour limiter les risques d'accident ?**

B La protection des intérêts du salarié grâce à la formation professionnelle

DOC. 8 Les obligations de l'employeur en matière de formation du salarié

Grâce à la formation professionnelle, le salarié peut maintenir son employabilité.

Obligation générale de l'employeur

Selon l'article L6321-1 du Code du travail, « l'employeur assure l'adaptation des salariés à leur poste de travail. Il veille au maintien de leur capacité à occuper un emploi, au regard notamment de l'évolution des emplois, des technologies et des organisations ».

Le plan de développement des compétences

Le plan de développement des compétences (ex-plan de formation) présenté par l'employeur distingue deux types d'actions de formation : actions de formation obligatoires en application d'accords ou conventions collectives, autres actions de formation, non obligatoires.
Le plan de développement des compétences peut également prévoir d'autres actions : bilan de compétences, validation des acquis de l'expérience (VAE), lutte contre l'illettrisme.

service-public.fr, 20 novembre 2020.

14. **Quels sont les avantages de la formation professionnelle pour le salarié ?**
15. **Qu'est-ce qui justifie cette obligation pour l'employeur ?**

DOC. 9 La réforme 2018 de la formation professionnelle

La principale mesure de la loi du 6 septembre 2018
– Création d'un compte personnel de formation (CPF) alimenté non plus en heures mais en euros, dans des conditions fixées par décret. Le gouvernement a annoncé 500 euros par an (800 euros pour les salariés non qualifiés), dans la limite de 5 000 euros (8 000 euros). Les salariés à mi-temps auront les mêmes droits que ceux à temps plein.

V. Mazuir, *Les Echos*.

Malgré le confinement, le nombre de formations demandées est passé de 630 000 en 2019 à 1,1 million en 2020 et 1,6 million en 2021. Cette montée en charge a été musclée par le lancement de l'application « Moncompteformation », téléchargée 2,6 millions de fois depuis son lancement fin 2019, qui permet de s'inscrire à une formation sans intermédiaire.

capital.fr, 12 juin 2021.

16. **En quoi le CPF apparaît-il comme l'élément clé de la formation professionnelle ?**
17. **Qui décide de l'utilisation des heures de formation dans ce cadre ?**
18. **Comment expliquez-vous les différents montants alloués aux salariés ?**

DOC. 10 La validation des acquis de l'expérience (VAE)

La validation des acquis de l'expérience (VAE) permet à toute personne de faire reconnaître son expérience (professionnelle ou non) afin d'obtenir un diplôme, un titre ou un certificat de qualification professionnelle.
La VAE prend en compte les compétences professionnelles acquises au travers d'activités salariées, non salariées et bénévoles, d'une durée au moins égale à 1 an, en rapport direct avec le contenu du titre ou du diplôme.
Un jury de validation, composé notamment de professionnels du métier concerné, peut accorder la totalité ou une partie du titre, diplôme ou certificat visé.

www.uniformation.fr

19. Pour quelles raisons, selon vous, la législation moderne autorise-t-elle le salarié à valider un diplôme sans passer un examen ?

20. Diriez-vous que la formation professionnelle (documents 8 à 10) est attachée plutôt aux intérêts de l'entreprise ou à ceux du salarié ? Justifiez.

APPLICATION AU CAS

GROUPE STELLANTIS

Alors qu'il existait depuis de nombreuses années, le transport collectif des salariés de Stellantis à Sochaux est supprimé, malgré le confort et la sécurité qu'il représentait pour ses bénéficiaires.

DOC. Stellantis : l'arrêt du transport collectif vers Sochaux marque la fin d'une époque

Il y a deux ans, la direction de l'usine Stellantis de Sochaux a annoncé la suppression du service de transport collectif, un système « de ramassage scolaire » des opérateurs des lignes de production. La CGT réitère son inquiétude et monte au créneau pour maintenir ce service. C'est tout un pan de l'histoire de l'usine qui s'arrête.
[...] Créé en 1951, le système de transport gratuit mis en place par l'usine Peugeot de Sochaux va s'arrêter ; à l'époque, Peugeot employait entre 15 000 et 20 000 personnes à Sochaux. [...] Aujourd'hui, ce sont 26 lignes qui sillonnent le territoire, jusqu'à Luxeuil-les-Bains, l'Alsace, Belfort ou encore Baume-les-Dames. Selon la CGT, ce sont un millier de personnes qui bénéficient de ce service. La direction du site avance des comptages réalisés la semaine dernière. Elle parle de 250 à 280 CDI et 200 intérimaires. Aujourd'hui, l'usine de Sochaux emploie moins de 6 500 CDI. S'ajoutent 800 intérimaires. Selon les comptages de la direction, ce sont donc 6,25 % des salariés qui utilisent ce service. La direction ne contredit pas sa volonté de faire des économies, notamment pour un service de moins en moins utilisé, argumente-t-elle.

letrois.info, 23 juin 2021.

1. Quels étaient les avantages, pour les salariés, du dispositif de transport collectif de l'usine Stellantis de Sochaux ?

2. Selon vous, cette amélioration des conditions de travail était-elle un droit acquis, dont la suppression pourrait être contestée au plan juridique ?

2 Qualifier la rupture du contrat de travail et en déduire les conséquences

A La rupture à l'initiative du salarié : la démission

DOC. 11 La démission, expression d'une volonté claire, sérieuse et libre

La démission constitue une modalité de rupture du CDI. Elle traduit, comme un parallèle au droit de licencier de l'employeur, le droit de résiliation unilatérale de ce contrat de travail par le salarié.

À ce titre, la démission doit manifester une volonté claire, sérieuse, non équivoque[1] et libre[2] du salarié : l'employeur ne peut pas la présumer, même dans des circonstances où l'attitude du salarié semble montrer sa volonté d'interrompre le travail : absence non justifiée, brusque abandon de poste, etc.

1. On ne doit pas douter de la volonté du salarié, qui agit après réflexion et non sur un coup de tête.
2. Le salarié ne doit pas démissionner pour échapper à une situation de travail insupportable.

1. Pourquoi le droit exige-t-il que la démission du salarié ne soit pas prise à la légère ?

2. Donnez des exemples de situations où le salarié pourrait être tenté de démissionner.

DOC. 12 Les suites de la démission forcée

Sous certaines conditions, une démission forcée peut être requalifiée par les juges en licenciement sans cause réelle et sérieuse.

L'intérêt ? La requalification d'une démission en licenciement permet d'obtenir des indemnités de licenciement, des dommages et intérêts, et de bénéficier d'allocations chômage.

Un cas de requalification de la démission en licenciement sans cause réelle et sérieuse

Un VRP, chargé de commercialiser des articles destinés aux viticulteurs, avait présenté sa démission en mettant en avant la détérioration de ses relations avec son employeur et la pression insupportable que ce dernier lui faisait subir depuis plusieurs mois. Par ailleurs, la lettre de démission précisait que le comportement de l'employeur avait porté préjudice au travail et à la santé du salarié.

www.juritravail.com

3. À quelle condition un salarié peut-il considérer que sa démission a été forcée ?

4. Quel est l'intérêt de la requalification de la rupture du contrat de travail en licenciement ?

5. Qui peut décider de requalifier une démission en licenciement ?

DOC. 13 Les conséquences de la démission

Le respect d'un préavis

Selon l'article L.1237-1 du Code du travail, le salarié qui démissionne doit effectuer un préavis. La loi n'en fixe pas la durée. Celle-ci résulte d'une convention collective ou d'un accord d'entreprise, parfois même des usages professionnels.

Les suites de la démission

En principe, le salarié démissionnaire ne bénéficie pas des allocations chômage. Dans certains cas, cependant, la démission ouvre droit à l'ARE (pour suivre son conjoint, pour échapper au harcèlement, pour créer ou reprendre une entreprise, etc.).

6. Quelle est la finalité du préavis dû par le salarié démissionnaire ?

7. Pour quelle raison les allocations chômage ne sont-elles pas versées au salarié démissionnaire ?

B La rupture à l'initiative de l'employeur : le licenciement

DOC. 14 Le licenciement, une décision à justifier

Si le contrat de travail est à durée indéterminée, le droit de résiliation de l'employeur existe. Mais la spécificité du droit du travail est dans l'encadrement de ce droit. En premier lieu, la protection du salarié se traduit par l'obligation de l'employeur de justifier le licenciement.

MOTIF DU LICENCIEMENT : UNE CAUSE RÉELLE ET SÉRIEUSE
Code du travail

Article L.1232-1 – Tout licenciement pour motif personnel [...] est justifié par une **cause réelle et sérieuse.**
Article L.1233-2 – Tout licenciement pour motif économique [...] est justifié par une **cause réelle et sérieuse.**

MOTIF PERSONNEL = MOTIF NON ÉCONOMIQUE		MOTIF ÉCONOMIQUE = MOTIF NON PERSONNEL
APPRÉCIATION JURISPRUDENTIELLE		DÉFINITION LÉGALE
FAUTE • Faute sérieuse (pas une faute légère). *Ex. : des retards répétés.* • Faute grave (maintien du contrat de travail impossible). *Ex. : vol, refus d'obéir.* • Faute lourde (faute grave avec intention de nuire). *Ex. : dégradation volontaire.*	**FAIT NON FAUTIF** • Insuffisance ou inaptitude. *Ex. : incapacité face à des nouveaux outils.* • Caractère, attitude. *Ex. : incompatibilité d'humeur.* • Maladie prolongée si le remplacement définitif du salarié malade s'impose.	Suppression ou transformation d'emploi ou modification, refusée par le salarié, d'un élément essentiel du contrat de travail, consécutives notamment : – à des difficultés économiques ; – à des mutations technologiques ; – à une réorganisation pour la sauvegarde de la compétitivité ; – à la cessation d'activité de l'entreprise.

8. **En quoi peut-on dire que le Code du travail protège le salarié contre un licenciement arbitrairement décidé par l'employeur ?**
9. **Dans quelle mesure le licenciement n'est-il pas toujours une sanction ?**
10. **Pourquoi le licenciement économique peut-il concerner plusieurs salariés ?**

DOC. 15 La sanction du licenciement sans cause réelle et sérieuse

En cas de licenciement injustifié, ou sans cause réelle et sérieuse, la réintégration est possible, sur proposition du juge. Le salarié conserve alors les avantages acquis avant son licenciement. L'une ou l'autre des deux parties est cependant en droit de refuser la réintégration. Dans ce cas, le salarié ne réintègre pas l'entreprise mais touche une indemnité. [...] S'il n'y a pas de réintégration, [le salarié] se voit octroyer une indemnité prévue à l'article L.1235-3 du Code du travail. Elle varie selon l'ancienneté du salarié dans l'entreprise et selon que celle-ci emploie habituellement plus ou moins de 11 salariés. Le montant est déterminé par le conseil des prud'hommes dans la limite d'un barème qui fixe les indemnités minimales et maximales. De plus, cette indemnité pour absence de cause réelle et sérieuse s'ajoute aux autres indemnités prévues par la loi (indemnité de licenciement, indemnité compensatrice de préavis, indemnité de congés payés).

journaldunet.fr, 19 avril 2021.

11. **Relevez les deux suites possibles au licenciement sans cause réelle et sérieuse. Laquelle vous paraît être la plus fréquente ? Justifiez.**
12. **Quelle est l'utilité d'un barème légal d'indemnisation ?**
13. **Pourquoi peut-on dire que « l'arbitrage du juge reste essentiel » ?**

DOC. 16 Un salarié peu efficace

D'après un arrêt de la Cour de cassation du 31 janvier 2018 (n° 16-22.287)

M. Y… a été engagé le 21 décembre 2004 par la société Headlink Partners pour exercer les fonctions de vice-président. Il a été licencié le 27 juillet 2012. Son employeur indique lui avoir fourni un objectif de chiffre d'affaires de deux millions d'euros annuels, dont il n'aurait réalisé qu'une partie en 2011 et au cours des quatre premiers mois de 2012.

Le salarié a saisi le conseil de prud'hommes pour voir dire que son licenciement n'était pas valable. L'affaire a été portée en cour d'appel : les magistrats déboutent l'ancien vice-président en relevant que les objectifs n'étaient pas irréalistes.

Un pourvoi a été formé par le salarié : les juges du droit précisent que la cour d'appel a constaté qu'en dépit des alertes de l'employeur, le salarié n'avait pas atteint les objectifs fixés – pourtant réalistes - et a retenu que leur non-réalisation sur la période considérée était imputable à l'insuffisance professionnelle de l'intéressé. La Cour de cassation valide l'arrêt de la cour d'appel qui a estimé que le licenciement procédait bien d'une cause réelle et sérieuse.

14. **Relevez les faits et le litige entre l'ex-salarié et la société Headlink Partners.**

15. **Le licenciement vous paraît-il fondé sur une faute du salarié ? Justifiez.**

16. **Quel est l'intérêt pour les juges d'apprécier le caractère réaliste des objectifs assignés au salarié ?**

DOC. 17 La procédure contradictoire en cas de licenciement individuel

Étape 1 – Convocation du salarié à un entretien préalable	Étape 2 – Entretien préalable au licenciement	Étape 3 – Notification du licenciement
Le motif de la convocation est précisé au salarié, à qui il est dit qu'il peut se faire assister.	Le salarié est entendu, éventuellement assisté, et fait valoir son point de vue.	La lettre de notification doit indiquer la cause du licenciement.

En cas de licenciement individuel pour motif économique

La notification du licenciement est précédée d'une proposition de mesure de reclassement, et une 4e étape est constituée par l'obligation de l'employeur d'informer l'administration du travail.

17. **En quoi ces différentes formalités de la procédure de licenciement permettent-elles de protéger le salarié ?**

DOC. 18 La procédure consultative en cas de licenciement économique collectif de 2 à 9 salariés

Étape 1 – Convocation du comité social et économique	Étape 2 – Réunion avec le comité social et économique	Étape 3 – Mise en œuvre de la procédure individuelle
L'employeur signifie le projet de licenciement collectif et toutes les informations utiles au comité social et économique (CSE).	L'employeur prend acte de l'avis des représentants du personnel et modifie éventuellement son projet de licenciement.	Une proposition de reclassement est faite à chaque salarié (par l'offre d'un contrat de sécurisation professionnelle).

18. **Comment la consultation des représentants du personnel peut-elle être favorable aux salariés menacés d'un licenciement économique ?**

DOC. 19 L'offre d'un contrat de sécurisation professionnelle (CSP)

Monsieur,
Vous avez appris par vos élus au comité social et économique que le projet de licenciement économique qui vous vise est définitivement adopté. Conformément à ce que prévoit la loi pour tout licenciement économique, je vous prie de trouver ci-joint un formulaire d'explication et un bordereau d'acceptation éventuelle du contrat de sécurisation professionnelle. Dans le cadre de ce dispositif, vous avez la possibilité de bénéficier d'un parcours de retour à l'emploi, après un pré-bilan de vos compétences et l'examen des possibilités de reconversion – par une formation si nécessaire – que le Pôle emploi qui vous accompagnera se chargera d'effectuer. Si vous adhérez à ce contrat, vous aurez la qualité de stagiaire de la formation professionnelle et, durant 12 mois au plus, vous percevrez une allocation de sécurisation professionnelle égale à 75 % de votre salaire brut. La rupture du contrat de travail ne donnera alors pas lieu à préavis, mais vous bénéficierez de l'indemnité de licenciement.
La loi précise que vous disposez d'un délai de 21 jours pour fournir votre réponse. […]

19. **En quoi le CSP apparaît-il comme un dispositif susceptible d'atténuer les effets néfastes du licenciement ?**

20. **Quelles mesures du CSP peuvent inciter les salariés à l'accepter ?**

DOC. 20 Le plan de sauvegarde de l'emploi (PSE)

Dans le cas des « grands » licenciements économiques collectifs (concernant au moins 10 salariés sur une période de 30 jours dans une entreprise d'au moins 50 salariés), il est obligatoire d'élaborer un plan de sauvegarde de l'emploi (PSE). Celui-ci doit explorer toutes les alternatives possibles aux licenciements initialement envisagés :

- des reclassements, éventuellement après une formation ;
- le placement de certains salariés dans d'autres entreprises du groupe ;
- des mutations vers d'autres établissements ;
- des dispositifs de départ volontaire, etc.

Ce PSE doit être négocié avec les représentants syndicaux. En cas d'accord, il est validé par la Direccte (Direction régionale des entreprises, de la concurrence, de la consommation, du travail et de l'emploi). En l'absence d'accord, il est proposé par le chef d'entreprise, mais il doit alors être homologué par la Direccte.

21. **Relevez les différentes mesures du PSE propres à limiter les licenciements.**

22. **Comment l'efficacité relative de la préservation des emplois est-elle contrôlée ?**

DOC. 21 Les conséquences du licenciement

1. LE PRÉAVIS

C'est le délai compris entre la notification du licenciement et la fin effective du contrat de travail.

Sa durée
Elle dépend de l'ancienneté du salarié.
– Pour une ancienneté de 6 mois à 2 ans, le préavis légal est de 1 mois.
– Pour une ancienneté de plus de 2 ans, le préavis légal est de 2 mois.

2. L'INDEMNITÉ DE LICENCIEMENT

C'est la réparation due au salarié pour tout licenciement justifié.

Son montant
Il dépend de l'ancienneté du salarié.
– 1/4 de mois de salaire par année d'ancienneté pour les 10 premières années.
– 1/3 de mois de salaire par année d'ancienneté à partir de la 11e année.

23. **En quoi le préavis dont bénéficie le salarié est-il protecteur de ses intérêts ?**

24. **Dans quelle mesure l'indemnité de licenciement est-elle dissuasive pour l'employeur ?**

C La rupture voulue par employeur et salarié(s) : la rupture conventionnelle

DOC. 22 La rupture conventionnelle homologuée individuelle

Ce mode de rupture du contrat de travail permet à l'employeur et au salarié de convenir de concert de la fin de leurs rapports, en négociant une convention soumise à homologation administrative. […] Le succès rencontré par la rupture conventionnelle homologuée s'explique en premier lieu par la facilité de sa mise en œuvre. En effet, il s'agit d'une convention librement négociée par les parties au cours d'un ou de plusieurs entretiens préalables, pendant lesquels elles peuvent se faire assister. […]
Cette convention définit les conditions de la rupture, et notamment :
– le montant de l'indemnité de rupture, qui ne peut être inférieur à celui de l'indemnité légale de licenciement ;
– la date de la rupture, qui ne peut intervenir avant le lendemain du jour de l'homologation.

Schéma de la mise en œuvre chronologique d'une rupture conventionnelle homologuée

– Signature de la convention et du formulaire type → 15 jours calendaires de délai de rétractation.
– Lendemain des 15 jours : envoi de la convention et du formulaire à l'administration du travail.
– 15 jours ouvrables (silence vaut homologation) → La rupture intervient le lendemain du jour où elle est autorisée (homologuée) par l'administration du travail.

www.village-justice.com

25. Quelles sont les raisons qui expliquent le succès de la rupture conventionnelle ?

26. Pourquoi l'homologation est-elle une protection des intérêts du salarié ?

DOC. 23 La rupture conventionnelle collective (RCC)

Le comité d'évaluation des ordonnances réformant le Code du travail a dénombré 164 accords de rupture conventionnelle collective depuis leur création, à l'automne 2017. […]
Les grandes entreprises ou les entreprises appartenant à des groupes de plus de 5 000 salariés étaient à l'origine de plus de 60 % des ruptures collectives en 2019. […]
Pour entrer en vigueur, toutes les RCC ont franchi l'étape de la signature de syndicats majoritaires et la validation par l'administration du Travail. […] 24 entreprises, soit 13 %, ont abandonné leur projet faute d'avoir réussi à convaincre des syndicats majoritaires. Il faut dire que le sujet est sensible car, pour une RCC, l'employeur n'a pas à justifier de difficultés économiques. […]. La RCC a pour l'entreprise au moins deux avantages : l'absence d'obligation de reclassement et des délais plus courts.

Leïla de Comarmond, *Les Echos*, 12 août 2020.

27. Comment les intérêts des salariés sont-ils protégés dans cette procédure ?

28. Pourquoi la RCC est-elle une réussite ?

APPLICATION AU CAS

GROUPE STELLANTIS

Stellantis a divers sous-traitants. L'un d'eux, MBF, connaît de graves difficultés.

DOC. 150 salariés d'un sous-traitant automobile jurassien manifestent devant Stellantis

Plus de la moitié des salariés de la fonderie MBF, sous-traitant automobile basé à Saint-Claude dans le Jura, ont manifesté devant l'usine Stellantis de Sochaux ce mardi pour dénoncer le désengagement de ses principaux clients, Stellantis et Renault. La direction sochalienne de Stellantis dément. […]
MBF est en redressement judiciaire depuis le 4 novembre dernier. En cause, notamment, selon le communiqué de l'intersyndicale « PSA et Renault qui n'ont pas respecté les engagements de volumes [NDLR : de commandes] initialement prévus ». […]
Les potentiels repreneurs auraient été, pour l'heure, découragés par les perspectives de commandes. À court terme, « *un plan prévoit la suppression de 80 postes* » […] explique Nail Yalcin de la CGT.

estrepublicain.fr, 6 avril 2021.

1. Quel est le type de licenciement envisagé chez MBF ?

2. Quelle en est l'origine ? Correspond-elle à une situation envisagée par la loi ?

3. Si ce licenciement devait survenir, quelles seraient les obligations de l'entreprise ?

TESTEZ VOS CONNAISSANCES

Flashez le QR code pour faire les exercices et réviser les notions essentielles.

liennathan.fr/q393ks

1 La discrimination à l'embauche

1. **À quels moments de la procédure de sélection le recruteur peut-il opérer une discrimination ?**

2. **Pourquoi la preuve de la discrimination est-elle difficile à établir ?**

3. **Donnez des exemples de critères de sélection légaux et de cas illégaux de discrimination.**

DOC. Discrimination à l'embauche, quelles sont les plus fréquentes et que faut-il savoir ?

Candidat à la recherche de votre prochain emploi ou employeur en recherche de votre futur talent, la discrimination à l'embauche est un sujet d'actualité qui vous concerne peut-être […]

Quelles sanctions risque l'employeur ?

Discriminer peut entraîner de lourdes sanctions pouvant aller jusqu'à 45 000€ et 3 ans d'emprisonnement en France (art. 225-4 du Code pénal).

Malgré cela, nombreux sont les recruteurs continuant de sélectionner des candidats sur ces critères interdits et certains le font sans le savoir. L'unique finalité du recrutement doit être de déterminer la capacité d'un candidat à occuper le poste proposé. […]

Quelles sont les principales discriminations à l'embauche ?

- Le lieu de résidence - […] Il vous est possible depuis 2014 de ne pas donner d'informations à ce sujet.
- La glottophobie - Nombreuses sont les discriminations portant sur l'accent et la prononciation. […]. La France a adopté une loi en novembre 2020 permettant d'encadrer la glottophobie. […]
- La situation familiale - Un point régulièrement abordé par les recruteurs et qui touche principalement les femmes. […]
- Le sexe du candidat
- L'activité syndicale, politique ou religieuse […]

Candidat discriminé ? Quels sont vos droits et recours ?

Vous pouvez effectuer un recours auprès du conseil des prud'hommes, de la police ou de la gendarmerie afin de poursuivre l'employeur en justice. […]

Quelles preuves apporter ?

Difficile d'apporter une preuve lorsque celle-ci n'est pas écrite et directe : le moyen le plus admis est la preuve par comparaison. Dans ce cas, il vous suffira de prouver qu'une réponse défavorable a été prise à votre encontre alors qu'un profil similaire ne présentant pas le même lieu d'habitation par exemple n'a pas été écarté de la procédure de recrutement.

moovijob.com, 17 décembre 2020.

2 Le caractère clair et non équivoque de la démission

1. **Étudiez le conflit à l'origine de l'arrêt de la cour d'appel.**
2. **Sur quelle analyse les juges du conseil de prud'hommes se sont-ils appuyés pour accueillir la demande de Mme X… ?**
3. **Qu'a décidé la Cour d'appel ?**

DOC. La nounou démissionne par SMS

Mme Y embauche Melissa X le 2 novembre 2012, en qualité de garde d'enfant à domicile. Leur relation de travail prend fin le 28 février 2014, après la découverte, par Mme Y, d'un coquard sur l'œil de l'enfant. Le 16 avril 2014, Mme X saisit le conseil de prud'hommes d'Albi (Tarn). Melissa X réclame des indemnités pour la rupture du contrat de travail, dont elle soutient qu'elle s'analyse comme un licenciement sans cause réelle et sérieuse. […] L'employeuse réplique qu'elle n'a pas licencié sa nounou, mais que cette dernière a abandonné son poste sans préavis, ce qui, d'ailleurs, lui a causé un préjudice. Faute de preuves de ce qu'elle avance, le conseil de prud'hommes la condamne à payer des dommages et intérêts ainsi que des indemnités pour licenciement sans cause réelle et sérieuse, le 18 février 2015.

Mme Y fait appel. Pour prouver la démission de la nounou, elle produit cette fois les SMS que celle-ci lui a envoyés, après qu'elle l'eut interrogée sur l'origine du coquard, le 28 février 2014. Melissa X lui a ainsi répondu : « Beh j'ai rien vue à par qui c'est cogné mais j'ai rien vue ainsi que Romain. C'est vraiment pas sympa à gros tu insinue quoi… ! Que je sache je me suis toujours très bien occupé de Z. […] Trouve toi une autre personne pour garde Z c'est de trop. Sur ce bonne soirée. » Mme Y estime que, par cette phrase, Mme X a manifesté sa volonté de quitter son emploi.

Le lendemain, Melissa X a encore écrit : « Tu fera passe mon salaire à ma mère. Merci. Bonne continuation. » Puis : « Oui je ne veut plus le garde au moins tu n'auras plus rien à me reprocher !!!! Je pense que sa ne sert à rien de parlé plus… Bye. » Mme Y estime que ces nouveaux textos prouvent la volonté certaine et définitive de la salariée de rompre le contrat de travail.

La cour d'appel de Toulouse lui donne raison, après avoir rappelé que « *la démission ne se présume pas, mais qu'elle est un acte unilatéral par lequel le salarié manifeste de façon claire et non équivoque sa volonté de mettre fin au contrat de travail* ». Elle constate que « *la démission n'a pas été donnée dans un mouvement d'humeur lors d'un incident concernant le travail, mais que Mme X a réaffirmé le lendemain sa volonté de rompre le contrat, de façon claire et non équivoque* […] ». Elle infirme le jugement de première instance.

R. Rivais, *Le Monde* (blog), 25 août 2017.

Le Code du travail ne prévoit aucune forme particulière pour présenter sa démission : elle peut être verbale, écrite ou résulter d'un comportement sans ambiguïté du salarié (ce qui n'est pas le cas, par exemple, de la seule absence du salarié à son poste de travail ou de l'absence de reprise du travail à l'issue des congés payés).

travail-emploi.gouv.fr, 18 janvier 2019.

La protection du salarié lors de l'exécution du travail

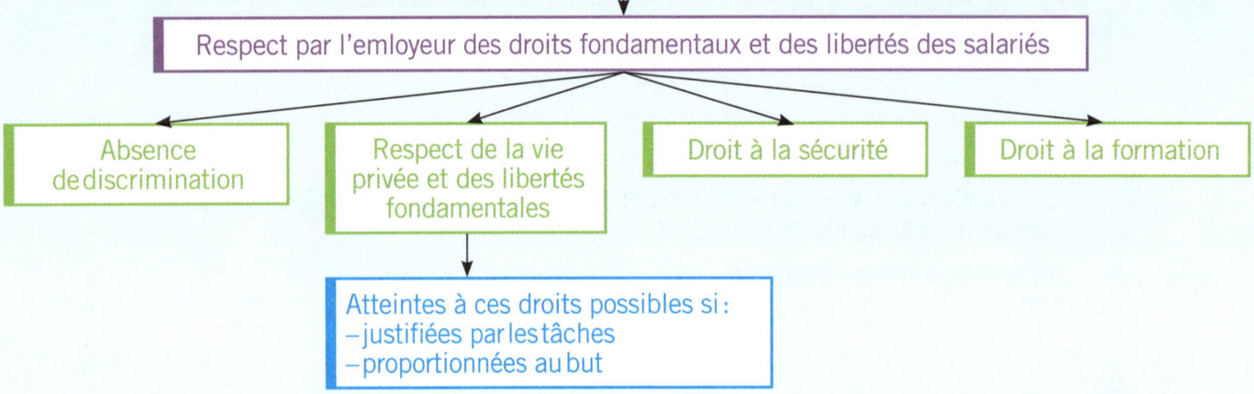

La rupture du contrat de travail et ses conséquences

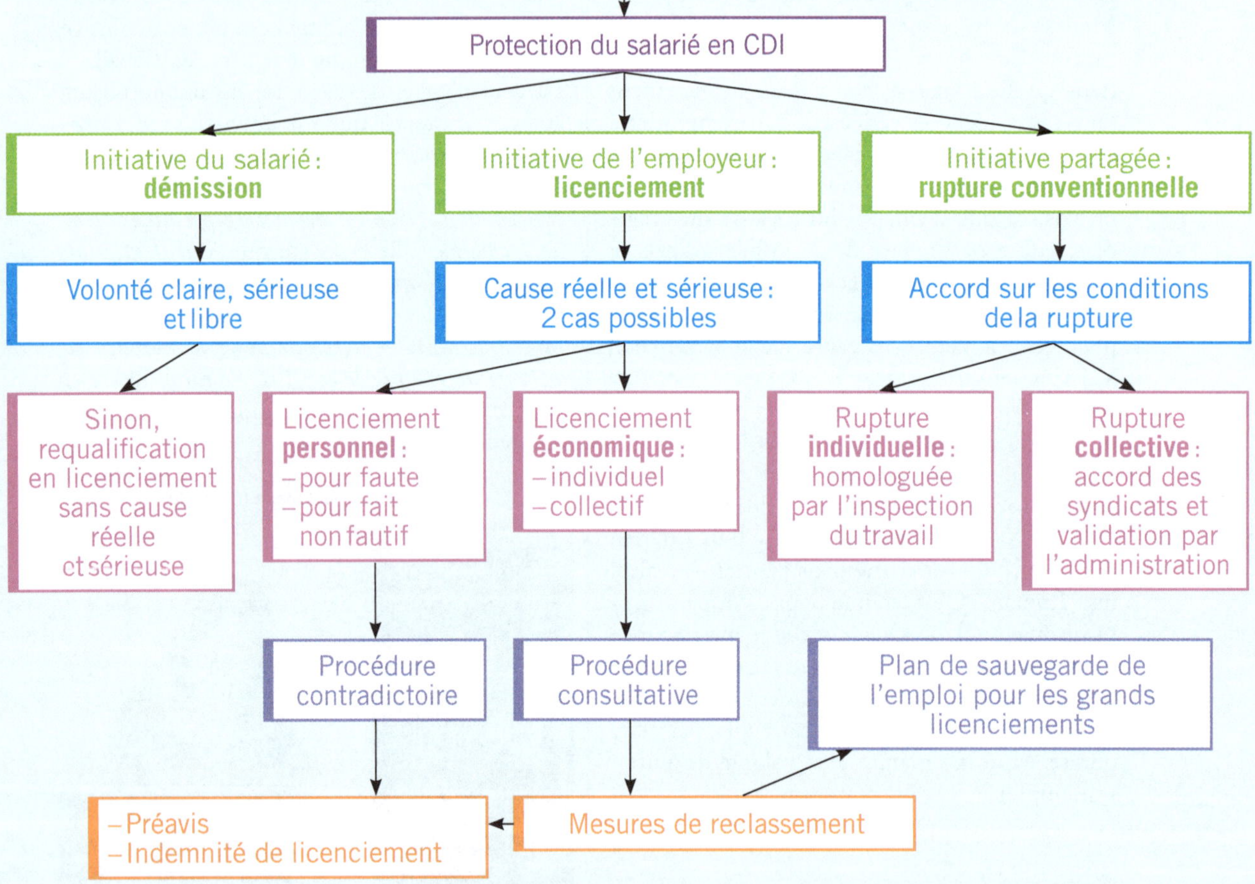

CONCEPTS

Compte personnel de formation (CPF) – Contrat de sécurisation professionnelle (CSP) – Démission – Discrimination – Formation professionnelle – Indemnité de licenciement – Licenciement – Licenciement économique – Licenciement personnel – Licenciement sans cause réelle et sérieuse – Plan de sauvegarde de l'emploi (PSE) – Préavis – Rupture conventionnelle collective – Rupture conventionnelle homologuée

12 L'impact des mutations du travail sur l'emploi et les conditions de travail

PLAN DU CHAPITRE

- 1 • Proposer des actions appropriées dans le cadre d'une gestion des emplois et des compétences
- 2 • Identifier les leviers de la motivation

LES COMPÉTENCES ATTENDUES

- → Proposer des actions appropriées dans le cadre d'une gestion des emplois et des compétences.
- → Identifier les leviers de motivation conciliant l'objectif de l'entreprise et les attentes de l'individu.

LES SAVOIRS ASSOCIÉS

- → Le dispositif de gestion provisionnelle des emplois et des compétences
- → Les facteurs de motivation et de la satisfaction au travail
- → Les conditions de travail et leurs évolutions

Le travail contribue-t-il au bonheur ?

Travailler permet-il d'être plus heureux ? OpinionWay s'est penché sur la question pour Microsoft en interrogeant plus de 2000 actifs français.

Selon les actifs français (72%), le travail permet de se sentir heureux de manière générale. Ils sont aussi 44% à se rendre chaque jour « avec plaisir au travail ». Mais pourquoi le travail les rend-il heureux ?

Il procure une stabilité financière permettant de prendre soin sereinement de ses proches et mener à bien des projets personnels. Pour 80% c'est une manière de trouver sa place dans la société, pour 79%, il génère du lien social (qui fait partie des quatre piliers nécessaires à l'épanouissement), et permet de se sentir utile. Le travail rend heureux aussi parce qu'il structure le temps, donne un cadre et permet de mieux apprécier son temps libre. Enfin, travailler impose de développer ses compétences et ses qualités, ce qui est valorisant et donne confiance en soi, et contribue à l'épanouissement personnel.

Pour éprouver du bonheur au travail, ce dernier doit néanmoins remplir quelques critères. Voici les principaux. Sans surprise il faut « aimer son travail », le besoin de sens prévalant légèrement sur celui de faire quelque chose qui plaît personnellement (56% contre 41%). Autre prérequis, peu surprenant au vu de l'importance accordée à la convivialité pour être heureux : avoir de bonnes relations avec ses collègues. Plus inattendu et sans doute lié à une prise de conscience consécutive aux confinements successifs : un cadre de travail agréable et une adéquation des outils avec la mission à mener sont importants aussi. Tout ce qui facilite la réalisation de sa tâche est identifié comme contribuant au bien-être au travail et donc à l'épanouissement personnel. Le travail permettant de se sentir utile, il est précieux de sentir de la reconnaissance de la part de la hiérarchie, d'avoir la confiance de son manager et de disposer d'autonomie. Enfin, le travail ne doit pas déborder sur la vie privée : rappelons qu'il est apprécié parce qu'il permet de donner un cadre, il doit donc rester à sa place.

wojo.com, décembre 2020.

TRAVAIL : FAUT-IL UN CHEF DU BONHEUR ?

Vidéo liennathan.fr/s62i5m

1. **Pourquoi le travail contribue-t-il au bonheur des français ?**
2. **Quelles sont les conditions pour que le travail soit une source bonheur ?**

1 Proposer des actions appropriées dans le cadre d'une gestion des emplois et parcours professionnels

DOC. 1 Qu'est-ce que la GEPP ?

L'environnement, les décisions stratégiques ont des conséquences sur les ressources humaines de l'entreprise. Dans ce contexte, la gestion des emplois et des parcours professionnels (GEPP) se fonde sur une analyse des ressources disponibles qui vont être confrontées aux besoins futurs de l'entreprise en termes de volume d'emploi et de compétences. En fonction des écarts, l'entreprise mettra en œuvre les actions appropriées.

Écarts : besoins – ressources	Objectifs	Actions appropriées
Les besoins sont supérieurs aux ressources disponibles	Accroître les effectifs et/ou accéder à de nouvelles compétences	**La mobilité interne / la promotion :** l'entreprise recrute en interne en proposant un changement de poste à un salarié. Cette mesure permet de motiver les salariés en leur accordant de nouvelles responsabilités. **Le recrutement externe :** l'entreprise embauche des personnes extérieures. Cette solution permet d'accéder à de nouvelles compétences et d'apporter du sang neuf dans l'entreprise. **La formation :** elle permet de faire évoluer les salariés et de répondre à de nouveaux besoins en matière de compétences.
Les besoins sont inférieurs aux ressources disponibles	Réduire les effectifs	**La réduction des effectifs :** l'entreprise va chercher à réduire ses effectifs en favorisant des dispositifs de départs volontaires, de travail à temps partiel ou de gestion des fins de carrière dans le but de limiter les licenciements. **La réduction du temps de travail :** cette mesure permet d'ajuster la durée du temps de travail en fonction des besoins. **La mobilité interne :** elle va permettre d'éviter de supprimer des postes sensibles devenus obsolètes en proposant des reclassements.

1. Pourquoi l'environnement et les décisions stratégiques peuvent-ils influencer les besoins en ressources humaines de l'entreprise ? Donnez des exemples pouvant les influencer à la hausse ou à la baisse.

DOC. 2 Les GEPP en pratique

En manque de main-d'œuvre

Créée en 2009, Cambrai Broderie et impression emploie douze personnes à Ligny-en-Cambrésis. En plein essor, l'entreprise de Sébastien Dessolle peine pourtant à trouver la main-d'œuvre. « Il n'y a plus d'écoles de sérigraphie et de broderie par ici », déplore le chef d'entreprise.

Nocibé ferme des parfumeries

Le groupe allemand de parfumerie Douglas, propriétaire du français Nocibé, a annoncé jeudi la fermeture de près de 20% de ses magasins en Europe. «Environ 500 des 2400 magasins européens seront fermés d'ici à l'automne 2022», a indiqué le groupe allemand dans un communiqué. Au total, 2500 postes sont menacés par ces fermetures en Europe, dont «environ 350» en France.
Douglas, notamment présent en Espagne, Italie et en Pologne, justifie ces mesures par le «changement des habitudes de consommation» de ses clients, en faveur des achats en ligne, au détriment des ventes physiques. Ce phénomène, déjà présent avant la crise, a été «accéléré par la pandémie de Covid-19», explique l'entreprise.

leparisien.fr, 29 janvier 2021.

Amazon a besoin de main-d'œuvre

Comme chaque année à la même époque, Amazon a besoin de main-d'œuvre. Il lui faut anticiper l'augmentation de son activité avant et au moment des fêtes de fin d'année.

2. Analysez et expliquez l'écart entre les ressources disponibles et les besoins futurs dans chacun des trois cas présentés dans le document 2.

3. Proposez des actions pour réduire ces écarts.

DOC. 3 La gestion des talents

La GEPP a pour objet d'anticiper à moyen/long terme les évolutions des ressources humaines. Or, les dirigeants ont des difficultés pour établir des plans d'action fiables tant l'environnement est aléatoire. Dans ce cadre, la GEPP ne permet pas de s'adapter immédiatement aux changements en cours. Pour être réactive, l'entreprise doit être en mesure d'identifier les talents, qui se définissent comme la combinaison de compétences rares, ayant la capacité d'être performants dans une situation donnée. Avec la gestion des talents, les entreprises doivent être en mesure de détecter leurs hauts potentiels, de fidéliser leur personnel, d'améliorer la performance individuelle de leurs employés ainsi que de développer leurs compétences. La gestion des talents s'appuie sur la personne en explorant, pour chaque salarié, les activités pour lesquelles il dispose d'aptitudes naturelles de manière à mettre « la bonne personne à la bonne place ».

4. **Pourquoi la GEPP ne permet-elle pas à l'entreprise d'être réactive ?**

5. **Quels sont les objectifs de la gestion des talents ?**

DOC. 4 Attirer et repérer les talents

Mazars, entreprise internationale présente dans 89 pays, emploie 3 800 personnes en France. Spécialiste de l'audit, du conseil, de la comptabilité et de la fiscalité, Mazars est un recruteur majeur pour les étudiants de Grandes Écoles. [...]
Mazars implique des étudiants en leur faisant vivre une expérience Mazars. « Nous avons par exemple sollicité des élèves de l'ESSEC pour travailler sur l'avenir du métier d'expert-comptable. Cela nous permet de faire émerger de bonnes idées, mais aussi de faire connaître Mazars autrement que par une présentation en amphithéâtre. Ici, les étudiants rencontrent des collaborateurs. Ils découvrent les enjeux de Mazars et sont acteurs de la transformation », décrit Charlotte Gouiard [Responsable des relations écoles et du recrutement]. [...]
Avec des communautés Facebook, Instagram, LinkedIn, Twitter et Snapchat dynamiques, Mazars a intégré le potentiel de communication de ces réseaux et adapte sa ligne éditoriale selon le réseau et la cible. Selon Mathilde Le Coz, « depuis le début, Mazars a fait le choix d'être sur les réseaux sociaux, cela permet de toucher beaucoup de personnes, tout en contrôlant les moyens financiers mis en place. Il faut être audacieux, créatif, trouver le bon ton et trouver son public. [...] »
En somme, Mazars a développé une véritable stratégie de marque recruteur, en s'appuyant sur les administrations des écoles, les associations, mais aussi sur une communication travaillée qui ose s'essayer aux nouveaux formats. Les réseaux sociaux jouent un rôle important dans la transmission des messages. Ils mettent en avant la culture d'entreprise en apportant un maximum d'authenticité. L'entreprise n'hésite pas à être audacieuse pour se différencier. Cela lui permet d'atteindre et de capter les jeunes talents qui seront, pour certains, leurs collaborateurs de demain.

2empower.com

Inno'Cup est une démarche d'innovation collaborative, inscrite chez Bouygues Construction. Ce Concours est ouvert à tous les collaborateurs du Groupe en France et à l'international. Il permet aux participants de partager leurs idées innovantes ou leurs projets mis en place dans leur métier.
À la suite du Concours, les idées sélectionnées pourront poursuivre leur développement en R&D ou encore être accompagnées pour créer les nouveaux business de Bouygues Construction.

6. **Repérez les moyens utilisés par le groupe Mazars pour attirer les talents.**

7. **Pourquoi le groupe Mazars a-t-il besoin de se différencier de ses concurrents pour attirer les talents ?**

8. **Comment Bouygues Construction repère-t-il les talents parmi ses salariés ?**

9. **En quoi les talents peuvent-ils représenter un avantage compétitif pour l'entreprise ?**

APPLICATION AU CAS

GROUPE STELLANTIS

DOC. Témoignage de Jean-Paul Guy, délégué syndical central suppléant de la CFTC pour le groupe Stellantis [ex-PSA]

« Avec la GEPP, nous avons des accords centraux qui nous ont permis de répartir les postes en trois catégories. Les métiers en tension : pour ces métiers, nous n'avons pas assez de personnel pour pourvoir ces postes. Ils sont croissants chez groupe PSA. Les métiers à l'équilibre : pas de problèmes particuliers les concernant. Et les métiers sensibles : sureffectif par rapport au besoin de l'entreprise. Nous faisons le point tous les six mois sur leurs évolutions. [...] Il faut permettre aux personnes de partir volontairement dans les meilleures conditions, en évitant tout plan social. Nous avons aussi mis en place le programme "Top compétences", qui permet de suivre une formation complète pour changer de métier. »

A. Sibuet, frenchweb.fr, 11 septembre 2018.

1. **Identifiez les mesures mises en place dans le cadre de la GEPP. Justifiez ces choix.**

2. **Proposez des actions pour les métiers en tension.**

2 Identifier les leviers de la motivation

DOC. 5 Quels sont les facteurs déterminants de la motivation au travail ?

La motivation se définit comme une force plus ou moins consciente qui pousse un individu à agir. Dans le cadre du travail, la motivation se mesure par la volonté d'un individu à s'investir et à s'impliquer dans la réussite de son entreprise. L'employeur dispose d'un ensemble d'outils qui vont avoir une influence sur la motivation et l'implication de ses salariés :

La **rémunération** est un des leviers classiques de la motivation. Elle est constituée de l'ensemble des rétributions versées à son salarié en contrepartie de son travail.
Selon la théorie de l'équité d'Adams, chaque individu a tendance à évaluer ses contributions envers son employeur (temps de travail, performances, expérience) et à les comparer à ce qu'il reçoit en contrepartie (salaire, conditions de travail, promotion…) et à ce que d'autres personnes perçoivent dans des situations qu'il juge similaires. En fonction des écarts constatés, l'individu éprouvera un sentiment d'équité si sa rétribution (avantages perçus) est à la hauteur de sa contribution ou d'iniquité si l'écart est en sa défaveur. Dans ce dernier cas, l'iniquité peut avoir des effets sur le comportement et la motivation du salarié qui peuvent se traduire par de l'absentéisme, des tensions, des demandes d'avantages supplémentaires (salaires, primes, promotions).

La **stabilité de l'emploi** : au-delà de l'aspect financier lié à la rémunération, le salarié est également prêt à s'impliquer pour une entreprise qui lui garantit de bénéficier d'un emploi stable et sécurisant.

La **gestion des carrières** a pour but de mettre en œuvre des parcours personnalisés pour les salariés. Elle vise à accompagner le salarié en lui donnant des fonctions intéressantes, avec de réelles responsabilités.

L'**aménagement du temps de travail** est l'adaptation des horaires et du rythme du travail aux besoins de l'entreprise et des salariés.

L'**épargne salariale** regroupe un ensemble de dispositifs destinés à intéresser collectivement les salariés d'une entreprise à ses résultats.

1. **Distinguez les leviers monétaires et non monétaires de la motivation parmi les dispositifs présentés dans le document 5.**
2. **Selon la théorie de l'équité d'Adams, à quelles conditions un système de rémunération sera-t-il motivant pour un salarié ?**

DOC. 6 Et si demain, on choisissait nos salaires ?

Bienvenue chez Lucca, une start-up où les salariés fixent eux-mêmes leurs salaires sous l'œil attentif (mais non contraignant !) de leurs collègues. Ici, non seulement chacun sait combien gagne son voisin, tout est transparent, mais chacun fixe aussi sa rémunération, à partir de trois ans d'ancienneté. […] Après une première phase dans les années 2000, Gilles Satgé retente l'expérience depuis janvier 2016. Le mécanisme est affiné chaque hiver. « On conserve deux règles, précise le PDG. Un : le salarié a le dernier mot. Deux : le salaire doit correspondre à la valeur du marché. » […] Au bout du compte, atteste Gilles Satgé, les salaires chez Lucca suivent les marchés mais sont en moyenne 3 à 4 % plus élevés que si le PDG fondateur les avait déterminés seul. Un investissement qui s'avère… rentable. « Les gens sont contents d'avoir fixé leur salaire et ça évacue toute la frustration qui existe en temps normal autour du sujet. » Un mécanisme qui augmente surtout l'engagement, en particulier de ceux qui prétendent à un salaire élevé. « Ça leur met la pression ! Désormais, ils doivent assurer devant tout le monde, être à la hauteur de leur prétention. » […]

C. Lesacq, *Welcome to the Jungle*, n° 8, 2 mars 2018.

3. **Expliquez comment le système de rémunération mis en place par l'entreprise Lucca permet d'éviter le sentiment d'iniquité évoqué dans la théorie de l'équité d'Adams (document 5).**
4. **Pourquoi ce système augmente-t-il l'implication des salariés ?**

DOC. 7 La satisfaction des besoins des salariés

Abraham Maslow a identifié cinq besoins auxquels l'entreprise doit répondre pour motiver ses salariés : le besoin physiologique, le besoin de sécurité, le besoin d'appartenance, le besoin d'estime (ou de reconnaissance) et le besoin de s'accomplir (ou d'épanouissement personnel). Dans sa théorie bi-factorielle, Frederick Herzberg distingue deux types de facteurs qui influencent la satisfaction au travail : les facteurs d'hygiène liés à l'environnement du travail et les facteurs de motivation qui concernent le travail en lui-même. Selon Herzberg, les salariés sont mécontents si les facteurs d'hygiène ne sont pas satisfaits. Cependant, la satisfaction des facteurs d'hygiène ne suffit pas à motiver le salarié car il lui apparaîtra normal que son travail réponde à ce type de besoins. Pour motiver les salariés, il faut satisfaire les facteurs de motivation, c'est-à-dire le contenu du travail. Ainsi, Herzberg disait : « Si vous voulez que les gens fassent du bon travail, donnez-leur un bon travail. »

Maslow et Herzberg

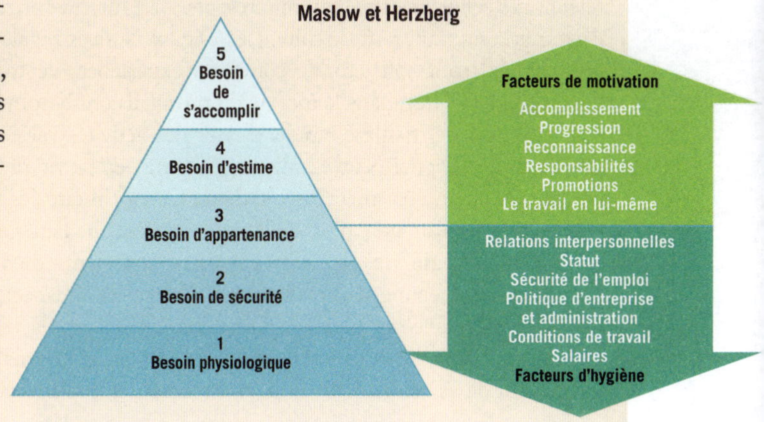

5. **Comment l'entreprise peut-elle satisfaire le besoin d'estime de ses salariés ?**
6. **Pourquoi la seule satisfaction des facteurs d'hygiène évoqués par Herzberg ne permet-elle pas de motiver les salariés ?**
7. **Expliquez la phrase soulignée dans le document 7.**

DOC. 8 Partager la réussite de son entreprise avec ses salariés

Un patron qui reverse 1,6 million d'euros de bénéfices à ses salariés pour fêter les 25 ans de son entreprise, c'est plutôt rare. « Non, c'est normal ! » affirme Jean-Louis Brissaud, le généreux PDG fondateur de Starterre, une PME lyonnaise spécialisée dans la distribution automobile…

Pourquoi avez-vous été surpris par le buzz provoqué par ce cadeau offert à vos salariés (de 500 à 35 000 euros selon l'ancienneté, NDLR) ? Cette prime, c'est un peu le sommet de l'iceberg. Nos collaborateurs se sont beaucoup investis, certains depuis des années, pour faire croître cette entreprise. Il est logique de partager sa réussite avec eux. […]

Vous avez aussi une approche assez paternaliste avec vos salariés. N'est-ce pas également un facteur de succès ? […] Si vous permettez à vos collaborateurs d'être bien dans leur travail, acteurs de leur job et si vous reconnaissez leur implication, vous pouvez les emmener au bout du monde. Cette valorisation est primordiale. Un salarié a d'ailleurs dit en recevant cette prime d'anniversaire qu'au-delà du montant, elle était d'abord une preuve de la reconnaissance de son travail.

Au-delà de son management participatif et reconnaissant, Jean-Louis Brissaud veille aussi au bien-être de ses équipes. La centaine de salariés de Starterre bénéficie d'excellentes conditions de travail : open space très zen couleur chocolat et vert anis agrémenté de bonsaïs, pièce de repos pour les micro-siestes, salle de massage, cuisine-bar, coin télé, terrasse et… baby-foot !

C. Dillenseger, myhappyjob.fr.

8. **Quels types de besoins de Maslow (document 7) l'entreprise Starterre a-t-elle satisfaits en distribuant une partie de ses bénéfices à ses salariés ?**
9. **Classez les actions mises en place selon la théorie bi-factorielle de Herzberg (document 7).**
10. **Quelle est la clé de la motivation des salariés selon le PDG de Starterre ?**

À LYON, UN PATRON GÉNÉREUX RÉSERVE 1,6 MILLION D'EUROS À SES SALARIÉS

Vidéo
liennathan.fr/rpq327

DOC. 9 Les attentes des Digital Natives

Les natifs du numérique constituent la première génération pour qui les nouvelles technologies sont naturelles, car ils ont grandi dans un environnement technophile où les ordinateurs, jeux vidéo, lecteurs MP3, webcams et téléphones cellulaires étaient omniprésents. [...] Internet offre la possibilité d'avoir accès à tout, tout de suite. Les Digital Natives [également appelés Millennials] sont soucieux de concret, d'expérience, de transparence et d'immédiateté. [...] Dans le monde du travail, ils ont besoin d'accéder aux connaissances de manière rapide, d'avoir des activités variées [...]. Autre spécificité des Digital Natives, mieux gérer leur temps vie professionnelle / vie privée, en interconnectant les deux. Ce qui incite les entreprises à repenser le bureau non plus seulement comme un lieu de travail mais comme un lieu de vie. Ils sont également conscients de vivre dans un environnement changeant et incertain. Ainsi, leur respect de l'autorité est à la compétence et non à la hiérarchie et à l'âge. Ils veulent que les ordres qu'on leur donne soient justifiables, légitimes au sens de l'utilité et ont besoin de se sentir dans un environnement social agréable et amical.

ct.nexity.fr

11. **Recensez les besoins des Digital Natives dans le monde du travail.**

12. **Expliquez et justifiez comment s'exprime leur rapport à l'autorité.**

13. **Les leviers classiques de la motivation leur correspondent-ils ?**

DOC. 10 Davidson Consulting, l'entreprise rêvée ?

Cette société française de conseil en management et d'expertise technologique, créée en 2005, emploie quelque 3 000 salariés. Peu sont visiblement ceux à se plaindre de leur situation. « Nous avons décidé que rien dans le travail ne justifiait qu'on "fasse la gueule". Nous multiplions les occasions de nous retrouver : formations, parrainage, échanges d'appartements, ateliers photos, week-end plongée, tennis, football, soirées théâtre, opéra. [...] Chez Davidson Consulting, il y a même un coin sieste, qui fait face à l'espace détente où sont disposés piano, guitare, console de jeux, transat et baby-foot. » Mais la recette du succès comprend bien plus d'ingrédients. Le principal, peut-être, réside dans le management horizontal : peu de niveaux hiérarchiques, des dirigeants très accessibles et des collaborateurs placés au centre de l'entreprise.

T. Mathieu, europe1.fr, 9 octobre 2017.

14. **Quels sont les moyens mis en place au sein de la société Davidson Consulting pour développer les relations sociales entre les salariés ?**

15. **Quel style de management a été instauré au sein de cette société ? Justifiez votre réponse. En quoi cela correspond-il aux attentes des Digital Natives ?**

DOC. 11 Télétravail et lien social

Jean-Charles Varlet, le dirigeant de la start-up Crème de la Crème qui met en relation les travailleurs freelance et les entreprises, est heureux : depuis quatre ans, son entreprise n'a connu qu'un seul départ. Pour fidéliser ses salariés, la start-up a misé sur le télétravail. Trois jours par semaine, les salariés ont la possibilité de rester travailler chez eux. La réussite de cette nouvelle forme de travail repose sur la liberté et la confiance. Elle nécessite également de maintenir un lien social entre l'entreprise et ses salariés.

Crème de la Crème a ainsi créé des rendez-vous et des évènements qui vont permettre de favoriser les échanges et la collaboration entre les salariés. Chaque semaine, un apéritif est organisé avec des salariés choisis aléatoirement. De plus, tous les trois mois, chaque équipe s'évade pendant quelques jours hors de Paris, en province ou à l'étranger.

16. **À quelle aspiration des Digital Natives (document 9) le télétravail répond-il ?**

17. **Quels peuvent être, selon vous, les freins à la mise en place du télétravail ?**

18. **Comment l'entreprise Crème de la Crème réussit-elle à concilier télétravail et lien social ?**

DOC. 12 Les Digital Natives changent l'entreprise

Comment attirer les jeunes talents et les fidéliser ? Comment répondre aux besoins de créativité et d'autonomie des Digital Natives ? De nombreuses entreprises font actuellement face à ces problématiques et n'hésitent pas, pour y répondre, à revoir leur mode de management pyramidal.

C'est le cas de l'entreprise GT Location, spécialisée dans la location de véhicules avec conducteur. « Notre organisation donne toutes les capacités de décision aux équipes opérationnelles, de sorte que ceux qui savent décident sans avoir à en référer à leur supérieur », explique Michel Sarrat, PDG de GT Location.

Même tendance au sein du groupe SGP, expert en sécurité privée, qui emploie 450 agents de sécurité, dont plus de la moitié a moins de 35 ans. Au sein de cette société, le PDG, Florian Pette, a décidé en 2015 de laisser ses salariés prendre les décisions de manière collégiale.

Les équipes sur le terrain ont toute la lattitude pour gérer leur emploi du temps sous l'encadrement d'un leader choisi par les membres de l'équipe en concertation avec le client. Ces mesures ont permis de favoriser les prises d'initiative chez les collaborateurs et les jeunes recrues tout en développant l'esprit d'équipe. « Ces Digital Natives ont besoin de reconnaissance, d'être écoutés et de trouver du sens à leur métier », explique Sonia Chateaux, Office manager au sein du groupe SGP, qui estime que ce mode de management libéré correspond bien aux aspirations des générations Y et Z.

19. Décrivez le type de management mis en place au sein de l'entreprise GT Location et du groupe SGP.

20. Pourquoi ces entreprises répondent-elles aux attentes des Digital Natives ?

APPLICATION AU CAS

GROUPE STELLANTIS

DOC. De nouveaux outils pour accompagner la transformation digitale ?

Valérie Roch, Responsable de l'Innovation RH et du programme « Digital Employee » du groupe PSA [aujourd'hui groupe Stellantis], décrit l'engagement de la DRH dans la transformation du groupe automobile.

Quel est le lien entre le poste de « Responsable de l'Innovation RH » et la transformation que connaît actuellement le groupe PSA ?

Le poste de Responsable de l'Innovation RH existe depuis février 2016. Le groupe PSA veut en effet devenir une entreprise complètement connectée. L'évolution culturelle à mener dans le groupe et à laquelle la transformation digitale contribue, c'est avoir une culture du résultat et de la confiance.

Y a-t-il un enjeu générationnel ?

La moyenne d'âge dans le groupe est de 45 ans et la présence des Digital Natives y est encore limitée. Nous capitalisons donc sur nos 3000 jeunes apprentis. Nous avons ainsi organisé des rencontres à l'heure du déjeuner pour qu'ils puissent parler de différents aspects que représentait le digital pour eux et pour l'entreprise.

Devez-vous transformer vos modes et lieux de travail ?

Nous avons beaucoup développé le télétravail et une solution innovante, le TAD (travail à distance): ainsi, 25 jours par an peuvent y être réalisés à distance, et plus dans l'entreprise, avec juste un accord direct avec le manager. C'est un des moyens de dire: nous vous faisons confiance dans votre organisation du travail pour réaliser votre mission et atteindre vos objectifs. Nous développons en parallèle le Flex Office. Ces nouveaux locaux reflètent trois aspects clés: de la modernité, des moyens digitaux et une grande convivialité – qui est définitivement le maître-mot. Dans ces cadres, les managers sont en contact direct avec les équipes.

Digital Insights, 26 mars 2018.

1. Montrez que les transformations menées au sein du groupe Stellantis [ex-PSA] répondent aux attentes des Digital Natives.

2. Pourquoi le travail à distance repose-t-il sur la confiance ?

3. La mise en place du Flex Office peut-elle avoir une influence sur la motivation des salariés ? Justifiez votre réponse.

TESTEZ VOS CONNAISSANCES

Flashez le QR code pour faire les exercices et réviser les notions essentielles.

liennathan.fr/3b6s5t

1 Un exemple réussi de GEPP

1. **Quels sont les moyens utilisés par la Banque de France pour fidéliser et développer les talents ?**
2. **Repérez les objectifs de la GEPP au sein de la Banque de France.**
3. **Montrez que l'outil « Mon parcours » permet de repérer et gérer les talents.**

DOC. **Interview d'Hervé Gonsard, directeur général des RH de la Banque de France**

Dans le cadre de son plan stratégique 2021-2024, la banque centrale nationale se donne pour ambition de renforcer ses trois missions fondamentales : la stratégie monétaire, la stabilité financière et les services à l'économie et à la société. Pour la concrétiser, plus de 300 personnes vont être recrutées annuellement durant les quatre années à venir.

Les explications d'Hervé Gonsard, directeur général des ressources humaines de la Banque de France.

À quels enjeux visent à répondre vos besoins de recrutement ?
En tant que banque centrale, nous nous situons à la frontière des mondes de l'entreprise et de l'administration. La Banque de France est une institution de la République qui délivre un service public, mais qui déploie un fonctionnement d'entreprise tournée vers l'avenir et l'innovation. […] Elle s'appuie sur plus de 120 métiers […] Jusqu'à récemment, ces métiers - dont plusieurs sont spécifiques à nos activités - étaient essentiellement accessibles par concours d'assistant, de cadre ou de cadre de direction. Aujourd'hui la modalité contractuelle est de plus en plus utilisée. […]. Une fois recrutés, nous nous attachons à fidéliser et développer tous les talents qui nous rejoignent.

Justement, quelles sont les possibilités d'évolution professionnelle et d'évolution des compétences ?
Nous avons une forte tradition de promotion interne. Entre 2016 et 2020, 209 personnels non-cadres sont devenus cadres. Avec une telle diversité de métiers, nous offrons aussi de nombreuses opportunités de mobilité fonctionnelle. Enfin, avec des succursales dans chaque département, avec notre filiale pour les départements d'Outre-mer (l'IEDOM) mais aussi avec des bureaux à l'étranger - à Singapour ou à New York - ou encore de nombreuses possibilités de détachements à la BCE ou au FMI par exemple, la mobilité peut également être géographique nationale comme internationale.
Pour soutenir cette mobilité et, plus largement, le développement continu des compétences, plus de 85 % des agents sont formés chaque année, et nous consacrons dans les années normales plus de 7 % de la masse salariale à la formation. […]

Quels sont vos prochains chantiers RH ?
Nous sommes en train de négocier avec notre nouvel accord de GEPP (Gestion des Emplois et des Parcours Professionnels), qui nous aidera notamment à définir les métiers en développement et ceux qui doivent évoluer, mais aussi à combler les écarts entre les compétences actuelles et futures. Un outil, « Mon Parcours », permettra à chaque collaborateur de renseigner ses compétences, à l'image d'un « LinkedIn » interne, et de voir à quels autres métiers de la banque elles peuvent correspondre. L'objectif est double : pour le collaborateur, il s'agit d'identifier ses possibilités d'évolution ; pour nous, il offre de la visibilité sur notre vivier de talents interne, et un meilleur accompagnement de la part des gestionnaires de carrière.

focusrh.com, 9 juin 2021.

ÊTRE CONSULTANT AKTEHOM

Vidéo
liennathan.fr/ba2t57

2 SFAM, l'entreprise où on est heureux de travailler

1. Repérez les moyens mis en place par SFAM pour fidéliser ses salariés.
2. Classez ces moyens selon la classification des facteurs de Herzberg.
3. Quels types de besoins de Maslow SFAM cherche-t-elle à satisfaire auprès de ses employés ?
4. Pourquoi la politique mise en œuvre est-elle motivante ?

DOC. La qualité de vie au travail : un critère de choix pour les nouveaux talents

60 % des salariés français placent le bien-être au travail en tête de leurs priorités. Mettre l'humain et la qualité de vie au travail au cœur de sa politique sociale est une conviction partagée par SFAM Group, leader européen de l'assurance affinitaire destinée à la téléphonie, au multimédia et aux objets connectés. Pour SFAM Group, comprendre les attentes des collaborateurs et y répondre est d'autant plus essentiel que le Groupe a amorcé ces 3 dernières années des plans de recrutement d'envergure pour soutenir sa croissance. En effet, SFAM Group grandissant très vite, la politique sociale du Groupe se doit d'être à la hauteur des attentes de ses collaborateurs et des nouveaux talents.

« Notre Groupe se développe à grande vitesse, en France comme à l'international. Les opportunités de carrière y sont nombreuses ; il est donc important d'accompagner nos collaborateurs dans leurs souhaits de développement professionnel. Nous leur proposons des évolutions de carrière, la responsabilité de projets, des missions ponctuelles, de la mobilité internationale, etc… et nous veillons à mettre en œuvre les actions de formation et d'accompagnement leur permettant de progresser dans leur carrière et de relever de manière continue les défis du Groupe. », explique Christine Lemaire, la Directrice des Ressources Humaines du Groupe.

Pour la 4e année consécutive, le groupe a reçu le label HappyAtWork qui récompense les entreprises où les salariés sont heureux de travailler. Mis en place par ChooseMyCompany, le label HappyAtWork est décerné aux entreprises où il fait bon travailler. Le groupe SFAM a obtenu la très bonne note de 4,62/5 et un taux de recommandation de 91 %. […]

« Les nouveaux talents sont de plus en sensibles au bien-être au travail, qui constitue la pierre angulaire de notre politique sociale et managériale », confirme Christine Lemaire, la Directrice des Ressources Humaines du groupe. « C'est pourquoi nous pratiquons un management de proximité qui permet de proposer à nos collaborateurs un environnement de travail propice à leur épanouissement, reposant sur le respect, la confiance, et la bienveillance. Nous encourageons les initiatives et la prise de risque, et nous reconnaissons les efforts et la contribution de chacun. ». […]

Pour choyer ses collaborateurs, SFAM Group propose restaurant d'entreprise gratuit, salle de sport, mutuelle intégralement prise en charge, salaires supérieurs à la moyenne du marché dans ce secteur d'activité… « Nos infrastructures favorisent le lien social et la convivialité. Les espaces de travail sont vastes et confortables », poursuit Christine Lemaire. « Nous proposons également une aide à la parentalité au travers d'un partenariat avec un réseau de crèches car nous veillons particulièrement à préserver l'équilibre entre la vie professionnelle et privée. »

Si le télétravail rend plus difficile le management de proximité, SFAM Group reste particulièrement attentif à l'intérêt des missions confiées, à l'autonomie accordée et au sentiment de reconnaissance. « Ce sont les facteurs qui contribuent le plus au sentiment de bien-être en entreprise et le travail à domicile peut créer un sentiment d'isolement », analyse Christine Lemaire. « Il est primordial pendant cette période, de renforcer les liens avec ses équipes. Il sera tout aussi important d'être à l'écoute de ses collaborateurs, pendant et après cette période, afin d'identifier et de répondre aux nouvelles attentes nées de cette situation inédite. » SFAM réfléchit déjà à de nouvelles initiatives !

Les Echos, 11 octobre 2021.

SYNTHÈSE

La gestion des emplois et des parcours professionnels

GPEE Gestion des Emplois et des Parcours Professionnels → Analyser les écarts entre ressources humaines disponibles et besoins futurs et proposer les actions appropriées →

- **Ressources > Besoins**
  - Réduction des effectifs
  - Mobilité interne / promotion
  - Réduction du temps de travail
- **Ressources < Besoins**
  - Recrutement externe
  - Mobilité interne / promotion
  - Formation

La gestion des talents → Bénéficier d'un avantage compétitif durable en valorisant l'unicité de la personne et de ses compétences →

- Attirer les talents
- Détecter les talents
- Fidéliser les talents

Les leviers de la motivation

Les facteurs de motivation et de satisfaction au travail → Identifier les leviers de la motivation →

- Rémunération (théorie de l'équité d'Adams)
- Épargne salariale
- Gestion des carrières
- Aménagement du temps de travail
- Stabilité de l'emploi

et

- Pyramide des besoins de Maslow
- Théorie bi-factorielle de Herzberg

L'évolution des conditions de travail → S'adapter aux attentes des Digital Natives →

- Management participatif
- Travail collaboratif
- Télétravail

CONCEPTS

Gestion des talents – Gestion des emplois et des parcours professionnels (GEPP) – Motivation

Synthèse du thème 5

Les mutations du travail : l'exemple du **groupe Stellantis**

THÈME 5

À l'aide d'un outil collaboratif en ligne (ex. : Padlet), préparez pour chaque question une réponse argumentée. Vous veillerez à mobiliser les concepts développés dans les chapitres.

Les principales évolutions du marché du travail.

Quelle sont les grandes tendances du marché du travail français ? Quel peut être leur impact sur le groupe Stellantis ?

Quel est l'objectif des politiques actives de l'emploi ? des politiques passives ?

Par quoi peuvent-elle se traduire pour les salariés du groupe Stellantis ?

La prise en compte par le droit des besoins de Stellantis et des salariés.

Quel rôle joue le droit négocié dans le groupe Stellantis ?

Identifiez le rôle des partenaires sociaux au sein du groupe Stellantis.

Quels types de contrats de travail peut-on trouver au sein du groupe Stellantis ?

Pourquoi le groupe Stellantis peut-il avoir intérêt à intégrer des clauses particulières dans ses contrats de travail ?

Dans quels domaines s'appliquent les obligations du groupe Stellantis en matière de protection des salariés ?

L'impact des mutations du travail sur l'emploi et les conditions de travail.

Quel est l'intérêt pour le groupe Stellantis de mettre en place une gestion prévisionnelle des emplois et des compétences ?

De quels leviers dispose le groupe Stellantis pour améliorer la motivation de ses salariés ?

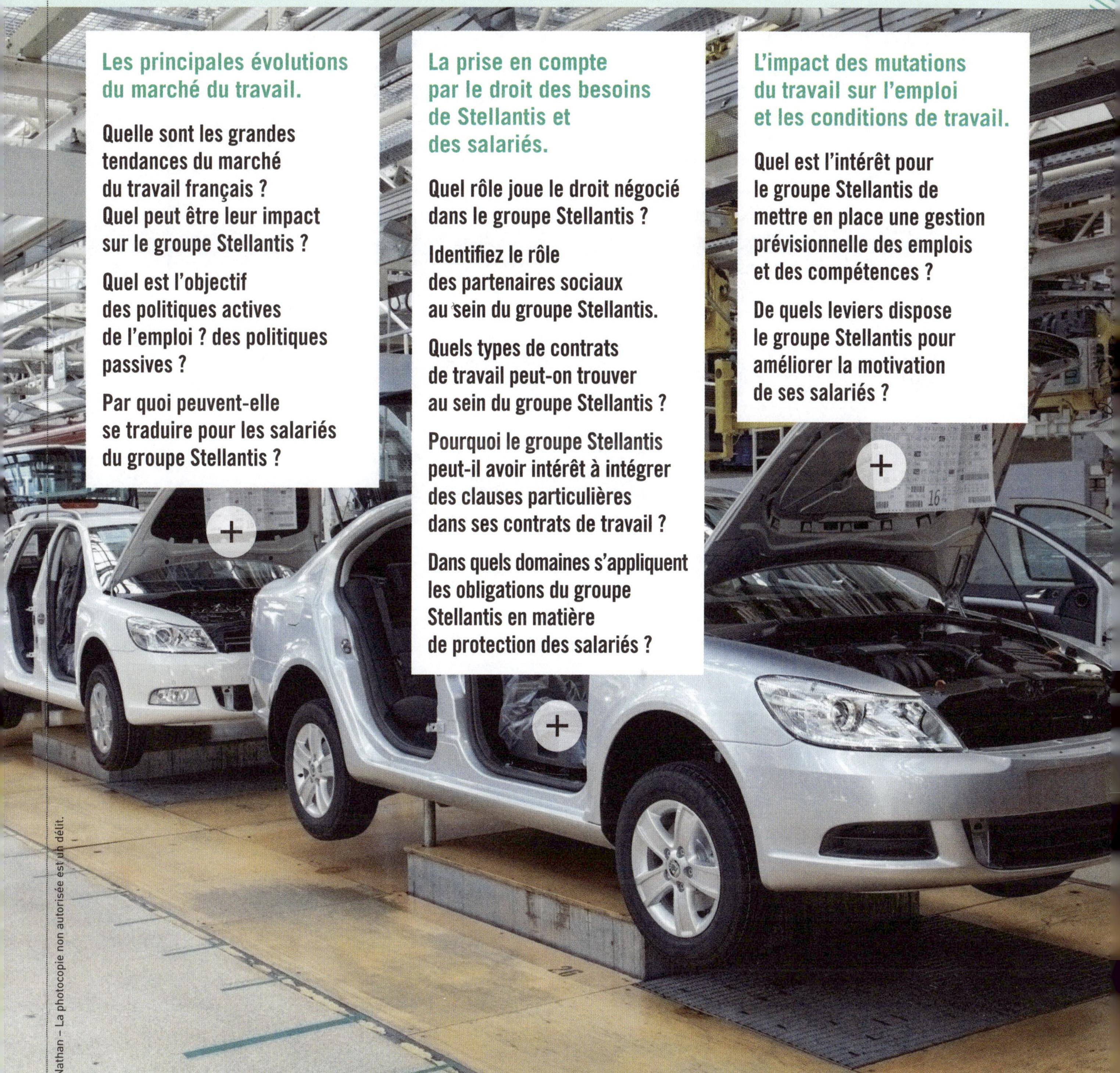

THÈME 5

Les mutations du travail

- **L'analyse des évolutions des métiers et des emplois**
  - Économie
    - L'évolution de la situation du marché du travail
  - Droit
    - La distinction des statuts de travailleur indépendant et de salarié
      - Les différents contrats de travail
    - Le développement de clauses spécifiques dans le contrat de travail
  - Management
    - Gestion des talents
- **L'intégration des mutations dans le monde du travail**
  - Économie
    - Par les politiques actives de l'emploi
  - Droit
    - La loi et les conditions de travail dignes
    - La défense des salariés lors de la rupture ou de la modification du rapport d'emploi
  - Management
    - L'évolution des conditions de travail (management participatif, travail collaboratif...)
    - La gestion prévisionnelle des emplois et des compétences (GPEC)
- **La prise en compte des besoins complémentaires des entreprises et des salariés**
  - Management
    - Gestion des ressources humaines et motivation des salariés
  - Économie
    - Par les politiques passives de l'emploi
    - Par la formation professionnelle
  - Droit
    - Par les différentes sources du droit du travail
      - Principe de faveur
      - Accords dérogatoires
    - Par le développement du droit négocié et le rôle des partenaires sociaux
    - Par la formation professionnelle

Eram

La marque Eram fait partie du groupe du même nom, fondé en 1932 avec, à l'origine, une activité unique de chausseur. Aujourd'hui, l'entreprise dispose d'un réseau de 900 points de vente en centre-ville et en périphérie. Il est installé à l'étranger dans une quarantaine de magasins et il écoule ses produits grâce à 800 distributeurs répartis dans le monde.
Le groupe mobilise des ressources et des compétences en Inde, en Chine et au Bangladesh pour assurer le suivi de la qualité de ses produits et leurs conditions de production.
Eram compte 6 000 collaborateurs et écoule chaque année 21 millions de paires de chaussures, 42 millions de vêtements et 18 millions d'accessoires.
Son activité lui fait exploiter diverses marques, dont Bocage, TBS, Heyraud, Gémo, Mellow Yellow, Les Tropéziennes, ou encore Flex et Sessile, marques de chaussures Made in France et «éco-conçues» lancées en 2019.
Le siège de la société Eram est basé depuis sa création dans le Maine-et-Loire, à Saint-Pierre-Montlimart. Si la conception et la création des chaussures sont réalisées en France, la production se fait en grande partie sur le continent asiatique, au Maghreb et en Europe. Il reste deux usines sur le territoire français, elles sont installées dans le Maine-et-Loire.
Pour ce qui concerne les vêtements, les usines sont essentiellement basées en Asie.

L'étude est composée de 3 missions :

MISSION 1 : Les difficultés du marché et leurs conséquences sociales

MISSION 2 : Un marché de l'emploi en pleine mutation

MISSION 3 : Des employés à préserver

DOSSIER DOCUMENTAIRE

Composition du dossier documentaire :

ANNEXE 1 – Commerce de chaussures : une activité à côté de ses pompes
ANNEXE 2 – Eram licencie 274 salariés de ses magasins Texto et Heyraud
ANNEXE 3 – Plan de sauvegarde de l'emploi (PSE)
ANNEXE 4 – Perspectives de l'emploi dans les pays de l'OCDE (2021)
ANNEXE 5 – Commerce : l'impact de la crise sanitaire sur le marché de l'emploi
ANNEXE 6 – La transformation numérique des entreprises a dopé le salaire des informaticiens
ANNEXE 7 – « Accord sur la gestion des emplois et des parcours professionnels et sur la mixité des métiers »
ANNEXE 8 – Le Plan d'investissement dans les compétences du gouvernement
ANNEXE 9 – Quelques spécificités de l'emploi dans le groupe Eram
ANNEXE 10 – L'entreprise et la génération des « Millenials » : un changement de culture
ANNEXE 11 – Comment maintenir une dynamique relationnelle et préserver le lien ?
ANNEXE 12 – Eram mise sur l'écoconception

En prenant appui sur vos connaissances, le contexte et le dossier documentaire, il vous est demandé de répondre aux questions relatives aux trois missions du sujet. Vous êtes invité(e) à mobiliser les concepts et les apports théoriques dès lors qu'ils sont pertinents et que le lien avec la mission est argumenté.

5 THÈME

ENTRAÎNEMENT À L'EXAMEN

MISSION 1 LES DIFFICULTÉS DU MARCHÉ ET LEURS CONSÉQUENCES SOCIALES

(Annexes 1, 2 et 3)

Comme tout grand groupe industriel et commercial, Eram a subi les effets des bouleversements de son environnement. Afin de rationaliser ses coûts et de mieux répondre au ralentissement du marché, le groupe a donc décidé de fermer certaines enseignes.

1.1 **Exposez les principales évolutions sur le marché de la chaussure depuis 2018.**

1.2 **Identifiez les différents types de licenciement pouvant exister et leur justification. Précisez ceux qui sont susceptibles d'être mis en œuvre dans le groupe Eram et leur cause.**

1.3. **Précisez le rôle et les modalités d'adoption du PSE.**

1.4. **Indiquez les problèmes que risque de rencontrer le groupe avec la fermeture des sites ? Comment peut-il les prévenir ?**

MISSION 2 UN MARCHÉ DU TRAVAIL EN PROFONDE MUTATION

(Annexes 4 à 7)

Pour améliorer sa compétitivité et faire face aux changements de comportement des consommateurs, le groupe Eram envisage d'accentuer sa stratégie digitale. Disposant déjà de 9 sites de e-commerce, il envisage de poursuivre le déploiement des services digitaux. Or il rencontre des difficultés de recrutement importants dans le domaine informatique.

2.1. **Décrivez les principales tendances du marché du travail dans les pays de l'OCDE depuis la crise sanitaire de 2020.**

2.2. **Expliquez le paradoxe avec la pénurie d'informaticiens et ses effets sur les salaires proposés.**

2.3. **Montrez en quoi l'accord sur la GPEC d'Eram peut être une solution aux difficultés rencontrées sur le marché de l'emploi.**

MISSION 3 DES EMPLOYÉS À PRÉSERVER

(Annexes 8 à 11)

La fermeture de nombreuses boutiques et le redéploiement stratégique imposent des changements parfois difficiles à gérer pour les salariés. Le groupe s'interroge donc sur l'opportunité de mettre en place des actions spécifiques.

3.1. **Repérez les attentes de la génération millénial dans sa relation au travail.**

3.2. **Montrez comment les nouvelles orientations stratégiques d'Eram peuvent servir de levier de motivation pour cette génération.**

3.3. **Indiquez en quoi la politique de l'emploi mise en œuvre par les pouvoirs publics permet d'améliorer l'adéquation entre l'offre et la demande de travail.**

ANNEXE 1 Commerce de chaussures : une activité à côté de ses pompes

Ce n'est un secret pour personne, le marché de la chaussure a subi de plein fouet la pandémie. [...] Récemment, les chiffres du commerce spécialisé en avril, publiés par Procos, ont fait état d'une baisse de 89,2 % pour ce seul secteur. Au-delà des différents confinements qui ont plombé l'activité, la demande en chaussures a été limitée par les mesures sanitaires imposées aux Français. [...] .

Chez Eram, on explique que le digital représente désormais 20 % du CA en 2021. Si comme pour Minelli, les marketplaces sont un levier de croissance indispensable, l'omnicanalité est désormais inscrite dans la stratégie du groupe. « Il s'agit de créer des synergies entre nos boutiques et notre activité digitale, à travers le click and collect, la e-réservation, l'order in store ou le ship from store », note François Aspe, co-directeur de la marque Eram. [...]

Tous les leviers de croissance sont les bienvenues pour tenter d'enrayer la crise. Chez Minelli, un partenariat avec les bijoux Emma et Chloé a été mis en place. Même constat avec Eram qui a noué un partenariat, de son côté, avec Grain de Malice dans la boutique d'un de ses affiliés à Savenay.

Suivant la tendance du moment, les enseignes sont nombreuses également à se lancer sur le marché de l'occasion. C'est le cas d'Eram qui teste une offre de seconde main dans cinq de ses boutiques. De même, la part éco-responsable entre aussi dans le logiciel interne des marques. Les attentes des consommateurs ont visiblement changé.

Nicolas Monier, *officieldelafranchise.fr*, 23 juillet 2021.

ANNEXE 2 Eram licencie 274 salariés de ses magasins Texto et Heyraud

[Fin 2018], le groupe Eram a décidé de fermer 96 magasins des enseignes Texto et Heyraud en France. En cause, un marché de la chaussure en baisse depuis 2008. Les salariés visés se verront proposer un reclassement, à l'intérieur et à l'extérieur du groupe Eram.

Le secteur de l'habillement et de la chaussure est en crise. Le groupe Eram a annoncé la fermeture de 96 magasins des enseignes de chaussures Heyraud (34) et Texto (62). Comme le rapporte Ouest France, cela concerne 274 salariés qui sont soumis à un plan de sauvegarde de l'emploi qui prendra fin en janvier [2019] pour Heyraud et en février pour Texto. Comme d'autres enseignes du secteur de l'habillement et de la chaussure, le groupe Eram est confronté au changement des modes de consommation qui évoluent depuis plusieurs années. Le secteur de la chaussure et du prêt-à-porter souffre dans les centres des petites et moyennes villes.

Le groupe Eram basé dans le Maine-et-Loire a donc dû sacrifier des magasins. Il compte actuellement 45 commerces Heyraud et 80 Texto, deux enseignes de centres-villes. Pour justifier cette décision, Isabelle Saviane, la directrice des ressources humaines (DRH) évoque « le développement des achats sur Internet, la vente entre particuliers, la chasse aux bonnes affaires » et ce qu'elle appelle « la métropolisation ». Un changement des modes de consommation qui fait que les centres-villes, petits et moyens, sont désertés par les consommateurs au profit des zones périphériques. Le contexte économique défavorable est aussi évoqué par la DRH. « Les gens ont du mal, achètent moins. Les chaussures et vêtements passent au second plan ». [...]

« Le PSE prévoit un certain nombre de mesures qui doivent permettre un retour à l'emploi rapide », confie Isabelle Saviane.

Sarah Ugolini, *capital.fr*, 31 novembre 2018.

ANNEXE 3 Plan de sauvegarde de l'emploi (PSE)

L'employeur qui envisage une procédure de licenciement pour motif économique est tenu, en fonction du nombre de salariés dont le licenciement est envisagé, d'établir et de mettre en œuvre un plan de sauvegarde de l'emploi (PSE). Le PSE vise à éviter les licenciements ou, à défaut, à en limiter le nombre. Il doit faire l'objet d'une homologation ou, en cas d'accord majoritaire dans l'entreprise sur son contenu, d'une validation par la Direccte.

De quoi s'agit-il ?

Le plan de sauvegarde de l'emploi (PSE) est un dispositif qui prévoit diverses mesures dans le but d'éviter ou de limiter les licenciements pour motif économique dans l'entreprise.

Qui est concerné ?

Le PSE est obligatoire dans les entreprises d'au moins 50 salariés, lorsque le projet de licenciement concerne au moins 10 salariés sur une période de 30 jours.

Contenu du PSE

• Mesures obligatoires

Le PSE intègre un plan de reclassement visant à faciliter le reclassement des salariés dont le licenciement est inévitable. La procédure de suivi de la mise en œuvre du plan de reclassement est précisée dans le PSE.

Le PSE prévoit notamment :

– des actions visant au reclassement interne en France des salariés, [...] sur des emplois de catégorie inférieure,

– des actions favorisant la reprise de tout ou partie des activités [...],

– des créations d'activités nouvelles par l'entreprise,

– des actions favorisant le reclassement externe à l'entreprise [...],

– des actions de soutien à la création d'activités nouvelles ou à la reprise d'activités existantes par les salariés,

– des actions de formation, de validation des acquis de l'expérience (VAE) ou de reconversion de nature à faciliter le reclassement interne ou externe des salariés sur des emplois équivalents.

• Mesures facultatives

Le PSE peut également prévoir d'autres mesures, facultatives, telles que, par exemple : des primes d'incitations au départ volontaire, des congés de conversion, la mise en place d'une cellule de reclassement.

Validation ou homologation

• Validation d'un accord

Un accord collectif majoritaire dans l'entreprise peut déterminer les mesures prévues par le PSE, ainsi que la procédure de consultation du comité social et économique (CSE) et de mise en œuvre des licenciements. Il entre en vigueur après validation par la Direccte. [...]

• Homologation d'un document établi par l'employeur

En l'absence d'accord, les mesures du PSE sont précisées dans un document élaboré par l'employeur, après la dernière réunion du comité social et économique (CSE).

Les mesures prévues par ce document entrent en vigueur après homologation par la Direccte. [...]

www.service-public.fr, 4 avril 2018.

ANNEXE 4 Perspectives de l'emploi dans les pays de l'OCDE (2021)

L'emploi se redresse lentement

Une accélération de la croissance économique est attendue alors que les campagnes de vaccination se poursuivent et que certains pays commencent à assouplir les restrictions mises en place pour lutter contre la pandémie de Covid-19. L'aide sans précédent mobilisée par les pays au moyen des dispositifs de maintien dans l'emploi et de garantie de revenu a permis de sauver

S'il a reculé depuis 2020, le chômage reste plus élevé qu'en 2019

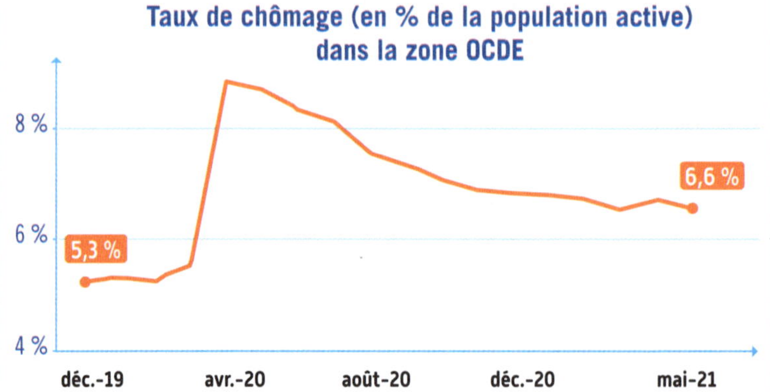

...

jusqu'à 21 millions d'emplois et d'aider de nombreux ménages à surmonter la pandémie. La lumière apparaît enfin au bout du tunnel.
Toutefois, certains perçoivent cette lumière plus nettement que d'autres. Nous savons que la pandémie de Covid-19 a creusé les clivages sociaux et économiques existants, notamment entre les personnes très qualifiées aux revenus élevés et les personnes peu qualifiées aux revenus modestes, entre les générations, entre les hommes et les femmes, ou entre ceux qui occupent des emplois stables et ceux qui subissent la précarité de l'emploi ou le chômage. Le taux de chômage est élevé et il est peu probable que l'emploi se redresse rapidement.

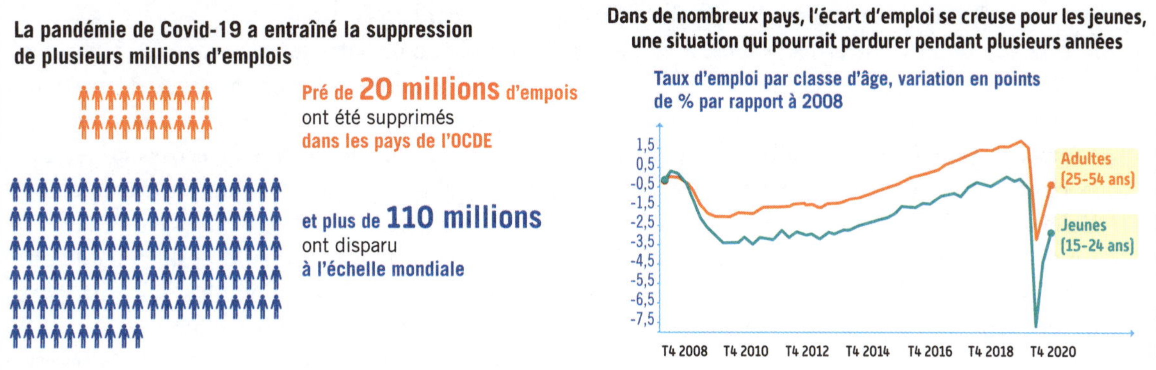

ANNEXE 5 Commerce : l'impact de la crise sanitaire sur le marché de l'emploi

La crise sanitaire a changé la manière dont nous consommons, que ce soit en ligne ou en magasins. La transformation digitale de notre économie s'est accélérée depuis mars 2020, et le commerce de détail ne fait pas exception.

Une transformation de fond impactant l'emploi

Avec cette digitalisation croissante, il serait illusoire de penser que les emplois de vendeurs ne seront pas impactés. Tout l'enjeu pour notre société est de faire de cette transformation digitale à marche forcée un tremplin pour l'emploi et une opportunité individuelle et collective.
Nous avons pu l'observer depuis des années : l'arrivée des technologies d'automatisation inquiète les professionnels du secteur de la vente, qui y voient une menace pour leurs emplois. En parallèle, il leur est demandé de maîtriser rapidement de nouveaux outils numériques, d'être toujours plus polyvalents, tout en restant à l'écoute des clients. Sans formation, cette position d'équilibriste n'est pas une mince affaire.

Assurer l'employabilité des spécialistes du commerce

Avec l'adoption de plus en plus massive des technologies sans contact, le rôle des vendeurs ne s'arrête plus aux limites traditionnelles qu'on lui attribuait jusqu'à présent. Les collaborateurs gagnent progressivement en responsabilités et en diversification : accompagnement plus personnalisé des clients, mise en rayon et gestion des stocks, préparation des commandes selon de nouvelles méthodes de récupération telles que le Click & Collect, etc.
Les profils des salariés du secteur du commerce de détail sont variés et marqués par une diversité générationnelle omniprésente. Tous n'ont pas la même appétence pour la technologie et les mêmes capacités d'adaptation, l'accompagnement doit donc être au cœur des préoccupations. La mise en place d'outils numériques simples et accessibles, mais aussi de formations pour faire gagner les équipes en compétences, est une condition sine qua non du maintien de l'emploi dans ce secteur.

Samuel Mueller, journaldunet.com, 14 janvier 2022.

ANNEXE 6 La transformation numérique des entreprises a dopé le salaire des informaticiens

L'étude Aravati 2021 met en lumière une augmentation moyenne de 10,6 % des salaires dans les fonctions digitales après la pandémie, notamment celles en lien avec l'expérience client, l'e-commerce, la sécurité informatique et la data. Les candidats augmentent leurs exigences en termes de rémunération, RSE et qualité de vie au travail. […]

Les raisons de cette embellie ? Dans les métiers de la vente, en ligne, la hausse des salaires est intervenue pour soutenir une accélération rapide au plus fort de la crise sanitaire, avant d'accompagner la consolidation de ce mode de distribution, explique Aravati. […]

À cela s'ajoutent d'autres exigences de la part des candidats qui, outre le salaire, se tournent désormais majoritairement vers des entreprises qui évoluent dans des activités non polluantes ou à vocation sociale et solidaire. La qualité de vie, aussi, est de plus en plus regardée. « En observant la pression sur les équipes et la charge de travail, mais aussi les projets en cours dans les différents écosystèmes, il apparaît évident que cette pénurie de ressources va perdurer », souligne Adrien Ducluzeau, co-fondateur de la Relève, une filiale du groupe Teamside, dans un communiqué.

Le dirigeant estime en effet que la demande continue de croître et tant que le problème de l'offre n'est pas résolu, les salaires vont continuer d'augmenter fortement en 2022. Pour lui, les entreprises vont devoir s'adapter sans tarder face à des candidats devenus de plus en plus exigeants.

Véronique Arène, lemondeinformatique.fr, 24 novembre 2021.

ANNEXE 7 « Accord sur la gestion des emplois et des parcours professionnels et sur la mixité des métiers » chez ERAM INTERSERVICES (Siège) du 2 août 2021 (extraits)

Entre :
Les organisations syndicales
La CFTC, représentée par …, la CFDT, représentée par …
Et
La société Eram Interservices, représentée par …, Directrice des ressources humaines

PRÉAMBULE

L'entreprise Eram Interservices, ainsi que l'ensemble des filiales du groupe Eram, est confrontée à un marché en grande transformation : le marché de la chaussure traditionnelle s'érode depuis de nombreuses années, tandis que le commerce connecté continue son développement imposant des investissements technologiques d'ampleur et la maîtrise de nouvelles technologies ; quant aux consommateurs, ils orientent désormais leurs achats en fonction de nouveaux critères, notamment l'achat responsable. […]

Titre I – La gestion prévisionnelle des emplois et des parcours professionnels et sur la mixité des métiers

Chapitre 1 - LA MISE EN PLACE D'UN DISPOSITIF DE GPEC

Article 1 – Les actions et outils destinés à accompagner les évolutions des emplois et des compétences

a) Les actions de formation

La formation et l'accompagnement des collaborateurs sont les corolaires de la performance et du développement de l'entreprise. […]

b) Les formations prioritaires

Les formations prioritaires sont les suivantes :
- maintien ou développement de savoir-faire techniques […] ;
- des formations débouchant sur des diplômes, des titres ou des certificats ;
- des parcours de formation individualisés ;
- des actions au profit des salariés en situation de handicap ou de salariés reprenant leur poste après un congé parental ou de maternité ;
- les actions permettant de faire face à l'évolution des emplois […].

L'accès à la formation sera facilité par le contenu du plan de formation de l'entreprise […].

c) Les publics prioritaires

Les personnes mentionnées à l'article L.5212-13 du code du travail et, notamment, les personnes handicapées, ont accès à l'ensemble des dispositifs de formation. […]

d) Les différents outils qui permettent la formation des salariés

- Le Compte Personnel de Formation (« CPF »)

Grâce au CPF, les droits à formation professionnelle suivent le salarié tout au long de sa carrière. […] [Le compte des salariés] sera alimenté à hauteur de 500 euros par an dans la limite d'un plafond total de 5000 euros, pour un travail à mi-temps ou plus. En dessous d'un mi-temps, leurs droits sont calculés au prorata de leur activité. […]

…

Article 2 – L'entretien professionnel

[...] Grâce à cet outil et à l'accompagnement des managers sur ce sujet, les salariés bénéficient désormais chaque année d'un entretien de développement permettant le diagnostic de leurs besoins et demandes en matière de formation, perfectionnement et évolution de carrière à plus ou moins long terme. [...]

Article 3 - Le bilan de compétences

Le bilan de compétences est un dispositif dont l'objectif est de permettre au salarié d'analyser ses compétences professionnelles et personnelles ainsi que ses aptitudes et motivations afin de définir un projet professionnel ou personnel et/ou un projet de formation. [...]

Article 4 - La Validation des acquis de l'expérience (« VAE »)

La VAE est un processus qui permet au salarié de faire valider les acquis de son expérience professionnelle afin d'obtenir une certification professionnelle.

ANNEXE 8 Le Plan d'investissement dans les compétences du gouvernement

La guerre contre le manque de main-d'œuvre est déclarée : comme le montre une étude de BPI France et Rexecode, la trésorerie des entreprises s'est améliorée avec la reprise, mais les difficultés de recrutement redeviennent la première préoccupation des dirigeants. En effet, les employeurs restent confrontés à une pénurie problématique de candidats, en particulier dans l'industrie, les services et le BTP. À tel point qu'en juillet, la Banque de France alertait sur le fait que le principal frein à la croissance cette année ne serait pas le variant Delta, mais les difficultés de recrutement.

Face à cette situation, le « Plan d'investissement dans les compétences » (PIC) présenté le 27 septembre par le gouvernement, prévoit la mobilisation par l'État de 1,4 milliard d'euros, sur 15 mois, afin de financer des centaines de milliers de formations supplémentaires.

Le « Plan compétences », axé sur la formation professionnelle, vise deux publics : les chômeurs, et les salariés. Le gouvernement a d'abord débloqué 800 millions d'euros pour accompagner 1,4 million de demandeurs d'emploi de longue durée (DELD), de préférence à travers des parcours en immersion dans les entreprises. Objectif : permettre aux chômeurs sans activité depuis 2 ans ou plus de retrouver un emploi dans une période de 6 mois. [...]

Le gouvernement a aussi débloqué 600 millions d'euros pour développer les compétences de 350 000 salariés de PME. L'objectif est double : répondre aux besoins immédiats de compétences dans ces entreprises qui ont été écartées des fonds de formation mutualisés depuis la réforme de 2018 ; mais également anticiper les éventuelles difficultés que pourraient leur poser les transitions écologique et numérique en cours.

Fabien Soyer, rebondir.fr, septembre 2021.

ANNEXE 9 Quelques spécificités de l'emploi dans le groupe Eram

Dans les réseaux (les points de vente) du groupe Eram, les salariés sont majoritairement âgés de moins de 35 ans. C'est l'inverse dans les entrepôts et les usines, où les plus de 50 ans représentent la majeure partie des effectifs, avec une ancienneté moyenne de 27 ans. Le groupe Eram a donc dû réfléchir aux modalités de transfert des compétences des salariés proches de la retraite, qui ont souvent effectué une longue carrière au sein du groupe, vers les jeunes embauchés devant assurer la relève. C'est dans cette optique que le groupe a créé une école de la chaussure en 2014, pour conserver la maîtrise du savoir-faire de la production de chaussures. Une mesure nécessaire afin de d'assurer la pérennité de l'entreprise. Le cursus, destiné à former (dans un premier temps) une soixantaine de personnes, a été monté en partenariat avec l'organisme de formation Opcalia et Pôle emploi pour la sélection des candidats. Un emploi en CDI leur est réservé à l'issue du cursus. Plus de soixante opérations sont nécessaires pour fabriquer une chaussure, et les plus délicates, le montage et la finition de la chaussure, nécessitent un véritable savoir-faire. Aux sièges, on pouvait observer un déséquilibre hommes/femmes, ces dernières étant sous-représentées dans les fonctions managériales. En réponse, le groupe Eram a mis en œuvre des mesures pour favoriser les candidatures féminines et les promotions des collaboratrices, pour assurer un meilleur équilibre dans les équipes.

5

ANNEXE 10 L'entreprise et la génération des « Millenials » : un changement de culture

Les Millenials sont de jeunes personnes nées entre les années 80 et la fin des années 90. [...]
Cette génération, qui a grandi au gré de l'adoption des nouvelles technologies, se démarque par sa grande capacité à marier le virtuel avec le réel. C'est d'ailleurs pour cette raison qu'on les surnomme les Digital Natives. [...] Pour ces jeunes actifs, l'imprédictibilité, le changement permanent ou la carrière non linéaire ne sont pas perçus comme des problèmes mais comme des données d'entrée.

Le plus grand changement à opérer pour garder les Millenials dans une entreprise se trouve au niveau du management. Les Digital Natives attendent d'être considérés comme des individus à part entière et non plus comme un groupe. Cela signifie que chacun doit être « managé » différemment et qu'il ne faut pas tous les mettre dans la même case ; encore cette fameuse flexibilité. Les jeunes s'attendent également aujourd'hui à être consultés lors des décisions (même stratégiques), sur le fonctionnement de l'entreprise, tendant à une bascule de la hiérarchie. Ces jeunes actifs souhaitent aussi pouvoir mettre en avant leur créativité. Ils sont friands de brainstorming et de travail collaboratif pour exprimer leurs idées, leurs opinions. Même si, à moindre mesure, cela était déjà vrai pour la génération précédente, les Millenials ont besoin de pouvoir donner un sens à ce qu'ils font. Ils souhaitent avoir une influence positive sur la société et c'est clairement leur leitmotiv pour rester dans une entreprise. Ils veulent se sentir utiles et ils ont donc besoin de proposer un produit ou un service qui va changer les choses. C'est aussi pour cela qu'ils sont très attachés à l'innovation et veulent être moteurs de changements positifs dans l'entreprise afin que cela influe sur la société. La capacité des entreprises à intégrer ces attentes générationnelles sera non seulement une garantie de motivation et d'efficacité de la part des jeunes actifs mais également un moyen de gagner la loyauté de cette génération. [...] Management plat, flexibilité, formation et bien-être au travail doivent être les nouveaux mots à la mode au niveau de la direction.

Bernard Chaussegros, entreprendre.fr, juin 2021.

ANNEXE 11 Comment maintenir une dynamique relationnelle et préserver le lien ?

Chez ERAM, la communication interne se digitalise :
« Un réseau social interne a été déployé l'an dernier pour maintenir le lien avec les équipes (dont les ¾ y sont inscrits) et faire circuler l'information. Qu'il s'agisse de données financières, de messages concernant les collections, ou de remontées des magasins concernant des défauts produit ». « Nous nous devons d'être les plus transparents possibles pour les embarquer dans notre projet,(...) les collections sont davantage co-construites avec le réseau ».

Geoffroy Libaudière, Directeur supplychain d'Eram

ANNEXE 12 Eram mise sur l'écoconception

Avec son projet d'entreprise Change for Good, Éram mise notamment sur une stratégie d'écoconception de son offre chaussures, levier de confiance avec ses clients. [...].
Cette démarche, lancée en 2019 sur une nouvelle gamme, Éram Flex (chaussures femme), en lien avec La Manufacture (usine dans le Maine-et-Loire), consiste à faire un diagnostic pour comprendre le processus de développement actuel d'un produit de toutes les parties prenantes ; réaliser un inventaire des bonnes pratiques ; travailler en partenariat avec ses fournisseurs ; et à définir l'impact environnemental de chaque produit par une ACV (analyse du cycle de vie) où trois indicateurs sont évalués : changement climatique (consommation de CO_2), pollution de l'eau et utilisation de ressources non renouvelables. Ainsi, à produit équivalent, l'écoconception réduit de 35 % l'empreinte carbone d'une paire de chaussures. Ces produits à la fois confortables et durables, fabriqués en circuit court, sont écoconçus par le choix des matières employées, proches des lieux de fabrication, ce en adéquation avec leurs usages. Fin 2020, une stratégie sur l'écoconception sera mise en place et appliquée sur l'ensemble des métiers et des produits.

Isa-conso.fr, 24 Juin 2020

THÈME 6

Les choix stratégiques de l'entreprise

THÈME 6

Les choix stratégiques du groupe Soufflet

Le groupe Soufflet est une entreprise incontournable du commerce des céréales. C'est le premier collecteur privé de céréales en Europe, avec 5,9 millions de tonnes, dont plus d'un million de tonnes à l'international.

PRÉSENTATION DU GROUPE SOUFFLET

Vidéo liennathan.fr/id272a

CONTEXTE DE L'ENTREPRISE

Le groupe Soufflet

Groupe familial né en 1900, Soufflet est aujourd'hui un acteur majeur et international de l'agroalimentaire français. Il intervient tout au long des filières orge, blé, riz et légumes secs, de la semence à l'assiette. Par l'acquisition de Neuhauser en 2014, il double de taille et compte aujourd'hui 6 943 salariés dans le monde entier et sur des métiers diversifiés.

Les axes de développement du groupe Soufflet

La stratégie du groupe Soufflet repose sur deux axes majeurs :

– **Le renforcement de la maîtrise des filières blé, orge et légumes secs de la collecte à la distribution.** Avec la création de nouvelles filières de céréales et de légumes secs comme les lentilles et les pois chiches, il répond aux demandes des consommateurs en termes nutritionnels mais aussi de durabilité des cultures ;

– **L'internationalisation.** La stratégie d'internationalisation du groupe sur différents métiers, comme la malterie (production du malt à partir d'orge) et la collecte, se concrétise par une présence dans 19 pays.

La maîtrise de la filière blé du groupe Soufflet

Étant un des premiers meuniers européens, le groupe Soufflet a choisi de sécuriser ses débouchés en maîtrisant l'ensemble de la filière, de la récolte jusqu'à la distribution. En effet, il a pris la décision de se développer dans le secteur de la boulangerie et viennoiserie industrielle sur les marchés français et européen avec l'acquisition de Neuhauser. Il a également décidé d'être présent dans la restauration rapide sous l'enseigne Pomme de Pain. Les activités du groupe Soufflet s'étendent ainsi à toute la chaîne de valeur du blé, de l'amont, *via* la collecte, à l'aval, jusqu'au consommateur final, amateur de sandwichs à la française, en passant par toutes les étapes de la transformation.

Comment la démarche d'analyse stratégique du groupe Soufflet lui permet-elle de réaliser des choix stratégiques cohérents et réalistes qui vont assurer son développement ?

13 La démarche et le diagnostic stratégiques

LES COMPÉTENCES ATTENDUES
- Identifier les différentes étapes d'une démarche d'analyse stratégique.
- Présenter les principaux éléments d'un diagnostic interne et/ou externe de l'entreprise.

LES SAVOIRS ASSOCIÉS
- Le diagnostic externe et l'analyse de l'environnement
- Le diagnostic interne et les ressources stratégiques de l'entreprise

PLAN DU CHAPITRE

Le paradoxe de la stratégie

Les choix qui permettent à une entreprise de se singulariser doivent être faits dans un contexte d'incertitude. Ils impliquent donc une prise de risque. Une entreprise qui refuse de faire ces choix a peu de chances de connaître un succès éclatant. En revanche, elle minimise aussi ses chances de connaître un échec cuisant !

En d'autres termes, les entreprises les plus performantes ont souvent un point commun avec celles qui connaissent une faillite retentissante : elles ont une stratégie ! Dans le premier cas, les choix qu'elles ont faits se sont révélés être les « bons ». Dans le second cas, ils se sont avérés être « mauvais ». En revanche, les entreprises qui parviennent tout juste à survivre ont rarement une stratégie.

L'exemple d'Apple

Depuis les origines, cette entreprise se caractérise par une stratégie reposant sur l'innovation, la facilité d'utilisation et le *design*. Cette stratégie lui permet actuellement de connaître un triomphe avec des produits comme l'iPod, l'iPhone et l'iPad. […]

Toutefois, Apple a également connu des échecs. Des produits comme l'ordinateur Lisa ou l'assistant personnel Newton ont été des « flops » complets, alors qu'ils reposaient sur la même stratégie que ses plus grands succès ! […] En conclusion, avoir une stratégie accroît les chances de connaître le succès, mais également de connaître l'échec. Ne pas avoir de stratégie est le moyen le plus sûr d'aboutir à un résultat médiocre, mais cela permet d'éviter les catastrophes. De manière implicite, c'est le « choix » que font de nombreux dirigeants.

J. Barthélémy, hbrfrance.fr

L'ABSENCE DE STRATÉGIE

Vidéo liennathan.fr/48paf4

1. **Pourquoi de nombreuses entreprises n'ont-elles pas de stratégie ?**
2. **Les entreprises les plus performantes ont-elles, en général, une stratégie ?**
3. **Sur quoi repose la stratégie d'Apple ? Cette stratégie conduit-elle à un succès systématique ?**

1 Identifier les différentes étapes d'une démarche d'analyse stratégique

A La démarche stratégique

DOC. 1 La démarche d'analyse stratégique

Selon Alfred D. Chandler (1962), « la stratégie consiste en la détermination des buts et des objectifs à long terme d'une entreprise, l'adoption des moyens d'action et d'allocation des ressources nécessaires pour atteindre ces objectifs ».
Le modèle LCAG (1965) – du nom de leurs auteurs : Learned, Christensen, Andrews, Guth, professeurs de l'école de Harvard – décrit les différentes étapes de la démarche stratégique. La phase d'analyse s'appuie sur un diagnostic externe et un diagnostic interne avant d'effectuer des choix stratégiques.

Les étapes de la démarche stratégique

Analyse des ressources et compétences de l'entreprise	Analyse de l'environnement de l'entreprise
↓	↓
DIAGNOSTICS STRATÉGIQUES	
Interne Forces/Faiblesses	Externe Opportunités/Menaces

↓

Évaluation des possibilités d'action et choix stratégiques
Définition des objectifs, moyens et ressources

↓

Mise en œuvre et contrôle
Plan d'actions prévisionnel et suivi des objectifs

1. **La question « Que savons-nous faire ? » émane-t-elle du diagnostic interne ou externe ?**
2. **Une évolution de l'environnement qui permet de conforter la position de l'entreprise relève-t-elle du diagnostic externe ou interne ?**

DOC. 2 Le diagnostic stratégique de Coca-Cola

Le diagnostic stratégique s'effectue au moyen d'un outil d'aide à la décision appelé FFOM (Forces / Faiblesses, Menaces / Opportunités) ou SWOT (*Strengths* / *Weaknesses*, *Opportunities* / *Threats*).
Voici le SWOT de Coca-Cola :

	POSITIF	NÉGATIF
Origine interne (Organisationnelle)	**Forces (*Strengths*)** • Marque mondialement connue • Fort impact des campagnes de marketing et de publicité • Canal de distribution développé • Plus grosse part de marché mondial • Fidélité des consommateurs	**Faiblesses (*Weaknesses*)** • Concentration sur la production de boissons gazéifiées • Portefeuille de produits peu diversifié • Outil de production français en surcapacité • Baisse des ventes de Coca-Cola en France
Origine externe (Environnement)	**Opportunités (*Opportunities*)** • Croissance de la demande de la part des jeunes adultes qui recherchent des alternatives aux boissons traditionnelles et contrôlent leurs apports caloriques • Croissance de la consommation de boissons non alcoolisées	**Menaces (*Threats*)** • Demande de nourriture et boissons saines • Prise de conscience des consommateurs de maladies liées à l'abus de sucre • Taxe sur les sodas en France depuis 2018 • Marché des boissons gazeuses saturé

Confrontée à la baisse des ventes de sodas, Coca Cola a d'abord lancé en 2018 de nouvelles boissons sur le marché français : Honest, Fuze Tea, Smartwater et Tropico. Devant ces succès, Coca-Cola décide de commercialiser en 2019 une boisson énergisante (Coca Cola Energy) afin de proposer aux consommateurs une alternative sans sucres ni calories. Cette nouvelle recette originale propose des ingrédients de sources naturelles reconnus pour leurs effets énergisants et permet de répondre à l'évolution des goûts des consommateurs.

3. **Sur quels éléments du diagnostic Coca-Cola appuie-t-il sa stratégie de diversification vers la conception de nouvelles boissons ?**
4. **Montrez que Coca-Cola s'adapte à l'évolution de son environnement.**

B La stratégie émergente

DOC. 3 Distinguer stratégie délibérée et stratégie émergente

Si la stratégie nécessite un plan prévisionnel (la stratégie délibérée), elle ne peut pas être irrémédiablement bloquée dans son schéma de départ. Elle doit également être élaborée « chemin faisant » à partir des événements imprévus, des idées et constats vécus au niveau opérationnel, sur le terrain, au contact de la réalité des marchés. Ces stratégies sont appelées « stratégies émergentes ».

Henry Mintzberg (1939) est l'un des principaux auteurs de la sociologie des organisations. Selon lui, les bonnes stratégies ne sont pas forcément formulées d'avance. La stratégie émerge du terrain et subit, tout au long de son déroulement, les aléas de son environnement.

5. Quelle distinction peut-on établir entre stratégie délibérée et stratégie émergente ?

6. Expliquez pourquoi les stratégies réalisées sont souvent différentes des stratégies prévues.

DOC. 4 Le cas des motos Honda

À la fin des années 1950, le constructeur japonais de motos Honda réussit le tour de force de conquérir le marché grand public aux États-Unis avec ses petits cyclomoteurs 50 cm³, alors que les principaux clients du marché américain de la moto étaient des *bikers*. Que s'est-il passé ? Sa petite filiale, American Honda, avait été implantée pour vendre quelques grosses cylindrées aux *bikers* et se construire une image aux États-Unis pour mieux vendre en Asie. Toutefois, rapidement, les trois expatriés en charge de l'opération ont été contraints d'importer des petits 50 cm³ pour économiser sur leurs déplacements. C'est là qu'une clientèle inattendue s'est manifestée : les étudiants et les salariés, attirés par ces petites cylindrées pratiques. C'est ce qui a provoqué le succès de Honda aux États-Unis.

7. Quelle était la stratégie délibérée de Honda aux États-Unis dans les années 1950 ?

8. En quoi peut-on parler de stratégie émergente à propos de la stratégie réalisée.

APPLICATION AU CAS

GROUPE SOUFFLET

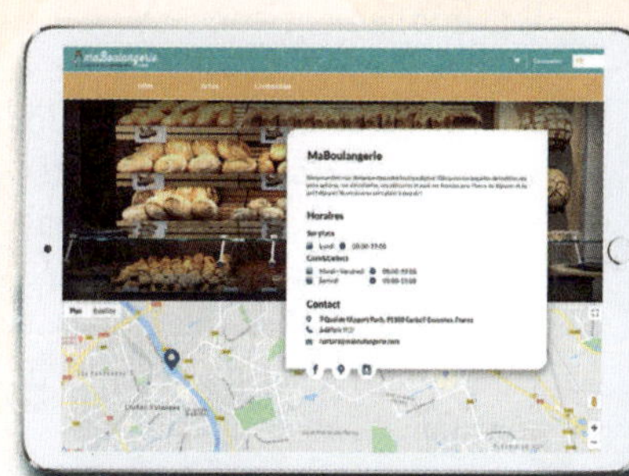

DOC. Comment Soufflet fait face à la mauvaise moisson

La crise du Covid-19 a bousculé la vie des entreprises. Dans l'agroalimentaire, le groupe Soufflet a dû s'adapter à une consommation déséquilibrée et parfois imprévisible. Ainsi, son moulin de Dienville dans l'Aube a connu une semaine surprenante de pression avec une nette augmentation de la demande chez les boulangers. Chez Soufflet, il a donc fallu préparer « à flux tendu » 450 tonnes de farine par jour, pour produire et livrer les clients.

Afin de rassurer ses clients, le pôle boulangerie a rallongé l'emballage de ses baguettes pour les protéger d'éventuels contacts.

Pendant le confinement, le groupe soufflet a également fait évoluer sa nouvelle application « maboulangerie.com » pour permettre la commande et le paiement à distance.

1. Quelles décisions le groupe Soufflet a-t-il prises pour faire face à la crise du Covid-19 ?

2. Ces décisions constituent-elles une stratégie délibérée ou émergente ? Justifiez votre réponse.

2 Présenter les principaux éléments d'un diagnostic externe de l'entreprise

A L'environnement global

DOC. 5 L'environnement général de Michel & Augustin

La méthode PESTEL (Politique, Économique, Socioculturel, Technologique, Écologique, Légal) sert à analyser les facteurs macro-environnementaux qui influencent l'entreprise.

L'entreprise Michel et Augustin, créée en 2004, est une marque française de produits alimentaires (biscuits sucrés et apéritifs, desserts, boissons et yaourts à boire) qui a réussi à se démarquer des grands groupes alimentaires en proposant des produits de qualité avec des ingrédients sains et naturels. Ainsi, elle rassure les consommateurs de plus en plus sensibles à la fiabilité et à la sécurité des produits alimentaires. Elle s'est également astucieusement saisie des canaux du digital pour faire du buzz sur les réseaux sociaux autour de ses produits avec un ton décalé et humoristique. En 2018, la marque a lancé des desserts végétaux pour satisfaire les consommateurs intolérants au lactose ou à la recherche de produits végétariens. En effet, les achats de produits laitiers ont baissé de 10 % en dix ans. Pour satisfaire ses clients qui ont envie de se faire plaisir, la marque s'est attaquée au segment des biscuits apéritifs. Une catégorie de produits qui a souffert de la crise sanitaire. Pour répondre à une nouvelle demande de ses consommateurs, elle a également lancé des produits bio ; par exemple, en 2021, une pâte à tartiner deux fois moins sucrée sans conservateur, sans additif et sans huile de palme.

LE BIO CHEZ MICHEL & AUGUSTIN

Vidéo liennathan.fr/89gxz6

1. Étudiez l'environnement général de l'entreprise Michel & Augustin à l'aide de la méthode PESTEL. Vous ferez ressortir les menaces et opportunités pour chaque facteur d'influence du macro-environnement.

B Les forces concurrentielles

DOC. 6 Le modèle des forces concurrentielles

Michael Porter est célèbre pour son modèle des cinq forces de la concurrence, outil de diagnostic qui permet d'analyser l'environnement concurrentiel d'une entreprise. Ce modèle postule que la concurrence ne se limite pas aux seuls rivaux directs de l'entreprise, mais doit inclure tous les éléments susceptibles d'exercer une pression concurrentielle dans un secteur donné. L'auteur distingue cinq forces, auxquelles de nombreux analystes ajoutent une sixième force : l'influence de l'État. Lorsqu'elles sont fortes, elles constituent une menace en limitant la compétitivité de l'entreprise, et lorsqu'elles sont faibles, elles la facilitent.

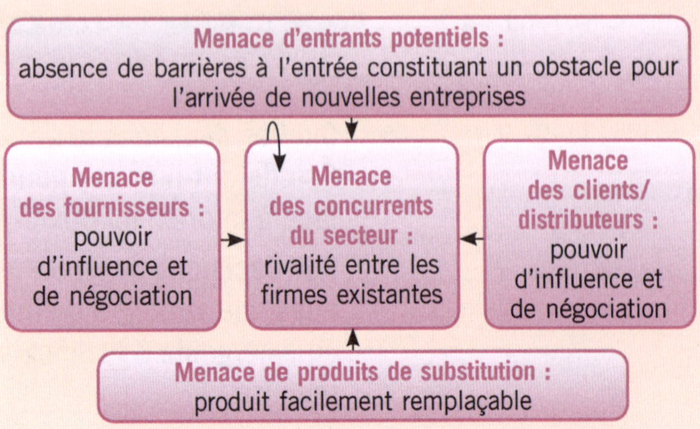

2. Identifiez les cinq forces qui exercent une influence sur un secteur donné.

3. Quelle menace une entreprise qui se distingue des concurrents directs en différenciant ses produits cherche-t-elle à éliminer ?

4. Selon l'outil d'analyse de Porter, quel type de menace Airbnb constitue-t-il pour le secteur hôtelier ?

5. Pourquoi un fort degré de concentration des clients et/ou des fournisseurs renforce-t-il leur pouvoir de négociation ?

DOC. 7 Le facteur clé de succès (FCS)

Un facteur clé de succès (FCS) est un élément qui assure le succès d'une entreprise dans un domaine donné. Il peut être de différentes natures : une qualité (agilité…), une caractéristique du produit (prix, image, fonctionnalités…), une compétence (savoir-faire, technologie…), une relation avec les tiers (fidélisation client, exclusivité fournisseur…). Le FCS doit correspondre à la fois à une réponse spécifique de l'entreprise par rapport aux caractéristiques d'une demande de marché et à une ressource ou une force que l'entreprise peut fournir.

Le marché de l'agroalimentaire est un secteur très concurrentiel dominé par de grands groupes industriels comme Nestlé…, ainsi que de nombreuses marques de distributeurs. En ne reposant pas sur une technologie complexe, ce marché reste accessible à de nouvelles marques qui font preuve d'originalité comme le montre la croissance rapide de nouveaux acteurs (Michel & Augustin, Charles & Alice…). Les clients de ces entreprises de l'agroalimentaire sont majoritairement les acteurs de la grande distribution, un marché concurrentiel où il n'est pas simple de se faire une place. Michel & Augustin ont réussi cette prouesse en innovant, en véhiculant une image évoquant le retour à l'enfance et en utilisant les réseaux sociaux. En détenant 95 % du capital, Danone est devenu actionnaire majoritaire de Michel & Augustin en 2019 ce qui lui permet de peser dans les négociations avec les différents fournisseurs de l'entreprise.

7. Repérez les FCS dont dispose l'entreprise Michel & Augustin.

APPLICATION AU CAS

GROUPE SOUFFLET

DÉVELOPPER DES FILIÈRES DURABLES

Vidéo
liennathan.fr/c26bw4

DOC. Appli « Semons du sens »

La réduction de l'usage des produits phytosanitaires (communément appelés pesticides) constitue une attente citoyenne forte et une nécessité pour préserver la santé et la biodiversité. Le gouvernement a mis en œuvre le plan Ecophyto II+ qui prévoit une réduction de l'usage de ces produits de 50 % d'ici à 2025. Ainsi, la loi Labbé interdit d'utiliser des produits phytosanitaires dans tous les lieux de vie depuis juillet 2022.

Semer du sens avec des filières durables et innover avec la technologie *blockchain*
En 2020, le groupe Soufflet s'est engagé dans une démarche durable « Semons du sens » qui concerne toutes ses filières, blé, orge, riz, légumes secs et vigne, et qui repose sur cinq piliers : l'origine, l'environnement, la naturalité, la répartition de la valeur et la qualité. Cette stratégie répond aux évolutions sociétales et aux attentes de ses clients.

En 2021, Soufflet a innové en lançant la première farine bio origine France 100 % tracée du champ au sachet, avec la technologie *blockchain*. Grâce à un QR code sur le paquet, le consommateur peut accéder à l'origine du lot de blé utilisé, aux étapes de fabrication de la farine ou aux pratiques des agriculteurs engagés dans les filières durables Semons du Sens.

1. Relevez, au moyen de la méthode PESTEL, les facteurs du macro-environnement susceptibles d'influencer le groupe Soufflet. Identifiez, pour chacun d'eux, s'il s'agit d'une opportunité ou d'une menace.

2. Quelles décisions ont été prises par le groupe faire face à ses menaces ?

3 Présenter les principaux éléments d'un diagnostic interne de l'entreprise

A L'analyse des ressources et des compétences

DOC. 8 Les ressources à l'origine d'un avantage concurrentiel

Edith Penrose (1914-1996), économiste anglaise, définit la firme comme un ensemble coordonné de ressources qui, valorisées et combinées, créent des opportunités de production uniques et spécifiques à chaque entreprise. Ses travaux seront à la base de l'approche de la stratégie par les ressources. Cette approche postule que le succès d'une entreprise résulte de sa capacité à mobiliser et exploiter des ressources spécifiques : celles qui créent de la valeur et sont rares.
Ainsi, conduire une stratégie qui s'appuie sur les ressources nécessite une analyse des ressources clés.

Définition des ressources
Les ressources peuvent être définies comme des actifs tangibles ou intangibles attachés à l'entreprise. Elles peuvent être classées en six catégories : financières (autofinancement, endettement…), humaines (nombre de salariés, niveau de qualification…), physiques (sites de production, machines disponibles, stock…), organisationnelles (système d'information, de contrôle de la qualité, procédures…), technologiques (savoir-faire, brevets…) et réputationnelles (marques, notoriété…).

1. **Classez dans un tableau les six catégories de ressources énumérées dans l'encadré ci-contre, selon qu'elles sont tangibles ou intangibles.**
2. **Selon l'approche de la théorie des ressources, d'où provient l'avantage concurrentiel d'une entreprise ?**
3. **Quelles sont les caractéristiques d'une ressource clé ?**

DOC. 9 Kusmi Tea, le thé des tsars, à la conquête du monde

En quelques années, la marque Kusmi Tea […] a séduit une large clientèle et dopé sa notoriété grâce à une stratégie marketing pointue. Aujourd'hui, la marque […] revendique un positionnement premium et achète des thés nature qu'elle fait aromatiser au Havre. Ils sont vendus à travers un réseau de 90 boutiques en France […] et un site de vente e-commerce. La marque qui est également présente à l'étranger emploie 500 salariés et affiche un chiffre d'affaires de 75 millions d'euros.
Secouée par la crise sanitaire, elle a dû fermer les portes de ses boutiques et concentrer ses ventes sur son site e-commerce. S'il n'a pas pu compenser le volume d'affaires des magasins, la part du chiffre d'affaires réalisée sur le web a doublé pendant le confinement passant de 10 à 20 %. Et surtout, la marque a pu bénéficier à temps de la puissance d'une nouvelle plateforme technologique et de nouveaux outils pour la gestion de sa relation client.

Catherine Petit, lesclesdudigital.fr, 5 mai 2020.

Si Kusmi Tea a réussi à se hisser parmi les plus grands marchands de thé au monde, c'est notamment par son savoir-faire et par les goûts inédits de ses produits.
Depuis 150 ans, la marque ne cesse de se réinventer pour satisfaire au mieux les papilles de sa clientèle. Cette dernière est séduite par les références historiques des thés de la maison mais aussi par les goûts originaux développés par les experts à partir d'arômes naturels provenant de fleurs, de fruits et d'épices.
Les produits commercialisés par la marque sont pensés et confectionnés dans des ateliers français avant d'être exportés dans le monde entier. Kusmi Tea fidélise sa clientèle par son large choix de thés mais aussi d'accessoires tous aussi uniques les uns que les autres. La maison attire ainsi une vaste clientèle allant des amateurs de thé aux consommateurs les plus aguerris.

tameilleurevie.fr/kusmi-tea-avis, octobre 2020.

DOC. 9 Kusmi Tea, le thé des tsars, à la conquête du monde (suite)

En 2017, l'association « 60 millions de consommateurs » publiait une étude sur la composition de sachets de thé de marques commercialisées en France telles que Kusmi Tea, Lipton et Auchan. Résultat : tous les thés analysés contiennent des pesticides. Cette contamination s'expliquerait par le traitement des feuilles de thé, qui, pour conserver leur saveur, ne sont pas nettoyées après récolte.

LE BIO CHEZ KUSMI TEA

Vidéo
liennathan.fr/b5a7c8

4. **Identifiez et classez les ressources de Kusmi Tea selon qu'il s'agit d'actifs tangibles ou intangibles et de forces ou de faiblesses.**

5. **Quelles ressources clés concourent au succès de Kusmi Tea ?**

DOC. 10 Le management stratégique des compétences

Gary Hamel et C.K. Prahalad s'intéressent au management par les compétences dans les années 1990. Les compétences sont issues de la mise en œuvre des ressources possédées par l'entreprise. Les auteurs les définissent comme « les aptitudes de l'entreprise à démultiplier ses ressources en les combinant ». Ils suggèrent de développer les compétences fondamentales.

Parmi les compétences identifiées au sein d'une entreprise, certaines contribuent à la construction d'un avantage concurrentiel durable :
– soit en permettant, grâce à une expérience/expertise technologique, de gagner en qualité, flexibilité, rapidité d'exécution, respect des délais… ;
– soit en facilitant l'accès à un grand nombre de marchés grâce à un meilleur management des marques, brevets, partenariats, marketing, distribution… ;
– soit en participant à distinguer son produit de celui des concurrents, par son caractère unique et différenciant (savoir-faire, innovation).
G. Hamel et C. K. Prahalad considèrent ces compétences comme fondamentales ou distinctives (« *Core Competence* ») parce qu'elles permettent à l'entreprise de se différencier de façon stratégique.

6. **Selon Hamel et Prahalad, d'où proviennent les compétences ?**

7. **Quelles sont les caractéristiques des compétences distinctives ?**

DOC. 11 Savoir-faire et thés d'origine

Chez Kusmi Tea, les matières premières sont sélectionnées avec une grande rigueur. Les feuilles de thé, toujours importées entières, sont principalement cueillies à la main et proviennent de pays producteurs, tels que la Chine, l'Inde et le Japon. Les mélanges sont aromatisés grâce aux essences les plus subtiles, comme la vanille bourbon de Madagascar ou la bergamote de Calabre. Le conditionnement est effectué dans de traditionnelles boîtes en métal ou dans des sachets mousseline, qui préservent la qualité des thés et leur permettent d'exprimer toute la finesse de leurs arômes. Les recettes exclusives, dont certaines sont tenues secrètes depuis la naissance de la marque, sont réalisées manuellement, selon un savoir-faire artisanal séculaire.

Kusmitea.com

8. **Quelles sont les compétences distinctives de Kusmi Tea ?**

9. **Parmi les trois catégories de compétences distinctives identifiées par Hamel et Prahalad (document 10), à laquelle associez-vous celles détenues par Kusmi Tea ?**

B La chaîne de valeur

DOC. 12 La chaîne de valeur

La chaîne de valeur (Michael Porter, 1980)

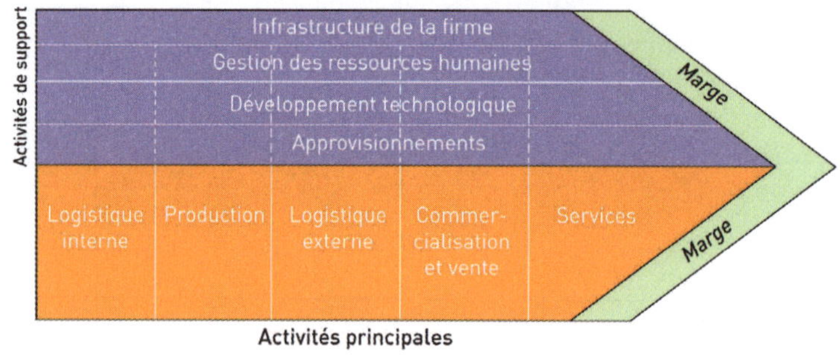

Michael Porter cherche à savoir comment l'entreprise parvient à créer de la valeur entre les matières premières entrantes et les produits finis sortants. Pour cela, il considère l'entreprise comme un ensemble d'activités en lien les unes avec les autres. La chaîne de valeur décrit l'enchaînement de ces activités depuis l'approvisionnement jusqu'à l'acheminement au client du produit ou au service final. Elle se décompose en activités principales (celles qui vont de la création matérielle du produit jusqu'à son acheminement vers le client) et activités de soutien (celles qui contribuent à la performance des activités principales). Étudier les différents maillons de la chaîne permet d'identifier, parmi toutes les activités, celles qui sont créatrices de valeur pour le client et celles qui sont génératrices de coûts. Il s'agira alors de se concentrer sur les premières tandis que, pour les secondes, se posera la question de les conserver ou de les sous-traiter. L'optimisation de la chaîne de valeur permet à l'entreprise de dégager un avantage concurrentiel soit par les coûts (inférieurs aux concurrents), soit de valeur avec une offre différenciée possédant des caractéristiques uniques qui lui permettent de faire accepter un prix supérieur, soit par une combinaison des deux.

10. **Quelle distinction peut-on établir entre les activités principales et de soutien ?**

11. **Que permet l'analyse de la chaîne de valeur de l'entreprise ?**

12. **Quels sont les deux moyens dont dispose l'entreprise pour maintenir un avantage concurrentiel ?**

DOC. 13 Intégration de la production et de la logistique chez Kusmi Tea

À la tête des marques de thé haut de gamme Kusmi Tea et Lov Organic, le groupe Orientis Gourmet a entrepris de relocaliser l'ensemble de ses activités en France. Après avoir rapatrié la confection des boîtes métalliques de la Chine vers la France, l'entreprise, qui réalise 80 millions d'euros de chiffre d'affaires, a commencé à faire de même pour la mise en sachets du thé, confiée jusqu'à présent à la Société impériale des thés et infusions (Siti) de Marrakech. C'est son usine de Saint-Vigor-d'Ymonville, près du Havre (Seine-Maritime) – seul site de production d'Orientis –, qui accueille cette activité. Un métier supplémentaire pour l'usine déjà en charge des mélanges, de l'aromatisation, du conditionnement du thé en vrac et de la logistique. [...]

C'est la possibilité d'automatiser la mise en sachets pour « produire à coûts équivalents » qui a décidé Orientis à relocaliser cette activité en France. Cela devrait créer à terme une trentaine d'emplois à Saint-Vigor-d'Ymonville, site qui emploie aujourd'hui 230 salariés.

Orientis, dont le siège social se trouve à Paris et qui compte 650 salariés, a notamment investi dans des machines qui déposent les feuilles de thé dans le sachet et le referment ensuite.

C. Garnier, *Les Echos*.

13. **Repérez les activités de la chaîne de valeur évoquées dans le document et qualifiez-les en utilisant la terminologie de Porter.**

14. **Quelles activités de Kusmi Tea ont été relocalisées en France ?**

15. **Quels arguments ont décidé le groupe Orientis à intégrer l'activité de mise en sachets sur son site français ?**

DOC. 14 Les sources d'avantages concurrentiels chez Kusmi Tea

Le Made in France, nous, ça fait longtemps qu'on le pratique. Chez Kusmi Tea, nous avons fait ce constat en 2012 quand nous avons trouvé une PME française pour remplacer notre fabricant chinois de boîtes en métal. De meilleure qualité et à un prix équivalent ! Puis, il y a deux ans, nous avons rapatrié toute la fabrication de nos sachets de thés et d'infusions du Maroc au Havre. Et grâce à la technologie, nous avons produit moins cher en France et avons baissé les prix de nos boîtes de 20 sachets de 15 %. Moins de kilomètres, c'est moins de pollution et, en prime, du travail dans nos régions. Fiers de cette empreinte carbone améliorée, de ces emplois créés, nous le sommes assurément. Et puis, bien sûr, nos thés sont créés, mélangés, aromatisés, conditionnés dans nos ateliers du Havre.

milled.com/kusmi-tea, 13 avril 2020.

16. Comment l'internalisation de la chaîne de valeur sur son site français permet-elle à l'entreprise Kusmi Tea de mieux maîtriser ses coûts ?

17. Quels sont les avantages concurrentiels obtenus par le recentrage des activités en France ?

APPLICATION AU CAS

GROUPE SOUFFLET

En 2020, Soufflet a investi 10 millions d'euros pour aménager un nouveau portique de chargement dans son terminal du port de Rouen afin de s'adapter aux exigences de ses clients importateurs. Jusqu'à 2 000 tonnes de céréales à l'heure (pour 1 500 actuellement) pourront être chargées sur les navires grâce à ce nouveau portique doté par ailleurs des dernières technologies pour la réduction des émissions de poussières. Il pourra accueillir de très gros navires jusqu'à 230 mètres de longueur avec un poids en lourd utile de 53 000 tonnes.

DOC. Les forces du groupe Soufflet

1. Identifiez et classez les ressources du groupe Soufflet.

2. Selon Porter, à quelle activité de la chaîne de valeur correspond l'inauguration du terminal céréalier ?

3. Montrez que ce terminal va permettre d'améliorer la chaîne de valeur de l'entreprise.

TESTEZ VOS CONNAISSANCES

Flashez le QR code pour faire les exercices et réviser les notions essentielles.

liennathan.fr/339eww

1 L'Arbre Vert, un champion français de l'éco-responsabilité

1. **Recensez et classez les ressources de L'Arbre Vert.**
2. **Identifiez les facteurs d'influence de l'environnement de l'entreprise.**
3. **Sur quelle compétence fondamentale s'appuie le succès de l'entreprise ?**
4. **Réalisez le SWOT de L'Arbre Vert.**

DOC. Entretien, écologie et grandes surfaces

Créée en 2003, l'Arbre Vert est aujourd'hui la première marque nationale de produits d'entretien écologique en grande surface. L'histoire de l'Arbre Vert s'est construite autour du label Ecolabel Européen. L'Arbre Vert a été pionnier sur le mouvement de concentration des produits et la suppression des ingrédients allergisants, autant de démarches qui ont orienté la marque vers la prise en compte de préoccupations autour du respect et de la santé. Depuis 2013, les produits d'entretien (linge, vaisselle, nettoyants) de L'Arbre Vert sont approuvés par les médecins allergologues de l'ARCAA, (Association de Recherche Clinique en Allergologie et en Asthmologie) à travers l'approbation « Allergènes contrôlés ».

Dans son usine située à côté de Poitiers, elle élabore plus de 90 références accessibles au plus grand nombre à un prix abordable qui vont de la lessive au gel douche. Ainsi, elle maîtrise l'ensemble de la chaîne de valeur, de la création du produit à sa commercialisation, en passant par son développement et sa production autour de valeurs responsables. Avec cette offre écologique, l'Arbre Vert a su se différencier des autres grandes marques (Paic, Mir, Ariel...) et se faire une place au sein de ce secteur très concurrentiel. En répondant aux attentes de ses clients de plus en plus soucieux de leur impact environnemental, l'entreprise a multiplié ses ventes par 10 en dix ans pour atteindre plus de 60 millions d'euros en 2019.

Entreprise à taille humaine qui comprend près de 100 salariés, elle est détentrice de la certification PME + qui est le label RSE des entreprises françaises indépendantes. En ce qui concerne les emballages, elle est aujourd'hui leader en matière de recharge et ses clients achètent plus de recharges que de bidons.

Après le marché des produits d'entretien et de l'hygiène beauté, L'Arbre Vert a pour ambition de démocratiser l'écologie avec le lancement de produits de lave-glaces en 2020 et en 2021 de produits d'hygiène pour les animaux domestiques.

FILM ENTREPRISE DE L'ARBRE VERT

Vidéo
liennathan.fr/py797g

2 Des chaussures de sport « Made in France »

1. Repérez des éléments de l'environnement qui ont influencé la décision de Chamatex de produire ses chaussures en France.
2. Quelles sont les ressources dont Chamatex dispose pour se développer ? Recensez-les.
3. Analysez les avantages que procure à l'entreprise l'intégration de sa chaîne de valeur.

DOC. 1 Une basket française

Chamatex fait le pari de la chaussure de sport made in France. La PME vient de lancer la construction d'un bâtiment qui jouxte son siège à Ardoix, en Ardèche, pour y installer une usine 4.0 qui abritera la fabrication de chaussures destinées aux sportifs aguerris. Elle permettra de rapatrier en France une partie de la production des clients du Matryx, un textile technique permettant de construire l'ensemble de la tige des chaussures de sport, que Chamatex a mis au point en 2016.

Salomon va ouvrir la voie. Dès l'an prochain, il confiera la fabrication d'environ 15 000 paires (sur les 10 millions qu'il fait faire en Asie) à l'usine baptisée Advanced Shoe Factory (ASF) 4.0. « A partir de 2022, nous ouvrirons à Babolat et à Millet », indique Gilles Réguillon, le président de Chamatex. Puis probablement à d'autres pour atteindre une production de 500.000 paires dans trois ans.

Selon Salomon, le prix des chaussures fabriquées en France restera compétitif. La promesse tient au procédé mis en œuvre par Siemens au sein de cette unité de production 4.0, prévue pour tourner avec une cinquantaine de personnes en 3×8. « Toutes les lignes seront robotisées et toutes les procédures de communication entre les services automatisées », décrit Gilles Réguillon. De quoi gagner en rapidité et en flexibilité pour tester auprès des consommateurs européens des nouveautés avec de petites séries. Ce site deviendra ainsi pilote et pourra être dupliqué.

Les partenaires du projet envisagent déjà une usine plus grande en France pour fournir le marché

européen et d'autres à l'étranger au plus près des bassins de consommation, notamment aux Etats-Unis et en Asie. L'empreinte carbone du produit promet d'y être inférieure et les équipementiers sportifs, contraints de se renouveler de plus en vite, fondent beaucoup d'espoir dans ce nouveau modèle.

C'est pourquoi ils prennent part au financement d'ASF 4.0. Salomon, Millet et Babolat y investiront 400 000 euros. Siemens accompagne Chamatex et ses partenaires via un leasing sur les équipements (1,5 million d'euros). Le reste du tour de table de 10 millions d'euros nécessaire à la mise en orbite d'ASF 4.0 a été réuni auprès de BpiFrance (1 million) la région Auvergne-Rhône-Alpes (500 000 euros), ainsi que RL Invest (300 000 euros) et le fonds d'investissement Cuir Invest (300 000 euros). Chamatex y consacre quant à lui 1 million sur ses fonds propres et 5 millions de dette bancaire. La société ardéchoise, qui a réalisé 25 millions d'euros de chiffre d'affaires l'an dernier avec 120 personnes, évalue le chiffre d'affaires d'ASF 4.0 à 10 millions d'euros en 2025.

Françoise Sigot, *Les Echos*, 6 octobre 2020.

DOC. 2 Une usine 4.0

Deux conditions pour permettre la relocalisation : automatiser le plus possible la production pour réduire les coûts, et fabriquer en quantité pour amortir les investissements. Là encore, pari tenu annonce le président du groupe Chamatex Gilles Réguillon : « de la découpe en automatique, une ligne d'assemblage en automatique, une ligne de collage en automatique, une ligne de packaging automatique, et le tout géré en industrie 4.0. C'est unique, et c'est ici, en Ardèche ». Encore quelques réglages, et avant la fin de l'année, une paire de chaussures sera fabriquée toutes les deux minutes sur le site. Des améliorations techniques permettront de réduire ce temps par deux l'an prochain. Objectif affiché : produire 500 000 paires de chaussures par an, d'ici 2024.

Damien Triomphe, francebleu.fr, 17 septemebre 2021.

RELOCALISATION : SALOMON PRODUIT SES CHAUSSURES EN ARDÈCHE

Vidéo
liennathan.fr/ms59z8

SYNTHÈSE

Les différentes étapes d'une démarche d'analyse stratégique

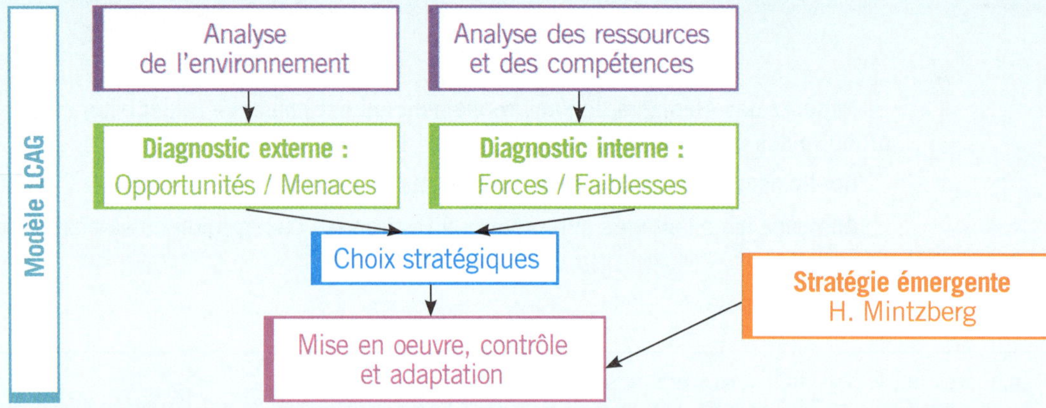

Les principaux éléments d'un diagnostic externe de l'entreprise

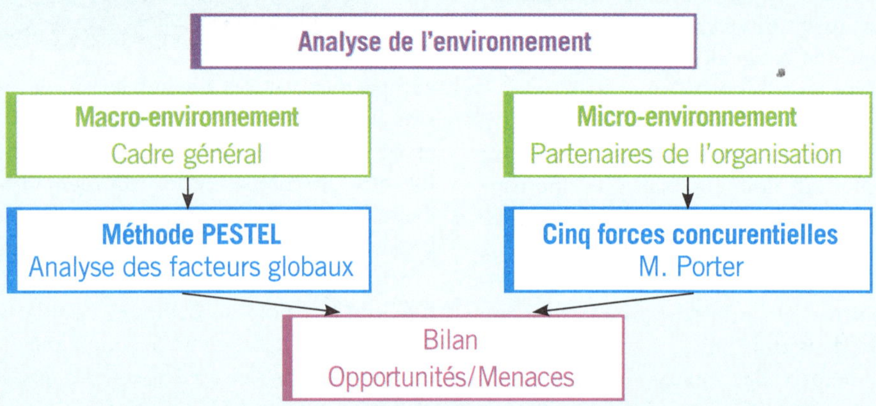

Les principaux éléments d'un diagnostic interne de l'entreprise

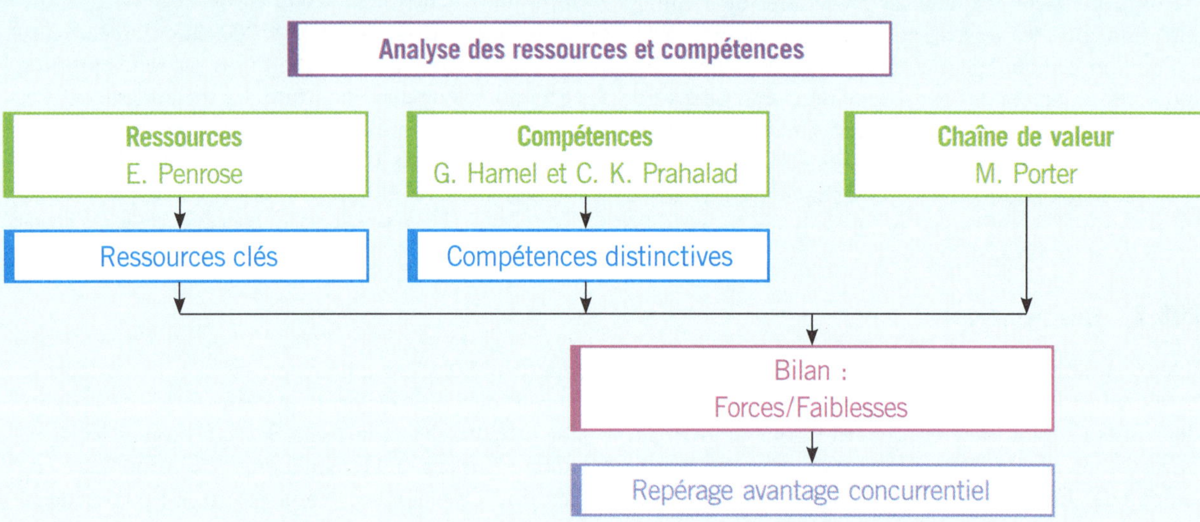

CONCEPTS

Activités de soutien – Activités principales – Avantage concurrentiel – Chaîne de valeur – Compétences – Compétences fondamentales ou distinctives – Diagnostic stratégique – FFOM / SWOT – Produits de substitution – Ressources – Ressources clés – Stratégie délibérée – Stratégie émergente – FCS

14 Le processus de décision et les choix stratégiques de l'entreprise

LES COMPÉTENCES ATTENDUES
- Présenter les étapes de la décision stratégique.
- Identifier et analyser les choix stratégiques de l'entreprise.
- Analyser la pertinence des choix stratégiques de l'entreprise.

LES SAVOIRS ASSOCIÉS
- Les domaines d'activité stratégique
- Les options stratégiques globales et par domaines d'activité
- Les modalités de croissance des entreprises

PLAN DU CHAPITRE

Too Good To Go accélère son internationalisation

Too Good To Go est une application mobile danoise [...] [qui] commence à voir le jour sur le territoire français en 2017. Aujourd'hui, elle est présente dans 15 pays. Cette application, gratuite et ouverte à tous, est destinée à réduire le gaspillage alimentaire. En effet, tous les commerçants de vente alimentaire, les restaurants et les grandes surfaces y ont la possibilité de proposer à prix (très) réduits les invendus de la journée sur l'application.

Ce concept suit le courant de pensée de la société durant ces dernières années. En effet, toutes les personnes utilisant l'application peuvent bénéficier de repas peu chers. Et ce, sans gaspillage alimentaire et en limitant ainsi les quantités d'aliments qui partent à la poubelle.

L'application contre le gaspillage alimentaire a déjà sauvé plus de 55 millions de repas. Plus de 65 000 entreprises et 30 millions d'utilisateurs ont contribué au succès de l'application. Et l'application ne souhaite pas s'arrêter là et désire voir ses chiffres grandir pour 2021 et les années à venir. Pour la première fois de son histoire, Too Good To Go réalise une levée de fonds de 25,7 millions d'euros. Le but de cette levée : développer la croissance de la start-up aux États-Unis. L'entreprise s'y est installée en septembre 2020 et de par sa popularité et son succès, la plateforme se voit dans l'obligation de recruter plus de 150 personnes supplémentaires outre-Atlantique.

Margaux Israel, infonet.fr, 11 janvier 2021.

TOO GOOD TO GO S'INSTALLE AUX ÉTATS-UNIS
Vidéo liennathan.fr/yp6j56

1. **Quel est l'objectif de l'entreprise « Too Good To Go » ?**
2. **Quelle décision « Too Good To Go » a-t-elle prise pour atteindre cet objectif ?**
3. **Quels ont été les choix d'entreprise en matière de croissance pour se développer ?**

1 Présenter les étapes de la décision stratégique

DOC. 1 Les différents types de décisions

La décision est un processus parfois complexe qui permet d'aboutir à un choix en fonction d'informations disponibles. Igor Ansoff (1971) distingue trois catégories de décisions qui auront une influence variable sur le fonctionnement de l'entreprise :

Les **décisions stratégiques**, prises par la direction générale, engagent l'entreprise sur le long terme. Elles sont rares, coûteuses et difficilement réversibles.	Les **décisions tactiques** (ou de pilotage) concernent la gestion des ressources de l'entreprise. Elles sont de moyen terme, réversibles et prises soit au niveau hiérarchique supérieur (comme les décisions stratégiques), soit à un niveau hiérarchique intermédiaire.	Les **décisions opérationnelles** permettent le bon fonctionnement de l'entreprise au jour le jour. Simples et répétitives, elles n'ont d'effet que sur une courte période et peuvent être prises à tout niveau hiérarchique. Elles sont facilement réversibles.

DOC. 2 Les décisions du groupe LVMH

LVMH se paie les sandales Birkenstock à 4 milliards d'euros

Les célèbres sandales Birkenstock tombent dans le giron du géant du luxe LVMH. Le fabricant allemand a vendu une majorité de ses parts à des fonds liés au groupe de Bernard Arnault. […] [Le rachat] est « la prochaine étape logique pour atteindre une forte croissance également sur des marchés d'avenir comme la Chine et l'Inde », a annoncé le groupe familial allemand dans un communiqué.

euronews.com, février 2021.

La marque Birkenstock collabore avec la Maison ultra-chic Jil Sander

D'un côté, le label de couture ultra-sophistiqué Jil Sander et de l'autre, le géant de la sandale polémique, Birkenstock. Le résultat ? La collaboration inédite de deux griffes allemandes aux antipodes qui partagent pourtant une passion commune pour la mode et la nature. Et c'est d'ailleurs ce qui fait toute l'essence de cette collection automne-hiver 2021/2022, composée de 4 modèles de sandales unisexe hautement désirables signées Birkenstock × Jil Sander.

grazia.fr, juillet 2021.

Des modèles disponibles en boutique et une communication sur les réseaux sociaux

La collaboration Birkenstock × Jil Sander sera disponible en exclusivité dans la boutique Jil Sander avenue Montaigne à Paris pendant une semaine à partir du 1er juillet, puis dans une sélection de points de vente et boutiques Jil Sander à travers le monde dès le 8 juillet […].

grazia.fr, juillet 2021.

LE LUXE S'OFFRE DES SANDALES

Vidéo
liennathan.fr/5d8k8c

1. **Expliquez ce que représente la prise de décision pour une entreprise.**
2. **Distinguez les différents types de décisions que l'entreprise peut prendre selon leur horizon temporel, leur niveau hiérarchique et de réversibilité.**
3. **Relevez les décisions présentées dans chacun des documents en justifiant leur intérêt pour le groupe LVMH.**
4. **Indiquez la nature de chacune de ces décisions en précisant leurs caractéristiques.**
5. **Montrez les liens entre les décisions tactiques et la décision stratégique de LVMH.**

DOC. 3 Le processus de décision et la rationalité limitée du décideur

Décider, c'est choisir la solution qui paraît la meilleure. Pour y parvenir, Herbert Simon (1947) propose le modèle IMC qui se déroule en trois étapes successives :

- **I** • **Intelligence** : recherche d'informations pour analyser et comprendre le problème.
- **M** • **Modélisation** : recherche et conception de solutions possibles.
- **C** • **Choix** : sélection de la solution la plus adaptée compte tenu des contraintes.

Mais le décideur prend rarement la décision optimale parce que des facteurs vont influencer la recherche d'informations et de solutions : le budget restreint, le temps limité, la personnalité du décideur (son intuition et ses émotions peuvent l'amener à privilégier une décision plutôt qu'une autre), l'instabilité et la complexité de l'environnement (qui résultent de la présence de multiples facteurs et acteurs)… Il s'arrêtera donc à une décision lui paraissant satisfaisante. Selon Simon, la rationalité du décideur est donc limitée.
De plus, selon James March et Richard Cyert (1963), l'entreprise est une coalition d'acteurs (salariés, partenaires…) avec des intérêts contradictoires. Le pouvoir de décision devient donc le résultat de négociations et de compromis.

6. **Quels sont les facteurs qui influencent la prise de décision ?**
7. **Pourquoi le décideur ne prend-il pas toujours la meilleure décision possible ?**

DOC. 4 Danone développe un nouveau lait végétal

Selon Danone, les laits végétaux actuellement sur le marché ont leurs limites. […] Certains consommateurs sont rebutés par […] le goût et la texture […] différents de ceux des produits laitiers. Danone y voit une opportunité de développer un nouveau type de lait végétal au goût neutre qui imite les produits laitiers […] [et] estime qu'il existe un énorme potentiel pour convaincre davantage de consommateurs d'essayer les produits véganes. […] Ces dernières années, l'entreprise s'est de plus en plus tournée vers les produits végétaliens en investissant, en début d'année, 12 millions d'euros dans son usine espagnole de production de produits véganes. Elle prévoit désormais d'atteindre 5 milliards d'euros de ventes de produits végétaliens d'ici 2025.

vegconomist.fr, août 2021.

8. **Analysez le processus de décision de l'entreprise Danone selon le modèle IMC.**
9. **Identifiez les facteurs qui ont eu une influence sur la prise de décision de Danone.**

APPLICATION AU CAS

GROUPE SOUFFLET

Développer les filières est au cœur du développement du groupe Soufflet. L'entreprise est notamment présente tout au long de la filière blé depuis le champ jusqu'au consommateur.

DOC. Les décisions du groupe Soufflet

Dans le cadre de la gestion de la crise du Covid, le groupe a protégé ses collaborateurs, clients et partenaires en procurant 660 000 masques chirurgicaux, 17 800 masques lavables et 8 000 litres de gel.

En 2020, le groupe a développé une application « maboulangerie.com » entièrement personnalisable, pour permettre aux artisans boulangers de digitaliser leur point de vente. Les boulangers peuvent ainsi créer leur site à leur nom. Le consommateur peut commander, payer en ligne, bénéficier de promotions…

Pour répondre aux attentes des consommateurs et des agriculteurs, le groupe a lancé en 2015 plusieurs filières bio (blé, orge, lentilles) et en 2016, sa filière pois chiche, comme culture alternative. Peu gourmande en eau et en azote, la culture du pois chiche répond aux attentes de diversification des agriculteurs et à la nouvelle demande en protéines végétales des consommateurs.

1. **Qualifiez et justifiez les décisions prises par la direction du groupe Soufflet.**
2. **Présentez les étapes de la décision prise par le groupe de se lancer dans la culture des filières bio et de pois chiche.**

2 Identifier les caractéristiques de la stratégie

DOC. 5 Qu'est-ce que la stratégie ?

Élaborer la stratégie de l'entreprise, c'est choisir son métier, son ou ses domaines d'activité stratégique, fixer des objectifs (rentabilité, pérennité, croissance, satisfaction des parties prenantes) sur du long terme, puis sélectionner les modes d'action et d'allocation des ressources.
Pour sa mise en œuvre, l'entrepreneur dispose d'outils de pilotage, que l'intelligence artificielle ne cessera de développer, mais la volonté, la prise de risque, l'aptitude à arrêter des choix stratégiques et à les appliquer restent le propre de l'équipe de direction.

1. **En quoi consiste l'élaboration de la stratégie pour une entreprise ?**

2. **Pourquoi l'élaboration d'une stratégie comporte-t-elle une prise de risque ?**

DOC. 6 La stratégie de Kering

Groupe de luxe mondial, Kering regroupe et fait grandir un ensemble de maisons emblématiques dans la mode, la maroquinerie, la joaillerie et l'horlogerie : Gucci, Saint Laurent, Bottega Veneta, Balenciaga, Alexander McQueen, Brioni, Boucheron, Pomellato, Dodo, Qeelin, Ulysse Nardin, Girard-Perregaux, ainsi que Kering Eyewear.
En plaçant la création au cœur de sa stratégie, Kering permet à ses maisons de repousser leurs limites en termes d'expression créative, tout en façonnant un luxe durable et responsable. C'est le sens de sa signature : Empowering Imagination.
En 2020, Kering comptait 38 553 collaborateurs et a réalisé un CA de 13,1 milliards d'euros.
À fin 2020, le groupe détenait un réseau de 1 433 magasins gérés en propre, implantés en Europe de l'Ouest (313), en Amérique du Nord (229), au Japon (228) et dans les pays émergents (663).

boursier.com

À partir de 2005, le groupe Kering a opéré une transformation stratégique, évoluant d'un conglomérat tourné vers la distribution grand public en France et en Europe (Le Printemps, la Redoute, Conforama, la Fnac..) vers un groupe de luxe à dimension internationale. Pour témoigner de cette transformation, le groupe Printemps-Pinault-Redoute est devenu PPR en 2005 puis a changé à nouveau de nom en 2013 pour devenir Kering. Il s'est alors désengagé de ses activités grand public en cédant progressivement les différentes sociétés de distribution qu'il détenait comme la Fnac en 2013.

3. **Identifiez les secteurs d'activité du groupe Kering.**

4. **Quels sont les objectifs stratégiques du groupe Kering ?**

KERING EN BREF
Vidéo
liennathan.fr/54b3qr

DOC. 7 Les facteurs de contingence

L'entreprise élabore ses choix stratégiques en tenant compte d'éléments qui l'entourent comme la concurrence, ses parties prenantes… En effet, des facteurs de contingence, qui sont des éléments internes (la taille de l'entreprise…) ou externes (la législation…), vont influencer et agir sur la prise de décision. L'entreprise doit s'adapter à ces facteurs évolutifs et imprévisibles. De plus, l'activité de l'entreprise est en évolution permanente, ce qui l'oblige à revoir ses domaines d'activité au fil du temps et parfois à redéfinir son cœur d'activité.

5. **Quels éléments peuvent influencer l'élaboration et la mise en œuvre de la stratégie ?**

6. **Montrez que le groupe Kering a redéfini son cœur d'activité.**

DOC. 8 Kering poursuit son désengagement de l'équipementier sportif Puma

C'est en 2007 que le géant du luxe avait pris le contrôle de l'équipementier allemand, et onze ans après qu'il décide alors de s'en séparer. Son objectif ? En s'inscrivant dans une nouvelle stratégie, l'entreprise veut se recentrer sur ses activités initiales dans le secteur du luxe : « Le produit net de la transaction sera affecté aux besoins généraux de Kering et renforcera encore davantage sa structure financière », a déclaré le groupe, tout en continuant de faire grandir les maisons emblématiques qu'il détient encore.

luxus-plus.com, octobre 2020.

Cette opération survient après un premier semestre durant lequel Kering, propriétaire des marques Gucci, Yves Saint Laurent, Bottega Veneta et Balenciaga, s'est trouvé ébranlé par la pandémie de Covid-19. « Le premier semestre 2020 restera sans aucun doute la période la plus complexe à laquelle nous aurons été confrontés », avait d'ailleurs reconnu fin juillet son PDG François-Henri Pinault. Au cours des six premiers mois de l'année, le bénéfice net de Kering a chuté de 53 % sur un an, pour s'établir à 272 millions d'euros.

fashionunited.fr, octobre 2020.

Kering souligne d'ailleurs qu'il « évolue dans un environnement qui demeure incertain, qu'il s'agisse du contexte macro-économique ou des aléas géopolitiques, avec des événements qui peuvent notamment influencer les tendances de consommation et les flux touristiques ».

capital.fr, juillet 2017.

7. **Relevez les facteurs de contingence qui agissent sur le groupe Kering.**
8. **Précisez en quoi consiste le recentrage pour le groupe Kering.**
9. **Repérez l'intérêt pour le groupe Kering d'opérer cette décision stratégique.**
10. **Identifiez les facteurs de contingence qui ont influencé cette décision.**

APPLICATION AU CAS

GROUPE SOUFFLET

Le groupe Soufflet, spécialisé dans la collecte, le négoce et la transformation des céréales, a pour ambition de poursuivre sa diversification et son développement à l'international. Il s'engage dans une logique durable avec des produits plus qualitatifs pour les consommateurs. En amont, il travaille sur la réduction des insecticides et investit dans la recherche et le développement pour promouvoir les filières bio.

DOC. Les effets de la crise sanitaire sur le groupe Soufflet

Confronté à l'épidémie du Covid-19, le groupe Soufflet a dû s'adapter et se réorganiser :
– son activité Agriculture a été confrontée à des difficultés dans le transport de ses marchandises par l'annulation de trains ;
– son activité Vigne (services aux viticulteurs) est restée soutenue, tandis que l'activité « espaces verts » a subi une forte baisse ;
– son activité Négoce a été soutenue malgré des difficultés logistiques côté fret ferroviaire et côté transport routier dont l'organisation a été perturbée pour les trajets de retour qui ne trouvaient pas toujours de chargement ;
– pour l'activité liée à la malterie, le groupe a dû faire face à un marché de la bière en baisse avec la fermeture des bars, des restaurants… ; les ventes ont baissé de 10 à 35 % selon les régions entre mars et juin 2020.

abonne.test-eclair.fr, avril 2020.

1. **Comment le groupe Soufflet s'est-il adapté à la crise sanitaire ?**
2. **Identifiez les facteurs qui ont eu un impact sur la mise en œuvre de sa stratégie.**
3. **Repérez les conséquences de cette situation sur l'entreprise.**

3 Identifier et analyser la pertinence des choix stratégiques de l'entreprise au niveau global

DOC. 9 Les stratégies globales

Une stratégie globale vise à gérer le portefeuille d'activités de l'entreprise en termes de spécialisation ou de diversification et d'intégration ou d'externalisation.

DOC. 10 Spécialisation ou diversification

La matrice « produits/marchés » d'Igor Ansoff (1965) analyse ces deux choix stratégiques :

Produits / Marchés	Existants	Nouveaux
Existants	1. Pénétration de marché	3. Développement de produit
Nouveaux	2. Développement de marché	4. Diversification

1. La spécialisation : maintenir l'entreprise dans un seul domaine d'activité pour développer un produit ou une gamme de produits *avec le risque de dépendre d'une seule activité.*

2. L'extension de marché : développer un même produit sur un nouveau marché *pour séduire de nouveaux clients.*

3. Le développement de produit : développer un nouveau produit sur un même marché *pour augmenter son pouvoir sur le marché.*

4. La diversification totale : lancer de nouveaux produits sur de nouveaux marchés *afin de répartir les risques grâce à de lourds investissements et l'acquisition de nouvelles compétences.*

DOC. 11 Les stratégies du fruit

Andros, c'est aussi les desserts Mamie Nova, les confitures Bonne Maman, les bonbons Pierrot Gourmand, les biscuits Saint-Michel…

Avec Andros, Bonne Maman, Mamie Nova et Pierrot Gourmand, le groupe détient 47 % des ventes de confitures en France, 62 % des compotes réfrigérées, 20 % des jus de fruit frais et fournit les marques de distributeurs. Les deux tiers des Français achètent des produits Bonne Maman. […] Andros est devenu un empire familial au chiffre d'affaires estimé à 2,2 milliards d'euros mais il navigue encore au flair comme une PME.

alpsbiz.com, juillet 2021.

Fabricant de compotes, jus et desserts aux fruits pour la grande distribution et la restauration hors foyer, à sa marque et sous marque de distributeur, « Charles & Alice » peaufine la mise en service à Monteux (Vaucluse) d'un nouvel atelier de 6 500 m2. […] « Nous sommes leaders des desserts aux fruits sans sucre ajouté en GMS en rayon frais, avec une part de marché en valeur de 57,9 %, explique Thierry Goubault, le PDG, qui a repris la société familiale en 2007. Nous sommes également leader sur le marché des collectivités (crèches, écoles, hôpitaux, maisons de retraite, restaurants d'entreprises…) avec plus de 500 000 personnes par jour qui consomment nos produits ». En 2025, le dirigeant espère atteindre un chiffre d'affaires de 250 millions d'euros.

usinenouvelle.com, juin 2021.

1. **À l'aide de la matrice d'Ansoff, analysez les stratégies globales choisies par les deux entreprises.**
2. **Chez Charles & Alice, la stratégie conduit-elle à la fabrication d'un seul produit ?**
3. **Quels moyens Charles & Alice met-elle en œuvre pour développer sa stratégie ?**
4. **Expliquez pourquoi la stratégie d'Andros lui permet de limiter les risques.**
5. **Précisez les avantages et les limites de ces stratégies globales pour l'entreprise.**

DOC. 12 Intégration ou externalisation

La **stratégie d'intégration** consiste, pour une entreprise, à réaliser ses activités en interne au lieu de les confier à un partenaire externe.
Il existe deux formes d'intégration :
– l'intégration vers l'amont : réalisation interne des activités effectuées par les fournisseurs de l'entreprise ;
– l'intégration vers l'aval : réalisation interne des activités effectuées par les clients de l'entreprise.
Cette stratégie accroît le pouvoir de l'entreprise sur son marché et permet de sécuriser les approvisionnements et/ou les débouchés.

La **stratégie d'externalisation** consiste à confier à un partenaire externe la réalisation d'une ou de plusieurs activités qui n'appartiennent pas au cœur de métier de l'entreprise.
L'externalisation touche un nombre important d'activités :
– les premières activités qui ont été externalisées par les entreprises sont les services généraux (accueil, entretien, restauration…) puis la paie, la comptabilité et la production ;
– les activités externalisées de façon plus récente sont les systèmes d'information, la logistique (entreposage, transport), les achats et le service après-vente.
Cette stratégie permet à l'entreprise de se concentrer sur son cœur de métier et de bénéficier de compétences d'experts, mais elle entraîne une dépendance vis-à-vis des prestataires.

DOC. 13 Les activités d'Andros au service d'autres entreprises

Le groupe Andros s'adonne aussi à des activités plus discrètes. Producteur de marques de distributeurs, il fournit Carrefour et consorts en yaourts, marmelades, bonbons… Et même en desserts surgelés. […] Par exemple, Andros donne aussi dans le bonbon. C'est ainsi lui qui fabrique pour les distributeurs les copies des Tirlibibi Haribo. Il fournit aussi une soixantaine d'industriels en coulis, fourrages… « On fait du premier prix ou du premium selon la demande des enseignes », précise le DG.

C. Bader, *Capital*, 1er juin 2018.

Picard Surgelés a pour métier la distribution de produits surgelés au sein de ses différents points de vente mais l'entreprise a choisi de faire fabriquer ses produits par d'autres entreprises.

Depuis un rachat en 2006, le groupe Andros fait des desserts glacés. Son plus gros client ? Picard, qui lui commande une belle part de ses gâteaux de Noël.

6. Présentez les stratégies globales choisies par Andros et Picard pour la fabrication de leurs produits.

7. Analysez la pertinence pour ces deux groupes d'adopter ces choix stratégiques.

8. Précisez les avantages et les limites de ces stratégies globales pour l'entreprise.

APPLICATION AU CAS

GROUPE SOUFFLET

Spécialiste reconnu des filières céréales depuis les semences jusqu'à la première transformation, le groupe Soufflet a élargi son activité à la production et à la distribution de produits prêts à consommer (boulangerie-viennoiserie-pâtisserie et restauration rapide). Ce positionnement spécifique lui confère la capacité de contrôler et de garantir le suivi de toute sa chaîne de collecte, production, transformation de produits destinés à l'alimentation humaine et animale.

DOC. Les filières du groupe Soufflet

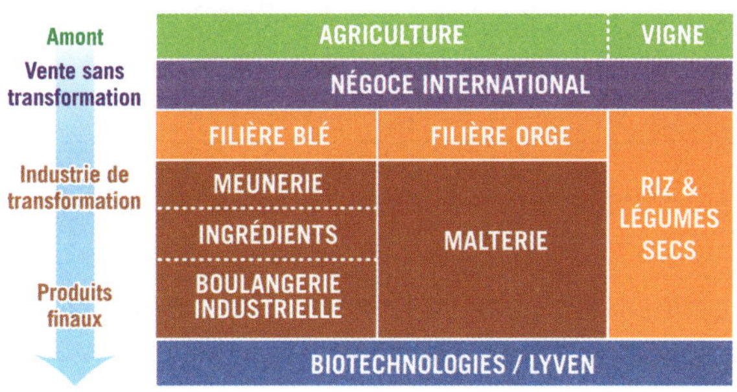

1. Identifiez les stratégies globales du groupe Soufflet.

2. Analysez la pertinence des choix stratégiques au niveau global du groupe Soufflet.

4 Identifier et analyser la pertinence des choix stratégiques de l'entreprise au niveau de ses domaines d'activité

DOC. 14 Les domaines d'activité stratégique de l'entreprise

Un domaine d'activité stratégique (DAS) est une sous-partie de l'entreprise regroupant un ensemble homogène de biens et de services qui utilisent une technologie identique et visent un même marché. Une entreprise peut avoir un ou plusieurs DAS.

DOC. 15 Les domaines d'activité stratégique du groupe Adeo

Le groupe Adeo, leader européen de l'équipement de la maison, est un réseau de 10 enseignes et sites Internet présents dans les secteurs de la décoration (Zôdio), de la cuisine (Alice Délice), du chauffage (Kbane), du bricolage et de l'outillage (Leroy Merlin, Weldom), et de la construction (Quotatis) pour les particuliers ou les professionnels (Bricoman) en France et dans le monde (Bricocenter en Italie).

1. **Identifiez le métier du groupe Adeo.**
2. **Repérez les domaines d'activité stratégique du groupe Adeo.**

ADEO DÉCO

Vidéo
liennathan.fr/c7y6w9

DOC. 16 Les stratégies de domaine d'activité

Après avoir défini sa stratégie globale, l'entreprise doit choisir la stratégie de domaine d'activité qu'elle va conduire pour chacun de ses DAS afin de faire face à la concurrence. Celle qui exerce plusieurs activités adopte la stratégie pertinente pour chaque DAS afin de conforter ou d'établir un avantage concurrentiel durable sur un marché.

La grille d'analyse stratégique de Porter (1980)

<table>
<tr><th rowspan="2">Étendue de la concurrence</th><th colspan="2">Avantage concurrentiel détenu ou recherché</th></tr>
<tr><th>La situation de la firme se caractérise par des coûts faibles.</th><th>Le caractère unique du produit est perçu par la clientèle.</th></tr>
<tr><td>La firme est confrontée à la concurrence de tout le secteur (cible large).</td><td>1. Stratégie de domination par les coûts
Réduire les coûts pour proposer des prix plus bas que les concurrents pour une offre de même valeur, de façon à attirer davantage de clients et à obtenir une position dominante sur le marché.</td><td>2. Stratégie de différenciation
Se démarquer de la concurrence en offrant un produit perçu comme unique aux yeux des clients. Cette différence permet de vendre à un prix supérieur et porte sur les caractéristiques du produit : la qualité, le conditionnement, les services associés, la technologie, l'image de la marque…</td></tr>
<tr><td rowspan="2">La firme est confrontée à la concurrence d'un segment particulier (cible étroite).</td><td colspan="2">3. Stratégie de concentration/focalisation
Se protéger des assauts de la concurrence en s'adressant à un segment de marché spécifique (produits, clientèle ou zone géographique) en proposant une offre différente qui ne peut intéresser qu'une clientèle réduite.
La différence peut être :</td></tr>
<tr><td>fondée sur des coûts réduits.</td><td>fondée sur la différenciation.</td></tr>
</table>

D'après Michael Porter, *L'Avantage concurrentiel*, Dunod.

3. **Identifiez les trois stratégies de domaine proposées par Michael Porter.**
4. **Selon Porter, quelles sont, pour toute entreprise, les deux principales sources d'avantage sur ses concurrents ?**

DOC. 17 Domination par les coûts, différenciation ou focalisation

Aujourd'hui troisième opérateur du marché français, l'enseigne dépasse les 120 dépôts qui génèrent 2,8 milliards d'euros de chiffre d'affaires avec quelque 48 millions de passages en caisse chaque année. Comment expliquer cette ascension rapide ? En un mot : discount ! En effet, **Brico Dépôt** s'est, dès sa création, positionné sur des prix attractifs en quantité chantier. Sans fioritures, l'offre va à l'essentiel avec des grandes surfaces de vente bien achalandées, au format dépôt, c'est-à-dire en libre-service sans artifices de présentation et sans superflu. Et ça marche.

D. André-Chaigneau, www.toute-la-franchise.com

L'ambition avait déjà été affichée. Mais l'année écoulée rend l'objectif plus tangible encore : dopé par les restrictions sanitaires, ManoMano, la place de marché spécialisée dans la vente en ligne d'articles de bricolage et de jardinage, se rêve plus que jamais en champion européen de son segment. « On ne veut plus être que le leader français, on veut être un leader européen », a déclaré Christian Raisson, qui dirige la jeune pousse avec Philippe de Chanville, à l'occasion d'un point presse. Après une première carrière dans la finance, les deux Français ont lancé ManoMano en 2013, convaincus que le marché du bricolage, dominé par les grandes surfaces de bricolage, les « GSB », était encore trop peu investi sur le numérique.

Le pari n'a jamais été aussi gagnant que l'an passé. Coincés entre quatre murs, privés de loisirs et de voyages, nombre de consommateurs ont déporté leurs dépenses sur leur intérieur. ManoMano, qui a levé 125 millions d'euros début 2020, était en position privilégiée pour profiter du retard à l'allumage de Kingfisher (Castorama et Brico Dépôt en France) ou de Leroy Merlin dans le e-commerce.

business-lesechos.fr, février 2021.

MANOMANO
Vidéo
liennathan.fr/fkm865

Leroy Merlin déploie les espaces « Parlons maison » dans ses points de vente. Il s'agit de regrouper dans un même endroit, sur 30 à 90 m², toutes les offres de services de l'enseigne, afin d'aider les clients à concevoir et à réaliser leurs projets de travaux ou d'aménagement : lien avec les artisans, avec les organismes d'entraide ou de livraisons, etc.

Thomas Bouret, DG Leroy Merlin : « Notre ambition : devenir l'évidence habitat en France »

« [...] Le digital vient faire exploser toutes les frontières traditionnelles de notre métier. Notre ambition est de devenir « l'évidence habitat en France ». Dans ce cadre-là, nos magasins ont vocation à être les carrefours de l'habitat. J'entends par là qu'ils doivent être les lieux de la relation, du service, du conseil, de la conception et de l'exécution des projets de nos clients, de A à Z, jusqu'à la livraison et la pose. En réalité, l'argument principal à faire valoir, ce n'est plus d'avoir 40 000 à 50 000 références au bon prix, immédiatement disponibles, même si cela reste un prérequis, mais bien de savoir comment les magasins peuvent être utiles à l'habitant. D'où le conseil, les services, d'où toutes ces nouvelles choses que nous y faisons entrer. »

Jean-Noël Caussil, LSA Conso, février 2020.

5. **À l'aide de la grille de Porter, analysez les stratégies de domaine choisies par ces entreprises.**
6. **Montrez que la domination par les coûts repose sur des économies d'échelle.**
7. **Repérez les avantages concurrentiels défendus par ces trois entreprises.**

APPLICATION AU CAS

Groupe SOUFFLET

Dans le cadre de sa stratégie de filière, le groupe Soufflet propose des services innovants qui lui permettent de s'adapter aux évolutions du marché. Pour les agriculteurs, les avantages sont nombreux : débouchés sécurisés, valorisation assurée, pratiques raisonnées, offre bio...

1. **Identifiez les DAS et la stratégie de domaine du groupe Soufflet.**
2. **Analysez la pertinence de ce choix stratégique pour le groupe.**

DOC. Les DAS du groupe Soufflet

5 Identifier et analyser la pertinence des modalités de croissance de l'entreprise

DOC. 18 Les modalités de croissance de l'entreprise

Quelle que soit l'orientation stratégique choisie, l'entreprise doit trouver des modalités de croissance pertinentes. La croissance permet à l'entreprise de changer de dimension (augmentation de la capacité de production, des parts de marché…) et d'accroître son pouvoir de négociation. Il existe quatre modalités de croissance : la croissance interne, la croissance externe, la croissance conjointe et l'internationalisation. L'entreprise va combiner ces quatre modalités de croissance en fonction de l'évolution de ses activités et de son environnement.

DOC. 19 La croissance interne, la croissance externe et la croissance conjointe de l'entreprise

La **croissance interne**, appelée aussi « croissance organique », consiste pour l'entreprise à investir en interne à l'aide de ses propres moyens pour développer ses ressources, ses compétences, sa taille… Cette croissance se réalise de façon progressive et continue, et permet de maintenir l'indépendance de l'entreprise.

La **croissance externe** permet à l'entreprise de se développer à l'aide d'autres entreprises. Elle consiste en l'acquisition ou la prise de contrôle d'entreprises concurrentes ou complémentaires afin d'élargir son périmètre d'activité. Cette croissance est plus rapide, permet de s'implanter sur un nouveau marché et de réduire la concurrence.

La **croissance conjointe** consiste à coopérer sous forme contractuelle avec une autre entreprise en restant juridiquement indépendant. Sans s'engager de manière définitive, il s'agit de mettre en commun des moyens humains, financiers, technologiques… Cette croissance prend la forme :
– soit de partenariat stratégique : une collaboration entre entreprises non concurrentes ;
– soit d'alliance stratégique : une collaboration entre entreprises concurrentes. D'après Pierre Dussauge et Bernard Garrette (1991), les alliances stratégiques peuvent être définies comme des « *associations entre plusieurs entreprises concurrentes, ou potentiellement concurrentes, qui choisissent de mener à bien un projet ou une activité spécifique en concordant les compétences, moyens et ressources nécessaires plutôt que de se faire concurrence les unes aux autres sur l'activité concernée* ».

1. **Distinguez les différentes modalités de croissance qui s'offrent à l'entreprise.**
2. **Montrez que ces modalités de croissance permettent de réaliser des économies d'échelle.**

DOC. 20 La croissance de Charles & Alice

[Charles & Alice…] conserve le même appétit de croissance : elle a mis 20 millions d'euros dans l'édification d'une usine spécialisée dans les compotes en gourdes. […] Le projet a été imaginé fin 2018 et mis en service ce printemps. « Sur notre atelier 1 de 10 000 m², nous étions arrivés au bout des capacités de production », indique Laurence Martin, la directrice des sites Charles & Alice de Monteux. « Là, nous disposons de 6 500 m² supplémentaires, aux toutes dernières technologies de transformation des fruits, de dosage, de conditionnement... C'est une amélioration considérable pour le bien-être de nos salariés. […] Plus de 20 salariés ont été embauchés ». La société gagne en performance. « La nouvelle ligne de fabrication a une cadence supérieure d'un tiers à celle de notre premier atelier. »

Jean-Christophe Barla, Usine Nouvelle, juin 2021.

3. **Identifiez la modalité de croissance choisie par l'entreprise Charles & Alice. Justifiez.**
4. **Repérez les raisons qui ont conduit l'entreprise Charles & Alice à se développer.**
5. **Quels sont les moyens mis en œuvre par Charles & Alice pour assurer sa croissance ?**

DOC. 21 La croissance du groupe Adeo

De 1994 à 1998, Adeo rachète Bricoman et Bricocenter. En 2004, Weldom et DomPro rejoignent le groupe. À partir de 2011, l'e-commerce du groupe se renforce avec le rachat d'enseignes de vente en ligne : LightOnline, Delamaison et Décoclico. En 2015, Tikamoon, le *pure player* spécialiste du meuble en bois, rejoint Adeo pour renforcer son pôle « déco ». En 2015, Leroy Merlin s'allie à la start-up américaine TechShop afin d'offrir à ses clients des ateliers collaboratifs pour concevoir eux-mêmes leurs produits. Le principe des ateliers Leroy Merlin de TechShop est de mettre à disposition des machines et équipements professionnels moyennant un abonnement et une formation de base.

6. Identifiez les modalités de croissance adoptées par le groupe Adeo.
7. Quels objectifs le groupe Adeo poursuit-il en achetant ces différentes entreprises ?
8. Repérez l'intérêt pour Leroy Merlin de s'allier à la start-up TechShop.

DOC. 22 L'internationalisation de l'entreprise

L'internationalisation consiste à rechercher l'implantation de l'entreprise sur de nouveaux marchés étrangers. Pour s'internationaliser, l'entreprise peut opter pour des exportations, des investissements directs à l'étranger (filiales, par exemple) ou créer des partenariats locaux.

Andros réalise désormais la moitié de son chiffre d'affaires à l'étranger. Grâce à de gros rachats, mais aussi au succès de Bonne Maman. Dès la fin des années 1970, le Lotois s'est exporté avec des petits pots de 30 grammes dans les hôtels de luxe. Aujourd'hui encore, la marque trône au Shangri-La de Dubaï, au Marriott de Hong Kong ou au Sofitel de New York. « Cela permet de se faire connaître, et après on descend en supermarché, raconte un cadre. Vous posez ce pot en rayon, il se vend tout seul ! »

C. Bader, *Capital*.

9. Comment le groupe Andros se déploie-t-il à l'étranger ?
10. Repérez les autres modalités de croissance du groupe Andros.
11. Pour quelle raison le groupe Andros s'est-il développé à l'international ?

APPLICATION AU CAS

GROUPE SOUFFLET

DOC. La croissance du groupe Soufflet

En 2021, un nouveau Moulin a été construit à Corbeil (91). Doté de technologies 4.0 afin d'optimiser le pilotage de la performance et de la qualité environnementale, il produira annuellement 200 000 tonnes de farines pour ses clients en filières tracées.

En 2014, Soufflet porte sa participation à 78,73 % dans le groupe Neuhauser. Il met ainsi un pied dans la restauration rapide (Pomme de Pain…).

Lancement fin 2019 d'une application « maboulangerie.com », une plateforme de e-commerce, dédiée aux boulangers, qui offre des services de commande, de paiement en ligne et autres fonctionnalités.

En 2020, le groupe Soufflet et Brioche Pasquier ont noué un partenariat afin de promouvoir une agriculture durable. Cet accord permet à Brioche Pasquier d'utiliser des farines issues de la filière responsable avec des blés sans traitement après récolte.

Répartition du CA par zone géographique

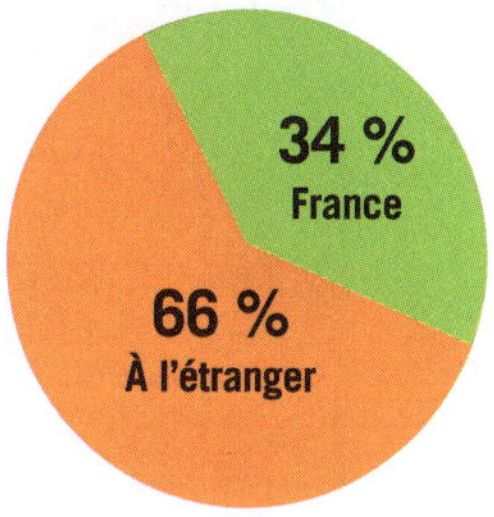

Un nouveau bureau de vente a été ouvert en Slovaquie, pour développer les activités de Soufflet en République tchèque. En Roumanie, une station de production de semences de maïs a été construite afin d'alimenter l'Europe de l'Est.

1. Identifiez les modalités de croissance du groupe Soufflet.
2. Analysez la pertinence de ces modalités de croissance pour le groupe.

TESTEZ VOS CONNAISSANCES

Flashez le QR code pour faire les exercices et réviser les notions essentielles.

liennathan.fr/k632s

1 Unilever, une multinationale qui se réorganise

1. **Repérez le métier et les domaines d'activité stratégiques d'Unilever.**
2. **Quelle est la décision prise par Unilever ? Justifiez ce choix.**

DOC. 1 Unilever, une entreprise multinationale britannique

L'entreprise est le quatrième groupe alimentaire mondial en termes de ventes et possède plusieurs marques dans le domaine du maquillage et des cosmétiques. Ses produits comprennent des aliments et des boissons (environ 40 % de son chiffre d'affaires), des produits ménagers et des produits de soins personnels. Unilever est l'une des plus anciennes multinationales et ses produits sont disponibles dans environ 190 pays. L'entreprise compte plus de 400 marques organisées en quatre catégories principales : Alimentation, Rafraîchissements, Soins à domicile et Beauté.

businesscoot.com, septembre 2021.

DOC. 2 Unilever se sépare de ses thés, dont Lipton, pour 4,5 milliards d'euros

Le géant de l'agroalimentaire et de la beauté Unilever cède son activité thé pour 4,5 milliards d'euros au fonds CVC. Une page se tourne pour la marque Lipton, présente depuis la fondation du groupe.

Unilever poursuit sa cure d'amaigrissement. Le géant des produits de grande consommation (50,8 milliards d'euros de chiffre d'affaires en 2020, 149 000 salariés) a annoncé, vendredi 19 novembre, la cession de sa filiale spécialisée dans le thé, Ekaterra, au fonds luxembourgeois de capital-investissement CVC pour un montant de 4,5 milliards d'euros. « *L'évolution de notre portefeuille vers des espaces à plus forte croissance est une partie importante de notre stratégie de croissance pour Unilever. Notre décision de vendre Ekaterra démontre de nouveaux progrès dans la réalisation de nos plans* », commente le PDG d'Unilever, Alan Jope.

Unilever avait préalablement annoncé son intention de céder ses activités dans le thé, à l'exception de l'Inde, de l'Indonésie et des prises de participation dans des activités de thé prêt-à-boire. Objectif : se recentrer notamment sur l'hygiène, la beauté, les aliments à base de plantes et la nutrition fonctionnelle. Ekaterra comprend notamment l'emblématique marque Lipton, créée en 1890 et qui avait intégré, par un jeu de fusions, Unilever à sa création en 1930. « *Nous sommes fiers de la place qu'occupe notre activité Thé dans l'histoire de notre entreprise* », a souligné Alan Jope.

Franck Stassi, Usine Nouvelle, 19 novembre 2021.

2 Ethiquable inaugure une nouvelle usine en France

1. Présentez les facteurs de contingence qui ont influencé la décision de création de l'usine de chocolaterie de la marque Ethiquable en France.
2. Identifiez et analysez les choix stratégiques de l'entreprise Ethiquable.
3. Identifiez les modalités de croissance choisies par l'entreprise Ethiquable.

DOC. 1 Ethiquable, une marque française

Chocolat, café et thé équitables, c'est le trio gagnant d'Ethiquable. Cette SCOP (société coopérative et participative), dont le siège se trouve à Fleurance (Gers), distribue ses produits sous sa marque dans les rayons de la grande distribution. En 2018, ils ont représenté 90 % de son chiffre d'affaires, d'environ 50 millions d'euros.

[…] Des entrepreneurs, Christophe Eberhart, Rémi Roux et Stéphane Comar, qui ont lancé l'aventure en 2003, au tournant de la quarantaine. Mêlant leurs expériences respectives de commercial dans l'agroalimentaire, d'intervenant dans des ONG en Amérique du Sud et de financement international, nouant des partenariats avec des coopératives de producteurs en Amérique du Sud, en Afrique comme en Asie, ils ont créé des flux d'approvisionnement de produits sur lesquels ils ont inscrit leur marque en se revendiquant du commerce équitable.

Laurence Girard, lemonde.fr, février 2020.

DOC. 2 La première chocolaterie bio et équitable d'Europe ouvre ses portes en France

La ville de Fleurance (Gers) accueille la première chocolaterie bio et équitable d'Europe. C'est la première usine de la société coopérative et participative Ethiquable, spécialisée dans les produits alimentaires issus du commerce équitable et financée par la Banque des Territoires Occitanie et des acteurs de la finance solidaire. […] Mais cette chocolaterie est un peu particulière. Ici, on ne travaille pas à partir de fèves mais à partir de blocs de cacao déjà constitués. « Le cacao est torréfié et réduit en pâte au Pérou, dans une coopérative de petits producteurs », précise Christophe Eberhart, l'un des trois cofondateurs de la coopérative à l'origine du projet. Cette masse est ensuite importée ici en France et transformée en chocolat puis en tablettes de chocolat. » […] Depuis la création de la coopérative, il y a près de 20 ans, le chocolat bio était fait dans une usine en Italie. Mais relocaliser la production dans le Gers, était évident pour Christophe Eberhart, cofondateur de la coopérative à l'origine du projet. « On travaille avec des coopératives de producteurs qui sont en milieu rural, isolés, parfois défavorisés. Ça nous semblait avoir une certaine logique de travailler également en milieu rural. »

Pour faire du commerce équitable, ils ont décidé de payer la matière première presque le double du prix du marché. Ce qui bénéficie à des producteurs comme José Rojas qui travaille chez Norandino, une coopérative péruvienne partenaire qui cultive notamment du cacao bio et fournit les blocs […]. L'argent leur permet aussi de lutter contre la déforestation et de préserver les saveurs ancestrales de certains terroirs. Des objectifs partagés par les chocolatiers, qui prévoient déjà de doubler le nombre de leurs salariés d'ici deux ans.

francetvinfo.fr, 8 août 2021.

Le processus de décision de l'entreprise

La décision stratégique

Elle est rare, onéreuse, difficilement réversible, prise par la direction, et engage l'entreprise sur le long terme.

Le modèle IMC de Simon

- **I** – **Intelligence :** recherche d'informations pour analyser et comprendre le problème.
- **M** – **Modélisation :** recherche et conception de solutions possibles.
- **C** – **Choix :** sélection de la solution la plus adaptée compte tenu des contraintes.

La rationalité limitée de Simon

Le décideur prend une décision qui est satisfaisante mais qui n'est pas optimale car des facteurs vont influencer le choix de la décision (budget, manque d'informations, contrainte de temps…).

Les caractéristiques de la stratégie

La stratégie

Elle consiste, pour une entreprise, à choisir ses activités, à allouer des ressources et fixer des objectifs dans le but de créer de la valeur et de devancer la concurrence.

→ **Le domaine d'activité stratégique (DAS) :** sous-partie de l'entreprise regroupant un ensemble homogène de produits qui utilisent une technologie identique et visent un même marché.

Les facteurs de contingence

Éléments internes ou externes qui ont une influence sur l'entreprise et sa stratégie (technologie, l'environnement, la législation…)

Les deux niveaux de la stratégie

Stratégie globale

- – Spécialisation sur un seul domaine d'activité
  – Diversification vers de nouvelles activités
- – Intégration : que faire soi-même ?
  – Externalisation : que confier à d'autres ?

Stratégie de domaine

- – Différenciation
- – Domination par les coûts
- – Focalisation

Les modalités de croissance de l'entreprise

- Croissance interne
- Croissance externe
- Croissance conjointe
- Internationalisation

CONCEPTS

Croissance conjointe – Croissance externe – Croissance interne – Décision – Décision stratégique – Domaine d'activité stratégique (DAS) – Facteurs de contingence – Internationalisation – Modèle IMC – Rationalité limitée – Stratégie – Stratégie de domaine d'activité – Stratégie globale

Synthèse du thème 6

Les choix stratégiques du **groupe Soufflet**

À l'aide d'un outil collaboratif en ligne (ex. : Padlet), préparez pour chaque question une réponse argumentée. Vous veillerez à mobiliser les concepts développés dans les chapitres.

L'éclairage du diagnostic sur les choix stratégiques du groupe Soufflet.

Quelles sont les étapes de la démarche stratégique suivie par le groupe Soufflet ?

Sur quels éléments s'appuient les diagnostics interne et externe du groupe Soufflet ? Quelles forces, faiblesses, opportunités et menaces révèlent-ils ?

Les choix stratégiques opérés par le groupe Soufflet.

Quelle est la stratégie du groupe Soufflet au niveau global ? au niveau de ses domaines d'activité stratégique ?

Quelles sont les modalités de croissance du groupe Soufflet ?

THÈME 6

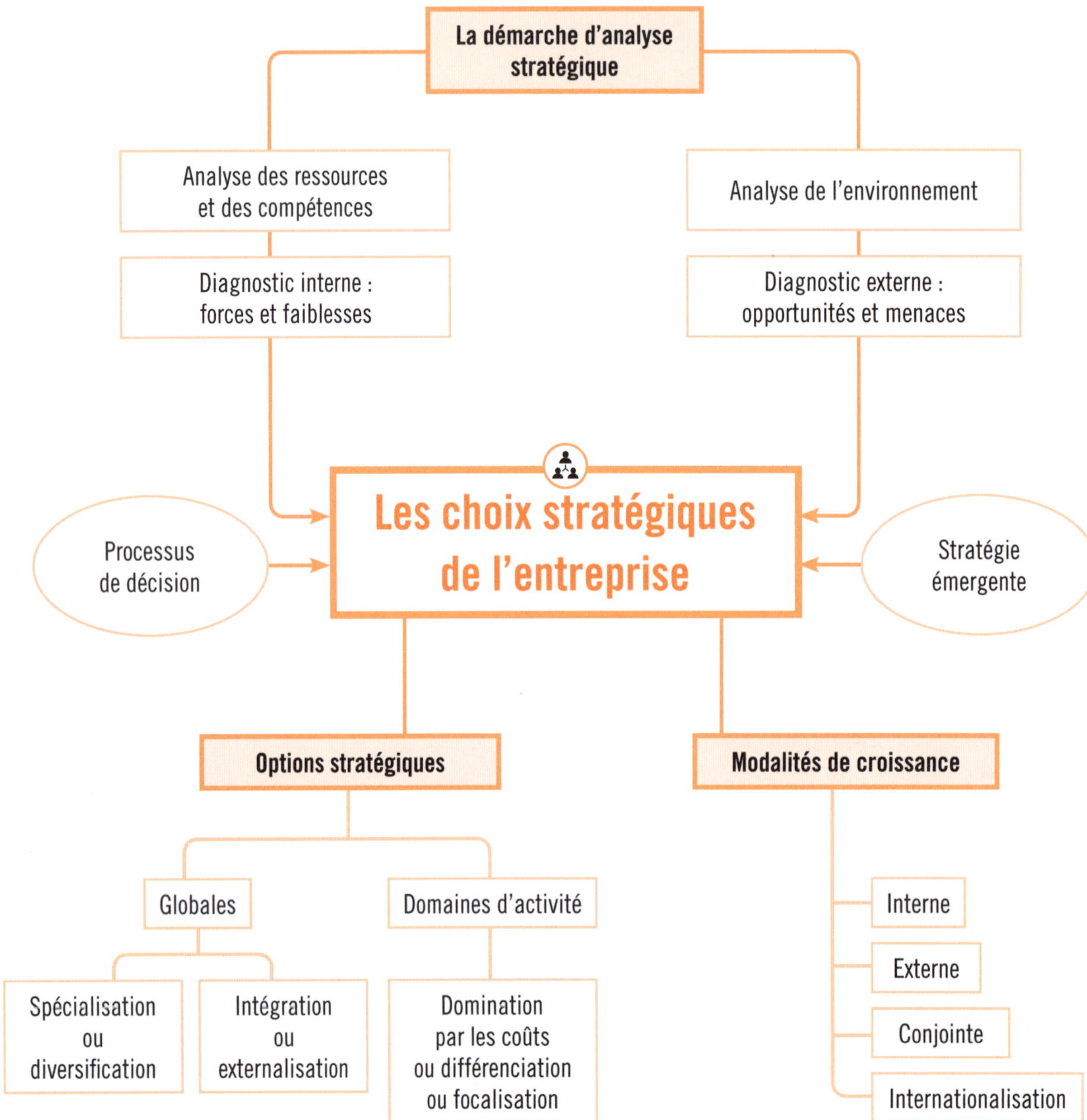
La démarche d'analyse stratégique
Analyse des ressources et des compétences
Analyse de l'environnement
Diagnostic interne : forces et faiblesses
Diagnostic externe : opportunités et menaces
Les choix stratégiques de l'entreprise
Processus de décision
Stratégie émergente
Options stratégiques
Modalités de croissance
Globales
Domaines d'activité
Spécialisation ou diversification
Intégration ou externalisation
Domination par les coûts ou différenciation ou focalisation
Interne
Externe
Conjointe
Internationalisation

Saint James

Saint James est l'une des plus anciennes marques de mode françaises. Depuis 1889, l'entreprise normande s'est construit une solide notoriété dans la fabrication de vêtements marins.
Sur un marché concurrentiel marqué par les délocalisations des moyens de production, l'entreprise a affiché sa volonté de défendre la fabrication « made in France ».
Depuis les années 1990, l'entreprise Saint James s'est fortement développée en France et à l'étranger tout en conservant sa production historique dans sa ville d'origine (Saint James en Normandie). Aujourd'hui, la marque est présente sur Internet et dans toute l'Europe. On trouve également des boutiques à New York, à Tokyo et Osaka ! L'usine de Normandie s'est agrandie, passant de 6 700 m^2 à 15 000 m^2. Le nombre d'employés a lui aussi presque doublé. Si le pull marin reste le produit phare de la marque, Saint James fait évoluer ses dernières collections vers un style sport-chic plus généraliste avec notamment des polos et des chemises.
En 2013, l'entreprise a reçu le prestigieux label EPV « Entreprise du patrimoine vivant », récompensant plus de 120 ans de savoir-faire.

L'étude est composée de 3 missions :

MISSION 1 : Un secteur textile en pleine mutation

MISSION 2 : La stratégie de Saint James face à son environnement

MISSION 3 : L'impact du digital sur l'entreprise Saint James

Composition du dossier documentaire :

ANNEXE 1 – Chiffres clés de l'industrie textile
ANNEXE 2 – Secteur du textile-habillement : évolution et perspectives
ANNEXE 3 – Vente de textile : quelles tendances en 2021 ?
ANNEXE 4 – L'année 2020 vue par Luc Lesénécal, PDG de Saint James
ANNEXE 5 – Normandie : Saint James, un succès « né de la mer »
ANNEXE 6 – Pénurie de candidats dans le secteur du commerce de l'habillement
ANNEXE 7 – La marque normande Saint James peine à recruter pour fabriquer ses pulls
ANNEXE 8 – Dans les coulisses du savoir-faire de l'entreprise Saint James
ANNEXE 9 – L'importance du e-commerce
ANNEXE 10 – Code civil (extraits)
ANNEXE 11 – E-commerce : conditions générales de vente d'un site de vêtements en ligne (extraits)
ANNEXE 12 – Les effets de la rétractation du client
ANNEXE 13 – Droit de rétractation – Jurisprudence

En prenant appui sur vos connaissances, le contexte et le dossier documentaire, il vous est demandé de répondre aux questions relatives aux trois missions du sujet. Vous êtes invité(e) à mobiliser les concepts et les apports théoriques dès lors qu'ils sont pertinents et que le lien avec la mission est argumenté.

MISSION 1 UN SECTEUR TEXTILE EN PLEINE MUTATION

(Annexes 1 à 4)

1. **Analysez l'évolution des variables économiques du marché du textile.**
2. **Repérez les spécificités de l'entreprise Saint James par rapport à ces grandes tendances.**
3. **Exposez les menaces et les opportunités sur le marché textile/habillement français.**

MISSION 2 LA STRATÉGIE DE SAINT JAMES FACE À SON ENVIRONNEMENT

(Annexes 4 à 9)

4. Exposez la situation du marché du travail dans le secteur textile.
5. Réalisez un diagnostic interne de l'entreprise Saint James.
6. Indiquez les solutions mises en œuvre par Saint James pour conserver son savoir-faire.

MISSION 3 L'IMPACT DU DIGITAL SUR L'ENTREPRISE SAINT JAMES

(Annexes 4, 9 à 13)

7. Montrez l'intérêt du commerce en ligne pour les acteurs de l'industrie textile.
8. Exposez la particularité des règles de formation d'une vente en ligne et justifiez-les.
9. Montrez la spécificité du droit de rétractation dans les contrats de vente en ligne, son intérêt et ses limites.

DOSSIER DOCUMENTAIRE

ANNEXE 1 Chiffres clés de l'industrie textile

L'industrie textile en France employait 60 153 salariés en 2017. Elle a perdu en l'espace de vingt ans les deux tiers de ses effectifs et plus de la moitié de sa production. Cependant, il semblerait qu'elle connaisse un regain ces dernières années. En effet, elle regroupe aujourd'hui environ 2 100 entreprises pour un chiffre d'affaires d'environ 13,3 milliards d'euros avec une croissance de 1,8 % par rapport à l'année 2016. Par ailleurs le nombre de salariés a également augmenté : + 3,6 % en 2017.

Union des industries textiles, www.textile.fr

ANNEXE 2 Secteur du textile-habillement : évolution et perspectives

Dans le meilleur des cas, l'IFM [Institut français de la mode] table sur une progression de 3 % des ventes de textile-habillement [en 2021] par rapport à 2019 (et + 13 % par rapport à 2020). La projection médiane table de son côté sur un retour en 2022 aux niveaux de ventes connus en 2019, et à une progression de 9 % par rapport à l'exercice 2020. Quant au scénario le moins favorable, il prédit des ventes en recul de 3 % par rapport à 2019 (et + 6 % par rapport à 2020).
« Ce qui n'est pas non plus un scénario catastrophe, quoique peu réjouissant, car cela signifierait que le secteur revient dans la tendance qu'il connaît depuis des années », nous explique Gildas Minvielle, directeur de l'Observatoire économique de l'IFM. Il rappelle que la « dernière bonne année » connue par le marché remonte à 2007, chaque

...

exercice apportant un repli supplémentaire du marché. Courbe dans laquelle viendrait s'inscrire ce troisième scénario.
Si optimisme il y a, il est donc particulièrement empreint de prudence. [...]
Selon l'IFM, entre 2007 et 2019, le marché avait perdu 17 % de sa valeur. Si l'on ajoute 2020 au calcul, le marché a perdu 30 % de sa valeur. [...]
Des progressions pour lesquelles l'e-commerce a joué un grand rôle. Tous circuits confondus, les ventes en ligne ont ainsi progressé de 17,5 %, contre 3,2 % pour les réseaux physiques.

Matthieu Guinebault, Fashion Network, 18 novembre 2021.

ANNEXE 3 Vente de textile : quelles tendances en 2021 ?

2020 aura été l'une des pires années pour la vente de textile avec une un recul estimé de son chiffre d'affaires de l'ordre de 17 % (selon l'Institut de la mode IFM). Et en 2021 : quelles sont les tendances ? [...]
L'épidémie de Covid a impacté le comportement des achats de vêtements tant sur le panier moyen que sur les types de vêtements. En effet, les personnes continuent à vouloir faire du shopping, mais pas pour aller faire la fête, plutôt pour être bien chez soi ou présentable en visioconférence...
Aujourd'hui, plus de 60 % des consommateurs déclarent dépenser moins en articles de mode et environ la moitié s'attendent à ce que cette tendance se poursuive après la fin de la pandémie et de la récession. (Selon McKinsey)
De plus, cette crise a accéléré les attentes sur les questions telles que le made in France, l'environnement, l'écoresponsabilité, le bio, le recyclé...Selon EY Future Consumer Index, 67 % des consommateurs déclarent qu'ils sont plus susceptibles d'acheter auprès de marques capables de communiquer un sens aigu sur ces questions. Le message envoyé par les consommateurs est clair : « Les marques doivent faire preuve d'authenticité, de transparence et de responsabilité à mesure que les consommateurs soutiennent de plus en plus les entreprises locales et les produits durables ».
Et pour finir, la fermeture des magasins ou le couvre-feu ont poussé de plus en plus de consommateurs à faire leurs achats en ligne.

Alain Rétière-Lehideux (Tradebooster), journaldunet.com, 17 février 2021.

ANNEXE 4 L'année 2020 vue par Luc Lesénécal, PDG de Saint James

FashionNetwork.com : Quel bilan chiffré tirez-vous de l'année 2020, marquée par la crise de la Covid-19 ?
Luc Lesénécal : Nous avons bien résisté malgré l'impact de la pandémie et le fait que nous avons eu près de trois mois de fermeture de nos boutiques. [...]. Nous terminons l'année avec un chiffre d'affaires consolidé, avec les différentes filiales, stable, autour de 60 millions d'euros, et une croissance de 1,5 % du chiffre d'affaires pour l'entreprise Tricots Saint James, à 50 millions d'euros, notamment avec l'activité de production de masques.
FNW : En tant qu'industriel, quel a été l'impact de ces périodes de confinement sur votre capacité de production et vos relations avec vos fournisseurs et clients?
LS : Durant le premier confinement, nos ateliers étaient à l'arrêt mais nous avons organisé le télétravail manuel. Nos équipes ont monté plus d'1,3 million de masques à leur domicile, destinés au milieu hospitalier. Et nous avions gardé une petite équipe commando pour préparer l'après et développer les échantillons. Les stylistes ont travaillé à distance. Grâce à cette agilité, nous avons repris dès le déconfinement et les commerciaux étaient prêts. [...]

...

FNW : Vous qui proposez du made in France et disposez du label Entreprise du patrimoine vivant, observez-vous cette attente des consommateurs pour ces produits ?
LS : […] Je crois que le consommateur attend une marque forte, désirable, une marque avec une histoire et qui lui apporte du sens. […] Nous apportons un produit bien pensé qui, dans notre façon même de tricoter nos pulls, porte l'écoconception. Pour le remaillage, qui consiste à relier le corps et le col d'un pull, il s'agit d'une opération manuelle pour laquelle nous comptons 18 mois de formation. Je pense que le made in France est aujourd'hui une composante de l'attente du consommateur mais qu'elle n'est pas suffisante. […]. Le client souhaite un produit beau, fiable, porteur de critères écologiques. Par exemple, nous dédions de longue date nos chutes de laine pour en faire de l'isolant. Nous allons davantage communiquer dessus. […]
FNW : L'autre grand changement impulsé par la pandémie est la digitalisation de l'économie. Quel a été l'impact pour vous et comptez-vous vous renforcer sur ce plan ?
LS : Nous avons plus que doublé nos ventes en ligne et cela représente à présent plus de 10 % de notre chiffre d'affaires. Nous avons beaucoup travaillé sur le projet digital durant l'année dernière. Nous mettons en place l'omnicanalité. Cela n'était pas dans notre organisation mais à partir du 26 avril [2021], nous mettons en place dans nos boutiques de centre-ville le click&collect et l'e-réservation. […]

Olivier Guyot, Fashion Network, 1er avril 2021.

ANNEXE 5 Normandie : Saint James, un succès « né de la mer »

Centenaire, l'entreprise les Tricots Saint James incarne le dynamisme économique normand. La marque de vêtements d'inspiration marine fabriqués en France rencontre aussi un fort succès à l'étranger.

Depuis 1889, soit plus de 130 ans, l'entreprise imagine et fabrique des pulls et vestes en laine ainsi que des marinières en coton. Installée dans le village Saint-James (prononcez « Jam »), elle a placé la Normandie au cœur de son identité en choisissant par exemple le Mont-Saint-Michel pour son logo. « *Nous sommes fiers de nos origines : nous sommes nés de la mer*, explique Luc Lesénécal, à la tête de l'entreprise depuis 2013. *Au départ, nous fabriquions des pulls pour les marins pêcheurs, des vêtements de protection mais aussi "cocooning".* »

UN SUCCÈS BÂTI SUR LA QUALITÉ

Son succès, la marque le doit à la qualité de ses produits. « *La qualité est la traduction de savoir-faire qui se transmettent de génération en génération, comme le remaillage du col au pull, maille après maille, pour lui donner à la fois de l'élasticité et de la solidité* », illustre le chef d'entreprise.

DES COLLABORATIONS AVEC DES JEUNES MARQUES

Tout en gardant un style « casual chic » intemporel, Saint James noue des collaborations avec de jeunes marques de mode françaises comme Le Slip Français ou Faguo, avec qui elle sort un pull de Noël. La marque normande a aussi collaboré avec le jeune styliste afghan Sami Nouri qui a réinterprété les rayures en barbelés, sa signature.

SAINT JAMES, ENTREPRISE DU PATRIMOINE VIVANT

Les vêtements sont tous fabriqués dans les ateliers de Saint James par quelque 300 salariés. « *Nous voulons garder le cap, c'est-à-dire garder et développer la production en France* », assure Luc Lesénécal. Saint James s'est vu décerner le label « Entreprise du patrimoine vivant » (EPV), une distinction accordée par l'État aux entreprises françaises aux savoir-faire artisanaux et industriels d'excellence.
« *Ce label est l'assurance d'un savoir-faire ancestral et de qualité et à l'étranger c'est un atout,* affirme le dirigeant de Saint James. *Par exemple, fin mars [2018], nous serons présents à New York pour la première French Fashion Week aux côtés de 20 autres entreprises françaises labellisées EPV du secteur de la mode et des accessoires.* »

www.cci.fr

ANNEXE 6 Pénurie de candidats dans le secteur du commerce de l'habillement

Des dizaines d'offres d'emploi sont proposées en ligne pour des postes de vendeurs en Île-de-France. Louis Vuitton, Petit Bateau, Primark, Maje, Fleux, Nike et autres Etam cherchent à pourvoir des contrats de vendeurs en magasins. [...]

La crise ouverte par le Covid-19 en 2020 avait «*fait craindre des pertes massives d'emplois dans le commerce*», reconnaît Sylvain Lecomte, DRH au sein de Beaumanoir, maison mère des enseignes La Halle, Caroll, Cache Cache et Morgan. Mais, à l'en croire, c'est une «*crise de vocations*» à laquelle fait face le secteur du commerce de l'habillement depuis l'été. Les candidats manquent à l'appel.

Depuis des années, le basculement du secteur vers la vente en ligne oblige les entreprises à embaucher des profils d'ingénieurs, de spécialistes du Net et d'experts en stockage, transport et service après-vente, très recherchés partout en France. La crise, qui a renforcé l'essor de l'e-commerce, a tendu un peu plus ce bassin d'emplois techniques et a débouché sur une «*guerre de talents*», comme le formule M. Lecomte. [...]

Dans les magasins, les populations de candidats sont plus «*volatiles*», selon ce dernier. Les aspirations des actifs ont changé. Les uns et les autres choisissent désormais leur employeur avec des critères stricts. Par exemple, rapporte M. Lecomte, travailler «*le samedi jusqu'à 20 heures*» en magasin est une contrainte que certains candidats peinent à accepter. Dans les fonctions d'encadrement, la possibilité de travailler à distance est devenue un critère décisif lors de la signature d'un contrat de travail.

J. Garnier, *Le Monde*, 2 décembre 2021.

ANNEXE 7 La marque normande Saint James peine à recruter pour fabriquer ses pulls

Malgré une croissance de 30 % par an, la marque normande Saint James peine à recruter de nouveaux candidats pour fabriquer ses pulls « made in France ».

L'entreprise normande Saint James, basée dans la Manche, emploie 360 salariés et exporte ses pulls en laine produits en France dans 50 pays. Mais malgré son essor, la marque peine à trouver des candidats au recrutement.

Un savoir-faire qui se perd. Le savoir-faire nécessaire pour fabriquer un pull qui nécessite 21 kilomètres de laine et 18 paires de mains ne s'enseigne plus. Alors le patron, Luc Lesénécal, a décidé de former lui-même ses futurs collaborateurs pendant 18 mois. Mais pour cela, il doit encore trouver des candidats.

Pas de recours à l'intérim possible. « Habituellement, nous faisons des sessions de 20 personnes pour en garder cinq ou six à former. Et lors de la dernière session, on n'a eu personne », a-t-il déploré au micro d'Europe 1. « Saint James, c'est un savoir-faire tellement ancré dans le terroir qu'il est impensable de délocaliser l'entreprise. » Luc Lesénécal lance « un vrai SOS parce qu'on ne peut pas faire appel à l'intérim pour des métiers pour lesquels il faut 18 mois de formation. »

Pourtant le salaire, qui commence au SMIC, est réévalué au bout de deux ans et des primes sont versées aux salariés en fonction de leurs résultats, précise Actu.fr.

Un secteur qui recrute. « Avec une croissance de 30 % ces dernières années, nous sommes condamnés à nous développer, insiste le dirigeant. Mais avec un taux de chômage local à moins de 5 %, trouver une salariée comme Alicia est devenue une gageure. »

« J'adore ce que je fais, raconte-t-elle. Faire des choses minutieuses, trouver des défauts, rendre la pièce plus jolie... Moi, j'en suis fière. Dire qu'on a mis une petite part de nous dans chaque produit, c'est gratifiant. »

F. Coulon, www.europe1.fr

ANNEXE 8 — Dans les coulisses du savoir-faire de l'entreprise Saint James

Dans cette entreprise qui fabrique les pulls Saint James, chaque geste doit être d'une infinie précision. Maille après maille, le raccoutrage, c'est l'art de corriger à la main les défauts laissés par la machine. Découdre pour recoudre à la perfection. Ce savoir-faire est entre les mains de quelques couturières seulement. Alors il faut patiemment former une nouvelle génération.

3 000 € pour former chaque couturière

[…] Mais où trouver les ouvrières capables de remailler, tricoter ou raccommoder ces millions de pulls, ces marinières en laine ? La plupart des nouvelles recrues n'avaient jamais travaillé dans la couture avant. Dans les métiers de l'usine, plus aucune formation n'existe et ce n'est pas faute d'avoir cherché. Alors pour chaque embauche, l'entreprise débourse 3 000 euros. Objectif : former les couturières pendant dix-huit mois en moyenne. Des groupes de touristes viennent même admirer le travail à l'ancienne de ces couturières.

franceinfo, 23 octobre 2018.

ANNEXE 9 — Limportance du e-commerce

PRODUITS ET SERVCES ACHETÉS

En % des internautes

Produits et services	%
Mode-habillement	53,9 %
Produits culturels	50,1 %
Hygiène, beauté	38,8 %
Jeux, jouets	37,7 %
Chaussures	35,5 %
Produits techniques / électroménager	35,2 %
Alimentation et boisson	30,3 %
Maison, décoration	29,7 %
Billet de transport	27,1 %
Séjours	25,7 %
Textile, linge de maison	25,4 %
Musique, livre, vidéo en ligne	23,8 %
Bricolage, jardinage	22,5 %

Produits
Services

Source : Étude bilan, e-commerce 2020 fevad / Médiamétrie, janvier 2021.

ANNEXE 10 Code civil (extraits)

Article 1602 – Le vendeur est tenu d'expliquer clairement ce à quoi il s'oblige. Tout pacte obscur ou ambigu s'interprète contre le vendeur.
Article 1603 – Il a deux obligations principales, celle de délivrer et celle de garantir la chose qu'il vend.

ANNEXE 11 E-commerce : conditions générales de vente d'un site de vente de vêtements en ligne (extraits)

Conditions générales de vente
Termes et conditions (extraits)

Les présentes conditions régissent les achats en ligne effectués par les seules personnes physiques *via* le site Internet de :
SARL VETEX
65 rue Amsterdam
59 200 TOURCOING
R.C.S. LILLE 364.017.648
...

1) Commande

La commande engageant le client est constituée dès sa réception sur notre serveur accompagnée de son règlement. L'acceptation de la commande suppose que le client se soit clairement identifié en complétant scrupuleusement le bon de commande en ligne.

2) Prix

Les prix sont indiqués en euros toutes taxes comprises et considèrent la TVA applicable au jour de la commande. Les prix sont modifiables à tout moment.

Le client est informé du prix à payer par la saisie de sa commande et s'engage à acquitter son montant augmenté des frais d'envoi d'avance, en même temps qu'il transmet sa commande.
Frais d'envoi pour la France métropolitaine : 8,00 EUR.
Frais d'envoi autres pays : pour toute autre destination, nous contacter. [...]

3) Remboursements et échanges

Conformément à l'article L221-18 du Code de la consommation, le client aura la faculté de procéder au retour des articles commandés dans un délai de 14 jours francs après réception du colis. Il devra s'acquitter des frais de retour. [...]

4) Paiement

Le client a la possibilité de régler ses achats :
– en ligne, au moment de la commande, par carte bancaire (Carte Bleue, Visa, Eurocard Mastercard). Il devra donner son numéro ainsi que sa date d'expiration.
La validation finale de la commande et la transmission en ligne du numéro de carte bancaire font preuve de la commande. [...]
Ces opérations équivalent à une signature et signifient, de manière tacite, l'acceptation du client.

...

5) Livraison

Dès réception de la commande, la procédure d'expédition du ou des articles s'engagera dans les meilleurs délais, dans la limite des stocks disponibles.
Les délais de livraison ne figurent qu'à titre indicatif. Si les articles sont indisponibles, le client en sera informé par e-mail, et pourra annuler sa commande. Tout retard éventuel ne peut autoriser le client à refuser la réception de sa commande ou à prétendre au paiement d'intérêts ou de dommages. [...]

6) Protection

Les informations transmises permettent de traiter les commandes des clients. Conformément aux termes de la loi n° 78-17 du 6 janvier 1978 modifiée par la loi du 20 juin 2018, relative à l'informatique, aux fichiers et aux libertés, les clients disposent d'un droit d'accès, de consultation, de modification, de rectification et de suppression des informations communiquées.

7) Propriété intellectuelle du site

Les éléments du site de la SARL VETEX visuels ou sonores, y compris la technologie sous-jacente, sont protégés par le droit d'auteur, le droit des marques ou des brevets. Ils sont la propriété exclusive de la SARL VETEX. [...]

8) Responsabilité

La SARL VETEX ne pourrait être tenue responsable pour les inconvénients et dommages concernant l'utilisation du réseau Internet, notamment une rupture dans le service, la présence de virus informatique ou une intrusion extérieure, plus généralement, tout fait qualifié de « force majeure » par les tribunaux.
[...]

ANNEXE 12 Les effets de la rétractation du client

L'exercice du droit de rétractation a pour effet d'annuler le contrat, dans les conditions suivantes :

– vous devez rembourser la totalité des sommes versées (y compris les frais de livraison initiaux), sans retard injustifié et dans les quatorze jours à compter de la date à laquelle vous avez été informé de la décision du consommateur de se rétracter.

Le remboursement peut être différé jusqu'à la réception des biens ou jusqu'à ce que le consommateur vous ait fourni une preuve d'expédition des biens, la date retenue étant celle du premier de ces faits.

Le remboursement doit se faire par le même moyen que celui utilisé par le consommateur, sauf accord exprès du consommateur pour se faire rembourser par un autre moyen ;

– le consommateur est, quant à lui, tenu de vous restituer ou de vous renvoyer le bien, sans retard excessif, dans les quatorze jours à compter de la communication de sa décision de se rétracter en prenant à sa charge les frais de retour, ce dont vous êtes tenu de l'informer.

[...]

www.economie.gouv.fr, 19 janvier 2018.

ANNEXE 13 Droit de rétractation – jurisprudence

Cour de cassation – 1re chambre civile – Arrêt du 25 novembre 2010

Sur le moyen unique :

Vu les articles L. 121-20 et L. 121-20-4 du Code de la consommation [aujourd'hui art. L221-28] ;

Attendu que selon le second de ces textes, le droit de rétractation institué par le premier ne s'applique pas aux contrats conclus par voie électronique ayant pour objet la prestation de services d'hébergement, de transport, de restauration, de loisirs qui doivent être fournis à une date ou selon une périodicité déterminée ;

Attendu que le 30 août 2007, Mme X... et M. Y... ont réservé à distance et par voie électronique par l'intermédiaire de l'agence de voyages Go Voyages une chambre d'hôtel à Dakar du 23 au 30 septembre 2007 ; que le 31 août M. Y... a sollicité la modification du dossier à la suite d'une erreur de saisie concernant les dates du séjour lors de sa commande ; que cette modification ou à défaut le remboursement des sommes versées a été refusée par la société Go Voyages.

Attendu que pour faire droit à la demande de remboursement de Mme X... et de M. Y..., la juridiction de proximité retient que ceux-ci ont été privés de leur faculté de rétractation ;

Qu'en statuant ainsi alors que le droit de rétractation n'était pas applicable à la prestation de service litigieuse, le tribunal a violé les textes susvisés ;

PAR CES MOTIFS : CASSE ET ANNULE, dans toutes ses dispositions, le jugement rendu le 10 juillet 2009, entre les parties, par la juridiction de proximité de Paris 2e ; remet, en conséquence, la cause et les parties dans l'état où elles se trouvaient avant ledit jugement et, pour être fait droit, les renvoie devant la juridiction de proximité de Paris 1er ;

[...]

...

…

Annexe

Code de la consommation – Article L221-28

Le droit de rétractation ne peut être exercé pour les contrats :

1° De fourniture de services pleinement exécutés avant la fin du délai de rétractation et dont l'exécution a commencé après accord préalable exprès du consommateur et renoncement exprès à son droit de rétractation ;

2° De fourniture de biens ou de services dont le prix dépend de fluctuations sur le marché financier échappant au contrôle du professionnel et susceptibles de se produire pendant le délai de rétractation ;

3° De fourniture de biens confectionnés selon les spécifications du consommateur ou nettement personnalisés ;

4° De fourniture de biens susceptibles de se détériorer ou de se périmer rapidement ;

5° De fourniture de biens qui ont été descellés par le consommateur après la livraison et qui ne peuvent être renvoyés pour des raisons d'hygiène ou de protection de la santé ;

6° De fourniture de biens qui, après avoir été livrés et de par leur nature, sont mélangés de manière indissociable avec d'autres articles ;

7° De fourniture de boissons alcoolisées dont la livraison est différée au-delà de trente jours et dont la valeur convenue à la conclusion du contrat dépend de fluctuations sur le marché échappant au contrôle du professionnel ;

8° De travaux d'entretien ou de réparation à réaliser en urgence au domicile du consommateur et expressément sollicités par lui, dans la limite des pièces de rechange et travaux strictement nécessaires pour répondre à l'urgence ;

9° De fourniture d'enregistrements audio ou vidéo ou de logiciels informatiques lorsqu'ils ont été descellés par le consommateur après la livraison ;

10° De fourniture d'un journal, d'un périodique ou d'un magazine, sauf pour les contrats d'abonnement à ces publications ;

11° Conclus lors d'une enchère publique ;

12° De prestations de services d'hébergement, autres que d'hébergement résidentiel, de services de transport de biens, de locations de voitures, de restauration ou d'activités de loisirs qui doivent être fournis à une date ou à une période déterminée ;

13° De fourniture d'un contenu numérique non fourni sur un support matériel dont l'exécution a commencé après accord préalable exprès du consommateur et renoncement exprès à son droit de rétractation.

L'Atelier Tuffery, des jeans made in France

Au cœur des Cévennes, à Florac (Lozère), Atelier Tuffery est une marque du patrimoine français, créée à la fin du XIXe siècle par l'arrière-grand-père du dirigeant actuel, et pionnière de la création de jeans. L'entreprise a dû faire face à la désindustrialisation de la France pour revenir plus forte avec un atelier neuf en Lozère et de nouveaux projets incluant la création de jeans en coton biologique ou depuis récemment en chanvre, une matière locale naturellement écoresponsable.

À la quatrième génération, Julien Tuffery et sa compagne Myriam Julien, tous deux ingénieurs (lui dans le traitement de l'eau chez Veolia et elle dans la logistique d'importation de fruits et légumes), décident en 2014 de reprendre l'atelier. Reconvertie dans le négoce de vêtements, la famille n'avait pas eu le cœur de le fermer complètement. « De 60 couturières, on était tombé à trois, qui travaillaient encore pour les vieux clients. Cela a été notre chance. Ça et l'envie des jeunes urbains d'acheter moins et mieux. Ils savent que le jean à 10 euros, ce n'est plus possible », raconte l'entrepreneur, qui fabrique à la commande en circuit ultra-court : tout est fait sur place. « On ne fabrique pas un an à l'avance ce qu'on n'est pas sûr de vendre dans un an ! », résume-t-il.

Cette entreprise familiale relève un défi et fabrique un vêtement que ses concurrents produisent en masse de l'autre côté de la planète. Un jean « made in France », façonné par une quinzaine de couturières. « On apprend tout à la main, il n'y a rien d'industriel, ce ne sont pas des machines, si on n'est pas là rien ne se fait », explique Cécile Gérard. Entre les mains des couturières, du tissu en partie tricolore est assemblé habilement. Sur les étals, une quarantaine d'euros de toiles, tous les autres coûts sont compressés. Peu de stocks, la production est vendue directement sur Internet et dans la boutique juste à côté de l'atelier. Les clients viennent souvent de loin et sont prêts à payer un prix élevé : entre 100 et 280 euros le jean.

Sans budget pour payer des influenceurs ou acheter des mots-clefs, Tuffery s'autorise des spots sponsorisés sur Facebook pour annoncer l'arrivée d'un nouveau modèle comme, bientôt, celle du premier jean en denim de chanvre d'origine 100 % européenne. Pour alimenter les réseaux, la marque poste plusieurs fois par semaine photos et vidéos sur le travail à l'atelier, les gestes du tailleur et les paysages cévenols.

L'étude est composée de 3 missions :

MISSION 1 : Le renouveau de l'Atelier Tuffery

MISSION 2 : Une entreprise sociétale et digitale

MISSION 3 : Les choix stratégiques de l'Atelier Tuffery

Composition du dossier documentaire :

ANNEXE 1 – Quel statut juridique choisir pour son entreprise ?
ANNEXE 2 – Le pari réussi du jean made in Cévennes
ANNEXE 3 – Une marque à contre-courant de la *fast-fashion*
ANNEXE 4 – Des jeans « made in France »
ANNEXE 5 – L'Atelier Tuffery joue la carte des réseaux sociaux
ANNEXE 6 – L'Atelier Tuffery change de nom
ANNEXE 7 – Le nom de domaine ateliertuffery.com
ANNEXE 8 – L'atelier Tuffery va investir 2,5 millions d'euros pour tripler sa surface à l'été 2022
ANNEXE 9 – Quelles sources de financement pour les PME ?
ANNEXE 10 – Innovation, la poche smartphone réinvente enfin le jean

En prenant appui sur vos connaissances, le contexte et le dossier documentaire, il vous est demandé de répondre aux questions relatives aux trois missions du sujet. Vous êtes invité(e) à mobiliser les concepts et les apports théoriques dès lors qu'ils sont pertinents et que le lien avec la mission est argumenté.

ENTRAÎNEMENT À L'EXAMEN

MISSION 1 LE RENOUVEAU DE L'ATELIER TUFFERY

(Contexte, annexes 1 à 3)

En 2014, Julien Tuffery, arrière-petit-fils du fondateur Célestin, a repris le flambeau et relancé l'entreprise avec brio en obtenant 500 % de croissance en trois ans. Il a su redynamiser l'affaire familiale en construisant un nouvel atelier avec comme objectif de multiplier par dix la production. Il a également changé le statut juridique pour opter pour le statut de société par actions simplifiée depuis le 5 août 2016.

1.1. **Montrez que la démarche de Julien Tuffery relève à la fois d'une logique entrepreneuriale et d'une logique managériale.**

1.2. **Analysez la pertinence du choix de la structure juridique de l'entreprise.**

1.3. **Argumentez le choix de l'entreprise de réaliser elle-même sa production de jeans.**

MISSION 2 UNE ENTREPRISE SOCIÉTALE ET DIGITALE

(Annexes 3, 4, 5, 6, 7)

L'Atelier Tuffery met à l'honneur les matières nobles et vise une confection responsable : étiquettes en cuir, rivets en cuivre, les jeans sont conçus, découpés, cousus, assemblés et délavés en France.
L'entreprise ne néglige pas les réseaux sociaux et a créé un site Internet, en associant un nom de domaine à ses différentes marques.
L'Atelier Tuffery est aussi passé du métier historique de tailleur-confectionneur à celui de tailleur 2.0 !

2.1. **Identifiez les actions relevant de la finalité sociétale chez l'entreprise l'Atelier Tuffery.**

2.2. **Caractérisez les enjeux économiques de la digitalisation mise en œuvre par l'entreprise l'Atelier Tuffery.**

2.3. **Précisez les modalités de protection juridique du nom de domaine ateliertuffery.com.**

MISSION 3 LES CHOIX STRATÉGIQUES DE L'ATELIER TUFFERY

(Annexes 4, 8 à 10)

L'Atelier Tuffery met en avant un savoir-faire français et la qualité de ses produits. Pour répondre à la demande sans cesse croissante, l'entreprise va engager 2,5 millions d'euros, dont 450 000 euros en matériel, pour s'agrandir en triplant sa capacité immobilière de 600 à 2 000 m^2 et à améliorer sa capacité de stockage et sa productivité.

3.1. **Analysez la pertinence des choix stratégiques choisis par l'atelier Tuffery.**

3.2. **Proposez des modes de financement adaptés à ce projet de développement.**

En 1892, Célestin Tuffery créait dans les Cévennes le premier jean français. Et il y a 125 ans, il créait une poche pour y insérer une montre à gousset sur ses jeans. En 2019, Julien Tuffery et ses équipes replongent dans les dessins de son arrière-grand-père et s'inspirent de cette poche pour l'adapter aux besoins technologiques de **notre époque en créant une poche smartphone**.

3.3. **Présentez, en argumentant, la solution juridique qui peut être retenue par Julien Tuffery, s'il souhaite protéger son innovation.**

DOSSIER DOCUMENTAIRE

ANNEXE 1 Quel statut juridique choisir pour son entreprise ?

EURL, SARL, SA… Les personnes souhaitant créer leur entreprise se trouvent vite face à un choix crucial : quelle forme juridique choisir ? Les responsabilités, le capital social ou encore le régime fiscal qui s'y rapportent divergent fortement d'un statut à l'autre. Tour d'horizon des différents statuts juridiques possibles.
Société par actions simplifiée (SAS) ou société par actions simplifiée unipersonnelle (SASU) : un statut souple et une responsabilité limitée aux apports.
Ce type de société permet une large souplesse au niveau du capital et de la transmission des actions.

- **Associé(s) :** Au minimum un associé (personne physique ou morale). Quand elle ne comporte qu'un associé, il s'agit d'une société par actions simplifiée unipersonnelle (SASU).
- **Responsabilité de l'associé ou des associés :** Limitée à leur apport.
- Dirigeant(s) : Un président (personne physique ou morale), mais avec obligation d'un représentant légal (qui peut être le président). Les règles d'organisation de la société sont fixées librement dans les statuts.
- **Capital social :** Libre, en fonction de la taille et des besoins de la société.
- **Régime social :** Le président d'une SAS est assimilé-salarié.
- **Imposition des bénéfices :** Impôt sur les sociétés, possibilité de choisir l'impôt sur le revenu dans certains cas.

economie.gouv.fr, septembre 2021.

ANNEXE 2 Le pari réussi du jean made in Cévennes

Qui aurait pu imaginer que Julien et Myriam Tuffery prendraient les manettes d'une entreprise de confection artisanale, à Florac, en pleine Corrèze ? Tous deux ingénieurs de formation (Polytech à Montpellier), l'un dans l'agro-alimentaire, l'autre dans le traitement de l'eau, bien installés dans la vie active, ils décident en 2014 de reprendre l'atelier de conception de jeans tenu par le père de Julien. La petite structure était alors en situation difficile, réduite à trois personnes, victime de la compétition mondiale et des bas prix des vêtements produits en masse aux quatre coins du monde.
Qu'est-ce qui a poussé Julien et Myriam Tuffery à s'installer à Florac et à prendre le relais ? « Nous avons toujours été sensibles aux achats responsables et on s'est rendu compte que cette activité répondait à nos valeurs », explique Julien Tuffery, 4e génération de l'entreprise. Les repreneurs prennent le pari de mettre en valeur la qualité des produits : le made in France, le savoir-faire, les matières et ingrédients nobles (coton bio, indigo 100 % naturel), les circuits courts, les process écologiques... Une marque artisanale totalement dépoussiérée et qui se trouve être 100 % dans l'air du temps, à l'image du maroquinier aveyronnais Bleu de Chauffe ou de la marque Le Slip Français. L'atelier conçoit aujourd'hui des pantalons, vestes, jupes, salopettes en jean pour hommes et femmes, ainsi que des accessoires en cuir. Les prix des jeans sont entre 100 et 300 euros.

75 % des ventes par Internet

L'entreprise reçoit 4000 visiteurs chaque année, et 23 % des ventes se font dans la boutique de l'atelier. Tuffery n'a pas d'autre adresse que celle de son siège. « Nous prévoyons d'ouvrir un lieu expérimental original à Paris, mais pas de boutique classique », annonce le dirigeant. Comment recruter loin des métropoles ? « Nous avons maintenant des personnes qui viennent s'installer dans les Cévennes pour venir travailler chez nous ! » constate le repreneur qui avoue qu'attirer des tailleurs confectionneurs de jeans en plein milieu des Cévennes était un sacré pari. Des formations en interne sont proposées et les recrutements vont continuer au fil du temps pour atteindre rapidement un effectif de 30 personnes. Petit à petit, la marque s'est positionné et imposée sur Internet, portée par une forte stratégie de communication et de marketing. La communication représente 10 % de l'activité et ce service emploie 3 personnes et demi. 75 % des ventes se font sur Internet.

Un million d'euros d'investissement pour s'agrandir

De 200 000 euros de CA en 2014, la petite entreprise est passée à 1,4 millions d'euros en 2019. Tuffery conçoit des vêtements en jean pour femmes et hommes, et ses toiles sont tissées en France (différents fournisseurs, notamment à Castres), avec des matériaux naturels (coton bio, chanvre, soie), y compris de la laine des Causses. Le tannage végétal et les cuirs d'Aveyron sont aussi dans le cahier des charges de l'entreprise. 14 000 articles ont été vendus l'an dernier en France, en Europe, mais aussi au Japon et aux quatre coins du monde.

Et demain ? Face à la montée en flèche de la demande, des travaux vont démarrer dans les mois qui viennent pour agrandir l'espace de production. Un investissement chiffré à 1 million d'euros (travaux et équipement) qui permettra à la petite PME de « stabiliser sa production et d'imprégner le savoir-faire local ».

entreprises-occitanie.com, 2020.

ANNEXE 3 Une marque à contre-courant de la *fast-fashion*

La marque Atelier Tuffery fabrique ses jeans en France depuis 1892. Son atelier de confection, installé à Florac, au cœur des Cévennes, est un des derniers à fabriquer du denim 100% français. En 2015, Julien Tuffery, quatrième génération de la famille de maîtres tailleurs-confectionneurs, et son épouse Myriam, redonnent ses lettres de noblesse au patrimoine artisanal français en retournant aux sources de l'héritage familial. Il a fait de la réalité des manufactures sa force : dans l'atelier, les petites mains souvent invisibles sont mises sur le devant de la scène.

Comment ? En accordant une importance toute particulière aux conditions de travail, avec notamment la mise en place d'un parcours de formation en interne, qui délivre une certification diplômante à la fin du cursus qui dure quatorze mois. Développé en partenariat avec le Pôle Emploi de Lozère et OPCO2i, ce dispositif inédit pour une marque de mode en France permet une émancipation du personnel qui monte en compétence sur tous les postes de travail de l'atelier et assure la transmission d'un savoir-faire qui traverse les âges.

« Il n'y a de développement économique que s'il y a des gens derrière la machine à coudre » explique Julien Tuffery. Depuis qu'il a repris les rênes de l'entreprise familiale, il a recréé et repensé toute l'ergonomie des modèles anciens de fabrication. Ainsi, malgré des salaires et des coûts de revient relativement élevés, la marque fonctionne toujours en capitaux propres et n'a jamais fait appel à un investisseur externe. Cette économie vertueuse se développe durablement car les mains qui vendent sont aussi celles qui fabriquent, sans intermédiaire : l'intégralité de la valeur du produit revient à l'atelier.

Un circuit en lien avec toute la chaîne de production

L'atelier de Florac a toujours détenu la capacité de pouvoir dessiner, concevoir, créer, fabriquer et vendre chacune des pièces de sa gamme. Toutes les compétences nécessaires sont présentes en interne et sont transmises chaque jour à l'atelier, par les anciens aux plus jeunes. La maîtrise du processus de fabrication d'un jean est ainsi conservée de génération en génération. Atelier Tuffery est d'ailleurs labellisé Entreprise du Patrimoine Vivant, témoignant du caractère précieux de son savoir-faire.

En plus de disposer de son propre outil de fabrication et de former ses artisans à l'ensemble des corps de métiers, Atelier Tuffery a non seulement revalorisé des filières (en rachetant un tisseur de laine dans le Tarn ou en s'associant à la coopérative VirgoCoop & HempAct, pour réintégrer la filière chanvre textile en France par exemple), mais a aussi développé tout une déclinaison de filières locales et de partenaires sur l'ensemble du territoire français.

L'idée : mettre le moins de distance possible entre ceux qui font le vêtement et ceux qui le portent, pour réduire les intermédiaires et forcément... le prix !

Une vitrine du département

La Lozère est le département le moins peuplé de France. Pourtant, la marque Atelier Tuffery expédie ses jeans aux quatre coins du monde. Cette histoire raconte aussi celle d'une ruralité qui déborde d'initiatives et d'opportunités, si on lui en donne la chance.

La transformation du digital ces dernières années en véritable outil de production a aussi permis à ces territoires de sortir de l'isolement. « Grâce aux moyens modernes, on peut être artisanal, ancestral et rural tout en étant à la pointe de la mode et de l'innovation ! Nous sommes des artisans militants : la mode a trop souvent été mise en opposition avec l'artisanat et la manufacture » conclut Julien Tuffery.

linfodurable.fr, décembre 2021.

ANNEXE 4 Des jeans « made in France »

Dérivé des fameux « *made in China* », « *made in Taiwan* », « *made in USA* », le « made in France » est un marquage qui a vocation à revendiquer des produits fabriqués en France, avec de la main-d'œuvre et un savoir-faire français. Initiative patriote, protectionnisme économique ou « acte citoyen », aujourd'hui beaucoup de Français sont prêts à payer plus cher un produit fabriqué en France. Et ceci, dans le but de soutenir une industrie française qui peut connaître quelques difficultés dans certains secteurs.

Un courant de pensée encouragé ces derniers temps par diverses campagnes de sensibilisation, telles que la campagne de 1993 « Nos emplettes sont nos emplois » réalisée par la chambre du commerce et de l'industrie.

Ainsi, plus qu'un simple marquage, le made in France est devenu un véritable argument marketing qui met en avant un savoir-faire français qui pourrait bien séduire en dehors de l'Hexagone ! Nombreuses sont les marques qui s'emparent du phénomène, de façon plus ou moins légitime.

Le saviez-vous ?
Dans les pays étrangers les produits fabriqués en France sont souvent perçus comme des produits de qualité. En effet, malgré toutes les critiques que l'on pourrait (à juste titre) formuler à l'égard des préjugés, il n'en demeure pas moins que les Français sont considérés comme des passionnés et des perfectionnistes.
Aujourd'hui, coup de spot sur l'une de ces petites entreprises françaises familiales, qui s'est lancée dans la grande aventure du « made in France » : Atelier Tuffery, fabricant de jeans français.
Peut-être mieux connue grâce à sa gamme de jeans phare « *Jean Tuffs* », l'enseigne Atelier Tuffery existe depuis 1892. Son activité ? La fabrication de jeans français de qualité faits main !
Surfant sur la vague du commerce mondial et de la démocratisation du jean, la marque Tuff's est lancée sous l'influence américaine qui était alors très présente (années 60).

De nos jours, Atelier Tuffery se recentre sur ses valeurs et son appartenance française en abandonnant la marque « Tuff's », qui a une connotation trop américaine, au profit de « Atelier Tuffery ».
Le savoir-faire à la française : voilà une valeur que défend à nouveau cette entreprise artisanale qui compte les derniers artisans confectionneurs de jean français. Un savoir-faire en voie de disparition qui consiste à créer un véritable jean de A à Z à partir de rouleaux de toile brute.

Le pari du « made in France » est relevé pour cette petite entreprise qui renaît sur de nouvelles bases en présentant une gamme limitée de jean de qualité, pour homme et pour femme, de fabrication 100 % cocorico ! Tuff's est la plus vieille marque française de jean, une expérience certaine qui pourrait permettre à ce David de combattre les Goliaths industriels du jean tels que Levi's ou Kaporal.
Revirement de stratégie piloté par Julien Tuffery : le patron actuel de l'enseigne et 4e génération de la famille Tuffery qui transmet son patrimoine de père en fils. Pionnier dans la conception de vêtement en « toile de Nîmes » (denim).
Aujourd'hui, les jeans de la marque se divisent en 4 grandes références :
– jean **Célestin** : du nom de Célestin Tuffery, tailleur à Florac en 1892 ;
– jean **Alphonse** : du nom de Jean Alphonse Tuffery : fils de Célestin né en 1920 ;
– jean **Augusta** et jean **Mathilde** pour la gamme de jeans féminins.
Si vous visitez le site internet Atelier Tuffery et que vous parcourez les gammes hommes et les gammes femmes, vous constaterez bien vite que la marque se place sur un créneau de qualité, voire, d'excellente en proposant ses produits à plus de 100 euros.

missblog.fr.

ANNEXE 5 L'Atelier Tuffery joue la carte des réseaux sociaux

Les pros du marketing les appellent DNVB, pour « digitally native vertical brand ». Des marques nées sur Internet qui ciblent les Millenials, âgés de moins de 35 ans et « digital natives » eux aussi. Leur atout : la verticalité, l'absence d'intermédiaires, de revendeurs et de stocks (on fabrique à la demande). Réduits au minimum, les coûts de marketing et de distribution (ventes sur le Net uniquement) font s'envoler les marges. Comme l'explique Andy Dunn, créateur de la marque américaine de vêtements masculins Bonobos, ce qui caractérise surtout les DNVB, c'est la priorité donnée au service et à l'expérience client grâce au mobile et à la communication directe sur les réseaux sociaux.

L'engouement pour le « made in France » a vu éclore des DNVB dans le textile et la mode. Le Slip Français en est le porte-drapeau. Atelier Tuffery fait partie de la confrérie, sauf que l'entreprise n'est pas née à l'ère digitale. Fondée en 1892 à Florac (Lozère), elle fabriquait des bleus de travail pour les ouvriers et paysans du coin. Dans les années 1980, Tuffery, qui s'est lancé dans le denim, produit jusqu'à 500 jeans par jour pour les marques Rica Lewis et Le Taureau, avant d'être submergé par les vagues d'importations asiatiques et maghrébines.

Haut de gamme pour jeunes urbains

À la quatrième génération, Julien Tuffery et sa compagne Myriam Julien, tous deux ingénieurs (lui dans le traitement de l'eau chez Veolia et elle dans la logistique d'importation de fruits et légumes), décident en 2014 de reprendre l'atelier. Reconvertie dans le négoce de vêtements, la famille n'avait pas eu le coeur de le fermer complètement. « *De 60 couturières, on était tombé à trois, qui travaillaient encore pour les vieux clients. Cela a été notre chance. Ca et l'envie des jeunes urbains d'acheter moins et mieux. Ils savent que le jeans à 10 euros, ce n'est plus possible* », raconte l'entrepreneur, qui fabrique à la commande en circuit ultracourt : tout est fait sur place. « *On ne fabrique pas un an à l'avance ce qu'on n'est pas sûr de vendre dans un an !* », résume-t-il.

Autre chance : le site Internet, lancé dès la fin des années 1990. « *Rudimentaire, avec pas plus de deux pages, mais, grâce à lui, l'atelier est devenu accessible du monde entier.* » Sur Google, cette antériorité vaut de l'or et a fait beaucoup pour le référencement naturel de la marque. Tuffery expédie ainsi dans 28 pays ses jeans haut de gamme et, prochaine étape, sur mesure. Les prix vont de 100 euros pour des modèles classiques à 300 euros pour la gamme « tailleur », en coton bio, toile « selvedge » tissée en Vénétie.

L'atelier de 8 salariés a aujourd'hui du mal à suivre la demande. La construction d'un nouveau site plus grand permettra de monter la production à 40.000 jeans par an, contre 6.000 actuellement portant l'effectif à 25 personnes. « *Rapporté aux 80 millions de jeans vendus en France, on restera un fabricant de niche* », explique Julien Tuffery, qui tient au côté artisanal et « slow work » de l'entreprise.

Sans budget pour payer des influenceurs ou acheter des mots-clefs, Tuffery s'autorise des spots sponsorisés sur Facebook pour annoncer l'arrivée d'un nouveau modèle comme, bientôt, celle du premier jean en denim de chanvre d'origine 100 % européenne. Pour alimenter les réseaux, la marque poste plusieurs fois par semaine photos et vidéos sur le travail à l'atelier, les gestes du tailleur et les paysages cévenols. « *Le terroir, c'est l'enrobage que les clients aiment aussi chez nous. Grâce à cela, on retrouve avec eux le genre de proximité que mon arrière-grand-père entretenait avec les siens », constate Julien. Avec des retours de bâton parfois. « Quand on a mis de la soie dans nos jeans pour femmes, la communauté vegan nous a volé dans les plumes !* »

Instagram et Facebook apportent au site un tiers des clients, et près de 30 % des autres tapent directement le nom Tuffery. Le reste arrive via des liens sur des plates-formes à forte notoriété. Sur les posts, Atelier Tuffery accessoirise ses jeans, avec les produits d'autres marques made in France identifiées par des « tags » : La Botte Gardianne, Le Slip Français, sacs Bleu de Chauffe… « *Notre coeur de cible est identique et nous partageons la même démarche qualitative. Le croisement de notoriété sur les réseaux est normal.* »

Valérie Leboucq, *Les Echos*,7 novembre 2017.2

ANNEXE 6 L'Atelier Tuffery change de nom

En 2014 Julien Tuffery et son épouse Myriam décident de reprendre la maison familiale et de remettre en lumière ce trésor de l'industrie et du savoir-faire français. Ils redonnent à Tuff's son nom historique d'Atelier Tuffery.
Début 2017, les jeans Tuff ont totalement remis à jour leur *branding*, allant jusqu'à changer de nom.

La marque s'affiche désormais comme l'Atelier Tuffery. Ce revirement comprend également le changement de nom de domaine qui devient donc ateliertuffery.com Se positionnant toujours comme le premier fabricant de jeans made in France depuis 1892, l'Atelier Tuffery joue la carte de l'authentique.

jeudiphoto.net

ANNEXE 7 Le nom de domaine ateliertuffery.com

La réservation du nom de domaine

Le nom de domaine est l'appellation qui identifie un site Internet et constitue le moyen de localisation et d'accès aux pages de ce site Internet.
Les règles de réservation d'un nom de domaine varient selon la nature du site :
- domaines géographiques à vocation nationale, selon la localisation géographique de l'entreprise : .fr (France), .de (Allemagne), .it (Italie), .eu (Union européenne) ;
- domaines génériques, à vocation internationale : .com (pour les activités commerciales), .net (pour les entreprises), .org (pour les associations ou organisations non gouvernementales, etc.)

Le nom de domaine est attribué à celui qui en demande la réservation en premier. C'est donc la règle du premier arrivé, premier servi qui prévaut.
Pour réserver un nom de domaine, il faut s'adresser à l'organisme gestionnaire qui en a la charge.

La protection du nom de domaine

La réservation du nom de domaine n'est pas une protection au niveau de la propriété intellectuelle. En effet, le nom de domaine ne correspond pas à une marque, qui est un titre de propriété intellectuelle protégé après son dépôt.
Pour protéger son nom de domaine des cybersquatteurs ou des concurrents, il est recommandé d'enregistrer également le nom de domaine sous forme de marque, en complément de la réservation du nom de domaine.
Il est possible, avant d'effectuer une réservation de nom de domaine et un dépôt de marque, d'en vérifier la disponibilité, pour éviter les conflits entre noms de domaine, marques ou dénominations sociales.

www.service-public.fr, 30 septembre 2021.

ANNEXE 8 L'Atelier Tuffery va investir 2,5 millions d'euros pour tripler sa surface à l'été 2022

Promoteur du jean « made in France », la PME cévenole Atelier Tuffery va engager 2,5 millions d'euros, dont 450 000 euros en matériel, pour s'agrandir à Florac-Trois-Rivières (Lozère) en triplant sa capacité immobilière de 600 à 2 000 m². L'extension vise à améliorer à la fois la capacité de stockage et de production.

«*Les nouveaux locaux permettront déjà d'augmenter la productivité de 25 %, assure Julien Tuffery, quatrième génération aux commandes de l'atelier ouvert en 1892 par Célestin Tuffery. Le projet est quasiment bouclé, nous allons passer au choix des entreprises. Il faut que les travaux démarrent à l'automne pour que nous soyons opérationnels à l'été 2022. Nous en avons besoin pour répondre à la demande et offrir à l'équipe des locaux agréables.*» L'effectif, de trois personnes il y a cinq ans, est monté à 24 salariés. « *Ces derniers mois, l'équipe a montré une motivation exceptionnelle* », salue Julien Tuffery.

Une forte croissance justifie la prochaine extension : Atelier Tuffery a doublé son chiffre d'affaires 2020 (clôturé fin septembre) à 2,9 millions d'euros. «*La pandémie liée au Covid-19 a validé notre stratégie*», commente Julien Tuffery. Le e-commerce apporte trois quarts des ventes et la boutique-atelier, qui vient de rouvrir au public, cartonne. L'exercice 2020-2021 se présente sous de très bons auspices. «*Nous sommes en progression de 30 %. 30 000 jeans sur les 90 millions vendus en France, c'est une goutte dans l'océan, mais il y a de belles perspectives. Cela dit, je me fixe un plafond de développement à 10 millions d'euros, afin de garder notre mode de fonctionnement et de management.* »

Pour assurer la croissance, un rythme de 3 à 4 recrutements par an est envisagé sur les quatre prochaines années. Le plus ancien atelier français s'est aussi mis au numérique : « *Depuis un an, nous avons lancé une très grosse transition digitale. Le premier enjeu était la sauvegarde du patrimoine de l'atelier. Mais si la CAO aide à optimiser et à aller plus vite, la première étape sera toujours faite à la main par un tailleur confectionneur» ajoute le dirigeant.* »

Sylvie Brouillet, Usine Nouvelle, 8 juin 2021.

ANNEXE 9 Quelles sources de financement pour les PME ?

Outre les prêts bancaires, les PME peuvent avoir recours à plusieurs sources de financement. Le capital-risque en est une. Il s'agit d'une prise de participation d'investisseurs dans le capital de la PME qui voit ainsi ses fonds propres augmenter. Les compagnies d'assurances et les fonds de pension font partie des principaux investisseurs institutionnels en fonds de capital-risque. Autre source, autre philosophie : les investisseurs providentiels (*business angels*). Ce sont des particuliers possédant généralement une expérience dans le domaine des affaires. Ils investissent directement une partie de leurs actifs personnels dans de nouvelles entreprises privées en pleine croissance. Troisième solution : la titrisation. Dans ce cas, c'est une entité - généralement un prêteur, comme une banque par exemple - qui crée un instrument financier en regroupant des actifs (des prêts aux PME par exemple). La cotation dans une bourse de valeurs est une autre source qui offre aux PME l'accès à une base potentiellement plus importante d'investisseurs en fonds propres […].

Et quid du *crowdlending* ?

La finance participative représente une source émergente de financement à l'échelle mondiale, qui répond à un besoin tant de la part des PME que des particuliers, et que les gouvernements continuent de stimuler, principalement par le biais de changements apportés à la réglementation financière.

lookandfin.com, avril 2019.

ANNEXE 10 Innovation, la poche smartphone réinvente enfin le jean

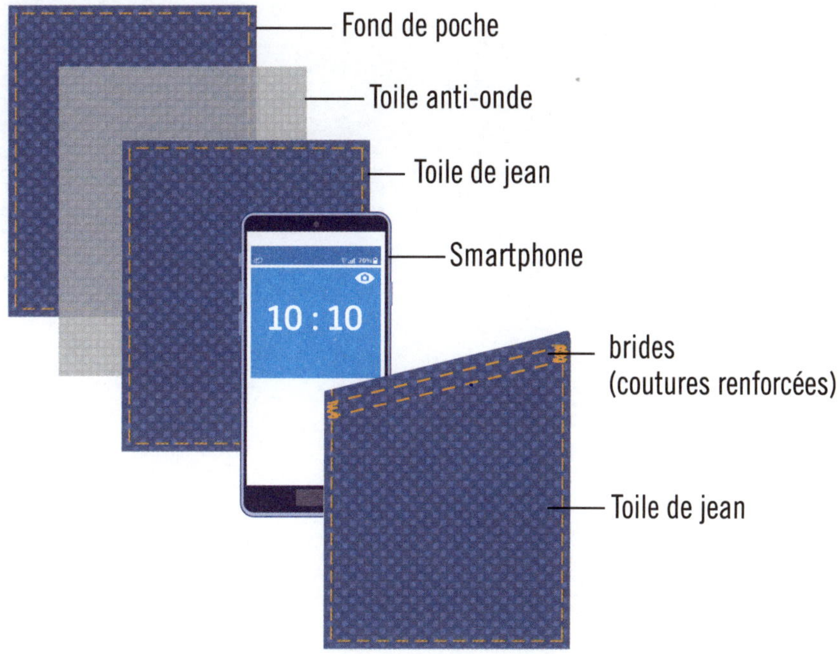

L'ancêtre de la poche smartphone

En 1892, Célestin Tuffery créait le premier jean français, pour les besoins des travailleurs de l'époque. Il est le premier à choisir la toile de Nîmes, qui donnera naissance au denim, pour créer des pantalons solides, confortables et pratiques. Parce que ces jeans étaient des vêtements de travail, il était nécessaire de les doter de détails pratiques, de bon sens. C'est ainsi qu'à cette époque est créée la **poche gousset**, petite poche placée à droite du jean. Ancêtre de notre **poche smartphone**, elle est située au niveau de l'aisne. Elle protégeait la montre à gousset, objet fragile et indispensable de l'époque, qui ne devait pas se mêler au reste des objets. C'est cet objet qui, à l'époque, donne naissance donc à cette poche qui va traverser les siècles…

Les nouveaux besoins technologiques

Aujourd'hui, nous n'utilisons plus de montre gousset et cette poche a perdu de son utilité originelle. Parfois utilisée à de rares occasions pour d'autres objets plus modernes, elle est en fait restée une norme, sans n'être plus vraiment utile. Pourquoi ? Parce que **la montre à gousset a été remplacée** aujourd'hui par un objet qui nous donne l'heure et nous permet de multiples autres utilisations : **le smartphone**. On continue de mettre cette nouvelle montre dans nos poches de jeans, mais le smartphone est un objet plus imposant qui ne trouve pas facilement sa place dans le jean. Il rend la position assise inconfortable. De plus, c'est un objet connecté qui émet donc des ondes en continu, sur des zones directement en contact avec le corps. Il fallait donc **créer la poche smartphone**.

La création de la poche smartphone

C'est pour faire évoluer le jean, la norme, et **proposer un vêtement en denim enfin réadapté à vos besoins**, que nous avons travaillé pendant plusieurs années sur une innovation. Et il était primordial pour nous que ce ne soit pas simplement un gadget. C'est en réalité une petite révolution sur une norme inchangée à tort depuis trop longtemps. Nous avons donc retravaillé cette poche pour **l'agrandir** tout d'abord, afin qu'elle puisse **contenir le smartphone**. Nous avons ensuite résolu le problème de **confort en position assise**, en la rendant **amovible**. Nous avons ensuite souhaité **protéger cette partie du corps des ondes**, en ajoutant une **toile en fil d'argent**. Cette dernière fait barrière aux émissions du smartphone. Enfin, parce que cet objet peut parfois être lourd ou épais, nous avons renforcé l'ensemble des coutures à cet endroit.

ateliertuffery.com, septembre 2019.

Présentation de l'épreuve de Culture économique, juridique et managériale

(Arrêté du 15 février 2018, JO du 6 mars 2018)

Cette épreuve vise à évaluer les compétences que vous aurez acquises dans le cadre de l'enseignement de CEJM ainsi que votre capacité à les mobiliser à travers un questionnement portant sur des problématiques de gestion d'entreprise et croisant l'économie, le droit et le management.

1. Les compétences évaluées

L'épreuve vise à évaluer votre capacité à :
- analyser des situations auxquelles l'entreprise est confrontée ;
- exploiter une base documentaire économique, juridique et managériale ;
- proposer des solutions argumentées en mobilisant des notions économiques, juridiques ou managériales et les méthodologies adaptées aux situations proposées ;
- établir un diagnostic (ou une partie de diagnostic) préparant une prise de décision stratégique ;
- prendre des décisions opérationnelles intégrant les dimensions économique, juridique et managériale ;
- exposer des analyses et des propositions de manière cohérente et argumentée.

2. La forme de l'épreuve

L'épreuve écrite, d'une durée de 4 heures, prend appui sur un dossier qui comprend :
- la présentation d'une situation contextualisée d'entreprise contenant des problématiques de nature économique ou juridique ou managériale ;
- une base documentaire d'une dizaine de pages au maximum ;
- une série de questions permettant de structurer et d'orienter votre travail. Pour chaque question, une réponse construite et argumentée est attendue.

Le dossier documentaire ainsi que le questionnement couvrent les trois champs d'enseignement : l'économie, le droit et le management.

Méthodologie

1 Analyser un texte à caractère économique

L'épreuve de Culture économique, juridique et managériale s'appuie sur un dossier documentaire composé de plusieurs textes. Il est indispensable de maîtriser la compréhension et l'analyse de ces documents afin de repérer les informations essentielles et de répondre de manière argumentée et structurée aux questions posées.

DÉMARCHE À METTRE EN ŒUVRE

L'analyse de textes économiques nécessite une méthode rigoureuse. On pense souvent que c'est la partie la plus facile puisqu'il suffit de « lire ». En réalité, une bonne exploitation des documents ne peut se faire qu'en respectant plusieurs étapes.

Clair-obscur sur les prévisions économiques en France et en zone euro

Contexte

L'année 2019 aura été marquée par les incertitudes politiques et économiques qui ont pesé non seulement sur les échanges commerciaux mais aussi, plus globalement, sur l'investissement des entreprises et sur la croissance mondiale. [...]
Si la crainte d'un retournement conjoncturel global s'atténue, on peine à discerner le mouvement d'ensemble qui serait susceptible de redonner du souffle à l'économie mondiale. Il faut donc se contenter d'un tableau en clair-obscur. [..]

Perspectives de croissance, emploi, pouvoir d'achat, consommation et investissement en France

Après une croissance annuelle de + 1,3 % en 2019, l'acquis de croissance du PIB serait de + 0,9 % à la mi-2020.
Après avoir été particulièrement dynamique au premier semestre 2019 (+ 170 000), l'emploi total ralentirait au second semestre (+ 94 000) puis au premier semestre 2020 (+ 88 000).
L'emploi ralentit mais la hausse tendancielle de la population active continue de s'atténuer. Au-delà des aléas statistiques au trimestre le trimestre, le taux de chômage baisserait à nouveau de l'ordre de 0,1 point par trimestre, atteignant de 8,2 % au printemps 2020 contre 8,5 % un an plus tôt. [...]
En 2019, le pouvoir d'achat du revenu disponible brut des ménages augmenterait solidement (+ 2,1 % après + 1,2 % en 2018, soit, par unité de consommation, + 1,6 % après + 0,7 %). Au-delà du dynamisme de l'emploi et des salaires, ont aussi contribué à cette hausse les réductions de taxe d'habitation, le relèvement de la prime d'activité, les exonérations d'impôts et de cotisations sociales à la charge des salariés sur les heures supplémentaires et les allègements de CSG pour certaines catégories de ménages. La consommation des ménages garderait son rythme. [...]
Les entrepreneurs demeurent prudents sur leurs perspectives d'investissement. [...] Dans un environnement macroéconomique un peu moins porteur, l'investissement des entreprises ralentirait à + 0,7 % au premier trimestre puis + 0,6 % au deuxième trimestre 2020.

Les prévisions au sein de la zone euro

Les indicateurs conjoncturels les plus récents suggèrent ainsi que l'économie de la zone euro – dont singulièrement l'économie allemande – ne ralentirait pas davantage, voire accélérerait légèrement d'ici-là mi-2020. Les grands pays de la zone euro ont en effet, chacun à leur manière, mis en place des mesures de soutien au revenu des ménages. Certes, comme dans le passé récent, elles contribueraient en partie à l'accroissement de l'épargne. Mais la résistance de la demande intérieure permettrait à la croissance de la zone euro d'atteindre 0,3 % au deuxième trimestre 2020 (après +0,2 % aux trimestres précédents).

Note de conjoncture, INSEE, 17 décembre 2019.

1. Situer le texte dans son environnement

Cette étape consiste à repérer :
– **le titre** : il indique souvent l'objet du document et le ton utilisé.
Certains documents peuvent être précédés d'une présentation visant à accrocher le lecteur (le chapeau). Généralement, elle en synthétise le contenu et en montre la tonalité.

> ***Exemple :*** *« Clair-obscur sur les prévisions économiques en France et en zone euro » indique que le texte traite des prévisions de conjoncture économique en France et au sein des pays de la zone euro.*

– **la source :** elle indique l'origine du texte (presse quotidienne, hebdomadaire grand public, revue spécialisée, extrait d'ouvrage, site Internet, etc.) et permet de définir le type de texte (théorique, factuel, critique, etc.).

> ***Exemple :*** *il s'agit ici de l'Institut national de la statistique et des études économiques (Insee), organisme français qui produit, analyse et diffuse des informations sur l'économie et la société françaises. Il s'agit d'une information factuelle.*

On pourra également repérer l'auteur du texte (journaliste, professeur, économiste, chef d'entreprise, homme politique, etc.) permettant de prendre du recul par rapport à l'information.

– **la date :** elle permet de mieux appréhender le contexte dans lequel le document a été écrit. Le contexte économique évolue, parfois brusquement (ex. : crise) et un texte peut rapidement être dépassé.

> ***Exemple :*** *la date est récente, ce document décrit la situation de la conjoncture (l'activité récente).*

2. Lire et repérer les idées importantes

Conseil : lire l'ensemble des questions avant de commencer la lecture du texte pour orienter votre travail. Le travail d'analyse du texte peut se faire en deux temps.

a) Une première lecture rapide et active du texte

Avec un surligneur ou un crayon, souligner les mots, expressions clés ou passages qui vous semblent importants – en rechercher la définition si nécessaire.
Entourer les chiffres essentiels concernant le sujet.
Ce travail facilitera l'utilisation des arguments dans la phase de rédaction.

b) Deuxième lecture : les idées principales et les idées secondaires

L'idée est de faire ressortir la logique du texte, la pensée de l'auteur, en dissociant l'essentiel de l'accessoire :
– **repérer l'idée générale du texte**, l'aboutissement du raisonnement tenu par l'auteur. Essayer de la résumer en une phrase.

> ***Exemple :*** *Dans un contexte d'incertitude, l'activité économique en France et en zone euro devrait se maintenir au premier semestre 2020 essentiellement grâce au dynamisme de la consommation, et permettre ainsi une baisse du taux de chômage.*

– **repérer le plan du texte** : relever les idées principales en identifiant éventuellement les paragraphes qui regroupent des idées communes.
– **repérer les idées secondaires** correspondant aux arguments qui viennent soutenir la ou les idées principales. Éliminer tout ce qui est anecdotique. Un très long paragraphe peut ne contenir qu'une seule idée importante et plusieurs exemples !

Remarque : repérer les mots de transition permet de retrouver les enchaînements logiques du raisonnement de l'auteur (« enfin », « d'une part » et « d'autre part », etc.). Certains termes apportent des nuances (« malgré », « cependant », « néanmoins », etc.) ou des relations de cause à effet (« ainsi », « en conséquence », etc.).

3. Construire les réponses aux questions

– **Comprendre les questions :** lire attentivement les questions posées et analyser le sens de la réponse attendue grâce aux verbes directeurs utilisés : analyser, identifier, expliquer, apprécier, interpréter, etc.
– **Rédiger les réponses :** répondre à chaque question, de manière précise et structurée, **en utilisant ses connaissances** et en s'appuyant sur le texte.

Les pièges à éviter

- Il ne faut pas faire de paraphrase du texte. Le plus difficile dans l'étude de textes économiques est la reformulation des idées.
- Il ne faut pas traiter les questions comme des questions de cours sans rapport avec le document étudié.

2 Analyser un tableau

L'épreuve de Culture économique, juridique et managériale s'appuie sur un dossier documentaire que vous allez devoir exploiter. L'analyse d'un tableau est d'autant plus importante qu'il est souvent source de nombreuses informations.

DÉMARCHE À METTRE EN ŒUVRE

L'analyse d'un tableau doit vous demander une grande rigueur méthodologique. En effet, vous ne devez pas vous contenter de « lire » les données du tableau, mais vous devez les interpréter et les mettre en corrélation avec vos connaissances personnelles pour leur donner du sens.

Contribution des principales branches d'activité à la valeur ajoutée
(En % de l'ensemble des branches)

	1960	1980	2000	2019
Agriculture, sylviculture et pêche	12,0	4,0	2,3	1,8
Industrie manufacturière, industries extractives et autres	27,8	23,7	18,9	13,5
Construction	4,9	7,4	4,9	5,8
Services principalement marchands	36,4	45,4	53,2	57,0
Services principalement non marchands	13,1	19,5	20,7	21,9

Source : Insee, février 2020.

1. Repérer les éléments constitutifs du tableau

Cette étape consiste à repérer :

– **le titre** : il donne une indication importante sur le contenu du tableau. Il faut donc le lire attentivement.

> ***Exemple :*** *Ici, le tableau analyse la part de chaque branche d'activité à la valeur ajoutée (sujet) créée en France (délimitation géographique).*

– **la date et la source** : elles permettent de contextualiser les données afin de mieux les interpréter. Les tableaux de données statistiques peuvent inclure des données anciennes, qui sont donc à nuancer ou à actualiser avec les autres documents qui vous seront fournis.

> ***Exemple :*** *Ici, les données du tableau sont issues de l'Insee, l'institut national de la statistique et des études économiques, qui produit et diffuse des informations sur l'économie et la société françaises. Elles indiquent la part de la valeur ajoutée de chaque branche d'activité entre 1960 et 2019. Il s'agit d'une analyse de longue période.*

– **Les unités utilisées** : il est fréquent d'utiliser des unités facilitant la lecture. Il faut donc vérifier si on est en unité, en milliers, en millions ou en milliards. 2000 milliers de chômeurs nous donne ainsi 2 millions de chômeurs et non 2000 !

Les données peuvent également figurer en pourcentage, comme c'est le cas ici. Il est recommandé de faire une phrase avec l'un des chiffres pour s'assurer de la compréhension des données.

> ***Exemple :*** *Ici, le premier chiffre « 12,0 » indique que la branche Agriculture, sylviculture et pêche a contribué à 12 % de la valeur ajoutée produite en France en 1960.*

2. Exploiter le tableau

a) Repérer les données les plus pertinentes du tableau

Toutes les données n'ont en effet pas le même intérêt. Il faut en particulier être très attentif au regroupement de données et aux sous-totaux qui peuvent exister. Il faut donc hiérarchiser les informations et comprendre comment a été construit le tableau.

> ***Exemple :*** *Ici, comme il s'agit d'un tableau qui fournit une évolution dans le temps, il est nécessaire d'analyser l'évolution de la contribution de chaque branche (étude par ligne) pour repérer les évolutions les plus marquantes. On observe, par exemple, que la production primaire (agriculture, sylviculture et pêche) ne cesse de diminuer depuis 1960 : elle représente 1,8 % de la production française en 2019, contre 12 % en 1960.*

b) Retraiter certaines données

Il est souvent utile de faire les calculs, de transformer des données brutes en pourcentage ou de calculer des taux de variation qui seront plus évocateurs dans une démonstration.

> ***Exemple :*** *ici, on peut calculer le total de la production tertiaire en ajoutant la part de la valeur ajoutée des services marchands (4e ligne) et non marchands (dernière ligne), soit un total de 78,9 % pour la production tertiaire en 2019.*

c) Lister les idées contenues dans le tableau

Les tableaux ont la particularité de souvent comporter beaucoup d'informations. Il faut donc repérer l'ensemble des éléments qui y sont abordés. En effet, vous serez surement « attiré » par les données les plus marquantes, et vous risquez d'oubliez d'autres informations pertinentes.

> ***Exemple :*** *Ici plusieurs informations nous sont données : une répartition entre les branches (en colonnes) et une évolution dans le temps (en ligne). Deux types de constats peuvent ainsi être faits. Par exemple, on observe en 2019 que l'essentiel de la production française relève d'une activité de services (78,9 % en 2019), mais également que cette contribution des services à la valeur ajoutée n'a cessé d'augmenter depuis 1960, où elle ne représentait que 49,5 % de la valeur ajoutée (36,4 + 13,1).*

3. Utiliser les informations obtenues pour construire votre argumentaire

Il faut enfin reprendre les différentes informations qui vous sont données et les mettre en relation avec vos connaissances théoriques et factuelles afin de répondre aux questions qui vous sont posées.
Pensez à structurer votre commentaire pour le rendre plus clair. Par exemple, partez des éléments généraux avant d'illustrer avec des points particuliers.
Enfin, pensez à nuancer vos propos.

> ***Exemple :*** *ici, il s'agira de montrer qu'il y a une forte évolution des activités en France depuis 1960 avec une économie française qui se tertiarise au fil du temps, traduisant une forte diminution des activités agricole (1,8 % en 2019 pour 12 % en 1960) et industrielle (13,5 % en 2019, contre 28 % en 1960). Ainsi, on assiste à un phénomène conjoint de désindustrialisation et de tertiarisation du système productif français.*

Le piège à éviter

- Il ne faut pas faire de la simple « lecture » de données, sans les interpréter et les rattacher à vos connaissances.

3 Exploiter un graphique

L'enseignement de Culture économique, juridique et managériale (CEJM) vise à développer des compétences méthodologiques en économie, en particulier l'exploitation de graphiques au service de l'analyse des phénomènes économiques. L'épreuve de CEJM consiste à analyser un dossier qui peut intégrer des graphiques à exploiter pour construire une réponse argumentée aux questions posées.

DÉMARCHE À METTRE EN ŒUVRE

L'analyse de graphiques économiques nécessite de suivre une démarche rigoureuse. Une lecture trop rapide peut conduire à des analyses erronées ou incomplètes, voire des contre-sens. Avant de commencer l'analyse des graphiques, il est indispensable d'avoir en tête les questions posées. Le respect des étapes proposées ci-dessous permet une bonne exploitation des graphiques économiques.

Perspectives de l'économie mondiale 2020-2024

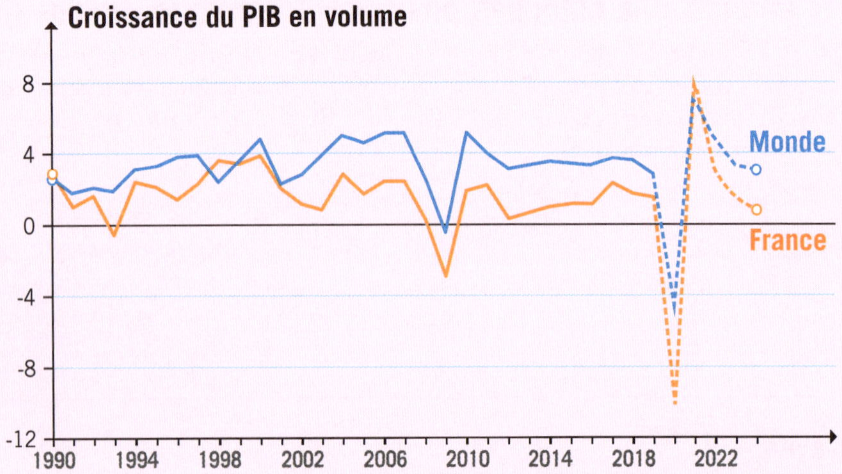

Source : Coe-Rexecode, *Perspectives de l'économie mondiale 2020-2024*, Document de travail n° 67, juin 2020.

1. Identifier l'environnement du graphique

Cette étape consiste à repérer :

– **le titre** : il indique l'objet du graphique.

> ***Exemple :** le titre « Perspectives de l'économie mondiale » nous indique une double dimension géographique et prévisionnelle pour étudier le taux de croissance du PIB.*

– **la date :** elle situe le contexte économique du graphique. La collecte de données économiques nécessite du temps. C'est pourquoi les chiffres figurant dans les graphiques ne sont pas situés dans l'actualité immédiate.

> ***Exemple :** ce graphique a été réalisé en juin 2020 : à cette date récente, seules les données jusqu'en 2019 sont disponibles, celles à partir de 2020 sont prévisionnelles.*

– **la source :** elle indique l'organisme qui a construit le graphique. Il est intéressant de savoir si l'organisme est indépendant et si les données utilisées sont fiables.

> ***Exemple :** Coe–Rexecode : le Centre d'observation économique et de Recherche pour l'Expansion de l'économie et le Développement des Entreprises est un institut indépendant au service de l'information économique et du développement des entreprises.*

2. Lire le graphique

Il s'agit d'identifier :

– **le type de graphique.** Il peut s'agir :
– soit d'une représentation de l'évolution d'une donnée dans le temps : courbe, diagramme en bâtons, etc. ;
– soit d'une représentation de la répartition d'une donnée : diagramme circulaire, etc.

> ***Exemple :** ici, deux courbes figurent sur le graphique, le taux de croissance de la France et celui du monde.*

– **le(s) indicateur(s) représenté(s).** Un ou plusieurs indicateurs peuvent être représentés pour mettre en évidence un phénomène économique. Cela peut permettre des comparaisons.

> ***Exemple :** la croissance du PIB est représentée par le taux de croissance, qui est un taux d'évolution. Un taux d'évolution est une valeur relative et non absolue. Ainsi, le taux d'évolution du PIB négatif en 2009 et en 2020 signifie que le PIB diminue mais n'indique pas un PIB négatif !*

MÉTHODOLOGIE I ÉCONOMIE

– **l'échelle de temps des données du graphique.**

Exemple : données du graphique : de 1990 à 2024.

– **les unités utilisées en abscisses et en ordonnées.**
Le temps, généralement en abscisses.
En ordonnées, des nombres (unités, milliers, millions, etc.), des indices ou des pourcentages. Lorsqu'il s'agit de chiffres exprimés en monnaie, portez une attention particulière à la monnaie utilisée (euro, dollar, etc.) et au mode de valorisation (en valeur soit à prix courants, ou en volume soit à prix constants).

Exemple : ici le temps figure sur les abscisses et des pourcentages en ordonnées.

– **l'information générale du graphique.**
Il s'agit de dégager une tendance générale sur la période représentée

Exemple : ici, sur la période étudiée, la croissance du PIB français est toujours moins forte que celle du monde (la courbe rouge est sous la courbe verte) mais elle suit globalement la tendance mondiale (les formes des courbes sont semblables).

3. Exploiter le graphique pour répondre aux questions

– **Comprendre les questions** : lire attentivement les questions pour comprendre les attentes des examinateurs.
– **Construire une réponse argumentée, et pour cela** :
  – s'appuyer sur le graphique et sur ses connaissances ;
  – mettre en évidence la tendance générale du graphique ;
  – repérer les écarts par rapport à cette tendance, éventuellement en procédant à des calculs supplémentaires.

Exemple : depuis 1990, la croissance du PIB en France a décroché par rapport à la tendance mondiale en se situant en moyenne à 2 points de pourcentage en dessous du taux de croissance du monde.

  – rechercher des causes et des conséquences aux faits observés ;
  – rédiger une réponse aux questions en allant du général au particulier.

Le piège à éviter

• Il ne faut pas se focaliser sur un point particulier d'un graphique qui peut attirer le regard mais qui n'est pas l'objet principal.

Exemple : Ici, on observe un retournement des courbes de taux de croissance du PIB à partir de 2008 et de 2019 pour atteindre des valeurs négatives en 2009 et 2020. Cela correspond à la période de crise mondiale des subprimes *en 2009 et à celle de crise sanitaire de la Covid-19, mais ce n'est pas l'objet principal du graphique qui retrace une évolution comparée du PIB de la France et du monde sur une longue période, soit 30 ans.*

4 Analyser une situation juridique

L'exercice qui consiste à analyser une situation juridique permet d'apprécier l'aptitude de l'étudiant à appliquer des règles de droit à des situations concrètes. Cela consiste à répondre à une ou plusieurs questions posées sur une situation donnée, en utilisant l'argumentation juridique appropriée.
L'analyse de toute situation juridique peut s'opérer en exploitant le syllogisme, qui permet de construire un raisonnement amenant de façon naturelle à la conclusion. Il convient de toujours s'interroger de la façon suivante :
– Quels sont les faits et quel problème juridique posent-ils ? C'est la « mineure » du syllogisme.
– Quelle est la règle de droit applicable ? C'est la « majeure » du syllogisme.
– Quelle solution doit-on proposer ? C'est la conclusion du syllogisme.

ÉTAPE 1 Les faits qualifiés (la « mineure »)

La première étape du travail suppose de lire attentivement le contexte et les faits qui sont à l'origine du problème qui vous est soumis.

> ***Exemple :*** *M. X est renvoyé par son patron parce qu'il passait trop de temps sur son ordinateur.*

Vous devez traduire ces faits en termes juridiques. Qualifier les faits permet de rattacher la problématique concrète à un cadre juridique abstrait.

> ***Exemple :*** *un salarié est licencié pour avoir utilisé exagérément sa messagerie professionnelle à des fins personnelles, malgré l'interdiction formulée par le règlement intérieur.*

La qualification amène à utiliser la terminologie adéquate en droit ; elle permet ainsi d'amener aisément à la formulation du problème juridique et guidera donc vers la règle de droit à appliquer.

ÉTAPE 2 La ou les (règle(s) de droit applicable(s) au problème juridique (la « majeure »)

1. La formulation du problème juridique

L'identification des parties (demandeur et défendeur) et des éléments de la situation problématique doit aboutir à la formulation du problème juridique. Ce problème doit être exposé de façon générale, au-delà du cas spécifique.

> ***Exemple :*** *dans quelle mesure et à quelle condition un employeur peut-il sanctionner la violation par le salarié de l'interdiction d'user de façon exagérée de son ordinateur et d'Internet ?*

2. Exposé de la ou des règle(s) de droit applicable(s)

Il s'agit d'expliquer les grandes lignes du droit positif, qui permettent d'apporter une réponse au questionnement juridique identifié précédemment.

> ***Exemple :*** *les pouvoirs du chef d'entreprise s'expriment à travers le règlement intérieur que le salarié doit respecter. Il existe toutefois des droits fondamentaux reconnus au salarié, comme la faculté de se servir librement de son ordinateur durant les temps de pause. Mais cet usage peut parfaitement être limité par le règlement intérieur pour ce qui concerne les périodes de travail.*

Des règles juridiques sont parfois fournies en annexe dans le sujet (extrait de codes, décision de justice, convention collective...), mais on attendra généralement de vous que vous fassiez appel à vos connaissances. Il est donc indispensable de bien maîtriser la partie de cours concernée.

ÉTAPE 3 La ou les solution(s) proposée(s) (la conclusion)

Les étapes précédentes ont permis de passer des faits (la « mineure ») au droit (la « majeure »). Il s'agit maintenant d'appliquer le droit aux faits pour proposer une ou plusieurs solutions (la conclusion). Il faut donc s'attacher à tirer les conséquences des analyses précédentes. L'argumentation juridique consiste à rapprocher les faits, juridiquement qualifiés, des règles de droit applicables au problème juridique posé, pour en déduire une ou plusieurs solutions du cas présenté dans la situation.
Vous pourrez introduire la solution que vous proposez avec une formule classique : « Dans le cas d'espèce..., En l'espèce..., Dans le cas étudié... ».

> ***Exemple :*** *en l'espèce, dès lors que les clauses du règlement intérieur ne comportent pas d'interdiction absolue d'utiliser Internet mais se contentent de limiter son usage aux temps de pause, si l'employeur n'a pas consulté un dossier marqué « personnel » pour prendre connaissance des abus de son salarié, la sanction pour violation des dispositions du règlement intérieur est possible, etc.*

La solution exposée est parfois susceptible d'entraîner des conséquences juridiques (action en justice ou renonciation à saisir le tribunal, tentative de conciliation, démarches...). Celle qui serait retenue doit être justifiée par une argumentation juridique rigoureuse.

> ***Exemple :*** *il serait déplacé, pour le salarié, d'engager une action en justice pour contester la sanction subie, puisque celle-ci a été décidée à bon droit par le chef d'entreprise.*

Parfois, certains faits ne sont pas assez précisément énoncés et le candidat est obligé d'envisager une alternative.

> ***Exemple :*** *si l'employeur a pris connaissance du comportement du salarié en consultant un fichier personnel, etc. Si, en revanche, c'est par un contrôle inopiné, tel que prévu par le règlement intérieur, qu'il a constaté les faits, etc.*

Enfin, vous devez soigner la rédaction et structurer votre propos avec des transitions claires (« C'est pourquoi…, Compte tenu de..., En conséquence… »). Dans tous les cas, vous utilisez le vocabulaire juridique adéquat.

Les pièges à éviter

- Il ne faut pas retenir des faits de la situation de façon incomplète ou non pertinente, car le problème juridique que vous en induiriez aurait les mêmes défauts.
- Il ne faut pas s'appuyer sur une règle de droit non établie de façon certaine. Dans ce type de situation, le syllogisme ne peut « fonctionner » convenablement qu'en proposant une alternative dans les solutions.

Exemple : une règle jurisprudentielle remise en cause par certaines décisions de justice.

- Il ne faut pas identifier de prime abord une règle de droit sans en percevoir certains éléments ou certaines limites, vous pourriez alors commettre un véritable contresens sur la solution du problème.

Exemple : le caractère exclusif du droit de propriété dont vous oublieriez les exceptions.

5 Savoir exploiter des ressources juridiques

1. Analyser un contrat

Dans l'épreuve de l'examen, vous devez répondre à certaines questions de manière à proposer une solution à un problème juridique. Vous disposez pour cela d'un dossier documentaire pouvant comporter un contrat ou des clauses extraites d'un contrat.

Il s'agira alors pour vous, selon les exigences de l'exercice :
– de rattacher le contrat à une situation juridique ;
– d'identifier les obligations des parties et les effets particuliers de certaines clauses contractuelles ;
– d'exercer votre esprit critique et d'apprécier la validité du contrat en général ou de ses clauses spécifiques ;
– éventuellement, de faire le rapprochement entre le contenu du contrat proposé à l'étude et les informations juridiques fournies par d'autres sources documentaires (extrait de code, jurisprudence, etc.).

DÉMARCHE

ÉTAPE 1 Lire le contrat ou les clauses extraites du contrat

Cette première étape permet de repérer de quel type de contrat il s'agit (contrat de travail, contrat de vente, contrat d'assurance…). La première lecture du contrat suffit à l'identifier, souvent grâce au titre du document.

ÉTAPE 2 Analyser le contrat

La méthode d'analyse se déroule selon les phases suivantes.

1. La situation juridique

Il s'agit d'identifier les éléments du contrat qui précisent la situation :
– d'abord, **l'objet du contrat** : contrat de travail (à durée déterminée, indéterminée, etc.), contrat de vente (entre professionnels, entre un professionnel et un consommateur, etc.), contrat de location (civile, commerciale), contrat de transport, contrat d'assurance, etc. ;
– ensuite, **les parties concernées** : un salarié et son employeur, un vendeur et un acheteur, un bailleur et son locataire, un transporteur et une personne transportée, un assureur et un assuré, etc.

2. La règle de droit applicable

Il s'agit de retrouver à quelle branche du droit se rapporte le contrat : droit civil, droit du travail, droit commercial, droit de la consommation, etc.

3. La validité du contrat

a) Vérifier l'existence des conditions générales de validité du contrat (C. civ, art. 1128) :
– le consentement des parties (existence et absence de vice) ;
– leur capacité de contracter ;
– un contenu licite et certain.

b) Vérifier l'existence des conditions spécifiques de validité du contrat :
– les exigences légales (les mentions impératives dans les contrats de travail atypiques, par exemple) ;
– la présence de formulaires à joindre impérativement (ex. : le bordereau de rétractation dans le contrat de vente à domicile) ;
– la signature des parties.

4. Les clauses du contrat

Vous repérerez les divers éléments du contrat :
– **la nature précise du contrat :** contrat de travail à temps partiel, prêt à la consommation, contrat de location avec option d'achat… ;
– **le lieu et la date de conclusion du contrat** ;
– **les parties**, avec leurs noms et leurs qualités en droit (ex. : SARL Durand, employeur, et Mme Bayle, salariée ; M. Dubois, emprunteur, la banque SMC SA, prêteur) ;
– **la durée et/ou le terme du contrat**, éventuellement les possibilités de renouvellement prévues par une clause.

5. Les effets du contrat

Il s'agit de préciser quelles sont les obligations des parties découlant du contrat, en distinguant celles qui se traduisent par des sommes à payer (ex. : prix du bien vendu, loyer de l'appartement, salaire et éléments de rémunération, etc.) et celles qui revêtent une autre forme (ex. : prestation de travail, réalisation d'une activité, livraison d'un bien, interdiction d'exercer une activité, etc.).

ÉTAPE 3 Utiliser le résultat de cette analyse pour résoudre le cas

En fonction des questions posées par le sujet, l'analyse ainsi menée pourra être utilisée pour argumenter sur la solution proposée.

Exemple de contrat de distribution

Entre les soussignés :
La société anonyme Flavier, dont le siège est à Lyon (69003), 24 Bd Jeanne d'Arc, immatriculée sous le numéro 854 456 982 RCS Lyon, représentée par son directeur général Pierre Michel,
Ci-après désigné « **le Fournisseur** » d'une part,
Et
La SARL Singée, dont le siège est à Montélimar (26200), 8 rue des Oliviers, immatriculée sous le numéro 788 987 821 RCS Romans, représentée par Mme Alice Person, sa gérante,
Ci-après désigné « **le Distributeur** » d'autre part,
Il a été convenu ce qui suit :

1 – Objet du contrat
Le Distributeur s'engage à s'approvisionner auprès du Fournisseur selon les termes et conditions du présent contrat. Le contrat porte sur la distribution des canapés, fauteuils et sièges fabriqués par le fournisseur sous la marque déposée à l'INPI « Relaxos ».

2 – Quantité minimale
Le Distributeur s'engage à commander chaque année civile, à compter du 1er janvier 2022, un minimum de 24 unités. Le non-respect de cette obligation entraînerait la résiliation de plein droit du contrat dans les conditions prévues à l'article 7 ci-dessous.

3 – Durée
Le contrat est conclu pour une durée de 3 ans à compter de la date de la première livraison effective prévue, soit le 15 janvier 2022. Le non renouvellement du présent contrat de distribution n'entraînerait aucune indemnité au profit de l'une ou l'autre partie.

4 – Prix, modalités de paiement
Les produits seront vendus par le Fournisseur au Distributeur au prix fixé par le tarif en vigueur au jour de l'enregistrement de la commande par le Fournisseur. Le Fournisseur peut, à la fin de chaque année civile, modifier le tarif pour tenir compte de l'évolution générale des prix, de la concurrence et des coûts de production des produits.
20 % du prix seront payables à la commande, et le solde 30 jours après la livraison.
Tout retard de paiement donnera lieu à des pénalités au taux de deux fois le taux de l'intérêt légal en vigueur au jour de l'échéance impayée.

5 – Livraisons
Les produits seront livrés par le Fournisseur dans les locaux du Distributeur. Le conditionnement des produits devra être conforme aux spécifications de la commande.

6 – Fin du contrat
Le contrat prend fin par la survenance de son terme ; cependant, le Fournisseur le rappellera au Distributeur par lettre recommandée avec avis de réception adressée six mois avant la date prévue pour la fin des relations contractuelles.

7 – Résiliation et pénalités
En cas de manquement par le Distributeur à l'une quelconque des obligations mises à sa charge par le contrat, ce dernier pourra être résilié de plein droit, au gré du Fournisseur 15 jours après une mise en demeure demeurée infructueuse, cela sans autre formalité.
Le Fournisseur aura droit dans ce cas à titre de pénalité :
– au remboursement des frais d'enlèvement et de retour du matériel repris ;
– au paiement d'une indemnité de 2 000 euros.

8 – Dispositions générales
Toute modification du présent contrat ne peut résulter que d'un accord constaté dans un écrit signé par les deux parties.
Loi applicable : Le contrat est soumis à la loi française.

Fait à Lyon, le 18 novembre 2021

Le Fournisseur, Le Distributeur,

2. Analyser une décision de justice

La partie juridique de l'épreuve d'examen consiste à répondre à des questions de manière à proposer une solution à un problème juridique. Vous disposez pour cela d'un dossier documentaire, pouvant comporter une décision de justice ou un extrait de jurisprudence. Le sujet ne demandera pas forcément de l'analyser, mais ce travail se révélera souvent indispensable pour répondre aux questions posées et proposer une solution argumentée.
Dans cette épreuve, vous devrez donc être capable de :
– situer la décision de justice en précisant la juridiction, la date, la procédure et le domaine de droit concerné ;
– dégager le problème juridique posé et le raisonnement de la juridiction pour le résoudre.

ÉTAPE 1 Comprendre la décision de justice

Pour bien comprendre une décision de justice, il faut repérer les points suivants.

1. La juridiction et la date de la décision étudiée

Repérer s'il s'agit d'un jugement ou d'un arrêt, et identifier la juridiction (tribunal ou cour) qui est intervenue.

> ***Exemple :*** *arrêt du 26 janvier 2018 rendu par la chambre commerciale de la Cour de cassation.*

2. Les parties

Identifier les parties en présence (demandeur/défendeur, appelant/intimé, demandeur au pourvoi/défendeur au pourvoi) : indiquer leurs noms en les situant l'une par rapport à l'autre sur le plan juridique.

> ***Exemple :*** *le demandeur est M. Grappa, commerçant, le défendeur est la société Final, fournisseur de M. Grappa.*

3. Les faits à l'origine du litige et l'objet du litige

Résumer les faits, c'est-à-dire les circonstances ou les événements qui ont mené au litige, en éliminant les détails et en suivant l'ordre chronologique. Mettre en évidence ensuite le litige lui-même.

4. Le déroulement de la procédure

Identifier, par déduction, les différentes juridictions saisies et présenter les étapes du procès chronologiquement. Indiquer la décision rendue par chaque juridiction.

5. L'énoncé du problème de droit

Formuler le problème juridique posé au juge, éventuellement sous la forme d'une phrase interrogative, mais toujours sous une forme générale. On peut souvent déduire le problème de droit des motifs évoqués par la juridiction saisie.

> ***Exemple :*** *une clause de non-responsabilité insérée dans un contrat commercial est-elle valide ?*

6. Les arguments des parties

Exposer les arguments (moyens) avancés par les parties devant la juridiction qui a rendu la décision étudiée. Procéder par énumération pour chacune des parties.

7. Les motifs de la décision

Relever les raisons qui justifient la décision du juge. Elles sont rédigées le plus souvent sous la forme : « Considérant que… » ou « Attendu que… ».

8. Le dispositif de la décision

Indiquer la décision prise par la juridiction saisie, tout en la commentant.

> ***Exemple :*** *la Cour de cassation approuve ici les juges du fond qui ont rejeté la demande du commerçant. Les juges du droit rappellent que la validité d'une clause d'exonération de responsabilité commerciale est remise en cause par la loi, soit dans les contrats de consommation, soit dans les contrats d'adhésion, dont les termes ne sont pas négociés par les deux parties.*

ÉTAPE 2 Utiliser le résultat de cette analyse pour résoudre le cas

En fonction des questions posées par le sujet, l'analyse ainsi menée pourra être utilisée pour argumenter sur la solution proposée.

6 Conduire une analyse organisationnelle et stratégique

Cette méthodologie vous permettra d'associer chaque compétence du programme à des questions susceptibles d'être posées lors de l'épreuve, à des auteurs en management ainsi qu'à des outils à mobiliser.
Lors de l'épreuve, procédez de la même façon lors de la lecture du sujet et de l'analyse des questions : vous devrez vous demander à quelle compétence se rattache chaque question et quels auteurs et/ou quels outils sont à mobiliser.
Pour répondre à chaque question posée par le sujet, vous rédigerez une courte introduction dans laquelle vous définirez les mots-clés contenus dans la question (ex. : « finalité », « partie prenante ») et vous préciserez sur quels auteurs et/ou sur quels outils vous allez vous appuyer pour y répondre.

DÉMARCHE

Compétence attendue	Objectif et exemple de question	Outil/auteur à mobiliser
Identifier les finalités économique, sociale et sociétale de l'entreprise	*Montrer que les décisions prises dans une entreprise concourent à une finalité.* *Présenter la finalité poursuivie par une entreprise et identifier les objectifs qui en découlent.*	Auteur : Peter Drucker
Caractériser les différentes parties prenantes de l'entreprise	*Montrer que les décisions prises dans une entreprise répondent aux attentes des parties prenantes.* *Quelles sont les attentes des différentes parties prenantes d'une entreprise ?*	Auteur : Ed Freeman
Caractériser les étapes de création d'une entreprise	*Identifier les différentes phases de création d'une entreprise à travers le parcours d'un entrepreneur.* *À quelle(s) partie(s) prenante(s) s'adresse le business plan d'une entreprise ?*	
Distinguer une démarche entrepreneuriale d'une démarche managériale	*En quoi la démarche d'un entrepreneur relève d'une démarche entrepreneuriale ?* *En quoi la démarche d'un dirigeant est-elle passée d'une logique entrepreneuriale à une logique managériale ?*	Auteurs : Joseph Schumpeter et Henry Mintzberg
Identifier les différentes composantes de la performance de l'entreprise	*Proposer des indicateurs permettant à un dirigeant de s'assurer qu'il respecte les finalités de l'entreprise.* *Quels sont les indicateurs qui permettent de mesurer la performance d'une entreprise ?*	Auteurs : Robert Norton et David Kaplan
Repérer les principaux éléments du macro-environnement de l'entreprise	*Montrer qu'un dirigeant a su saisir les opportunités présentes dans l'environnement de l'entreprise.* *En quoi l'environnement d'une entreprise est-il porteur de menaces ?*	Outil : PESTEL
Analyser les évolutions de l'environnement et en identifier les conséquences sur la situation de l'entreprise	*Montrer qu'une entreprise s'adapte aux changements de son environnement en innovant.* *En quoi la prise de décision dans une entreprise est-elle influencée par le macro-environnement ?*	Auteur : Joseph Schumpeter
Caractériser les styles de management	*Caractériser le style de direction d'un dirigeant.* *En quoi le style de direction d'un dirigeant contribue-t-il aux performances d'une entreprise ?*	Auteur : Rensis Likert
Repérer le rôle des différentes parties prenantes et des contre-pouvoirs	*En quoi les parties prenantes influent-elles sur la prise de décision dans une entreprise ?* *En quoi une partie prenante constitue-t-elle un contre-pouvoir ?*	Auteurs : Michel Crozier et Erhard Friedberg
Identifier le type de structure, les mécanismes de coordination et de contrôle au sein de l'entreprise	*Repérer les mécanismes de coordination mis en œuvre dans cette entreprise.* *Quels déterminants influencent le choix de la structure de l'entreprise ?*	Auteur : Henry Mintzberg

Compétence attendue	Objectif et exemple de question	Outil/auteur à mobiliser
Repérer les ressources et les compétences au sein de l'entreprise	*Analyser en quoi les ressources et les compétences d'une entreprise constituent des forces et/ou des faiblesses* *Quelles compétences une entreprise doit-elle maîtriser pour réussir sur son domaine d'activité ?*	
Distinguer les différents processus de l'entreprise	*En quoi les différents processus mis en œuvre dans telle entreprise contribuent-ils à ses performances ?* *Les processus de cette entreprise contribuent-ils tous à la création de valeur ?*	
Identifier le besoin de financement de l'entreprise en fonction du cycle (exploitation/investissement)	*Le besoin de financement d'une entreprise relève-t-il du cycle d'exploitation ou du cycle d'investissement ?* *La décision prise par une entreprise aura-t-elle un impact sur son cycle d'investissement ou son cycle d'exploitation ?*	
Recenser les solutions de financement adaptées à l'entreprise dans une situation donnée	*Présenter les risques et les coûts des solutions de financement envisagées par un dirigeant.* *Quelles solutions de financement sont les plus adaptées aux besoins du cycle d'exploitation ?*	
Repérer le rôle du système d'information dans le fonctionnement de l'entreprise	*Identifier les différentes composantes d'un système d'information.* *Quel est le rôle du système d'information dans la prise de décision d'une entreprise ?*	Outil : PGI
Identifier les conséquences du déploiement du numérique sur le management et les processus décisionnels de l'entreprise	*Montrer que le déploiement du numérique favorise de nouveaux modes d'organisation au sein de l'entreprise.* *Recenser les risques liés au système d'information.* *En quoi le déploiement du numérique peut-il avoir des conséquences pour l'entreprise ?*	
Proposer des actions appropriées dans le cadre d'une gestion des emplois et des compétences	*Repérer les besoins en termes d'emplois et de compétences au sein d'une entreprise.* *Proposer des actions afin de satisfaire les besoins en emplois et en compétences dans une entreprise.* *Quels sont les moyens mis en œuvre par l'entreprise pour attirer et fidéliser les talents ?*	Outil : GPEC
Identifier les leviers de motivation conciliant l'objectif de l'entreprise et les attentes de l'individu	*Repérer les composantes du système de rémunération d'une entreprise.* *Analyser la politique de rémunération d'une entreprise.* *Comment la culture d'entreprise influence-t-elle la motivation des salariés ?* *Comment une entreprise répond-elle aux besoins des « Digital natives » ?*	Auteurs : Abraham Maslow et Frederick Herzberg
Identifier les différentes étapes d'une démarche d'analyse stratégique	*Réaliser le diagnostic stratégique d'une entreprise.* *Sur quel(s) élément(s) du diagnostic cette entreprise appuie-t-elle sa stratégie ?* *Distinguer une stratégie émergente délibérée d'une stratégie émergente.* *Les décisions prises par cette entreprise constituent-elles une stratégie délibérée ou émergente ?*	Auteur : Henry Mintzberg Outil : SWOT (= modèle LCAG)

Compétence attendue	Objectif et exemple de question	Outil/auteur à mobiliser
Présenter les principaux éléments d'un diagnostic interne de l'entreprise	*Identifier les ressources et les compétences d'une entreprise.* *Quelles sont les ressources clés et les compétences distinctives de cette entreprise ?* *Analyser la chaîne de valeur de l'entreprise.* *Quelles sont les activités qui créent de la valeur au sein de l'entreprise ?*	Auteurs : Edith Penrose Gary Hamel et C. K. Prahalad Auteur : Michael Porter Outil : La chaîne de valeur
Présenter les principaux éléments d'un diagnostic externe de l'entreprise	*Analyser l'environnement d'une entreprise.* *Quelles sont les opportunités et les menaces sur le marché de cette entreprise ?* *Étudier l'environnement concurrentiel de l'entreprise.* *Quelles sont les forces concurrentielles qui exercent une influence sur le marché de l'entreprise ?*	Outil : PESTEL Auteur : Michael Porter Outil : Les 5 forces concurrentielles
Présenter les étapes de la décision stratégique	*Distinguer les différents types de décisions prises par l'entreprise.* *Quelle est la nature des décisions prises par telle entreprise ?* *Analyser le processus de décision de l'entreprise.* *Quels sont les facteurs qui ont une influence sur la prise de décision de l'entreprise ?*	Auteur : Herbert Simon Outil : Modèle IMC
Identifier et analyser les choix stratégiques de l'entreprise	*Identifier les domaines d'activité de l'entreprise.* *Présenter les avantages et les limites de la stratégie globale de l'entreprise.* *Quelle est la stratégie globale choisie par l'entreprise ?* *Identifier la stratégie de domaine (ou stratégie concurrentielle) de l'entreprise.* *Quel est l'avantage concurrentiel de cette entreprise ?*	Auteur : Igor Ansoff Outil : Matrice Produits / Marchés Auteur : Michael Porter
Analyser la pertinence des choix stratégiques de l'entreprise	*Distinguer les différentes modalités de croissance qui s'offrent à une entreprise.* *Ces modalités de croissance sont-elles pertinentes pour l'entreprise ?*	

FFOM / SWOT
Outil d'aide à la décision pour réaliser le diagnostic stratégique et mettre en évidence les Forces et les Faiblesses d'une entreprise, les Menaces et Opportunités présentes dans l'environnement de celle-ci (SWOT *Strength / Weaknesses, Opportunities / Threats*).

Formation professionnelle
Formation permettant aux personnes actives de pouvoir continuer à améliorer leurs compétences et leur employabilité tout au long de leur vie active.

Free to play
Modèle économique qui consiste à proposer un service en accès gratuit au consommateur.

Freemium
Stratégie commerciale consistant à proposer une offre gratuite et facile d'accès pour attirer les utilisateurs et les encourager à payer pour une offre plus complète.

G

Gestion des talents
A pour but de détecter les salariés à fort potentiel au sein de l'entreprise afin de développer leurs compétences et de les fidéliser.

Gestion prévisionnelle des emplois et des compétences (GPEC)
Démarche qui vise à adapter les ressources humaines aux besoins des entreprises.

I

Indemnité de licenciement
Réparation pécuniaire due à tout salarié licencié. Son montant dépend du salaire de l'intéressé et de son ancienneté.

Internationalisation de l'entreprise
Implantation de l'entreprise sur de nouveaux marchés étrangers à l'aide d'exportations, d'investissements directs à l'étranger (filiales) ou de partenariats locaux.

L

Licenciement
Rupture du CDI, décidée unilatéralement par l'employeur, soit pour une cause inhérente au salarié, soit pour un motif économique.

Licenciement économique
Rupture du CDI à l'initiative de l'employeur, fondée sur des difficultés économiques, des mutations technologiques, une réorganisation de l'entreprise pour sauvegarder sa compétitivité ou la cessation d'activité.

Licenciement personnel
Rupture du CDI à l'initiative de l'employeur, justifiée par une cause inhérente au salarié – soit une faute, soit un fait non fautif (incapacité professionnelle, inaptitudes…).

Licenciement sans cause réelle et sérieuse
Rupture du CDI à l'initiative de l'employeur sous un prétexte et/ou un motif non raisonnable.

Lien de subordination
Élément essentiel du contrat de travail manifesté par le pouvoir de l'employeur de donner des ordres au salarié, de contrôler l'exécution des tâches et de sanctionner les manquements du travailleur.

Logiciel
Programme informatique exécuté par un ordinateur et utilisant des données pour permettre à l'ordinateur d'assurer une tâche, une fonction.

M

Marché du travail
Marché où se rencontrent l'offre et la demande de travail, aboutissant à la détermination du niveau d'emploi et des salaires théoriques. Au sens courant, il désigne la situation de l'emploi dans une économie.

Mode d'intégration
Mécanisme de collaboration et de coordination mis en place par une entreprise pour favoriser l'intégration des différentes unités qui la composent. Ce mécanisme est parallèle à celui de la spécialisation.

Mode de coordination
Assurer, pour un ensemble de tâches et de personnes, une cohérence d'ensemble et une convergence des efforts en vue d'un objectif commun. Une spécialisation poussée au sein des entreprises peut détruire l'unité d'action du fait de la parcellisation, de l'isolement, de la rigidité qu'elle engendre. Elle nécessite alors la mise en place de mécanismes ou de facteurs d'intégration.

Mode de spécialisation
Mode organisationnel opéré par une entreprise pour s'adapter au plus près des particularités du sous-environnement de chacune de ses unités spécialisées sur un marché ou un client.

Modèle IMC
Modèle de processus de décision d'après Herbert Simon (1947) qui se déroule en trois étapes successives Intelligence (analyse et compréhension d'un problème), Modélisation (recherche et conception de solutions possibles) et Choix (sélection de la solution la plus adaptée compte tenu des contraintes).

Motivation
Force plus ou moins consciente qui pousse un salarié à s'impliquer dans son travail.

N

Nom de domaine
Adresse sur le Web qui permet d'accéder à un site. Le nom de domaine est protégé par sa réservation auprès d'un bureau d'enregistrement accrédité par l'Association française pour le nommage Internet en coopération (AFNIC).

Normes et standards
Ensemble de recommandations développées et préconisées par un groupe représentatif d'utilisateurs (standards) ou par un organisme officiel (normes).

O

Offre de travail
Nombre d'emplois offerts par les entreprises.

P

Place de marché
Plateforme sur Internet qui met en relation des acheteurs et des vendeurs (appelée aussi « marketplace »).

Plan de sauvegarde de l'emploi (PSE)
Ensemble de mesures destinées à réduire le nombre des licenciements économiques collectifs, par des propositions de reclassement, de mutation, d'aide à la retraite anticipée…

Plateforme d'échange
Lieu virtuel qui permet l'échange et le partage d'informations dans une logique collaborative.

Pôle emploi
Établissement public à caractère administratif chargé de l'emploi en France. Sa mission est d'accompagner tous les demandeurs d'emploi dans leur recherche, d'assurer le versement des allocations aux demandeurs indemnisés (allocation chômage), d'aider les entreprises dans leurs recrutements et de recouvrer les cotisations.

Politique active de l'emploi
Ensemble des mesures mises en place afin de favoriser l'intégration des personnes sur le marché du travail (ex. formations pour augmenter l'employabilité).

Politique passive de l'emploi
Ensemble des mesures mises en place afin de limiter l'impact du chômage sur les demandeurs d'emploi (ex. allocations chômage).

Population active
Ensemble des personnes occupant un emploi, salarié ou non, ainsi que celles recherchant un emploi (les chômeurs).

Préavis
Délai entre l'annonce de la rupture du contrat de travail (licenciement, démission) et sa mise en œuvre effective.

Principe majoritaire
Principe selon lequel un accord collectif d'entreprise est valablement conclu par l'employeur et soit les représentants syndicaux ayant recueilli plus de 50 % des suffrages lors des élections du comité social et économique, soit les représentants syndicaux ayant recueilli plus de 30 % des suffrages et approuvé par un vote des salariés à la majorité des suffrages exprimés.

« *Privacy by default* »
Concept de protection de la vie privée qui impose aux entreprises, dès la conception de leurs biens ou services, de paramétrer par défaut leurs produits avec un haut niveau de protection des données personnelles avant toute utilisation de celles-ci.

« *Privacy by design* »
Concept de protection de la vie privée qui impose aux entreprises utilisant des données personnelles, dès la conception de leurs biens ou services, d'assurer des mesures préventives pour anticiper les risques d'exploitations abusives de ces données.

Produits de substitution
Produit qui satisfait un besoin équivalent à travers un produit et/ou des technologies différentes.

Progiciel de gestion intégré (PGI)
Solution logicielle qui permet de gérer l'ensemble des processus opérationnels d'une entreprise, en intégrant l'ensemble des fonctions de celle-ci, telles les ventes, les stocks, la production, la comptabilité, la GRH… autour d'une base de données commune.

Pure Player
Entreprise exerçant son activité commerciale uniquement sur Internet.

R

Rationalité limitée
Le décideur prend une décision qui lui paraît satisfaisante mais qui n'est pas optimale car certains facteurs vont influencer le processus et le choix de la décision (budget limité, manque d'informations, personnalité du décideur, contrainte de temps…).

Règle du double-clic
Règle légale en matière de vente électronique, imposant que le client puisse vérifier sa commande et valider son achat par un premier clic sur l'ordinateur, puis qu'il confirme sa commande par un second clic avant de payer.

Règlement général sur la protection des données (RGPD)
Règlement de l'Union européenne, entré en vigueur le 25 mai 2018, qui encadre la protection des données personnelles ; il est applicable à toutes les organisations (entreprises, administrations publiques, associations…) qui traitent des données à caractère personnel au sein de l'UE, ou des données personnelles de résidents de l'UE dans les autres parties du monde.

Représentativité syndicale
Aptitude de certains syndicats à représenter de façon légitime les salariés, en particulier dans les négociations sociales. La représentativité s'apprécie au travers de divers critères légaux, dont le pourcentage de voix obtenues aux élections professionnelles.

Responsabilisation (*Accountability*)
Obligation pour les entreprises exploitant des données personnelles de prendre des mesures permettant de démontrer le respect des règles relatives à la protection de ces données.

Ressources
Actifs tangibles ou intangibles contrôlés par une organisation, qui constituent des moyens d'action pour mettre en œuvre des stratégies.

Ressources clés
Ressources qui ont un potentiel stratégique (création de valeur, rareté) et se transforment en avantage sur les concurrents.

Rupture conventionnelle collective
Rupture de plusieurs contrats de travail résultant d'un accord collectif conclu entre l'employeur et les représentants des salariés, sous le contrôle de l'inspection du travail.

Rupture conventionnelle homologuée
Procédure par laquelle le CDI peut être rompu d'un commun accord par le salarié et l'employeur, sous le contrôle de l'inspection du travail.

S

Salarié
Travailleur dont le statut est caractérisé par le lien de subordination le liant à l'employeur pour le compte duquel il effectue un travail contre rémunération.

Salarié mandaté
Salarié désigné par un syndicat représentatif pour participer à la négociation sociale dans une entreprise dépourvue de délégués syndicaux et d'institutions représentatives du personnel.

Site Internet
Ensemble de pages Web liées entre elles, contenant des fichiers, des documents, des images...

Stratégie
Consiste, pour une entreprise, à définir son métier et ses domaines d'activité, à allouer des ressources et à fixer des objectifs (rentabilité, pérennité, croissance, satisfaction des parties prenantes) dans le but de créer de la valeur et de devancer la concurrence.

Stratégie de domaine d'activité
Stratégie dans une activité particulière pour faire face à la concurrence différenciation, domination par les coûts ou focalisation.

Stratégie délibérée
Stratégie prévue et planifiée.

Stratégie émergente
Stratégie qui surgit de manière imprévisible tout au long du déroulement du plan stratégique.

Stratégie globale
Concerne le périmètre de l'ensemble des activités de l'entreprise se spécialiser dans un seul domaine d'activité ou s'étendre vers de nouvelles activités = spécialisation ou diversification ? Que faire soi-même et que confier à d'autres = intégration ou externalisation ?

Structure flexible
Structure qui procure une faculté d'adaptation de l'entreprise aux environnements complexes et instables actuels. Elle est basée sur l'échange d'informations et caractérisée par la décentralisation des décisions, un niveau faible de spécialisation et de formalisation des procédures, une hiérarchie souple.

Syndicat (de salariés)
Type particulier d'association sans but lucratif, dont le rôle spécifique est la défense des droits et des intérêts professionnels des salariés.

Système d'information (SI)
Ensemble organisé de ressources techniques, organisationnelles et humaines requises par le traitement des informations nécessaires à la stratégie et aux métiers de l'entreprise.

T

Taux d'activité
Rapport entre la population active moyenne de l'année et la population totale moyenne de l'année. On peut le calculer par sexe ou par âge.

Taux de chômage
Rapport entre le nombre de chômeurs et la population active. Il s'exprime en pourcentage.

Transfert des contrats de travail
Principe selon lequel les contrats de travail en cours subsistent lors du changement de la situation de l'employeur et sont transférés au nouvel employeur, notamment en cas de succession, vente, fusion, mise en société de l'entreprise.

Travailleur indépendant
Travailleur dont le statut est caractérisé par la liberté dont il jouit pour fixer les conditions d'exécution de ses tâches et pour choisir les personnes pour qui il travaille.

U

Ubérisation
Modèle économique basé sur l'émergence de plateformes digitales mobiles sur lesquelles clients et prestataires peuvent entrer en contact directement, gratuitement et en temps réel, et entrant en concurrence frontale avec les usages de l'économie classique.

Usurpation d'identité
Infraction consistant à exploiter des données personnelles d'un tiers permettant de l'identifier et créant à son égard un trouble illicite ou une atteinte à son honneur ou à sa considération.

V

Vie privée
Ensemble d'éléments de la vie des personnes dont le respect s'impose à tous et constitue un droit fondamental. Le respect de la vie privée signifie pour chacun la protection de son intimité, de son image, de son domicile, de ses choix de vie…

Y

Yield management
Méthode d'ajustement des prix en temps réel en fonction de la demande.

CRÉDITS PHOTOGRAPHIQUES :

p. 6 : Song_about_summer/shutterstock ; p. 7 : ©Rawpixel.com - stock.adobe.com ; p. 8 : Worawee Meepian/ shutterstock ; p. 9 haut droite : Evgen3d/stock.adobe.com ; milieu gauche : Daniel Berkmann/ stock.adobe.com ; milieu droite : Logostylish:stock.adobe.com ; bas : eans/ shutterstock ; p. 10 : stokkete/ stock.adobe.com ; p. 11 : ©Stanisic Vladimir - stock.adobe.com ; p. 12 : Rawpixel.com/ stock.adobe.com ; p. 13 : Daniel Krason/ shutterstock ; p. 15 : ©Alexandr Bognat - stock.adobe.com ; p. 18 gauche : Hand Robot/stock. adobe.com p. 18 bas : DR ; p. 19 haut : lankogal/ stock.adobe.com ; bas : Tero Vesalainen/shutterstock ; p. 20 : ©sveta - stock.adobe. com ; p. 21 : Stephane Mahe/Reuters/ stock.adobe.com ; p. 23 : Zapp2Photo/shutterstock ; p. 24 : Africa Studio/shutterstock ; p. 26 haut : Paul Gueu/shutterstock ; milieu : fotohansel/ stock.adobe.com ; p. 27 haut : Kaspars Grinvalds/shutterstock ; milieu : beboy/ shutterstock ; bas : mrmohock/shutterstock ; p. 29 : dennizn/shutterstock ; p. 30 : Sved Oliver/stock.adobe.com ; p. 31 haut : Jevanto Productions/ shutterstock ; bas : Daisy Daisy/stock.adobe.com ; p. 32 bas gauche : © Novarad ; bas droite : riopatuca/ shutterstock ; p. 35 : DR ; p. 36 haut : Gorodenkoff/ stock.adobe.com ; bas : Visual Generation/stock.adobe.com ; p. 37 milieu : Julien Eichinger/ stock.adobe.com ; bas : momius/ stock.adobe.com ; p. 38 haut : Kasin/shutterstock ; p. 38 bas : Erick/stock-adobe ; p. 40 : Rawpixel. com/stock.adobe.com ; p. 41 : Francis Bonami/ stock.adobe.com ; p. 43 : Texelart/shutterstock ; p. 45 : Alexey Boldin/shutterstock ; p. 47 : WEEDEZIGN/stock.adobe.com ; p. 48 : anttoniart/stock-adobe ; p. 49 haut : thodonal/stock.adobe.com ; bas : chaliya ; p. 50 bas : Prasit Rodphan/shutterstock ; p. 50 haut : Alexander/stock-adobe.com ; p. 50 milieu : REDPIXEL/stock-adobe.com ; p. 51 haut : Rawpixel.com/shutterstock ; p. 52 haut : Archer7/ stock.adobe.com ; p. 52 bas : Fox_Dsign/stock-adobe.com ; p. 53 : Scanrail/stock.adobe.com ; p. 54 haut : Anya Berkut/stock.adobe.com ; bas : kotoyamagami/stock.adobe.com ; p. 55 : nd3000/stock.adobe.com ; p. 56 : Rawpixel.com/shutterstock ; p. 59 : DR ; p. 61 haut : AR24, solution de Docaposte, filiale du Groupe La Poste. © La Potion Graphisme, infographie de Yohan Bourgeois ; bas gauche : maxpro/shutterstock ; bas droite : ueuaphoto/ shutterstock ; p. 62 : sebra/stock.adobe.com ; p. 69 : Piotr Swat/shutterstock ; p. 70 : leungchopan/shutterstock ; p. 71 : REDPIXEL/ stock.adobe.com ; p. 73 : metamorworks/shutterstock ; p. 74 : 8th.creator/shutterstock ; p. 75 de gauche à droite : sidop/stock. adobe.com ; wei/stock.adobe.com ; Vidoslava/stock.adobe.com ; p. 76 haut de gauche à droite : Alexander Limbach/shutterstock ; Sergey Nivens/ shutterstock ; Jojje/shutterstock ; p. 77 : Uolir/stock.adobe.com ; p. 78 : ©Nattakorn - stock.adobe.com ; p. 81 haut : RVNW/stock.adobe.com ; bas : Damien Maloney pour M Le magazine du Monde ; p. 82 : vaalaa/shutterstock ; p. 83 : © Awabot ; p. 85 : Alexxxey/shutterstock ; p. 88 : Kiattisak/stock-adobe.com ; p. 96 : Jonathan Weiss/Shutterstock ; p. 97 : drazen_zigic/stock. adobe.com ; p. 98 : nito/stock.adobe.com ; p. 100 : industryviews/shutterstock ; p. 101 : ricochet64/shutterstock ; p. 102 : Elnur/ stock.adobe.com ; p. 103 : Philippe Devanne/stock.adobe.com ; p. 105 : Gorodenkoff/stock.adobe.com ; p. 109 : Bildagentur Zoonar GmbH/stock.adobe.com ; p. 110 : Eviart/shutterstock ; p. 111 : elen31/ stock.adobe.com ; p. 113 : Christophe GUIBBAUD © Groupe PSA, Direction de la communication ; p. 115 : Jérôme LEJEUNE © Groupe PSA, Direction de la communication ; p. 119 : DR ; p. 120 haut : Grevaud Paul/stock.adobe.com ; bas : ricochet64/ shutterstock ; p. 122 : Stellantis ; p. 123 haut de gauche à droite : © Dila, Négoce des matériaux de construction, Convention collective nationale étendue, Journaux officiels, 15e éd., septembre 2018 ; © Dila, Ingénieurs et cadres de la métallurgie, Convention collective nationale étendue, Journaux officiels, 28e éd., novembre 2014 ; © Dila, Personnel des banques de la Martinique, Convention collective nationale étendue, Journaux officiels, mars 2019 ; bas : Julien Eichinger/stock.adobe.com ; p. 124 : pixfly/stock.adobe.com ; p. 125 haut : DR ; bas : ivanko80/stock.adobe.com ; p. 129 : dizfoto1973/stock.adobe.com ; p. 130 : Marc Chesneau/stock.adobe.com ; p. 131 : pict rider/stock.adobe.com ; p. 133 : djile/stock. adobe.com ; p. 134 haut : Richard Villalon/stock.adobe.com ; bas : didesign021/shutterstock ; p. 135 : Proxima Studio/ shutterstock ; p. 136 : Grzegorz Czapski/shutterstock ; p. 137 : Orkidia/shutterstock ; p. 139 : Dominique PIZZALLA © Groupe PSA, Direction de la communication ; p. 140 : Wellnhofer Designs/stock.adobe.com ; p. 142 : Stokkete/shutterstock ; p. 143 : KerkezPhotography.com ; p. 144 : ©WrightStudio - stock.adobe.com ; p. 145 : © L'Humanité ; p. 147 : RossHelen/shutterstock ; p. 149 : Lightspring/ Shutterstock ; p. 150 haut : Uliana_N/Shutterstock ; bas : PALERMO89/stock.adobe.com ; p. 151 : ©ViennaFrame - stock.adobe.com ; p. 152 haut : scottchan/stock.adobe.com ; bas : Vladimir Salman/shutterstock ; p. 153 : Ngampol/stock.adobe.com ; p. 155 : Vasyl/ stock.adobe.com ; p. 156 : anzebizjan/stock.adobe.com ; p. 157 : ©milphoto - stock.adobe.com ; p. 158 : Olivier Le Moal/ stock. adobe.com ; p. 159 : Monkey Business/stock.adobe.com ; p. 161 : fizkes/stock.adobe.com ; p. 162 : On the road again/shutterstock ; p. 163 : Vasyl/stock.adobe.com ; p. 164 : photo by WTTJ @ Lucca ; p. 165 : © Starterre ; p. 166 : bernardbodo/stock.adobe.com ; p. 167 : envie de dire © Groupe PSA, Direction de la communication ; p. 168 : Monkey Business Images/stock-adobe.com ; p. 169 : Jacob Lund/shutterstock ; p. 171 : Nataliya Hora/shutterstock ; p. 174 : MoustacheGirl/stock.adobe.com ; p. 177 haut : Aleksejs/ stock.adobe.com ; bas : yurolaitsalbert/stock.adobe.com ; p. 178 : Kadmy/stock.adobe.com ; p. 180 : rcfotostock/stock.adobe.com ; p. 182 : © Groupe Soufflet ; p. 183 : BestForYou/stock.adobe.com ; p. 184 : AlenKadr/ shutterstock ; p. 185 milieu : Sondem/ stock. adobe.com ; bas : © maboulangerie.com ; p. 187 haut : emasali stock/shutterstock ; bas : © Groupe Soufflet ; p. 188 : Cineberg/ shutterstock ; efired/stock.adobe.com ; p. 190 : auremar/stock.adobe.com ; p. 191 haut : odriography/stock.adobe.com ; milieu : © Groupe Soufflet ; p. 192 : © L'Arbre Vert ; p. 193 : Kaspars Grinvalds/stock.adobe.com ; p. 195 : szmuli/shutterstock ; p. 196 : Hendrick Wu/shutterstock ; p. 197 : © Groupe Soufflet ; p. 198 : Sorbis/shutterstock ; p. 199 haut : Tooykrub/shutterstock ; bas : coco/ stock.adobe.com ; p. 200 : NeydtStock/shutterstock ; p. 201 : Jérôme Rommé/ stock.adobe.com ; p. 202 : sergign/ stock.adobe.com ; p. 203 : NeydtStock/shutterstock ; p. 204 : Gamzova Olga/shutterstock ; p. 205 : Vadim Andrushchenko/stock.adobe.com ; p. 206 : JHVEPhoto/shutterstock ; bas : Good luck images/shutterstock ; p. 207 : Nata-nata 27/shutterstock ; p. 209 : svetamart/stock.adobe. com

Doc. 10 p. 78 : FlexJob est un cabinet de recrutement qui met en relation des entreprises qui se construisent sur de nouvelles philosophies managériales (holacratie, management libéré etc) avec des candidats qui aspirent à évoluer dans ce type de structure.

Infographies : Vincent Landrin

IMPRIM'VERT. Votre imprimeur agit pour l'environnement

N° projet : 10279592 - Dépôt légal : Avril 2022
Achevé d'imprimer en Mars 2022 en Italie par L.E.G.O. S.p. A., Lavis (TN)